亚马逊跨境电商运营

从入门到精通

畅销版

纵雨果 著

如何做一名合格的
亚马逊卖家

电子工业出版社
Publishing House of Electronics Industry
北京·BEIJING

内 容 简 介

跨境电商是未来几年中国企业走出国门的重要渠道，出口跨境电商作为新兴的行业，具有快速发展的特点。

《亚马逊跨境电商运营从入门到精通》于 2018 年 10 月出版，在不到两年的时间里印刷了 13 次，发货册数超过 50 000 册，成了亚马逊跨境电商运营领域名副其实的畅销书。亚马逊是跨境电商的代表性平台，以客户为中心，其卖家中心和前台展示页面在这两年有了诸多变化。本书的内容包括卖家中心操作的注意事项、Listing 详情页面的移动端优化、多元化的站内广告引流手段、永不过时的选品方法、国际物流专业知识、抖音海外版的深度运用、欧洲税务合规问题等，让卖家朋友可以在第一时间了解海外市场变化，踏上海外掘金之路。

本书适合国际贸易专业学生、跨境电商从业者、传统外贸企业管理者、制造业工厂管理者和投资机构负责人阅读参考。

图书在版编目（CIP）数据

亚马逊跨境电商运营从入门到精通：畅销版：如何做一名合格的亚马逊卖家 / 纵雨果著. —北京：电子工业出版社，2020.9(2025.9重印)

ISBN 978-7-121-39327-3

Ⅰ. ①亚…　Ⅱ. ①纵…　Ⅲ. ①电子商务－商业企业管理－经验－美国　Ⅳ. ①F737.124.6

中国版本图书馆 CIP 数据核字（2020）第 140206 号

责任编辑：石　悦
印　　刷：三河市君旺印务有限公司
装　　订：三河市君旺印务有限公司
出版发行：电子工业出版社
　　　　　北京市海淀区万寿路 173 信箱　　　　　邮编：100036
开　　本：787×1092　　1/16　　印张：19.25　　字数：421 千字
版　　次：2020 年 9 月第 1 版
印　　次：2025 年 9 月第 17 次印刷
定　　价：79.00 元

凡所购买电子工业出版社图书有缺损问题，请向购买书店调换。若书店售缺，请与本社发行部联系，联系及邮购电话：（010）88254888，88258888。

质量投诉请发邮件至 zlts@phei.com.cn，盗版侵权举报请发邮件至 dbqq@phei.com.cn。

本书咨询联系方式：（010）51260888-819，faq@phei.com.cn。

前　　言

　　我写的第一本书《亚马逊跨境电商运营从入门到精通》于 2018 年 10 月出版，在不到两年的时间里印刷了 13 次，发货册数超过 50 000 册，成了亚马逊跨境电商运营领域名副其实的畅销书。很多不了解跨境电商、想了解跨境电商、打算从事跨境电商运营、正在从事跨境电商运营的读者朋友，通过那本书对这个新兴行业有了初步了解。

　　近些年，跨境电商持续火热，行业知识快速变化。例如，站内广告引流手段多元化，要做本土化、差异化选品，要综合运用不同的发货和补货方式，还要解决欧洲税务合规问题。另外，亚马逊是跨境电商的代表性平台，以客户为中心，其卖家中心和前台展示页面有了诸多变化。我们只有不断地学习这些最新的知识，才能跟上整个跨境电商行业的变化。所以，为了适应行业和亚马逊平台的变化，我对《亚马逊跨境电商运营从入门到精通》的内容进行了修订。

　　本书做了以下 3 个方面的更新：

　　（1）亚马逊是跨境电商平台的代表性平台，其卖家中心页面、服务功能、运营方法、选品策略在这两年都发生了较大的变化。另外，行业格局、各国对跨境电商政策也有重大调整。本书针对这些内容进行了更新。

　　（2）通过大量调研《亚马逊跨境电商运营从入门到精通》的读者反馈意见，有针对性地修改了新书的写作风格，增加了更多不过时的理论总结。另外，在运营层面增加了更实用的操作技巧。

　　（3）鉴于跨境电商属于专业领域，本书尽量在全面分享专业知识的同时，加入更多风趣幽默的语句和案例，让这本专业书阅读起来不枯燥。

　　这并不是在说服您购买本书，而是我把本书的创作思路和写作目的整理成以上 3 点，便于您在最短的时间内了解本书与市面上其他书籍的区别和改版的意义。

　　每个年代都有自己代表性的经济增长方式。目前，跨境电商对中国经济发展产生了积极影响，是朝阳产业，且出口跨境电商提供了巨大的市场机遇。

纵雨果

2020 年 6 月

读者服务

微信扫码回复：39327

- 获取博文视点学院在线课程、电子书 20 元代金券
- 获取免费增值资源
- 加入读者交流群，与更多读者互动
- 获取精选书单推荐

目　　录

第1章

跨境电商一词的由来

1.1 传统外贸的前世

外贸一词由来已久，人们并不陌生。特别是中国在 2001 年加入世界贸易组织（World Trade Organization，WTO）之后，外贸得到了迅猛的发展。浙江制造、江苏制造、东莞制造当时享誉全球，只要你在 2001—2011 年去过这几个地方，随处可见全球第一某某商品制造工厂的字样，这并不夸张，这确实是中国制造繁荣的 10 年，2011 年之后就进入跨境出口外贸时代。2001—2011 年传统外贸和目前跨境电商对比图如图 1-1 所示。

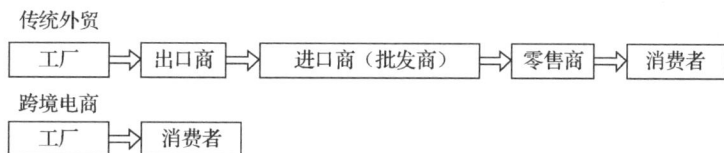

图 1-1

从图 1-1 中可以很明显地看到，传统外贸从最初的工厂制造出商品，由国内的出口商采购（出口商即常说的外贸公司、工贸公司），然后这些出口商把商品直接出售给国外的进口商（进口商即国外的大型批发商），进口商再把商品适当提高售价，出售给国外当地的各个零售商，零售商对商品简单地包装，放在实体店零售，由一个个独立的终端消费者购买。这中间有很多环节，而且每一个环节都需要有一定的利润，所以层层加价，商品最后到达终端消费者的手里就非常昂贵。

按照市场份额计算，这时候的传统外贸占 99.9%，而跨境电商仅占 0.1%。

从大环境理解，这样的交易环节意味着 2011 年以前人们的生活节奏很慢。随着互联网兴起，不只我们的生活节奏变快了，其他国家的人们生活节奏也变快了。

1.2　传统外贸的今生

随着互联网兴起，互联网颠覆了信息流的传输，传统外贸的中间环节被互联网一刀切断，工厂通过外贸电商平台可以直达海外终端消费者。

你之所以能看到本书可能是因为跨境电商的火热，被跨境电商赚钱的故事吸引过来。但是在目前阶段的出口外贸行业中，传统外贸的市场份额依旧为 60%左右。跨境电商越来越成熟，并且经过 2020 年影响全球的新型冠状病毒肺炎疫情，欧美国家的很多大额外贸订单转向线上的跨境电商平台，海外买家更愿意选择线上平台购物，这进一步挤压了传统外贸的市场份额，增加了跨境电商的市场份额。依托于互联网技术的出口外贸逐渐成为主流模式。

很多做传统外贸的人都感受到了来自跨境电商的压力，几乎都在寻找转型的方法，有的人注册跨境电商平台账户开始运营，有的人在各种培训机构学习，但是因为传统外贸的订单量较大、订货金额较大、现金流非常好，一般都预付 50%的定金，然后在发货的时候付余款，所以很多做传统外贸的人感觉转型并不是一件迫在眉睫的事情。另外，深圳聚集着全国 80%以上的跨境电商卖家，其中有很多个人卖家、夫妻卖家，但是贸易公司卖家并不多，有些人凭借 2013—2015 年跨境电商平台的红利，一年可以获利超 1000 万元。

按照市场份额计算，这时候传统外贸占 60%，跨境电商占 40%。

人们的生活节奏越来越快，购物消费经常是即时性的，这就要求对外贸易的订单逐渐碎片化、小型化。国内的一些传统制造业工厂最先感受到这些变化，以前一笔订单有几万件商品，现在大多数订单是几百件的，几千件的订单已经算是大单了，这都是终端消费者的个性化需求造成的。

1.3　跨境电商的现在

现在的跨境电商企业是中国"一带一路"倡议的先头兵，是第一批走出去的企业，目前跨境电商企业的主流"战场"是以亚马逊平台（简称亚马逊）为代表的欧美市场，其次是以 Shopee 平台为代表的东南亚市场。

美国作为跨境电商的第一市场，是全球最大的零售市场，是跨境电商企业的必争之地。美国人有超前的消费观念，是成熟的互联网用户。美国是每一个中国企业品牌"出海"的首站地，也是竞争最激烈的市场。

在欧洲，英国、德国、法国、意大利、西班牙、波兰、捷克是相对较大一些的电商市场，其中英国拥有和美国几乎相同的成熟互联网用户，德国是近两年增长最快的市场，法国、意大利、西班牙、波兰、捷克这些小语种市场增长也非常强劲。

马来西亚、泰国、新加坡、越南、菲律宾、印度尼西亚等东南亚市场，以及日本、印度、阿拉伯联合酋长国、沙特阿拉伯、澳大利亚等都属于跨境电商的新兴蓝海市场，在这些市场中机遇与风险并存。

随着跨境电商市场份额和影响力的扩大、各国对跨境电商税务征收的完善，越来越多的外贸企业开始把目光聚焦在日本。日本作为全球第三大经济体，拥有1亿多人口、较高的收入水平、成熟的零售市场，而且和中国距离很近，是值得开发的市场。同时，也有相当一部分跨境电商企业把目光投向亚非拉美市场。欧美日市场每年跨境电商的市场增长率为1%～10%，但是亚非拉美市场每年跨境电商的市场增长率为30%～50%，这是令人激动的市场。

现在的跨境电商卖家一般有以下4个特点。

（1）刚刚接触跨境电商行业的新卖家占大多数。

（2）跨境电商卖家所在的省份按从业人数排列依次为广东省、福建省、浙江省、河南省。

（3）越来越多的内陆卖家（非沿海城市）开始做跨境电商运营。

（4）少量港澳台同胞、海外华人也开始做跨境电商运营。

广东省深圳市的电子商品企业作为第一批掘金者加入跨境电商行业。福建省和浙江省不愧为传统商业氛围浓厚的地区，当地人商业嗅觉灵敏。福建省卖家和浙江省卖家作为第二批掘金者开始加入跨境电商行业，也开始有一批河南省内陆投资者看到这个市场，说明这个市场处于快速发展期。如果你去武汉、山西、哈尔滨、重庆等省市，你说自己做跨境电商运营，可能大多数人不知道这是什么行业，可见跨境电商依然有巨大的发展空间。

1.4　跨境电商的未来

未来的跨境电商将会呈现以下3种形式。

（1）以大型外贸电商平台为依托的平台卖家。由于互联网的飞速发展，其网络性质已经超越国界，将传统外贸的范围拓展到终端消费群体，依托于大型外贸电商平台的跨境电商卖家是开拓海外市场的第一批企业，并且在平台选择方面会呈现越来越多样化的选择，即一家跨境电商企业会运营不同的跨境电商平台账户。

从亚马逊欧洲市场的税务合规问题来看，这部分经营欧洲市场的中国卖家在面对困难时要自行解决，并且海外税收对于中国跨境电商企业来说，并没有任何先例可以学习。

（2）以品牌官网为依托的自建独立站。以品牌官网为依托建设的独立站是跨境电商卖家在运营大型外贸电商平台账户取得一定成功之后，需要做的布局，海外消费者对品牌商的官网也同样有信赖感，独特且有价值的商品在大型外贸电商平台之外的独立站也会有巨大的市场空间。

（3）以线下实体店或者分销渠道为依托的海外实体跨境电商企业。以线下实体店海外投资形式的跨境电商企业是在传统贸易渠道比较饱和、品牌官网自建的独立站有一定知名度的条件下，做的海外实体投资，需要相当多的资金支持和海外本土化团队运作。

在未来，以上 3 种形式都需要依托第三方海外仓配合运营。对跨境电商企业来说，无论是平台卖家、自建站，还是海外实体店的形式，既可以单独存在，也可以 3 种形式同时开展运作，其本质都是为了满足海外消费者快速、个性化、即时性的消费需求。

跨境电商全球化是不可阻挡的趋势，既有巨大的市场机遇，又有海外投资的诸多"陷阱"。例如，海外国家的文化不同导致消费者需求同国内市场相差巨大，还有海外增值税和关税的合规、知识商品的规避和提前布局、本土化团队如何落地等问题。

第 2 章

不可错过的外贸平台——亚马逊

2.1 注册亚马逊账户的详细步骤和容易出错的地方

因为在《亚马逊跨境电商运营从入门到精通》中对亚马逊账户的注册没有介绍非常详细的步骤，导致有些读者对注册账户不熟悉，本书根据读者的建议进行了深度优化，本章将会用详细的步骤配合截图，让新卖家注册账户变得更容易。

第一步，创建新账户。你在收到招商经理发送的有注册链接的邮件后，打开链接会出现如图 2-1 所示的页面。

图 2-1

　　第二步，填写账户名称和注册邮箱。单击"Create your Amazon account"（创建亚马逊账户）按钮，会出现如图 2-2 所示的页面。

图 2-2

　　第三步，输入有效的验证码。在填好之后，单击"Next"（下一步）按钮，系统会发送一个验证码到注册邮箱，如图 2-3 所示。填写收到的验证码，单击"Verify"（校验）按钮，会出现如图 2-4 所示的页面。

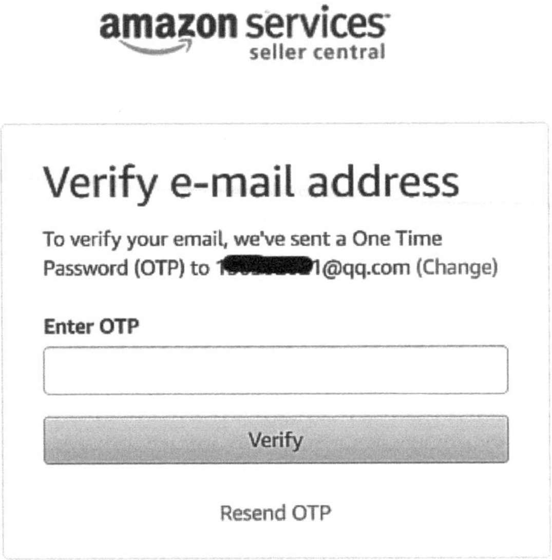

图 2-3

第四步，填写卖家协议。在"法定名称"文本框中填写公司营业执照上的公司全名的汉语拼音全拼，这里勾选的卖家协议是在当地国家销售的纳税须知。

图 2-4

第五步，填写卖家信息。在勾选卖家协议后，单击"下一条"按钮，会出现如图 2-5 所示的页面。这一步主要填写公司地址，要按照英文的阅读顺序填写，即先写小地名，再写大地名。在图 2-5 中，因为公司地址在北京，所以在邮编正上方的文本框里没有写省名。

图 2-5

这一步需要填写手机号码，验证方式有电话和 SMS（短信）两种。

（1）电话验证：你会接到系统打来的电话，这个电话是一个机器人用英语说的，你只需要听懂里面的阿拉伯数字即可，把听到的 4 位数字填写无误，即可通过验证。

（2）短信验证：输入收到的短信验证码。

当系统验证出错或者手机收不到短信时，你可以尝试用电话语音进行验证，如果连续 3 次不成功，那么需要等候 1 小时才可以重新验证。在填完验证码后，图 2-5 中的"下一页"按钮会变亮，单击"下一页"按钮后会出现如图 2-6 和图 2-7 所示的页面。

第六步，填写收款方式和存款方式。

在图 2-6 和图 2-7 中，主要填写信用卡卡号、有效期限、持卡人姓名、账单地址以及收款信息，也就是第三方收款账户，亚马逊也有官方的收款账户，只是手续费费率比较高。

这里填写的信用卡卡号可以是公司法人的，也可以不是公司法人的，但一定要使用没有注册过任何亚马逊账户的信用卡，否则会关联。我们需要中国境内的双币信用卡，要能够支付美元，只要带有 Visa 或者 Master 标识就可以，一定要在注册账户之前把信用卡激活。

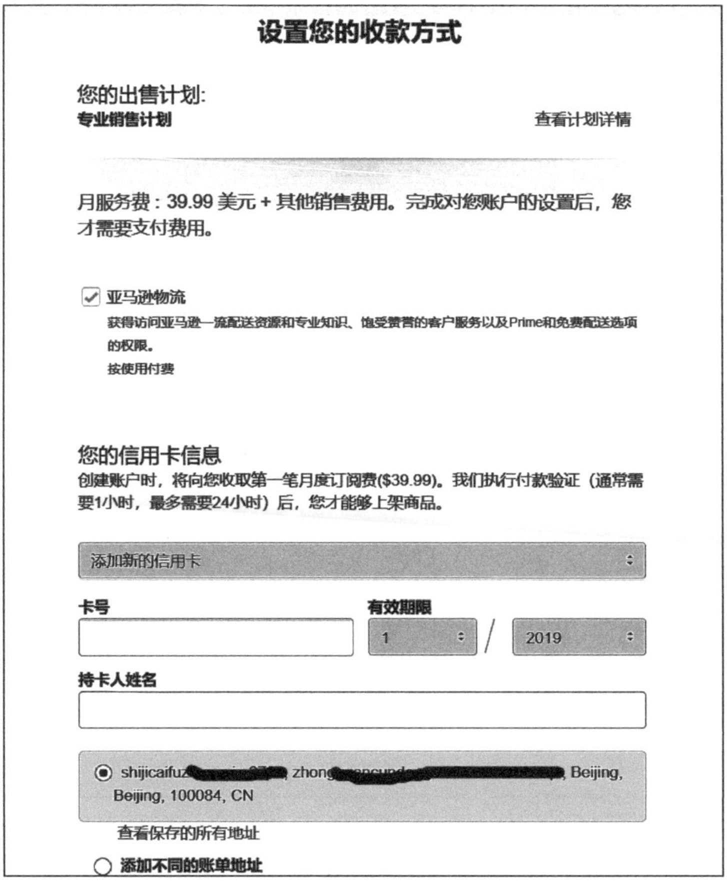

图 2-6

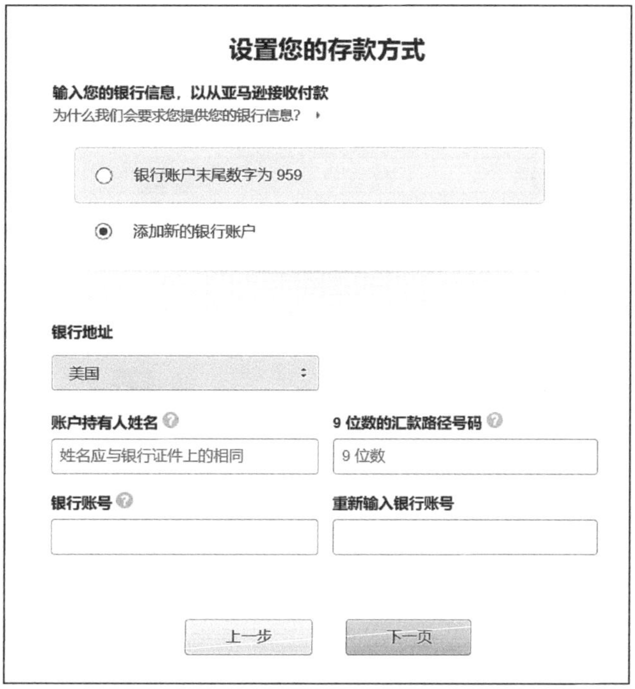

图 2-7

　　填写图 2-7 中内容的目的是接收在亚马逊上销售的货款，因为收到的币种是美元，所以需要用第三方收款账户将货款转到国内银行卡。

　　在以上内容全部填完后，单击"下一页"按钮，会出现如图 2-8 所示的页面。图 2-8 中的前三个单选框全部选择"是"即可。

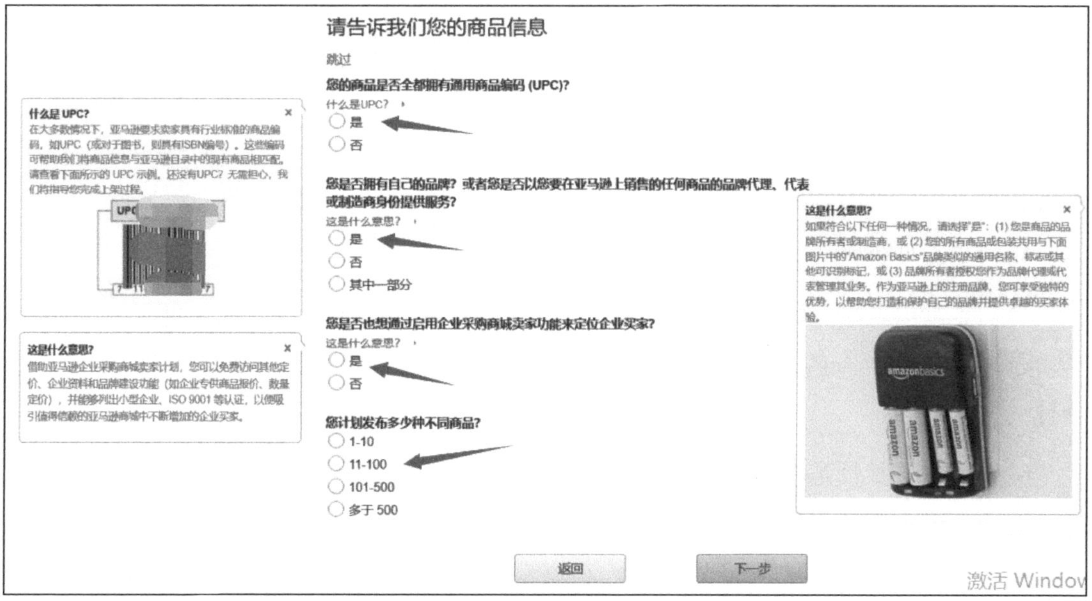

图 2-8

第七步，填写商品信息。单击"下一步"按钮，会出现如图2-9所示的页面。

图 2-9

在图2-9中，根据你想卖的商品填写对应的分类即可。在填完之后，单击"完成注册"按钮，账户的登记信息就填写完了。但这还没有结束，要完成账户注册，还需要继续在卖家中心提交身份验证信息，即提交公司的营业执照扫描件和公司法人的身份证正反面照片，注意必须提交彩色的，黑白复印件是无效的，用截图或PS图是通不过审核的。

卖家最容易出错的地方如下：

（1）关键信息填写错误，例如，公司名称的汉语拼音全拼、公司法人姓名的汉语拼音全拼都不能填错，有的卖家在注册时填写得很随意，一旦填错，在后面审核时将会非常麻烦。

（2）所有步骤都是不可逆的，这再次要求卖家必须认真，在一个步骤完成后，要确认信息无误，再去进行下一步操作。

（3）信用卡一定要激活了再填信息。

（4）做外贸经常需要上外网，不能通过翻墙的形式注册账户，也不要用虚拟专用服务器（Virtual Private Server，VPS）注册，这都会增加触发二次审核的可能性。

2.2 从Review到Rating的变化，Feedback的详细应用

在《亚马逊跨境电商运营从入门到精通》中，我详细地介绍了 Review 和 Feedback，为了让本书的读者能够理解，下面再回顾一下 Review 和 Feedback 的区别。

Review 即对商品的评价，显示在买家的前台页面中，人人都能看得到，这和国内淘宝的宝贝评价是一样的。Review 分为 1～5 星，1 星、2 星是差评，3 星是中评，4 星、5 星是好评。需要说明的是，Review 只对这个商品有影响，不会影响账户里的其他商品。

Feedback 即对卖家的评价，评价内容是关于卖家服务和物流板块的，其中包括卖家的售后服务、回复邮件的速度，以及物流发货速度等。Feedback 也分为 1～5 星，1 星、2 星是差评，3 星是中评，4 星、5 星是好评。需要说明的是，Feedback 是对这个卖家的，不会对商品有任何影响，不会影响商品的销售量、评级、退货等，但千万不要觉得无所谓，不重视。相反，Feedback 会直接影响账户安全，过多的差评会导致被暂停销售，甚至被封店。

新卖家可能比较难理解 Feedback，因为这个评价体系完全有别于国内的电商平台。

对于采用亚马逊物流配送（Fulfillment by Amazon，FBA）发货的卖家来说，产生的 Feedback 是可以找亚马逊客服删除的，因为 FBA 发货都是由亚马逊的物流团队负责的，这比自发货卖家有更多的优势。

Feedback 在做很多站内推广的时候都是硬性门槛，没有 Feedback 是不能参加站内活动的。很多 Deal（秒杀）平台会设置卖家的 Feedback 门槛，有的甚至需要高达 1000 个 Feedback 的卖家才有资格花钱做秒杀、促销等打造"爆款"商品（简称"爆款"）的活动。

随着时间的推移，亚马逊为了更真实地体现商品的质量和受欢迎程度，在 2019 年下半年将 Review 变成了 Rating（评分），这个变化意义重大。做这个变化是因为这两年有一些卖家在平台上刷单，亚马逊一直非常看重真实的 Review，与 eBay 30% 左右的留评率相比，亚马逊肯定也希望留评率越高越好。所以，这次 Rating 的调整变成了一键索评，那么如何一键索评呢？

在卖家中心单击"订单"→"管理订单"选项（如图 2-10 所示），会出现自发货的订单页面，如图 2-11 所示。

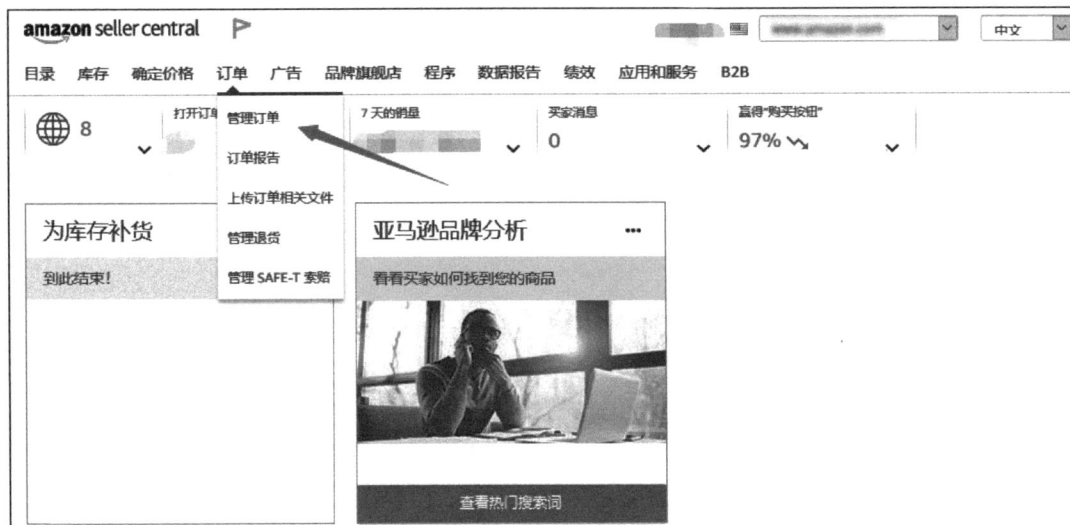

图 2-10

图 2-11

因为很多卖家全部采用 FBA 发货操作，所以没有自发货订单，这里就显示 0 个订单。单击"查看亚马逊物流订单"按钮会出现如图 2-12 所示的页面。

图 2-12

图 2-12 中的订单状态有"付款完成"和"等待中"两种，只有"付款完成"的订单才有一键索评按钮，单击箭头所指的一串订单号，会出现如图 2-13 所示的页面。

图 2-13

单击"请求评论"按钮，会出现如图 2-14 所示的页面。

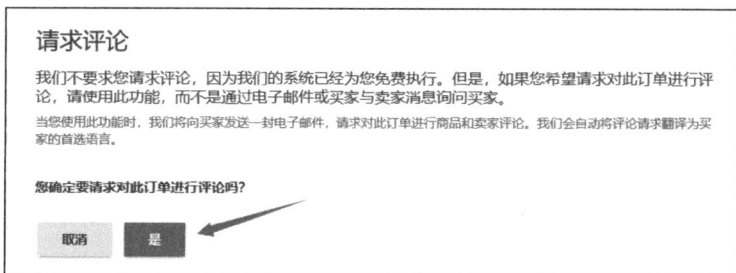

图 2-14

这就是让亚马逊代替卖家手动发邮件索评，而买家给 Review 也变得非常容易，选择对应的星级即可，现在不需要写文字内容了。一键索评功能针对签收 4 天后，30 天之内的订单，不在这个时间段内无法索评。

图 2-15 是买家在购物后的留评页面。

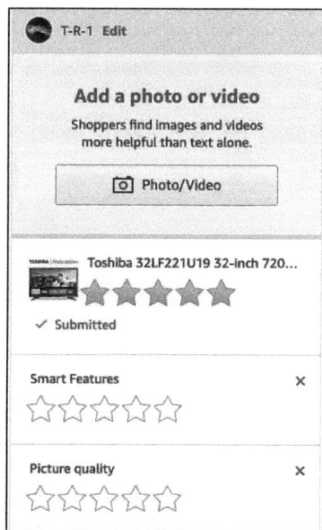

图 2-15

一个 Listing（商品）的 Customer Rating = Customer Review + 没有文字的 Review。

Customer Rating 在 Listing 详情页面下方有汇总数。

Customer Review 包括文字、图片、视频。

我们来看一款某年"黑五"活动的"爆款"，如图 2-16 和图 2-17 所示。

图 2-16

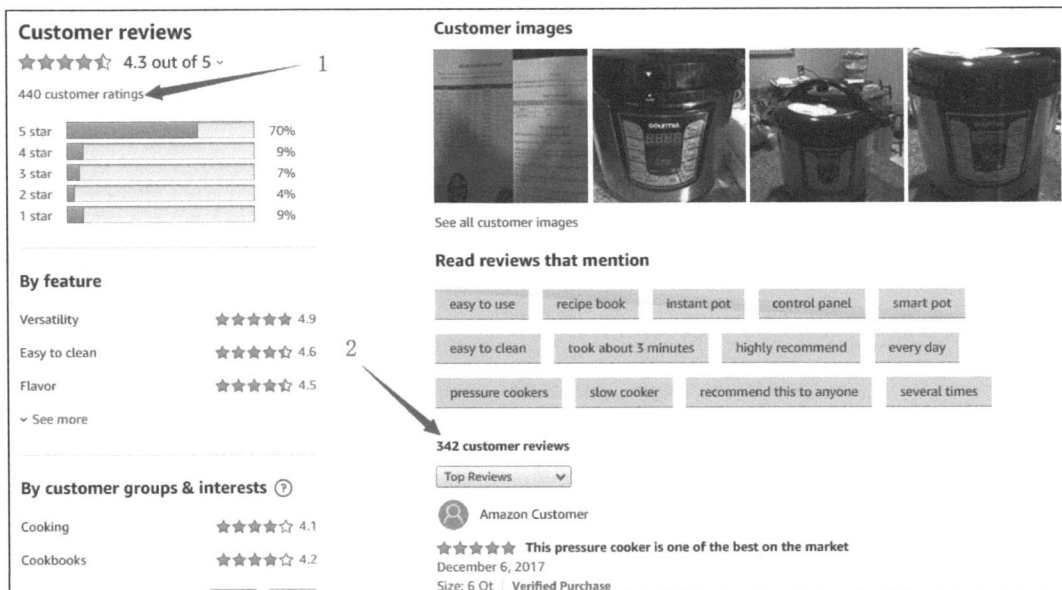

图 2-17

我们第一眼就能看到这款商品的 Customer Rating 是 440 个（图 2-17 中数字 1 所指），Customer Review 是 342 个（图 2-17 中数字 2 所指），并且只在 Listing 详情页面下方才有汇总数。

这款商品有 440－342＝98 个只有星级，而没有文字的 Review，也就是改版后的 Rating。

这里得出卖家运营需要掌握的几个知识点：

（1）商品质量好坏变得一目了然，更真实。

（2）一键索评会使 Rating 变得更多，使文字、图片、视频 Review 变得更珍贵。

（3）亚马逊引导卖家更重视商品的质量与销售量，以便降低获取 Review 的难度。

（4）销售量大的好商品 + 疯狂做广告 + 以买家为中心的卖家才是好卖家。

（5）对于新商品，前期推广和以前没有变化，但质量不好的商品后期不可能通过人工刷单干预评价，因为难度和费用将会大大增加。

2.3　深度解析亚马逊的飞轮理论

每个电商平台都有自己的核心理论，阿里巴巴的核心理论是卖场模式，搭建一个平台，让入驻卖家的能量最大化。阿里巴巴有专门针对入驻卖家的上市咨询服务，这就是平台核心理论的表现。同样，亚马逊也有它的核心理论——飞轮理论。

"飞轮理论"已经非常有名，是同时适用于平台、卖家和买家的一个运营机制，如图 2-18 所示。

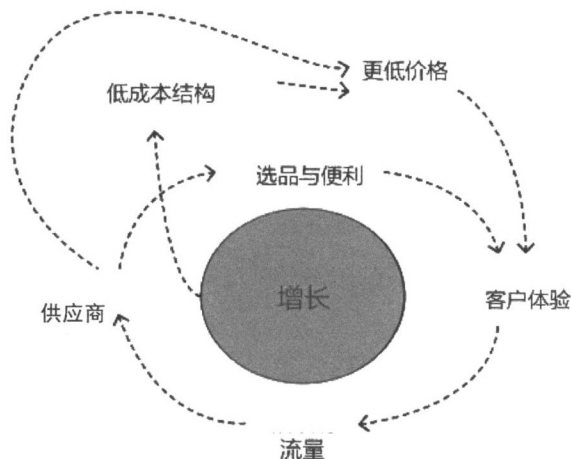

图 2-18

对于平台的核心理论，很多卖家并没有深入地理解其背后的本质。

从图 2-18 中这个"飞轮"的任意一点，你都可以切入。平台有了更多的选品→良好的客户体验→更多的流量→吸引更多供应商→竞争价格降低→买家获得更好的客户体验。这就是一个流量闭环。

在这个飞轮里，只要有一个点做得好，马上就能让这个飞轮稳定旋转，如果有多个点同时做得好，那么飞轮旋转会给卖家带来大量订单。

你作为第三方卖家，应该如何紧紧围绕这个飞轮做运营和决策呢？

第一，必须有好的商品。

其中包括 3 个方面：质量好，商品种类多，容易被人发现。亚马逊的调性就是重视商品，喜欢好的商品，平台生态因为"飞轮理论"而变得非常健康，这会产生一个良币驱除劣币的过程。质量好的商品会带来更多真实的好评，亚马逊会因此给商品更多自然流量，进而给商品带来更多自然订单。如果卖家能开发多个质量好的商品，将会得到多个商品的自然流量，也会带来多个商品的自然订单，账户的 Feedback 绩效就会非常好，亚马逊也会认为这是一个优秀的账户，背后是一个优秀的卖家。如果你的 Listing 文案写得很吸引人，深受搜索引擎喜欢，买家就会非常容易找到你的商品，进而让你获得更多订单。

第二，不要惧怕竞争，要面对价格战。

因为亚马逊会吸引大量供应商、工厂、贸易商卖家开店，相同的商品必然会引起价格战。作为第三方卖家，你不能惧怕价格战，要有这样的心理准备。同时，你也不能只打价格战，优秀且有实力的卖家会开发出买家喜欢的商品，并且进行更新迭代，只有不断创新才能持续保持领先优势。

第三，工作重心首先应该是开发好的商品，其次才是运营技巧。

中国的电商异常发达，很多卖家乐此不疲地研究电商运营的"武林秘籍"，但是很少有人愿意研究买家需求、商品质量、商品创新、商品专利等。

亚马逊主要覆盖欧美日等发达经济体，买家群体对价格不敏感，只要商品质量好，买家就喜欢，自然就有很多人买单，并且亚马逊会因为飞轮理论再次给你更多的自然订单。

我曾经遇到过一个美国买家，商品的售价为 19.9 美元，采用自发货需要 7～15 天才能邮寄到他手里，他回邮件说可以另外支付 25 美元运费，给他发商业快递空运过去。所以，你没有必要总想着 2 美元包邮是怎么赚钱的这种运营思路。

以上就是卖家群体容易对亚马逊飞轮理论忽视的几个地方，希望你能够更专注于好的商品，一起改变中国制造的商品在外国人心中便宜、质量一般的印象。

2.4 注册海外商标的正确步骤和技巧

既然我们做的是出口跨境电商运营，经营的是海外市场，就必须有一个海外的商标。

往小的方面说，亚马逊不欢迎没有商标、没有品牌的商品。虽然亚马逊没有明说，但是在各种政策、后台工具使用方面，都是有商标的卖家才有权限使用。

往大的方面说，海外市场都非常重视知识产权，商标作为知识产权最基本的一部分，如果没有，那么相当于你在投资市场"裸奔"，风险是非常大的。

为了照顾第一次做跨境电商运营的卖家，下面先普及一下商标的基础知识。

1．商标的使用具有地域性

注册的中国商标，有效范围就在中国。

注册的美国商标，有效范围就在美国。

注册的欧洲联盟（欧盟）商标，有效范围就在欧盟的 27 个成员国。英国脱欧了，欧盟商标在英国就不受保护了。

2．商标的注册不能100%成功

你想到一个好的英文名，在去美国商标局注册的时候，有一个初审的过程，这个英文名必须是独一无二的，不能和知名品牌相同或者相似，否则会被驳回。所以，在注册商标时，你不要想着会 100%成功，失败了也很正常。你可以让商标代理机构帮你做一次风险评估，成功率为 80%的商标基本都可以注册成功。

随着亚马逊的发展，品牌在运营中越来越重要。亚马逊势必会给品牌备案的卖家更多的流量和功能倾斜。品牌，对于很多中小卖家来说很遥远，需要明确一点，所有知名品牌都是从注册一个商标开始的。

我从 2012 年就开始注册商标，这几年一直在打造品牌和通过品牌获得流量。最后，我得出基本的认知：品牌起名、商标设计、商品开发、视觉营销、人群定位都属于营销推广的一部分。这些前期工作做不好就盲目推广，是没有意义的。

海外有专门的律师事务所，有专人在大量地注册美国、欧盟商标，他们注册商标的做法很简单，就是盯着亚马逊的 Best Sellers（最畅销品），特别是 New Releases（最佳新商品）排行榜里的前三名，只要这些商品的销售量稳定了，他们就去注册这些商标，然后投诉这些商标侵权。在这些商品被亚马逊暂停销售后，卖家在与他们联系的时候，他们会索要专利费。

你可以回想一下，是不是有很多卖家的商标是随便写的？这就有潜在的风险，你一定要注意规避。

图 2-19 中数字 1 所指的是这个商品的品牌名，数字 2 所指的才是这个卖家的店铺名。

图 2-19

注册商标应该和注册亚马逊账户的时间一样，一开始就需要去想商标名称，商标注册完成需要一年左右的时间，因此，注册时间越早越好。

你要为商标取一个简短、容易被记住的名字，为商标取名要遵循以下几个基本原则：

（1）英文字母越少越好。

（2）英文字母要有联想性。

（3）商标的首字母要大写。

你注册一个商标，商标代理机构会让你选择 10～20 个类目或者商品。在注册商标前，你要想好经营哪些类目，然后选择这些类目，以后就可以起到品牌保护的作用。

根据这 3 个原则，我总结了两个成功率很高的商标联想方法。

假设你想经营服装类目的商品，可以参考以下两种思路。

第一种思路：衣服是给谁穿的？

（1）衣服是给人穿的。你可以用 Man + 某个动作。例如，Mancry、Mansmile、Mansun 等。对于这样的组合，你要准备 20 个单词，然后一一发给商标代理机构，让他帮你检测成功率。最后，会剩下 3～5 个成功率比较高的单词，把单词改一个字母，以提高商标注册的成功率。例如，把 Mansun 改成 Mansum。

（2）衣服是给宠物穿的。还是按照上面的思路，养狗、养猫的人最多，就用动物 + 某个动作。例如，Dogcry、Dogsleep，也要准备 10～20 个这样的单词，然后重复上面的步骤。

第二种思路：假设你是卖家居商品的，家居商品是不是也有应用场景？ 家庭、办公室、学校等。

如果是家庭用的，那么可以用 Home 组合成一些意思相差较远的单词，如 Homemobile、Homefly 等。再修改一下商标代理机构给你反馈的组合词，假设 Homefly 的成功率是 50%，就可以改成 Homefoo。因为这样的组合是两个单词，所以成功注册后的辨识度就很高，容易让人产生品牌联想。

使用这种方法的前提是你对商品的应用场景、应用对象要熟悉。希望你多花点时间注册一个容易让人记住的商标。

2.5 我现在做亚马逊运营还来得及吗

本书的内容主要偏向实操，但是我觉得有的问题如果不说清楚，很多人做亚马逊运营是不会积极思考的，特别是在面对一个新兴行业的时候，总想着如果自己早做几年，那么现在可能已经成为"躺赚"的行业大卖家，本节内容是很多新卖家心里所想的，可以让你们对整个行业有一个客观、真实的判断。

我遇到过很多人只是抱着试一试的态度去做跨境电商运营，做了 2～3 个月觉得不行就放弃了。我认为做任何事情都要有坚持和试错的态度。各个跨境电商平台几乎都是从 2011 年进入一小部分人视野的，到现在已经接近 10 个年头了。可以确定的一点是，亚马逊依然是跨境电商领域最具投资价值的平台。

2012—2013 年，亚马逊处于早期的原始状态，不断地给卖家红利。互联网圈里有句话是"站在风口，猪都能飞起来"。所以，有时候你感觉自己把事情做好了，其实是因为你借助了大势。

2014—2015 年，以深圳外贸人为代表的卖家开始大量入驻亚马逊，并且以深圳的知名电子商品作为主要商品在亚马逊上销售。现在亚马逊美国站的很多电子商品类目的热销"爆款"的卖家都是那时候开始做的，而且这些"爆款"稳定畅销了很多年，这个时期是原始的资本积累阶段。

2015—2017 年，亚马逊正式对外宣布全球开店，随即吸引了各路豪杰入场。2017 年应该被称为亚马逊的中期阶段，那时候亚马逊强调做精品，优化 Listing 文案，鼓励和引导卖家用 FBA 发货，因为那时候依然有大量的订单用自发货。

2018—2019 年是后亚马逊时代，但这并不是做不好跨境电商运营的理由，因为从我身边很多做亚马逊、Wish 等平台运营的卖家规模来看，很多人还是"SOHO 一族"、夫妻开店，甚至华强北还有很多 3～5 人的亚马逊卖家，一年也可以创造 1000 多万元的流水。另外，我每天接触到的很多卖家是内陆转型的卖家，有大量的山西卖家、河南卖家，这足以证明跨境电商在国内处于井喷状态。

2020 年，对于做亚马逊运营来说是一个全新的起点，这个行业处于一个完全开放、公平、规则完善的状态，会有更多有实力的工厂、外贸人、国内电商企业、国内品牌商入场。一些悲观的人说市场竞争激烈了，其实不是的。

从整体来看，是大家一起做大了整个跨境电商市场；同时，亚马逊以更加公平、透明的机制，保证了中小卖家也会有一席之地。

如果你是一个做了 3 年以上的老卖家，那么应该能感受到亚马逊的规则一直在变，自己账户的老商品不会一直占据首页的位置，亚马逊会不断地给新商品一定的机会，从侧面也激励老卖家不断开发新商品。

在可以预见的未来 3～5 年，以跨境电商公司为代表的企业可以成功运作出更多属于中国的世界知名品牌，以制造业工厂为代表的企业可以生产出更多质量更好、含金量更高的商品。所以，出口跨境电商将会在未来 3～5 年有更大的红利。

2.6　现在有哪些人做亚马逊运营

前面介绍了亚马逊的基本操作和平台性质，既然亚马逊是一家国际性电商购物平台，就会有各种各样的卖家在上面竞争角逐。亚马逊又是一家美国的公司，所以美国卖家最多，近几年随着全球开店政策的推行，中国卖家在美国市场也占到了 30% 左右的市场份额，也会有英国卖家、德国卖家、法国卖家、西班牙卖家、意大利卖家等欧洲卖家。这是一个"国际性舞台"，而不仅仅有中国卖家在竞争。跨境电商企业应该具有国际投资眼光，敢与海外卖家大胆公平竞争。

目前在国内，有几类人在从事亚马逊运营工作。

（1）做传统外贸的贸易商、工厂。跨境电商本身就属于外贸行业，只是从原来的外贸批发转型到外贸零售，即跨境电商的形式。贸易商的消息是最灵通的，也是最早转型的一批卖家，然后是外贸工厂。

（2）从国内淘宝、天猫转型的卖家。他们具有天然的电商基因，特别是天猫 Top 500 的卖家，有工厂资源，但对国内电商平台和亚马逊运营方法的认知有较大偏差。

（3）有着稳定薪水的上班族。很多跨境电商公司的运营人员非常熟悉运作方法和平台规则，但是对开店、收款、物流渠道等周边服务了解很少。

（4）在家带孩子的"宝妈"。"宝妈"的时间很充裕，很多是在外贸企业上班的职业女性，由于生育的原因，中断了工作，但是熟悉外贸行业，有充足的时间学习和做跨境电商运营。

（5）以跨境电商创业的大学生。跨境电商属于新生事物，很多"90 后"能够很快适应电商平台的快节奏，能够快速学习平台知识，年轻人的思维转换快。

（6）看到跨境电商赚钱效应的人。近年来因为看到跨境电商的赚钱效应而做跨境电商运营的人很多，之前在深圳较多，而现在内陆城市也有越来越多的人开始关注跨境电商。

2.6.1　传统外贸企业如何做亚马逊运营

在了解了有哪些人做亚马逊运营后，我们有必要继续深入分析如何才能做好运营。

传统外贸企业大部分是贸易企业或者工厂，一直以来直接面对海外的大型批发商，一般通过线下展会或者谷歌搜索的方法寻找海外批发商，接到的订单金额往往都比较大，是因为海外的大型批发商非常熟悉当地国家的市场，只是把消费者的要求告诉中国的工厂，然后按照他的要求定制生产而已。所以，传统外贸企业需要明确以下 3 个关键点。

首先，传统外贸企业要确定自己的商品是否适合零售，即是否适合终端消费者直接使用，因为很多传统外贸的订单属于 B2B 的企业采购订单，现阶段的跨境电商主要以 B2C 零售为主，B2B 的订单是很少的。例如，如果你所在的工厂是生产防盗门的，有面部识别功能，这个商品需要专业维修人员上门安装，那么这个商品显然不适合跨境电商，也可以说不适合跨境零售。

其次，传统外贸的订单金额大、频次少，很多时候都是一年一两次，但是在亚马逊上多频次的快消品占主流。传统外贸的商品只要不是大规模地出现质量问题，少量的几个商品有瑕疵是没问题的，但是在跨境零售的平台中，这样的瑕疵对于消费者来说，就是商品质量问题，外贸企业应该予以重视和区别。

最后，传统外贸的物流方式以海运为主，因为订单数量较多，海运是最便宜的运输方式，而亚马逊有自己的海外仓，第一批货物是测试数据和市场反应的，数量较少，往往采用飞机空运的方式，只有在商品销售量稳定的情况下才会使用海运。这也是需要转变的思维方式。

2.6.2　国内电商卖家如何做亚马逊运营

在本章开头介绍过，国内电商卖家（如淘宝、天猫、京东等平台的卖家）具有天然的电商基因和互联网基因，更容易识别互联网电商平台的机遇。亚马逊作为互联网和外贸行业的结合，同样具有电商平台的很多共同属性，但是亚马逊同国内电商平台又有很多不同之处。国内电商卖家在货源、品类方面更加有优势，现在很多天猫 Top 500 的卖家过来做亚马逊运营，这些卖家在供应链方面有足够的优势，但是需要面临以下问题。

首先，以亚马逊为代表的跨境电商属于出口外贸行业，将本国的商品销往海外。国内电商卖家的商品要确定是否适合出口，例如食品、烟花爆竹、液体类很难做出口贸易，并不是说这些商品不能做，而是要求的资质和海外出口认证非常烦琐，会在一开始就打消这部分国内卖家的积极性。

其次，国内电商卖家的商品要适合目的地国家的市场需求，在商品适合出口的前提下，如果商品在海外没有需求，就意味着没有市场和销路。例如，中文图书、陶瓷制品、十字绣，甚至在亚马逊美国站还有中国的文房四宝等商品，虽然卖家很有想法，但是在现实中外国人对这些商品根本没兴趣。

最后，国内电商卖家的商品定位必须准确，在天猫有着大大小小的国内品牌，线下实体店也做得风生水起，在国人心目中有一定的品牌知名度，但是商品如果拿到美国、加拿大、英国，甚至一些欧洲小语种国家就算不上品牌。现实的情况是，连小米、华为这样的企业，在欧洲小语种国家，例如意大利、西班牙、波兰、捷克也没有多少当地人知晓。

国内的传统厂商，即使做得不太好的国内电商卖家去开拓这些小语种国家市场，也可以和华为、小米这样的品牌站在同一条起跑线上。这就给了很多中小卖家甚至懂小语种的人很好的市场机遇，也可以说是个人逆袭的机会吧！

2.6.3 在二三线城市能否做跨境电商运营

之所以写本节，是因为从我的上一本畅销书《亚马逊跨境电商运营从入门到精通》的订单分布中得出了以下数据：在出版的前半年，大概80%的订单都来自广东省的卖家，其中深圳占了75%，目前大概有50%的订单来自广东省，剩下50%的订单来自全国其他省份，甚至很多都来自二三线城市，你眼中"高大上"（高端、大气、上档次）的跨境电商行业，其实在内陆也有很大的市场空间。

深圳是跨境电商的基地，因为之前是外贸出口的集散地，又非常重视科技创新，年轻人聚集，所以大多数行业大卖家都是从深圳起家的。深圳以天时地利人和的优势，不断书写了大量的财富故事，这是深圳的优势。同样，深圳作为一线城市，不断上涨的房租让企业和个人都承受着巨大的压力，一些行业大卖家开始把运营中心往内陆的新一线，甚至二三线城市迁移，例如武汉、厦门是开设企业分部最多的城市，而物流和仓储中心还一直在深圳，毕竟深圳便捷、快速的物流优势还是内陆无可替代的。

影响跨境电商经营成败的3个关键要素是商品、物流、最新资讯。

你有什么商品决定了你能做到多少营业额和需要多少初期运营资金。

随着行业的深度发展，深圳的电子商品竞争已经是一片"红海"，反而像轻工业、纺织业、玩具类等内陆优势产业，才是现在出口跨境电商卖家的"蓝海"产品线。很多深圳卖家的所有货源全部都在义乌、昆山等地，他们把货邮寄到深圳，贴标发货到海外。

如果你的老家是中部省份的某个县城，那么只需准备好货物，贴好每个商品的 ASIN

条形码，通知当地的顺丰或者德邦物流，即可完成 FBA 发货。这样的操作需要你和工厂、物流公司有一定的默契。

前期不要嫌麻烦，你要让工厂把货物邮寄给你，老老实实地给货物一个个贴标，再发货到物流公司，后期与工厂熟悉了，了解了工厂的合作意愿，就可以让工厂帮你贴标，再发货给物流公司，让物流公司贴好外箱单。这种操作手法，我已经在部分商品上熟练使用好几年了。

当然，跨境电商的交流氛围和最新资讯也非常重要，从长期来看，会直接影响卖家的经营业绩。我看到过很多新卖家天天参加深圳各种跨境电商论坛和讲座，一星期能参加 2～3 个大型论坛活动，我甚至怀疑他有没有时间运营账户。

根据行业的发展趋势，我们可以大胆预测：未来 2～3 年是内陆二三线城市卖家大规模崛起的时间段。在二三线城市做跨境电商运营的一个最大好处是在小城市生活却能够赚大城市的收入。

2.6.4　刚入行，找个跨境电商公司学习一年怎么样

跨境电商的现状如下：跨境电商在广东省是一个非常成熟的产业，各种配套设施很完善，可以说深圳是大卖家云集的城市。在下班的时候，你走在坂田、民治等地方的人行道上，在等红绿灯的时候，都可以听到几个年轻人讨论关键词怎么设置、PPC（按点击付费的广告模式）怎么优化。而在内陆省份，很多人都不知道跨境电商是什么。这说明这个行业还处于没有完全发展的阶段，是一个新兴行业。有些人会想，我去跨境电商大卖家公司打工学习一年，这样启动成本会不会低很多。

去公司做运营和自己创业，没有绝对的对和错，要根据自身情况来定。

大卖家一天几万美元的流水是很正常的，成熟的跨境电商公司的高级运营人员的分工往往比较细，只是单纯地负责站内外运营，每天的工作是上架商品、优化 Listing 文案、想办法提高销售量、处理每天的售后邮件、处理差评、跟踪商品排名。

我之前碰到过一个在其他公司做了两年左右的亚马逊运营人员，他对怎么开店、需要哪些资料一无所知，对商标、物流，甚至很多商品的定价也是一知半解的。

这是为什么？因为他所在的公司老板是不希望他知道这些的，特别是最核心的商品货源、供应链更是公司的机密。我还遇到过一个"90 后"的运营主管，他看到公司这么赚钱，于是"跌跌撞撞"地注册了一个亚马逊账户，之所以用"跌跌撞撞"来形容，是因为他的注册过程实在太艰辛了，连准备哪些基础资料都不清楚。这倒不是说他工作不称职，而是因为他在公司做运营主管时，主要负责几个运营专员的账户业绩，也就是带 3～5 人的小团队。

　　在账户注册完成后，最头痛的是选品，这几乎是所有在公司做过几年的亚马逊运营人员的共同难处！在商品选好后，问题又来了，要进货啊！这在公司上班时根本不是自己的事情。还要自己掏钱进货，投资多少合适呢？好吧！先投资几千元，每个商品采购几十个。在商品选好后，写 Listing 文案上架是他的强项，一天就搞定了，幸好图片是工厂给的，PS技术也不错，就没花钱找摄影公司拍，在准备好商品后，打电话让 DHL（敦豪快递）快递员上门收货。在商品到美国仓库后，过了几天都没有出单。于是他问我："雨果哥，没出单是不是要刷单啊！"我当时很纳闷，说："你在公司是怎么推广的现在就怎么推广啊！"

　　他说："公司在前期免费送商品做测评，然后打自动广告和手动广告推广。但是，我自己没有信心，员工一个月的工资有 1 万元，再加上团队绩效提成，花这么多广告费很心疼，还不一定有效果，测评资源之前都是公司的资源，我在这方面没有积累。"

　　他就这样反复纠结了一个多月，最后就放弃了。前段时间我问他做得怎么样了。他说感觉不适合自己做，还是适合在公司做运营，现在跳槽到另一家公司，待遇还可以。

　　讲了这么多，对于适不适合去大公司学习一段时间你应该有答案了。在公司做运营，确实能学到站内外运营的知识，但是学到的知识并不全面，如果自己单干，那么一定要正确定位。拥有公司给的各种资源，你的亚马逊店铺一天可以收入 1 万美元，但是如果自己做，那么你首先要想清楚自己有没有这么多钱做运营，其次你的心态也是完全不一样的。

　　最后，总结一下，去公司做运营和自己运营店铺的思维方式完全不同：一个是把自己手头的工作做得出色；另一个是把自己手里的资金运作升值。

　　思维方式不同，导致你的结果完全不同。

2.7　个人做跨境电商运营，请从工厂拿样品开始

　　很多卖家做跨境电商运营不知道从哪里开始，如果是国内淘宝、天猫、京东卖家转型还好一点，有团队，有人手，大概知道怎么开始第一步。许多卖家属于个体，或者 1～3 人的小团队，不知道是应该先注册公司，还是先注册账户或者先准备商品，抑或是先学习基础知识。

　　卖家大概可分为贸易型卖家和工厂型卖家。

　　如果你是工厂型卖家，前期就不存在选品的问题，只需要把自己的商品打造成适合亚马逊的热销品即可。

　　实际上大多数卖家都是贸易型卖家，即没有固定的产品线的卖家。这时，迅速锁定商品类目，是你需要做的第一件事。

　　假设你想卖旅行枕头（Travel Pillow），如图 2-20 所示。

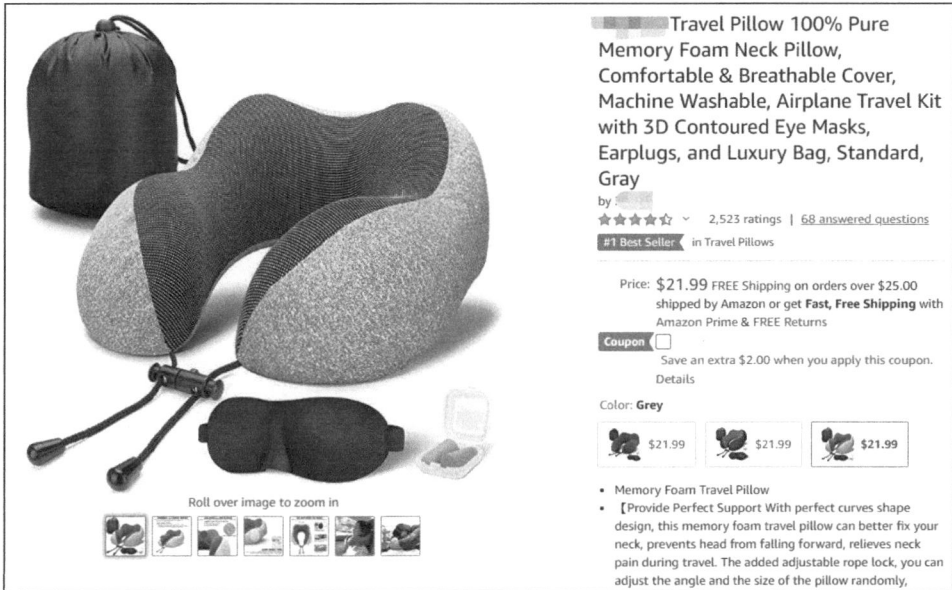

图 2-20

这里先不讨论这个商品是否适合你卖，事实上，在亚马逊上的所有商品你都可以卖，只是有的商品需要花费很多钱，有的商品的推广费比较低，需要的启动资金少。

假设你决定卖 Travel Pillow，就需要查看这个商品的 Review，特别是一星、二星差评，如图 2-21 所示。

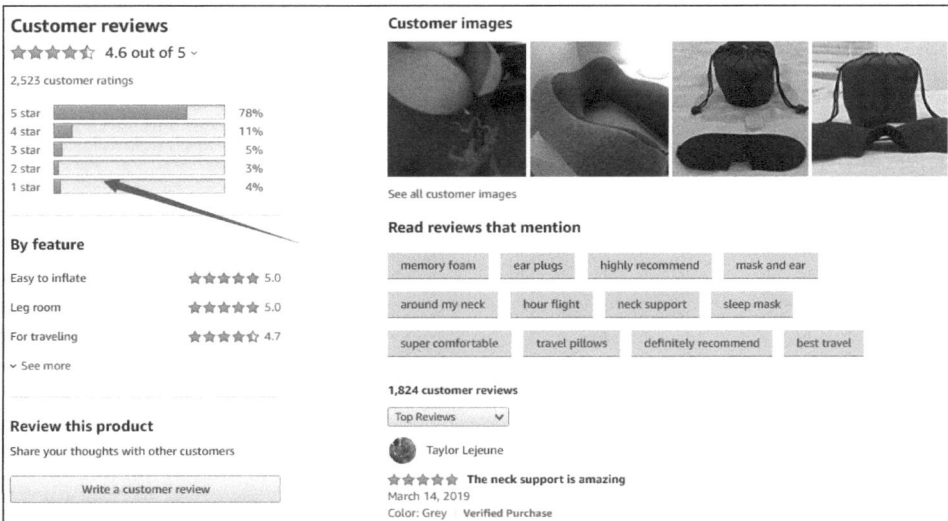

图 2-21

单击 Listing 详情页面下方的 Review 区域，打开所有 Review 的列表，如图 2-22 所示。

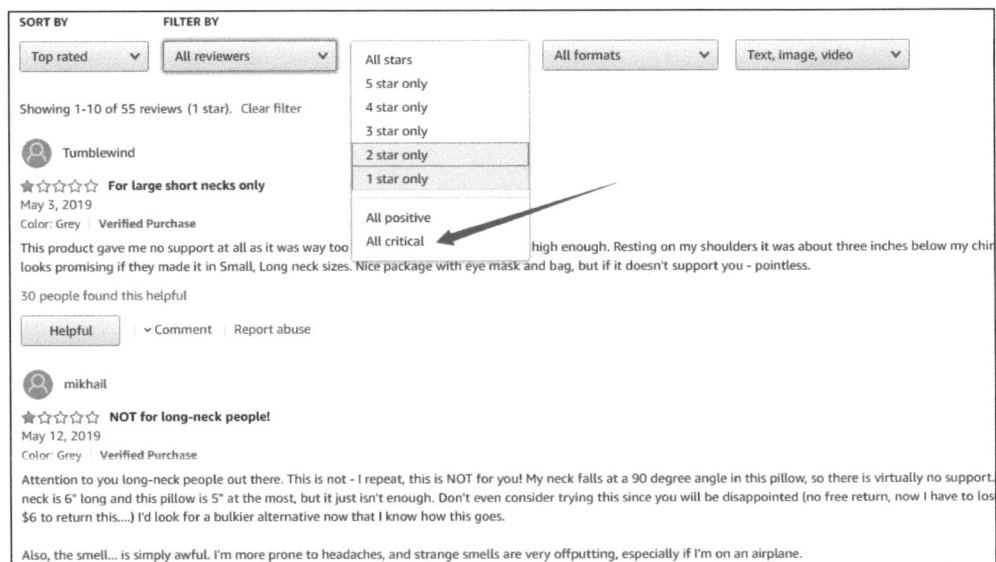

图 2-22

在"All stars"下拉列表中，选择"All critical"（所有负面评论）选项，然后浏览这个商品的所有差评。

按照以上方法，你要至少查看小类目前 20 名的所有商品，这时就会全面了解这个商品的材质、特性、功能。

然后，你要带着这些商品的"问题"，去 1688 网站中找相同或者类似的商品，如图 2-23 所示。

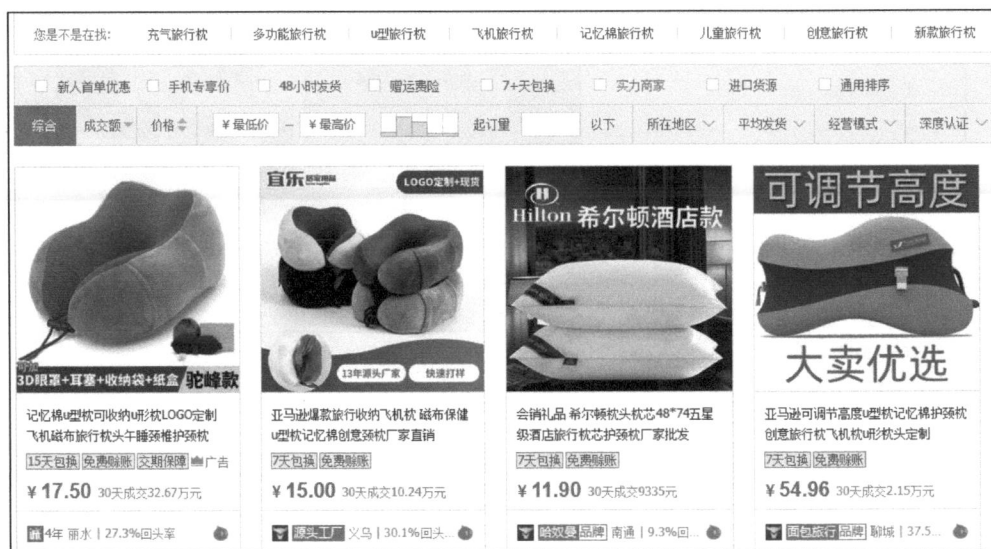

图 2-23

你要找 3～5 个供应商，从每个供应商处订一个这样的样品，然后让他们给你邮寄过来。在收到商品后，你需要一个一个地试用这些商品，反复对比商品的材质、功能和包装。绝大多数新卖家往往是很难走出这一步的。

做跨境电商运营的第一步是采购样品，而不是注册账户。

最后，我总结一下知识点：

（1）从在线上看商品到在线下采购，这是极其重要的。

（2）带着商品的问题去采购。要选择愿意配合你的供应商，例如好沟通、能开模、后期能帮你贴标等。

（3）选择 3～5 个不同的供应商，这是解决信息不对称的最好方式。有时候对于相同的商品，不同的供应商的报价相差很大。你要多看几个不同的商品，这样才能对商品价格和质量了如指掌。

2.8 一个合格的跨境电商卖家每天都在做什么

有很多新卖家在刚开始做跨境电商运营时，经常会不知所措，不知道应该先做什么，后做什么。基本有以下两种情况：第一种，在注册完账户后，面对卖家中心，不知道怎么办。第二种，在用 FBA 发货后，打广告，然后坐等订单。这两种卖家的日常工作状态，可以用无所事事来形容。这是所有人的真实体验，你不要太焦虑。

下面我把一个合格的跨境电商卖家或者运营岗位员工每天要做的事情以流水账的形式分享给你。

一个成熟的运营人员的定义：能够维护现有账户业绩，并且提升现有商品的销售量，在注册完一个新的账户后，对卖家中心的每一个版块都必须熟悉，需要查看每一个选项，包括带有感叹号的选项，如图 2-24 所示。

如果你是一个新卖家，不愿意看带有感叹号的选项，总感觉卖家中心很难操作，那么说明你对这件事的投入是不够的。如果你是一个老卖家，平常也没有认真看带有感叹号的选项，那么说明你的运营工作做得不够细致，细节还有待完善。你一定要学会注意这些细节，否则你付出的时间成本是很高的。

如果你是单独操作一个账户的运营人员，那么每天早上需要做的第一件事是调广告出价。因为此时美国是黑夜，基本上都是竞争对手在点广告，你要避免浪费广告费。所以，每天早上降低广告出价是必须做的，具体降低多少，要根据你的店铺商品的近期表现来定。

你每天要关注订单数和广告数据，因为数据中有你想要的运营结果，你要保证商品有库存不断货，图2-25是补货表格的表头。你可以自己做这个表格，每天往里面填数据。时间久了，你对各项数据就一目了然了。

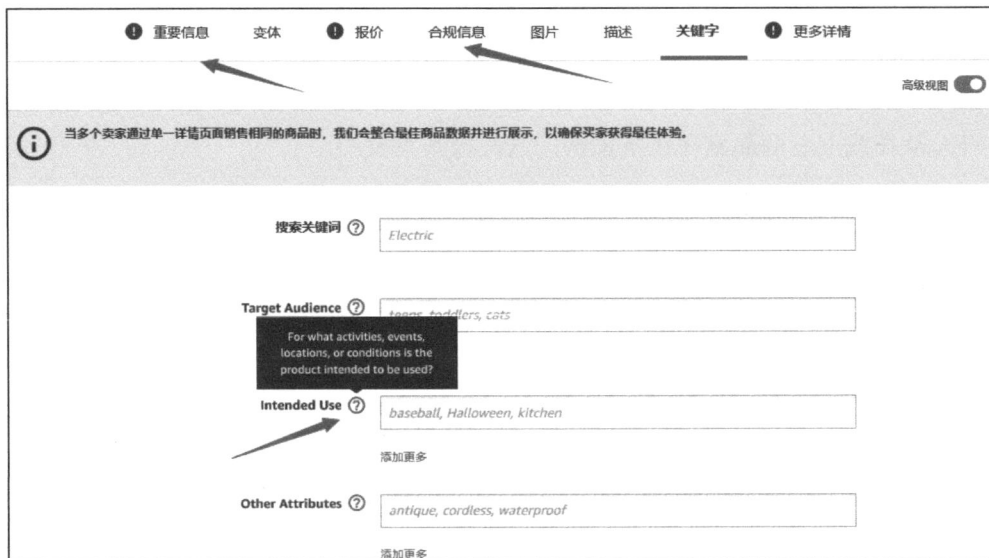

图 2-24

图 2-25

商品排名和广告销售比（ACoS）是否下降是必须时刻关注的事情。一个合格的运营人员不能只看数据、写数据，最关键的是会分析数据，否则只能是运营助理。

通过这些数据，你每天需要做以下事情：

（1）维持新商品的转化率在15%以上。

（2）查看小类目排名是否持续上升，如果下降，那么要找出原因。

（3）维护 Review 星级至少为 4 星，主推的商品的 Review 星级必须为 4.5 星以上，星级越高，销售量会越大。

（4）持续关注 ACoS 是否降低，如果没有降低，那么要找出原因。

在上面的工作做完后，基本上就到 10 点了。然后，你需要查看商品库存，如图 2-26 所示。

库存				
在仓	在途	在途预估到货日期	补货时长	还能卖的天数

图 2-26

根据这张库存表格，你需要了解以下内容：每个商品的库存数量；在途数量，预估多久能到；补货需要多久；还能卖多久。这些数据都是每天需要更新的，千万不能偷懒。以上这些细节工作可以保证商品不断货。

中午吃过午餐，可以休息一下，做眼保健操，再开始下午的工作。下午的工作看起来轻松一些，但是比较琐碎。

你要处理差评，维护 QA（问答），寻找站外资源。你每天一定要看所有商品的标题、图片、五行描述、长描述等文案，每天还必须对照 10 个竞争对手的文案优化这些内容。

你可能对上面的这些文字表述没有感觉，但是如果你真的对照 10 个竞争对手的商品去优化，就会发现自己写的 Listing 文案有很多缺点。

个人小卖家或者 3～5 人的小团队需要自己做选品工作，而大公司会有专门的选品岗位。无论是超级大卖家，还是个人小卖家，每天核算商品利润率都必须做。

你一定要做一张如图 2-27 所示的表格。

	A	B	C	D	E	F	G	H
1	售价(USD)	收入(USD)	采购价(USD)	头程运费(USD)	提款费用(USD)	单个订单利润(USD)	单个订单利润(RMB)	
2	25	18	3	2	0.25	12.75	89.25	
3								
4								
5								
6		B - C - D - E = F						
7								
8	总毛利润		今日广告费用		今日运营费用		今日总利润	
9								
10								
11								
12								
13								
14								
15								

图 2-27

售价：商品的平常售价，不算秒杀、大促活动的价格。

收入：在亚马逊配送完且每个订单被签收后，亚马逊最后给你的钱。

采购价：单个商品的采购价，要换算成美元。

头程运费：单个商品的头程运费。简单的计算方法是一票货物的头程物流费除以总商品数。

提款费用：第三方收款平台收取的提现手续费，费率一般为 0.4%～1.5%。

单个订单利润：收入-采购价-头程运费-提款费用。

总毛利润：今天所有订单的总利润。

今日广告费用：今天的广告花费。

今日运营费用：一般把公司的各种开支计算成一天的开支。

今日总利润：总毛利润-今日广告费用-今日运营费用。

如果你每天都填一下这张表，就知道商品是否有利润，每天是赚钱还是亏钱了。

这里需要说明两点：

（1）因为新商品在前三个月可能是亏损的，所以这张表用来统计亏损了多少钱。

（2）对于三个月之后的商品，你必须要保证每天的销售都是赢利的，一定要细化到每个商品每天能赚多少钱。这样，你就知道自己一个月赚了多少钱，也方便给运营人员发提成奖金。

2.9　制造业工厂如何转型为跨境电商卖家

在亚马逊早期扩张的年代，很多卖家只需要铺货上架，就可以轻松地实现每天赚几千美元利润，当亚马逊的流量红利减少，铺货型卖家变多，各个类目已经不缺商品的时候，就变成专业卖家入场的最好时机。靠专业的商品+专业的运营+一点点运气，小型跨境电商公司就可以迅速成长为一家中型跨境电商公司。

此前，一位工厂老板告诉我，与他合作的一个亚马逊卖家，从他那里拿货才 5 元人民币，但是转手到亚马逊上销售售价为 29.99 美元，换算成人民币是 200 多元，去掉国内运费，净赚 180 多元。看到这里，你别笑！这是相当一部分工厂老板的想法，表现出对亚马逊规则的不了解。我把工厂转型为跨境电商卖家的模式，按成功概率从低到高分为 4 种。

第一种模式：工厂老板亲力亲为。

工厂主要的基因还是制造商品，有的工厂老板本身只把亚马逊当成一个销售渠道，随便分配几个人负责注册账户，上架商品。在 2015 年左右亚马逊的发展期，部分工厂注册了十几个账户，把厂里的商品分别上架到不同账户。在铺货就能赚钱的年代，很多工厂确实实现了订单翻倍，但这属于典型的违规操作，也完全发挥不了工厂善于制造好商品的优势。随着亚马逊运营功力较强的卖家入场，少数有想法的工厂老板开始高薪挖人。

于是出现了第二种模式：工厂老板高薪聘请有经验的运营人员。

为什么说高薪聘请呢？也是不得已而为之，大多数工厂老板不懂亚马逊运营，只能招聘有经验的业内人才，但是工厂老板眼里的"亚马逊运营"，并不是业内人才眼里的好工作。除了对工厂工作环境脏、乱的固有印象，对于刚启动的新项目，运营人员在前几个月是拿不到提成的。综合各个方面考虑，工厂老板只能高薪挖人，但是不一定能招聘到有真才实学的人。这个过程的投资风险远远高于让亚马逊运营人员入股。

这就引申出来第三种转型模式：找业内有经验的运营人员入股。

这种经营模式是创业界的主流模式，工厂可以完全发挥制造商品的优势，有经验的亚马逊运营人员只需要负责把商品推广出去，并且成功实现赢利即可。

这种合作模式有 3 个注意事项：

（1）工厂要完全配合亚马逊运营人员的工作，不能过多干预运营人员的决策，只能根据外贸出口经验给商品本身提供一些市场建议。

（2）亚马逊运营人员要充分发挥工厂的优势，尽量做出符合消费者需要的，更具性价比的私模商品。

（3）亚马逊运营人员要和工厂采取股份制合作的方式。这个方面的注意事项较多，我将在 2.10 节单独论述。

最后一种模式是目前很多工厂正在采用的，将工厂的客户从海外大型批发商过渡到大量国内小 B 卖家。有的工厂已经做得风生水起了，而有的工厂眼看着订单量下降，但遇到这类亚马逊小 B 客户的 50、100 个商品的订单，依然不屑一顾。外贸出口订单变得越来越碎片化，经营工厂的思维方式也要跟着变化。

下面做一个知识点的总结：

（1）前两种模式的成功率太低，不建议这么操作。

（2）如果工厂的商品适合跨境零售，那么要大胆地找有经验的亚马逊运营人员，通过股份制合作来经营，很多亚马逊运营高手是因为资金不够才无法成为大卖家的。

（3）最稳妥的转型还是面对小 B 客户，可以理解成间接转型为跨境电商卖家，而不是直接转型。

2.10　如果有人投资你的跨境电商企业，那么如何与他合伙经营

现代化的企业都会经历融资的过程，这就会涉及通过股权融资的形式去经营一家成功的跨境电商企业。入驻跨境电商平台的都是各行各业的大中小企业，目前亚马逊的各项规则逐渐完善，淘汰了一批赚快钱、干坏事的卖家，沉淀出了很多像我一样踏踏实实卖商品的卖家。很多手握百万、千万元资金的传统行业老板和投资机构，正在想办法投资亚马逊上有潜力的卖家，也想做出口跨境电商运营。

如果你作为亚马逊卖家有了一定的运营经验，那么这两年就会接触到投资方跟你谈合作，以由他出钱、由你出力的方式做亚马逊运营，这就是典型的引进外部资金。对于很多资金不足的卖家来说，处理好了，这是一个巨大的机会，处理不好，结果也会很尴尬。

投资方往往看中的是在亚马逊上的赚钱机遇，但因为不了解亚马逊，所以没有深刻认识到风险。例如，账户被封、被竞争对手恶搞、商品推广不好等。这时，你作为他们眼里有经验的人才，就需要解决这些问题，你要知道怎么花钱既有效率，又能把控风险。你可能做了2～3年亚马逊运营，虽然发了一笔小财，但是每天的库存压力越来越大，广告费越来越高，需要更多的资金去运作，但是怎么分工、怎么管理团队、怎么使用多账户操作，这些才是你会面临的全新挑战。我们引进外部资金，既要赢利，又要合理地进行股权分配，这是一个现代化股份制企业的基本特点。

下面介绍一下业内常见的合作形式：

（1）对方负责全额出资，你负责亚马逊运营，这对于你来说属于零投资。因为你只是付出了时间、精力，是零风险的。在前期没有收回所有投资的时候，一般对方占60%的股份，你占40%的股份，这个比例持续多长时间，要看商品的利润率。

假设商品有30%的利润，考虑海运的周期长，收回所有投资需要6～12个月。另外，你每个月还需要领取一定的工资，毕竟在创业初期有一段只有付出而没有收益的时间。当然，你也可以不领取工资，把工资全部算进股份。这些内容你要和投资方一起商量。

当整个项目开始赢利，且收回了所有投资的时候，作为运营操盘手的你至少要占50%的股份，对方的股份不高于50%，此时，你要尽量选择不领取工资，只要分红。

最关键的是，以上这些合伙创业的具体内容，都需要用合同的形式确认，当以后出现分歧的时候，可以按合同约定解决问题。

（2）双方都出资。对于这种形式，你们可以按照出资比例确定股份，即使你有了更多的资金，也千万不要只卖处于竞争"红海"的类目的商品。例如，3C商品、手机壳。你要尽量卖你熟悉的类目的商品，在经过选品，得到一定的数据后，你最好能够找到工厂开模，销售私模商品的利润率和创业成功率会高出很多。

当你们经过了1～2年的经营，肯定会希望扩大团队规模。此时，投资方经常会引进管理人员。那么在你们的合同里，也必须写清楚谁有经营权。因为每个人都有自己的想法，你想销售这个类目的商品，他想那样推广商品，当产生分歧时只有有经营权的人才能做主，这点至关重要。

在合伙经营两年以上，一般都已经赢利了，这时难免会有人中途退出，所以必须有退出机制，是退出经营权还是完全退出、怎么退出、利润如何分配，这些都需要事先写在合同里。当有分歧时你们可以按照合同执行，即使做不成同事，也可以做朋友。

中国人在做生意时经常会不好意思提钱，千万不要这么想，生意就是生意，朋友就是朋友。有一句话说得非常好：论朋友关系，我可以花2000元请你吃顿饭，但这单生意，我必须拿到属于我的500元。我见过很多只有口头协议的卖家，后来分手时都是不愉快的。所以，一定要事先有一个双方签字且生效的纸质合作协议，这样可以互相约束。

第 3 章

亚马逊的两种发货方式——
自发货、FBA 发货

3.1　亚马逊的两种发货方式简介

亚马逊目前有两种发货方式：自发货、FBA 发货。每种发货方式都有大量的卖家在使用，都有优缺点，只有根据自己的商品特点和自身优势选择，才能利用每种发货方式的优点，减少不必要的成本支出。

（1）自发货：顾名思义，就是卖家自己找物流渠道发货，可以选择时效快的国际商业快递，例如敦豪快递（DHL）、TNT 快递、联邦快递（FedEx Express）和美国联合包裹运送服务公司（UPS），一般 3～7 天就可以送到目的地，也可以选择通关能力强的国际 e 邮宝（EUB）或者中邮小包。当然，随着美国给万国邮联施压，国际 e 邮宝和中邮小包的运费比之前都有所上涨，但综合起来还是比国际商业快递便宜很多。

优势：自发货是在卖家接到订单后，再去发货，即先有订单，再有库存。卖家没有必要提前进货，没有任何库存风险，所需的运营资金较少，属于典型的轻资产运营。

劣势：自发货在亚马逊没有商品的权重优势，亚马逊不会给自发货商品新商品流量，自发货商品在初期也没有购物车。在发货之后，运输时间较长，短则 7 天，长则 40 天以上。最麻烦的是，当遇到国际退货时，退货成本更高，在大多数情况下我们只能把商品送给买家。时效慢也非常影响买家的购物体验，在越来越追求购物时效的大环境下，自发货只适合特殊的商品和拥有特殊优势的卖家。

第三方海外仓发货属于自发货的一种形式，下面单独介绍。

第三方海外仓发货：采用这种发货方式需要把货物一次性发到海外仓库，但是这里的海外仓不是亚马逊的，而是市面上专门做海外仓的公司。有实力的卖家会去目的地国租用仓库，聘用当地人处理仓库货物。

优势：海外仓发货也可以和 FBA 发货一样，实现当地国家的快速配送，并且能够大大降低库存滞销的风险。因为很多卖家是同时经营多个电商平台店铺的，假设一个卖家同时做亚马逊美国站和 Wish 运营，在亚马逊上卖不动的商品，可以通过海外仓配送给 Wish 的买家，也可以反向操作。另外，还可以给用 FBA 发货的商品临时补货，因为用 FBA 发货的商品断货对商品后续销售有影响，如果保证不断货就需要海外仓这样的短途配送来弥补。

劣势：大多数卖家是没有实力租仓库、聘用当地人的，所以会用到其他公司的海外仓，又由于使用这些海外仓的人很多，就会遇到管理货物的问题、不同国家沟通时效的问题，还有一定的库存滞销风险。

（2）FBA 发货：也称为平台官方自建物流，即亚马逊为你配送商品。亚马逊在有亚马逊仓库的国家都有这个服务，也就是在有亚马逊仓库的国家都建有实体物流仓库。第三方卖家需要提前把商品集中发到目的地国，当有订单时，亚马逊会直接从当地国家给买家送货，时效非常快，有的甚至能做到上午下单，下午到货。

优势：FBA 发货是很多中大型卖家的首选，因为可以获得亚马逊的新商品流量扶持。卖家提前发一批货到目的地国家的仓库，当有订单时不需要自己发货，大大节约了人力成本，不需要像淘宝、天猫卖家一样单独招聘打包发货人员。最吸引人的是，FBA 能够解决海外退换货的麻烦，这些都不需要卖家担心，FBA 卖家是最幸福的，只需要负责出单，出单后的事情都由亚马逊处理。

劣势：FBA 发货要求卖家一次性发较多的货物，这就有压货的风险，一旦选品失败，就意味着有卖不掉的库存。虽然亚马逊有销毁商品的服务，但这样的话库存商品和资金就没有了。

总之，以上两种发货方式各有利弊，只有适合自己的才是最好的发货方式。

3.1.1　FBA 发货的运作方式精讲

对于 FBA 发货的一些官方介绍，这里就不再重复了，我会站在卖家角度分享 FBA 发货对第三方卖家有哪些帮助，以便让你合理、合规地运用，使它的效果最大化。

简单来讲，FBA 发货是卖家把货物一次性集中地发到亚马逊自营的海外仓库。当你创建一个全新的 Listing 链接后，在没有发货之前，这个链接是可以随时删除的。

你要把这个 Listing 链接的配送方式转换成 FBA 发货，即亚马逊配送，如图 3-1 所示。

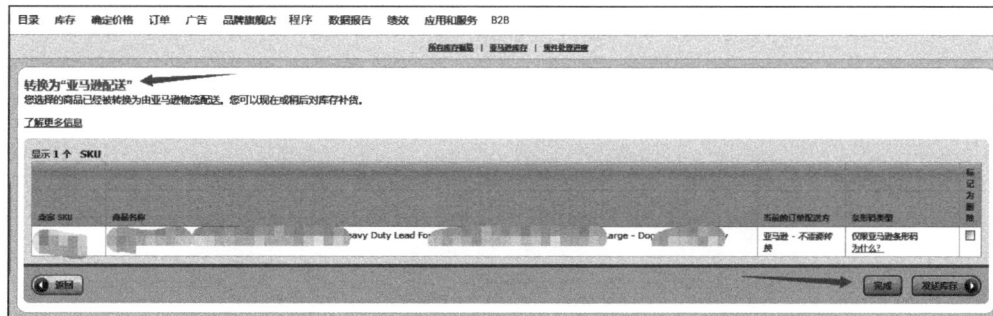

图 3-1

单击"发送库存"按钮，把货物通过物流公司发到国外后，这个链接千万不能随便删除，因为一旦删除，这个链接下的商品也会瞬间不可售，而且这些货物在国外，不像在国内，你可以找物流公司把货物拉回来。总之，千万不要随便删除已经用 FBA 发货的 Listing 链接，虽然可以通过表格刷新找回，但是非常麻烦，而且系统容易出错。

从运营的角度去看相同的问题，一个全新的 Listing 链接的商品只要还没有用 FBA 发货，就可以随时修改和删除，运营起来非常方便。因为对于亚马逊的整个系统来说，品牌、标题、A+页面这些信息在修改后经常需要好几天的时间才能在前台页面显示。

我之前遇到过系统 Bug，居然花了一个月的时间修改一个 A+页面，导致运营节奏全被打乱了。比起漫长的等待，删除没发货的空白 Listing 链接，采用重新上架的处理方式更加高效。

当你在转换 FBA 的发货步骤时，经常会出现分仓的现象，也就是亚马逊把你的货物按照大数据算法分配到 2~3 个不同的仓库。如果是 3 个仓库，那么这 3 个仓库就对应了 3 个不同的物流地址，在 3 个不同的物流地址中会分配不同 SKU（Stock Keeping Unit，库存量单位）的商品。

正确的发货方式：一个地址对应一票货物，这票货物的总箱数和每个箱子里的商品数量、种类，都必须和后台信息一致，总数量可以有误差，但是不能超过 5%。假设你在 A 地址发 100 个商品，少发的话不能低于 95 个，多发的话不能多于 105 个。

有些新卖家不了解发货规则和流程，把 A 仓库的货物发到 B 仓库，把一部分 B 仓库的货物又发到 C 仓库，觉得都是自己的货，殊不知这样会造成货物接收出现问题，很慢，而且会影响账户绩效。

在用 FBA 发货的货物到仓库之后，货物会按照进仓顺序上架，一般 48 小时可以正常销售。如果遇到 Prime Day、年底旺季这样的大量集中发货时间，就会出现上架很慢，少则 3 天，多则十几天都有可能，因为亚马逊仓库的人手在那时也会不够用。

当用 FBA 发货的商品有订单之后，作为第三方卖家，你是不需要做任何运营操作的，亚马逊的 FBA 配送团队会完成取货、出库、配送的所有工作，并且还会给你的商品重新打包。图 3-2 和图 3-3 是我在亚马逊上买的东西，外包装还是很有质感的，并且会有这个商品的 ASIN 条形码，这里做了隐私保护。

图 3-2

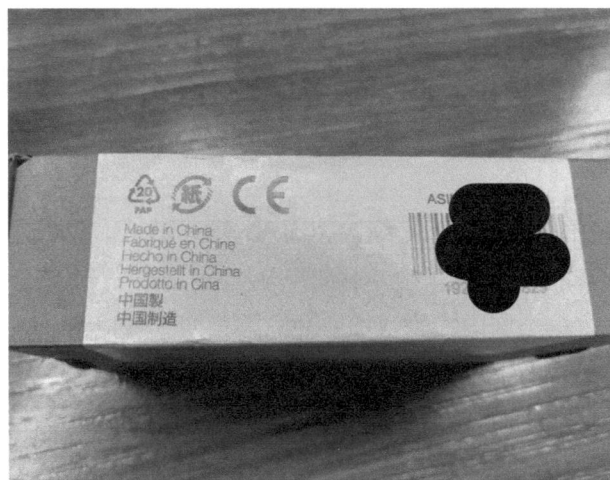

图 3-3

需要说明的是，FBA 之所以配送快，不是物流响应速度快，而是亚马逊作为一家互联网在线购物平台，会有大量相关商品的配送数据，假设蓝牙耳机这个商品在美国纽约和华盛顿卖得比较多，如果第三方卖家用 FBA 发蓝牙耳机这个商品，那么系统会自动地把绝大多数货物分配到纽约和华盛顿的仓库，剩下的少量货物才会放在其他仓库。

当买家下单后，亚马逊就会从最近的仓库给买家送货，在很多时候可以做到当日达或者次日达，就是基于这个原理。FBA 发货分配的地址现在开始与买家的地址和邮编进行绑定，在买家购物的过程中，系统识别到买家所在地的邮编，就会智能地显示该邮编仓库里库存较多的商品。

上述内容可能有点复杂，下面举例解释一下：

假设 A、B、C 三个卖家都卖蓝牙耳机，货物都放在纽约的仓库。A 卖家的库存数量是 500 个，B 卖家的库存数量是 300 个，C 卖家的库存数量是 80 个，这时因为 A 卖家的库存数量多，所以 A 卖家的商品会优先显示在买家的搜索结果中，A 卖家的商品排名和权重也高于 B、C 卖家的。

所以，在发货的时候没有必要排斥商品分仓，因为这不是坏事。当然，商品的排名和权重是多个因素综合作用的结果，你也不要为了得到更高的权重，发过多的货物到 FBA 仓库，如果销售不好，就会造成滞销，这对于新商品尤为重要，在新商品销售量不高的时候，一定不要盲目发货，这是从传统外贸转型的卖家经常犯的错误。

所有的零售都会遇到退换货，但是对于跨境电商来说这个问题是非常棘手的，买家收到的商品有瑕疵或者想退货，这都是正常要求，但是如果把商品从海外退回国内，就会涉及进口关税，我国的进口关税加上物流费，会比商品的货值还要高。所以，对于跨境电商来说发出去的货是不会邮寄回来的，除非买家愿意支付部分运费，但是这种情况极少。

亚马逊会给用 FBA 发货的第三方卖家解决退换货问题。亚马逊的退换货政策很宽松，30 天之内都可以无条件免费退货，亚马逊不收退货运费，但是之前送货的运费是不退的。即使商品能够再次销售，也会造成成本上升。FBA 发货的运费是根据商品的体积和重量综合计算的，绝大多数商品的运费是 1～6 美元，你可以用"亚马逊物流收益计算器"进行计算。

这样的退换货政策不是针对我们中国卖家，而是对所有卖家都一视同仁，我们需要做的就是拿出品质最好的商品，把退货率降到最低，在可接受范围内。

FBA 发货模式集中解决了跨境电商运营过程中的难点、痛点，我们第三方卖家只需要用心做质量好的商品，把出单后的事情全部交给亚马逊即可。

3.1.2 自发货运作方式精讲

自发货的范围是很广的，在亚马逊上除了 FBA 发货，剩下的都属于自发货。最常见的是从中国快递到海外，一般使用国际 e 邮宝、中邮小包比较多，因为这两个物流渠道以克为单位计算运费，对于重量轻的小件商品来说是非常划算的，但时效长达 7～50 天。

海外卖家用自发货方式比较多，用 2～3 倍的价格跟卖我们的商品，当有买家下单时，再从我们这里下一个订单。这个订单对我们而言可能是用 FBA 发货的，但是对于这名海外卖家来说就是自发货订单。

不同国家的商业环境不同，下面分享一下美国卖家是如何按照亚马逊规则做自发货运营的。

早些年，自发货给我们的影响如下：把闹钟调到凌晨两三点，被闹钟吵醒后眼神迷离地偷偷跟卖 Best Sellers 10 分钟，然后立刻下架，第二天早上再去发货。

可偏偏有些卖家凭本事，做小而美的自发货卖家，如图 3-4 所示。

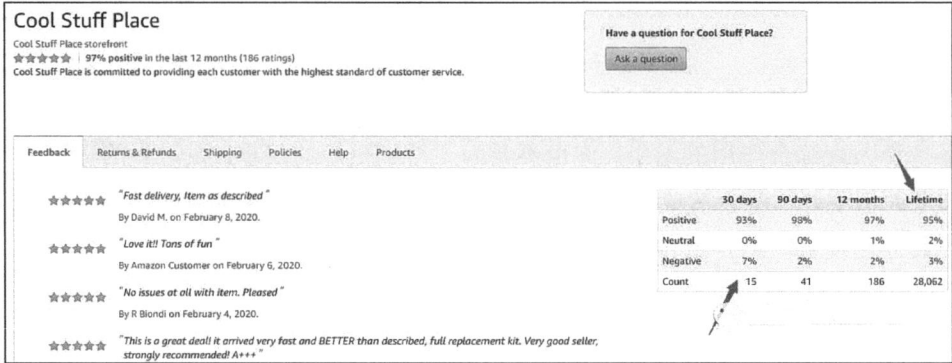

图 3-4

这是卖家店铺的 Feedback 数据，箭头所指的 30 天 Feedback 数量的 5 倍左右就是这名卖家的日订单量，每天为 70～100 单。

图 3-4 中的店铺开业至今的 Feedback 总数是 28 062，可见店铺至少存在 3 年之久。我们要习惯性地把这样优秀的店铺收藏起来，经常打开看一看有什么新的发现，如图 3-5 和图 3-6 所示。

店铺里总共有 536 个商品，绝大多数都用自发货+2.99 美元的运费，很多用 FBA 发货的卖家认为这样的方式很难操作，但是人家做得风生水起，不用半夜偷偷起床跟卖，而且用正规的手段，通过自发货运营账户。我们看他的店铺里如图 3-7 所示的这个商品。

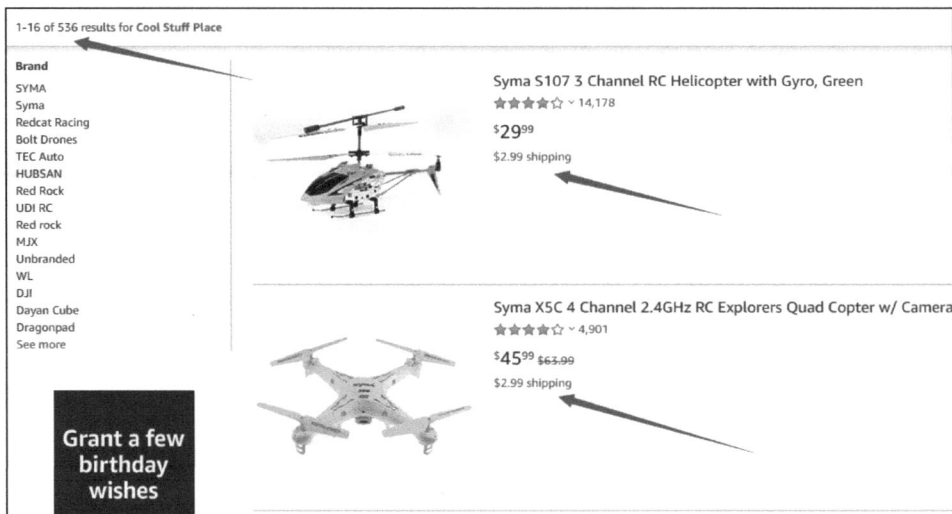

图 3-5

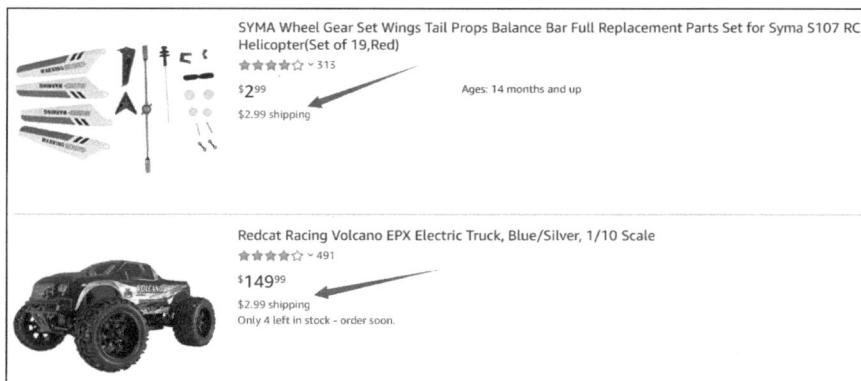

图 3-6

图 3-7

严格地说，这个商品的主图不清晰，五行描述非常简单，可商品排名却遥遥领先于同类商品，这个商品是航模直升机和配件。

这个商品的品牌是 SYMA，一个非常地道的中国品牌——司马，图 3-8 和图 3-9 所示为它的品牌官网。

图 3-8

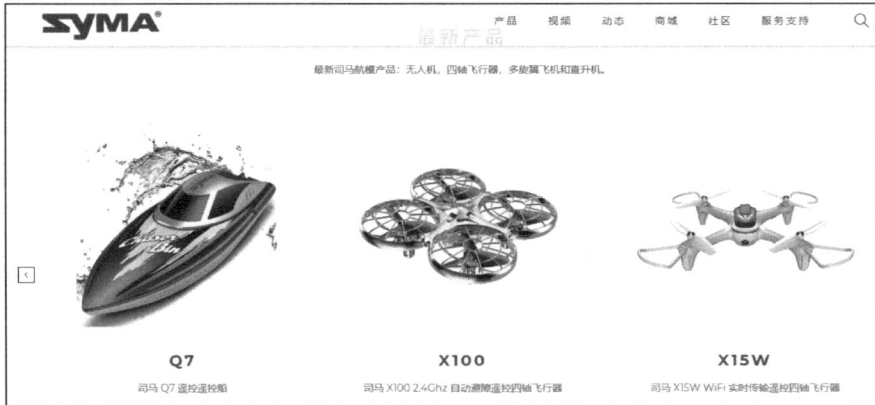

图 3-9

这是一家专门做无人机及其配件的公司，与大疆无人机一直是竞争关系。如果你是无人机爱好者，那么多多少少能了解这个品牌。这个卖家很可能和司马签订了拿货协议，作为分销商去跟卖。这个卖家还代理了一个美国品牌的模型商品，如图 3-10 和图 3-11 所示。

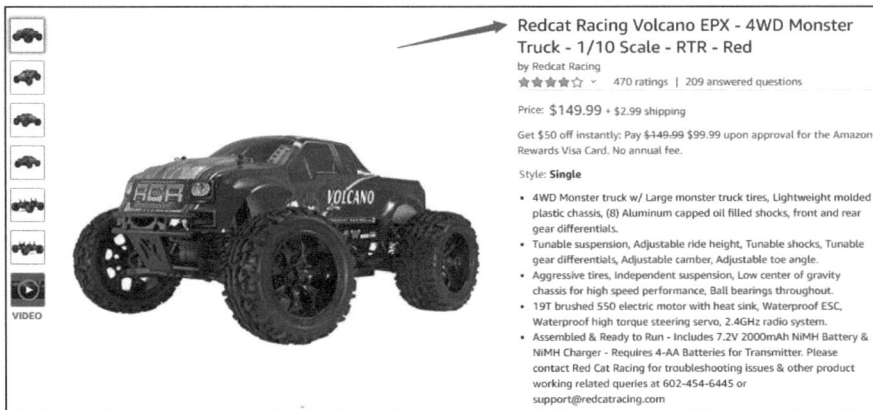

图 3-10

图 3-11

这个美国品牌是 Redcat。Redcat 是美国的一个廉价模型品牌，这家公司的模型是有较高性价比的原创设计商品。在亚马逊美国站搜索 Redcat，你会发现 Redcat 商品的销售量是非常高的。这个卖家通过取得授权，作为分销商以合理的自发货跟卖形式在销售。

你看到了吗？自发货有自己的运营方式，不只是大多数人理解的低价跟卖、跟卖自己、恶搞对手等这些没有竞争力的手段。

下面总结一下这名自发货卖家的运营逻辑。

（1）确定自己跟卖的一个类目，或者相关的多个类目。这个卖家显然跟卖的是模型商品这个类目。

（2）在这个类目中，找到能合作的品牌方，这点非常关键。品牌方有先天的流量优势，如果能够和品牌方合作，商品在上架后就会有订单，并且会轮流获得购物车。

打开 SYMA 的一个 Listing 链接下的所有跟卖者，如图 3-12 所示。这个无人机商品就有众多分销商，用方框框起来的内容为这个卖家的店铺名，他只是其中之一，和 SYMA 签过某些合作协议，一般是分销合同或者品牌代理合同。

图 3-12

（3）签分销合同，不管对方是国内还是国外品牌。在分销合同中会约定商品的拿货价和最低拿货数量，只要在自己的预算资金内，就完全可以考虑这种合作模式。因为品牌方的流量巨大，所以销售量在一定程度上有保障。

3.1.3　做亚马逊运营没有方向，请试试"精铺"模式

2017 年之前在各大平台做跨境电商运营，快速赢利的秘诀就是铺货。从 2018 年到现在这段时间，都在讲精品+品牌这样的运营模式，几乎所有卖家都用 FBA 发货。精品，保

证了最少的库存；品牌，抓取了最大的流量。这是现在主流的运营方法。

但是经过思考，我觉得这样的模式并不适合所有卖家。

因为精品需要非常专业的选品，如果选品有问题，那么花多少钱推广也没有用。既然纯粹的大量铺货已经不适合目前的运营形势，那么"精铺"模式会让你的亚马逊运营之路更平坦，下面先来看一个使用精品+品牌运营模式的优秀店铺，如图 3-13 所示。

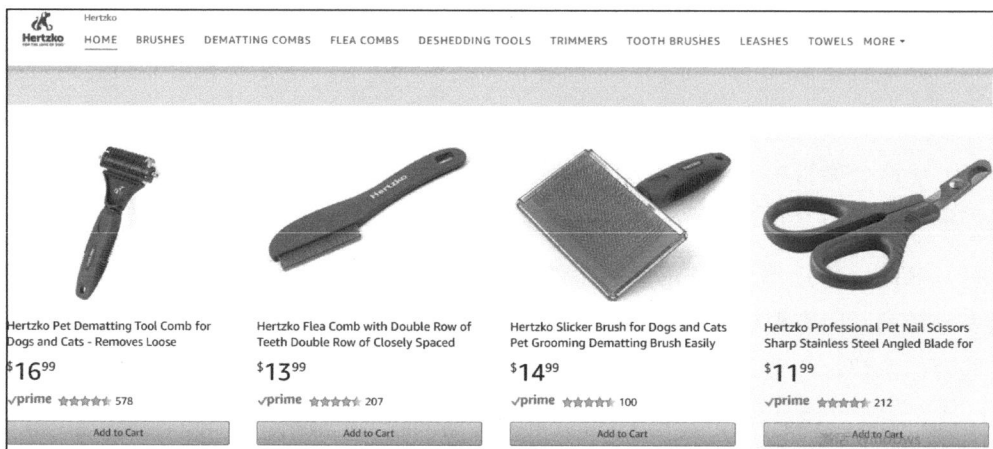

图 3-13

这个卖家的品牌名是 Hertzko，店铺名是 A1 PRO DEALS。他的成功之处是专业的细分类目+精准的人群分类（宠物用品+紫色系控的人群），让人觉得他是一个非常专业的卖家。

我们所说的"精铺"模式，是把铺货的范围缩小一点，把精品的范围扩大一点。我们可以选择一个类目，假设你是经营个护类目商品的，就可以在前期适量铺货个护类目的所有商品，前提是你能找到货源的商品。

这种把铺货范围缩小到一个类目的做法有两个好处：

（1）通过选品，找到有潜力的类目的难度远远低于直接找到具体商品的难度。

（2）通过铺货这种低成本的方式，可以测试出这个类目中有潜力的"爆款"。

在一个类目铺货，这是精铺这种模式的核心所在，避免了之前一天几千，甚至几万个商品的盲目铺货，大量地节省了使用 UPC（Universal Product Code，通用产品码）上架的费用，又运用了精细化选品的方法，将有潜力的类目先选出来，再小范围铺货，测试商品的市场反应。

目前，有一些日本站的卖家前期每天就在一个大类目不断铺货，自发货的这些商品如果出单稳定，就转为用 FBA 发货。在用 FBA 发货后，先不打站内广告，只为出单稳定的用 FBA 发货的商品打站内广告，助推其成为"爆款"，如图 3-14 所示。

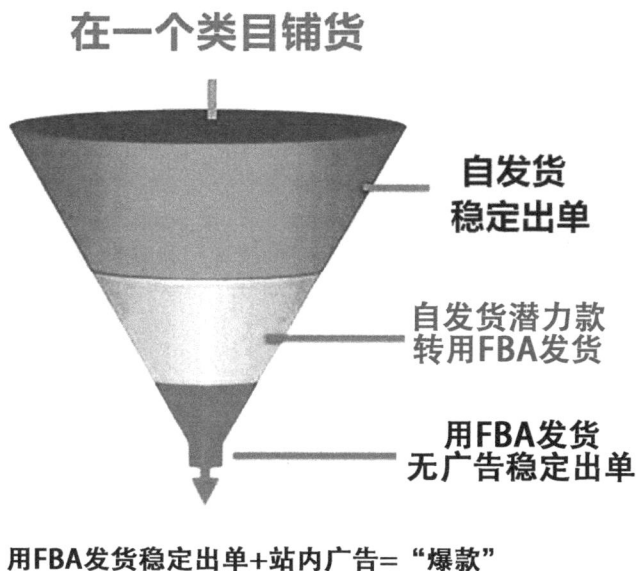

用FBA发货稳定出单+站内广告＝"爆款"

图 3-14

本节以图 3-14 结束，它是本节的重点，希望你能够严格按照图 3-14 中的流程运营。

3.1.4　海外仓运作方式精讲

海外仓其实包括第三方海外仓、自营海外仓、FBA 海外仓。FBA 海外仓作为海外仓的特殊形式已经讲过了，下面重点讲第三方海外仓和自营海外仓。

第三方海外仓是指专门的企业建立并运营的海外仓。跨境电商卖家都是租用这些企业的海外仓进行使用，费用一般是按照商品的体积和重量综合计算的。

自营海外仓是指一些电商企业投资建立属于自己的海外仓库，一般只有体量较大的企业才会这样操作，主要是因为体量较大的企业在海外退换货、海外本土化运输方面有很多个性化的要求。第三方海外仓现在基本处于初级发展阶段，难以满足他们的日常需求。

无论是第三方海外仓还是自营海外仓，都对发展迅速的亚马逊卖家有良好的补充作用，下面按照使用频率依次介绍海外仓的常用功能。

1. 退换标服务

亚马逊的 FBA 发货需要单独给商品一个个贴 ASIN 条形码，但经常因为贴错标导致商品滞销、退换货，从而造成有更换新标签的需求。当你的订单不多，一个月只有零星商品的退货时，当然可以选择直接让亚马逊销毁；但当你的退货率在 10% 以上时，让亚马逊销毁商品会影响企业赢利。在这种情况下，拥有较大数量的贴标商品，非常适合通过第三方海外仓完成退换标服务，可以让一部分商品继续销售。

2．海外仓发货

海外仓发货有以下两种主流用途：

（1）重货、抛货商品（体积重大于实重的商品）的海外仓自发货。

（2）跟卖 FBA 商品的海外仓发货。

通过纯粹的第三方海外仓发货的订单，其商品的权重高于从中国本土发货的订单。现在很多大型重货商品，例如酒吧椅、办公桌、大型电器等，因为用 FBA 发货的配送费太高，所以用第三方海外仓发货反而是这些类目的主流发货方式，特别是美国邮政在大件物品上的配送费比用 FBA 发货的配送费便宜很多，这样可以提高店铺的营业额。

大部分亚马逊卖家都用 FBA 发货，但是对账户里的"爆款"可以考虑结合第三方海外仓发货，在价格上可以这样设置，假设一个商品用 FBA 发货售价设置为 29.99 美元，用第三方海外仓发货售价设置为 27.99 美元，用中国自发货售价设置为 25.99 美元。

这样设置售价的原因是考虑到美国有一部分买家不是亚马逊的 Prime 会员，如果他买 29.99 美元的用 FBA 发货的商品，那么还需要另外支付 3～10 美元的运费；如果用第三方海外仓发货的商品的售价为 27.99 美元并且包邮，配送时间也能做到 7 天之内，那么他是会选择用第三方海外仓发货的。由于选择的是"爆款"，FBA 仓库的库存压力也较大，海外仓发货在一定程度上可以减少断货的风险。

从中国自发货由于配送时间长达 7～45 天，只有少数买家会选择等待这么久，是否设置国内自发货，由你自行决定。图 3-15 中方框所示是用 FBA 发货，也是给 Prime 会员的免运费服务。箭头所指的就是用海外仓发货，有包邮的，也有不包邮的，供非 Prime 会员自行选择。

图 3-15

3．给用FBA发货的热销品补货

这一点在海外仓发货中已经说过了，这里主要强调一些运作细节。因为用 FBA 发货的商品断货会对这个商品的权重影响很大，大部分卖家都是从中国利用空运或者海运补货的，这就非常容易造成排仓，几天时间过去了，货物可能还在货代公司的仓库里发不出去。如果提前把一些热销品发到海外仓，当用 FBA 发货的商品销售量大增的时候，卖家就可以从容、方便地从当地海外仓补货，一般 5 天之内都可以送到，运费也大大低于从中国空运过去的成本。

另外，海外仓本身也是有仓储和运输成本的，所以你只需要把亚马逊账户里最畅销的那 20%的商品囤货到海外仓，以便做到快速周转。对于大部分销售一般的商品，你选择国内发货即可。

在一个 Listing 详情页面中，如何看是用海外仓发货还是用 FBA 发货的呢？

打开一个 Listing 详情页面，如图 3-16 所示。

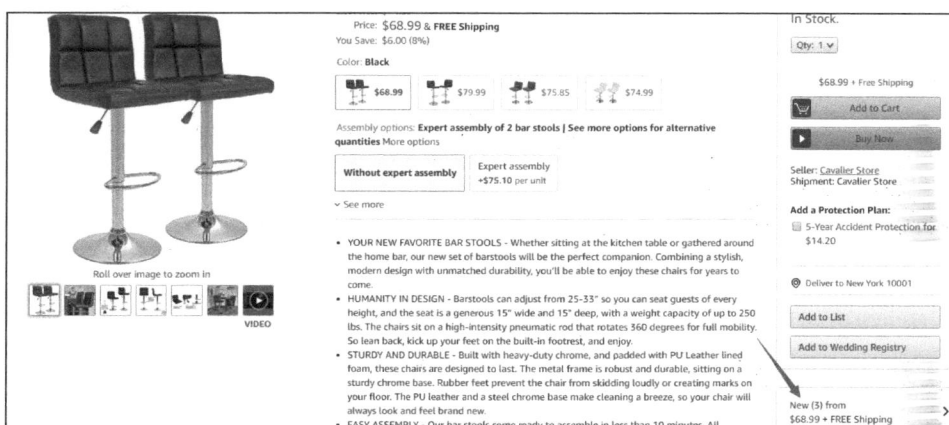

图 3-16

在 Listing 详情页面的右下方，有一个"New（）"的字样，括号里的数字代表了有不同的卖家在卖这个商品。单击数字后，页面如图 3-17 所示。

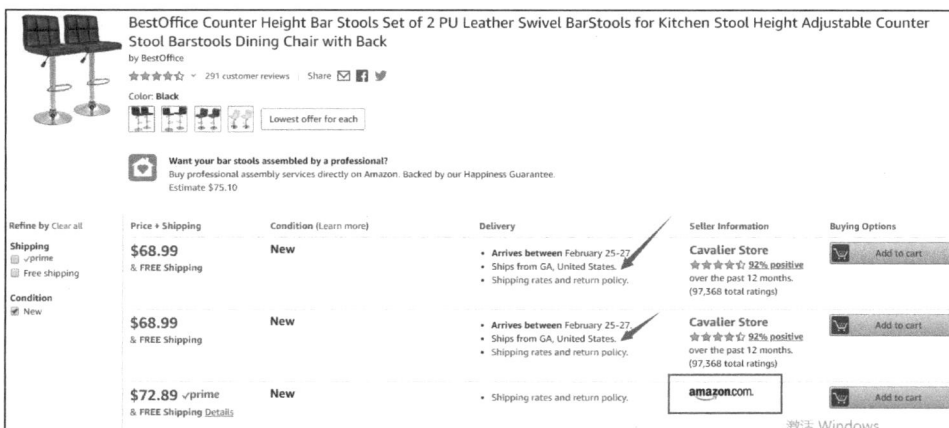

图 3-17

方框所示的就是用 FBA 发货；箭头所指的就是用美国本土海外仓发货，显示了发货地点和预计到达时间。

3.2 一个美国卖家眼里的FBA发货是怎么回事

有很多卖家对 FBA 发货模式理解错误，特别是一些从天猫转型过来的大卖家，花了几万元推广起来的商品，突然被人抢走购物车，修改了主图、标题，但是自己还不知道是什么原因。亚马逊作为美国的公司，其实把美国的贸易搬到了线上，我在 3.1.2 节中写过自发货的运作方式，其实也是从美国的商业角度写的，本节也会从同样的角度帮助你理解。

中国卖家做亚马逊运营只有 5～6 年的时间，而很多美国人做亚马逊运营已经有 10 几年的时间了，美国卖家认为做亚马逊运营有 4 种模式。

1．最原始的，也是最早期的Resell（转售）

把自己还有价值的二手物品拿到亚马逊上做二手跟卖，或者也可以用 FBA 发货到当地的仓库。

2．Retail/Online Arbitrage（零售/在线套利）

美国的线下超市经常有折扣力度很大的商品或者仅仅包装有瑕疵的商品。你可以用很低的价格把这些商品买回来，然后在亚马逊上跟卖相同品牌的商品，价格可以稍微提高一点，同样采用跟卖这种古老的方式。

3．Wholesale（批发）

这种模式属于和品牌商签订授权协议，通过批发，在拿到更好的价格之后，再到亚马逊注册账户出售。美国卖家会同时自建和跟卖品牌商的商品，这都符合亚马逊政策。

4．Private Label（自由品牌）

这才是中国卖家最熟悉的经营方式，通过自建品牌，然后自建 Listing 链接销售。

美国卖家认为，Private Label 不只是贴个商标那么简单，一般会同时运营 Facebook、Instagram 等社交平台账户，把社交平台流量、亚马逊展示流量、独立站流量都圈起来，形成一个流量闭环，在任何一个环节都可以进行销售，但大部分会在独立站进行品牌展示和销售。

第 1 种和第 2 种模式都是跟卖的模式，在亚马逊上创建的 Listing 详情页面是属于卖家共有的，谁拥有购物车，谁就拥有对这个 Listing 链接的编辑权，所以就出现了本节开头所写的突然被人改了商品信息的情况。

所以，你认为"可恶"的跟卖，只是少数想赚快钱的卖家把这个合理机制给玩坏了。跟卖在美国有着悠久的历史，美国卖家非常熟悉这种销售方式，几乎所有美国卖家都会跟卖品牌商品，但都符合平台规则，都会选择一模一样的商品，有订单了就会发货。这反映了美国健康且成熟的商业环境。

希望本节能够帮你更好地理解亚马逊这个平台。

3.3 创建FBA发货和解决FBA分仓的操作技巧

FBA 仓库都在海外，卖家需要把自己公司的商品通过国际运输的方式发送到海外的地址。这个地址是需要在卖家中心创建并且随机分配的。

打开卖家中心，单击"库存"下拉菜单，如图 3-18 所示。

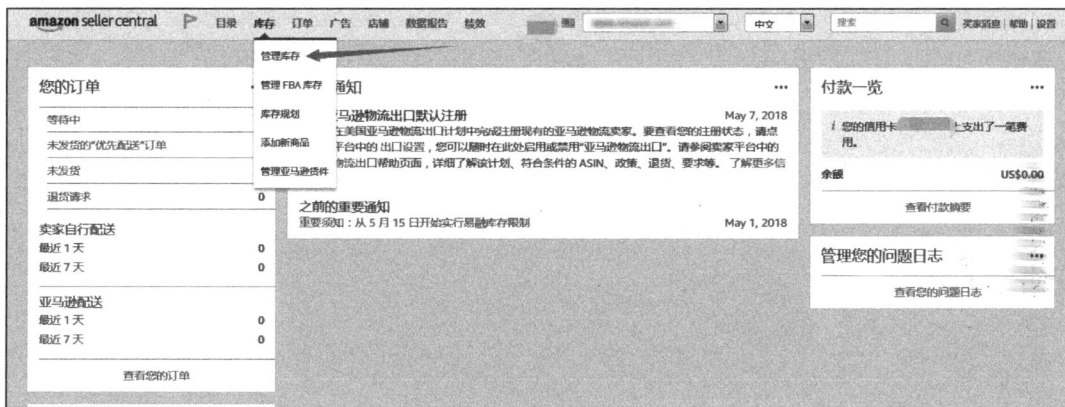

图 3-18

单击"管理库存"选项，会出现如图 3-19 所示的页面。

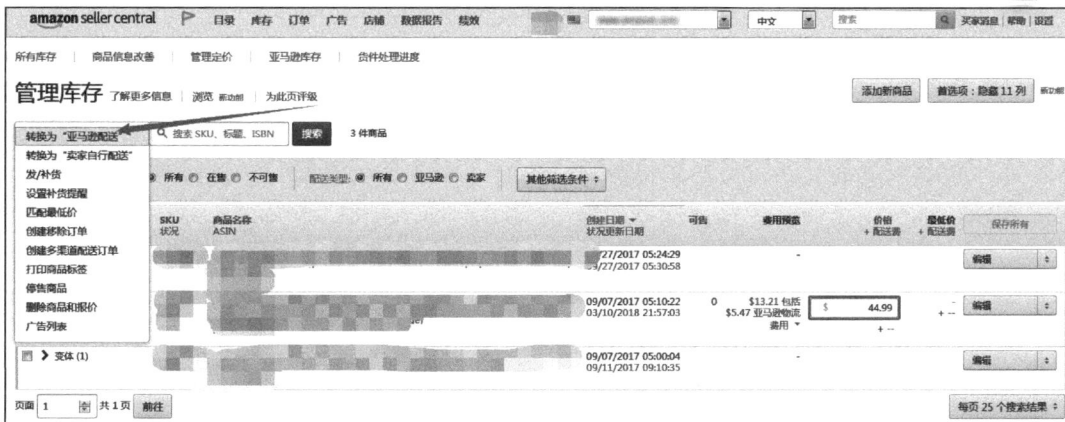

图 3-19

勾选准备要发货的商品，并单击"转换为'亚马逊配送'"选项，会出现如图 3-20 所示的页面。

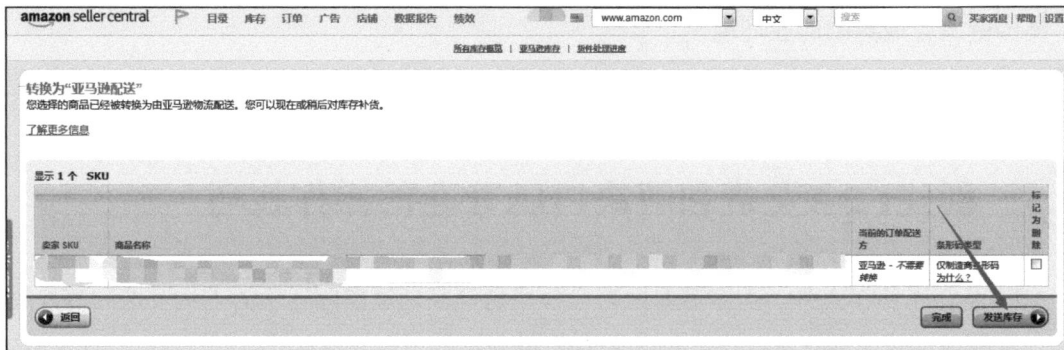

图 3-20

出于隐私考虑，马赛克部分是选择发货的商品，包含的信息从左到右分别为卖家 SKU 和商品名称。单击"发送库存"按钮，会出现如图 3-21 所示的页面。

图 3-21

这里涉及包装类型，有混装商品和原厂包装发货商品。

混装商品：一个箱子里面有 2 个及 2 个以上的不同商品。相同商品有 2 种不同的颜色或者不同尺寸也属于这种包装类型。

原厂包装发货商品：一个箱子里面有且仅有 1 个相同的商品，相同的商品必须相同颜色、相同尺寸，通俗地讲，必须一模一样。

选择适合你的商品的实际包装类型，单击"继续处理入库计划"按钮，会出现如图 3-22 所示的页面。

在图 3-22 中箭头所指的位置填上每个装运箱的商品数量和装运箱数量，然后单击"继续"按钮，会出现如图 3-23 所示的页面。

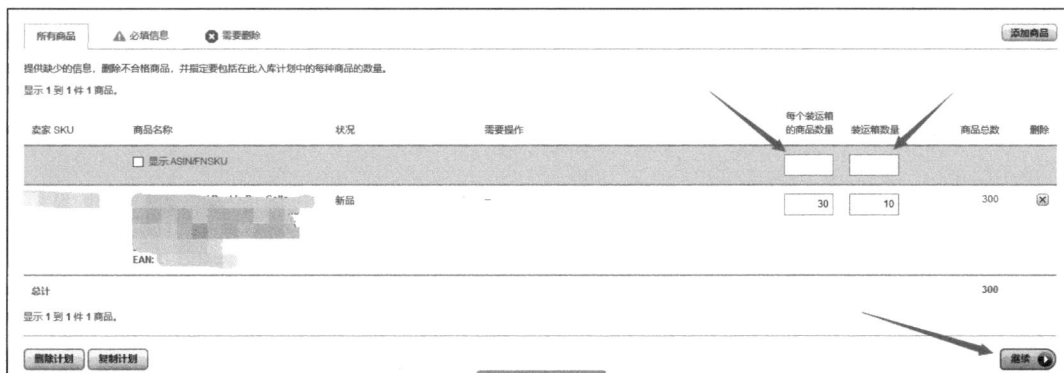

图 3-22

图 3-23

图 3-23 中的内容不需要理会，直接单击"继续"按钮，会出现如图 3-24 所示的页面。

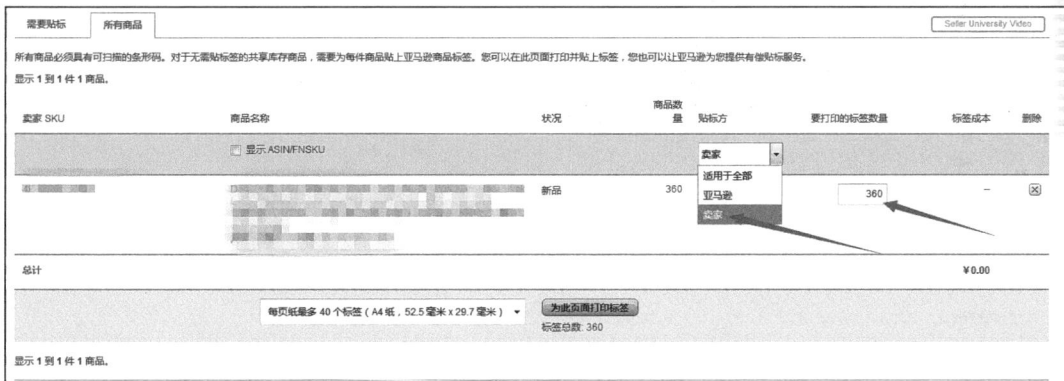

图 3-24

这一步很重要，一定要选择"贴标方"，因为在卖家中心上传的每个商品都需要贴上打印出来的独一无二的 ASIN 条形码，并且用条形码的形式识别。

选择要打印的标签数量之后，单击"为此页面打印标签"按钮，会在电脑桌面下载一个 PDF 文档，然后连接标签打印机的 USB 接口，但是需要放置不干胶打印纸。标签也有尺寸，在图 3-25 中可以选择合适的大小。

然后，单击"下一步继续"按钮（此处截图不完整，没有显示"下一步继续"按钮），会出现如图 3-25 所示的页面。

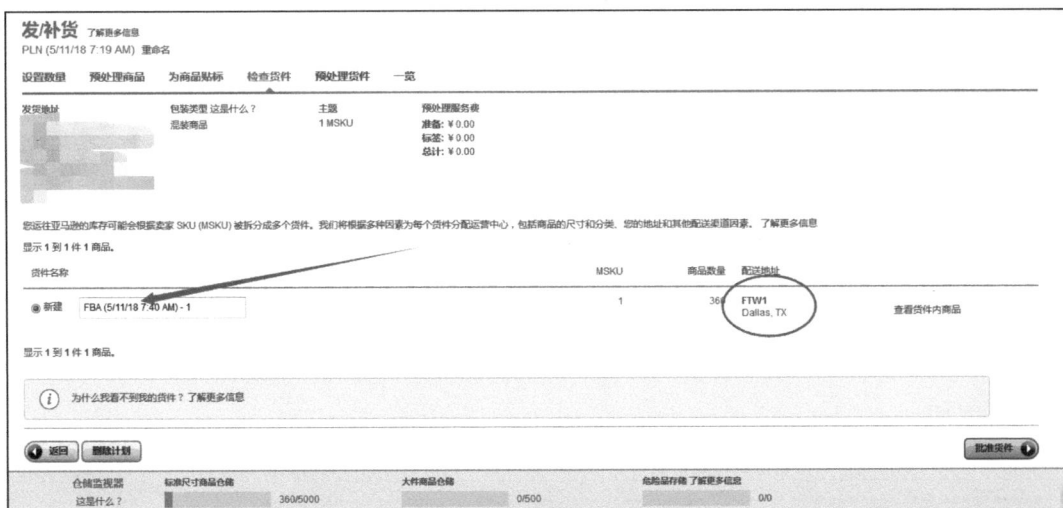

图 3-25

图 3-25 所示的圆圈区域就是亚马逊系统随机分配的配送地址，箭头所指的是这个货件的名称，卖家可以自行标注中文名称。单击"批准货件"按钮，会出现如图 3-26 所示的页面。

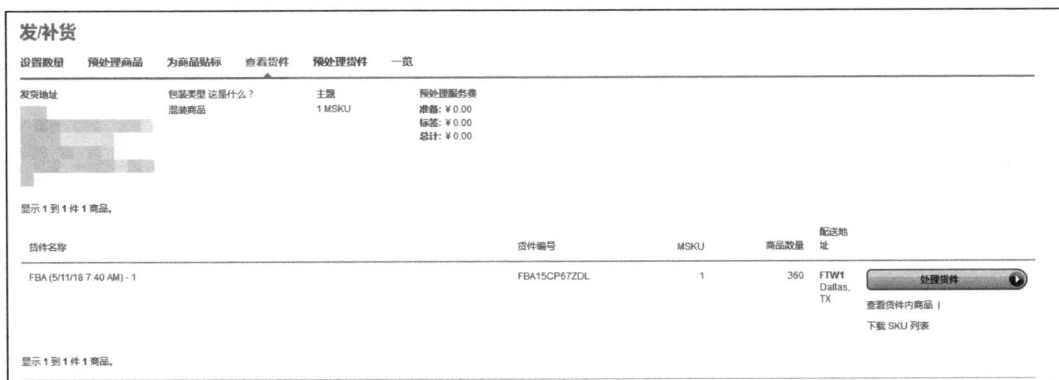

图 3-26

这个页面和图 3-25 的页面相似，区别在于图 3-25 的页面是可以返回修改之前的装运箱数量和每个装运箱的商品数量的，但是到了图 3-26 的页面相当于发往亚马逊仓库的地址已经被确定下来，所以不能更改。单击"处理货件"按钮，会出现如图 3-27 所示的页面。

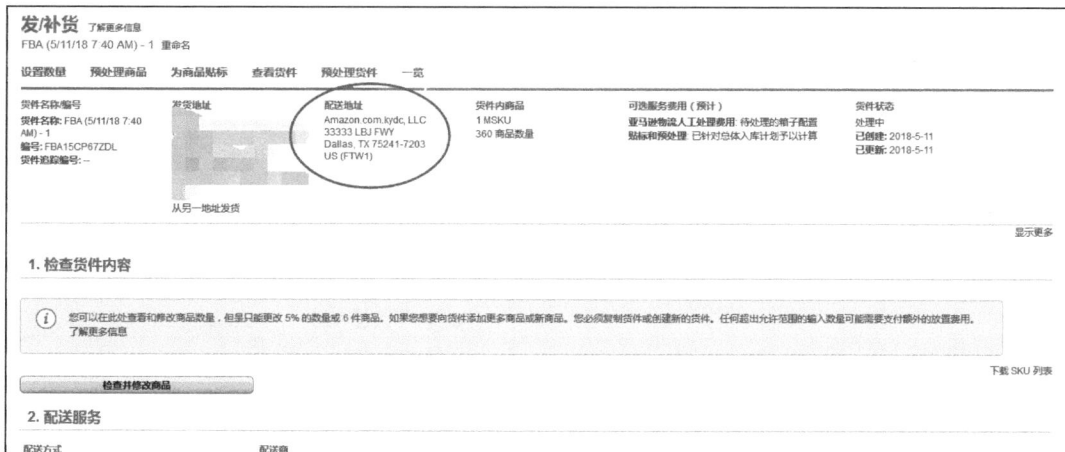

图 3-27

图 3-27 所示的圆圈区域是系统分配的配送地址。卖家还需要继续填写箱子信息和打印箱子的外箱单，如图 3-28 所示。

这里只需要填写"其他承运人"和"此货件如何包装"两处，其他的地方不要动。

如果你不确定货代公司在海外当地国家用什么物流方式配送，那么在"其他承运人"下拉菜单中选择"其他"选项。

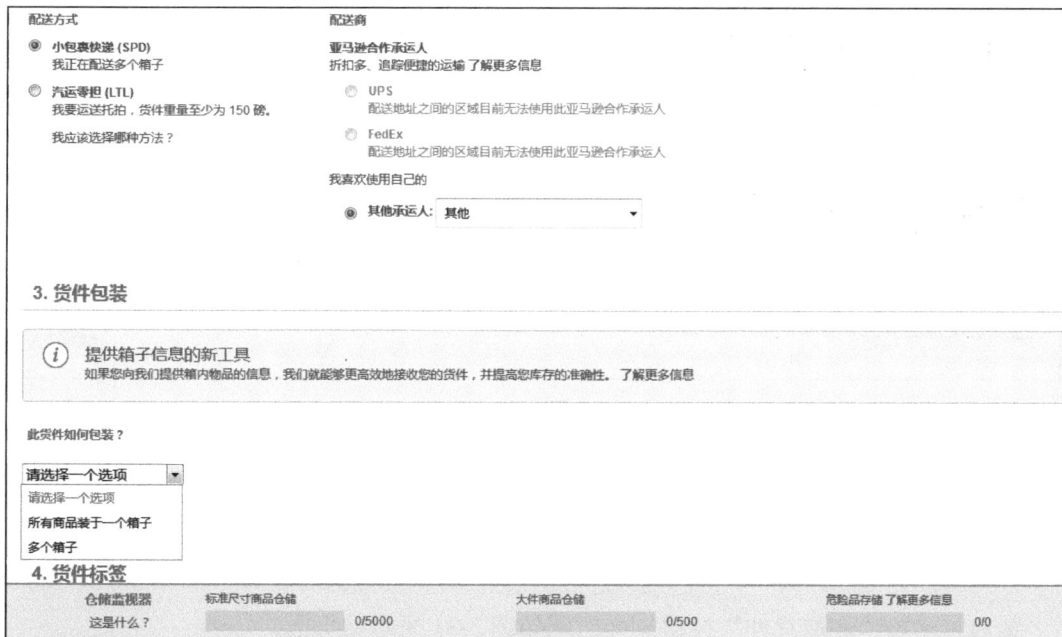

图 3-28

如果你只有 1 箱货，那么就选择"所有商品装于一个箱子"选项，如果有 2 箱及以上的箱子数量，就选择"多个箱子"选项。

为了方便截图和阐述，本来一个页面的内容通过几张不同的截图讲解，将屏幕往下拉，如图 3-29 所示。

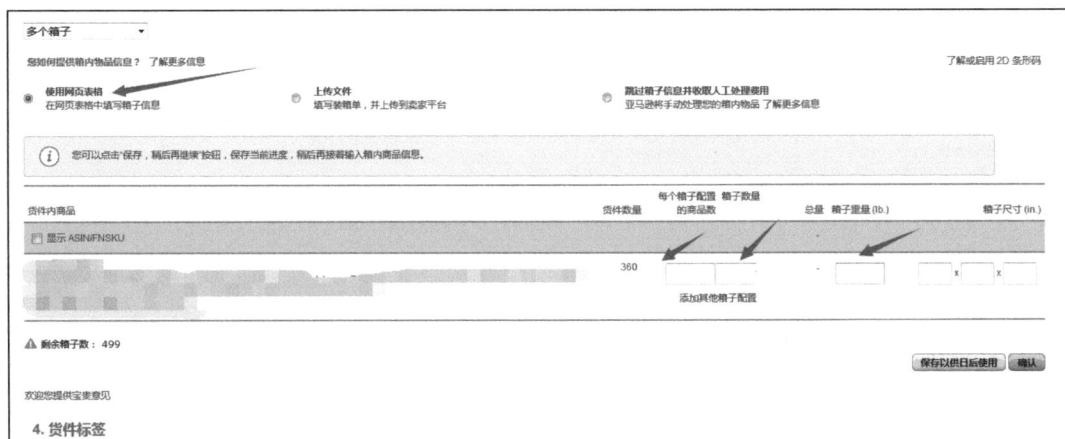

图 3-29

图 3-29 中箭头所指为选择"使用网页表格"填写箱内信息，也可以使用其他两种方式上传箱内信息。但是根据经验，在线的填写方式是最方便和最快捷的。然后，再填上"每个箱子配置的商品数"和"箱子数量"，以及"箱子重量"，箱子重量的单位是磅（lb），填好之后，单击"确认"按钮，会出现如图 3-30 所示的页面。

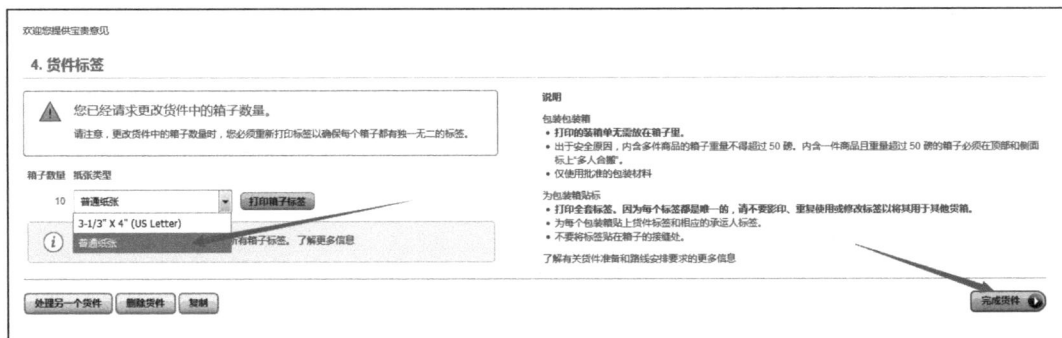

图 3-30

图 3-30 所示为选择外箱单需要贴的运输信息，这张外箱单就是这批货物的邮寄地址信息，一般选择普通纸张，这样打印出来更方便，单击"打印箱子标签"按钮也会弹出一个 PDF 文档，直接连接不干胶打印机打印即可。

最后，单击"完成货件"按钮，会出现如图 3-31 所示的页面。

当图 3-31 中显示为"标记为已发货"时，在管理亚马逊库存页面就会显示商品的发货数量。下面箭头所指的是这批货物的运单号，帮你发货的物流公司会提供给你。

图 3-31

在图 3-31 中，亚马逊卖家中心直接给货物分配了一个配送地址。亚马逊系统根据大数据分配卖家的货物，分配的原则是，假设卖家的商品在美国东部地区销售得多，而在美国西部地区销售得少，那么大多数货物会被分配到美国东部的仓库存放。这样美国东部地区的客户下单了，亚马逊就会以最快的速度配送，这也是亚马逊依靠自身大数据建立的强大竞争壁垒。当你有 100 千克货物的时候，如果被平均分配到 3 个不同地址的仓库，那么每个地址的仓库只有约 33 千克货物。在物流公司发货的时候，重量越重运输单价就越低，物流公司按照不同的地址计算物流费。如果货物的重量是 100 千克，那么物流费可能按 30 元/千克计算，如果货物的重量是 33 千克，那么物流费可能按 32～35 元/千克计算。

这时，你就要用到卖家中心的合仓技巧，这样可以把所有货物全部放在同一个地址的仓库。

进入卖家中心，单击"设置"→"亚马逊物流"选项，如图 3-32 所示。

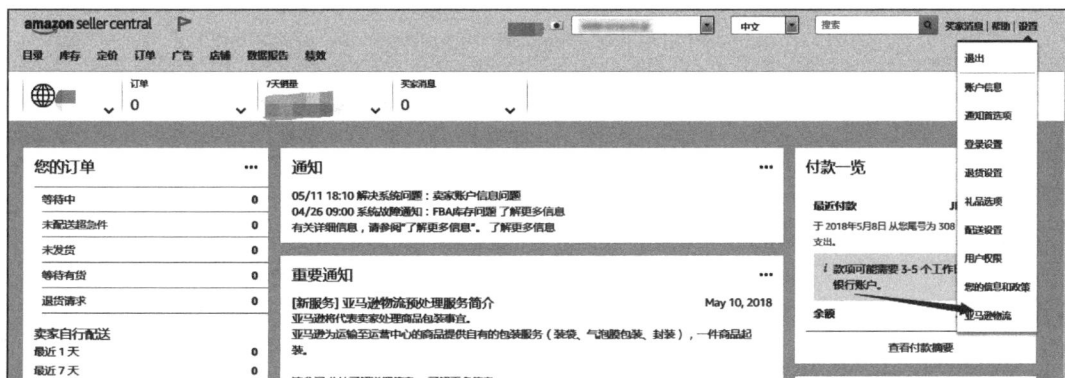

图 3-32

只要是全球开店的专业卖家账户，就都有亚马逊物流服务，如图 3-33 所示。

图 3-33

在"入库设置"选区中，单击"编辑"按钮，会出现如图 3-34 所示的页面。

单击"库存配置服务"单选框，这里的意思是将单个 SKU 发送到同一个仓库，但是如果 SKU 过多，那么会有少量 SKU 被分配不同的地址。这在新卖家阶段是完全够用的，也是非常实用的技巧。需要说明的是，如果使用合仓服务，那么每个商品需要被收取 0.3 美元的服务费。卖家可以根据自身的情况选择是否需要这项服务。

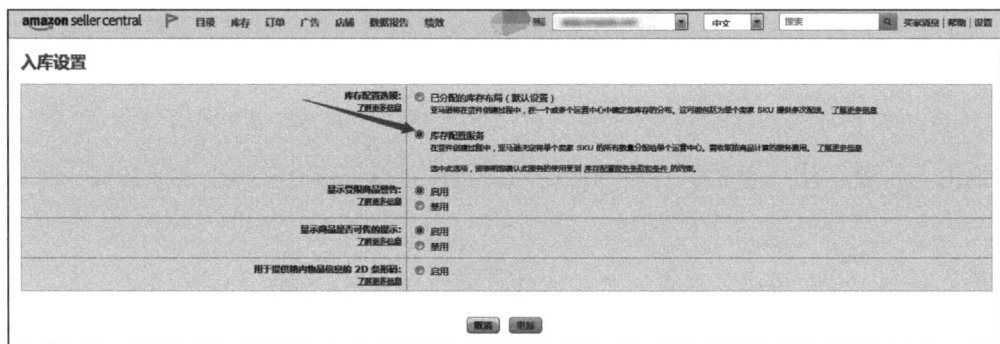

图 3-34

3.4 FBA入仓货物丢失后的解决方案

目前，几乎 90%的中国卖家和 60%的海外卖家都在使用亚马逊的 FBA 服务，但是仓库资源是有限的，工作人员的安排也是有限的，所以难免会造成工作的疏忽，有时候一批 200 个货物发过去，经过 3～5 天的签收上架之后，只有 190 个显示正在出售的状态，这样的情况在所难免，这时候可以通过卖家中心进行以下的操作提交调查报告。

在卖家中心单击"库存"→"管理亚马逊货件"选项，如图 3-35 所示。

所有发货到亚马逊的货件列表如图 3-36 所示。

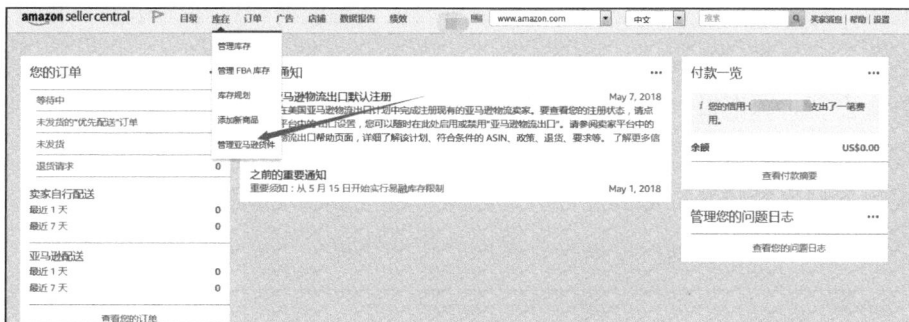

图 3-35

图 3-36

在图 3-36 所示的货件列表中，选择数量有差异的货件，单击"追踪货件"按钮，会出现如图 3-37 所示的页面。

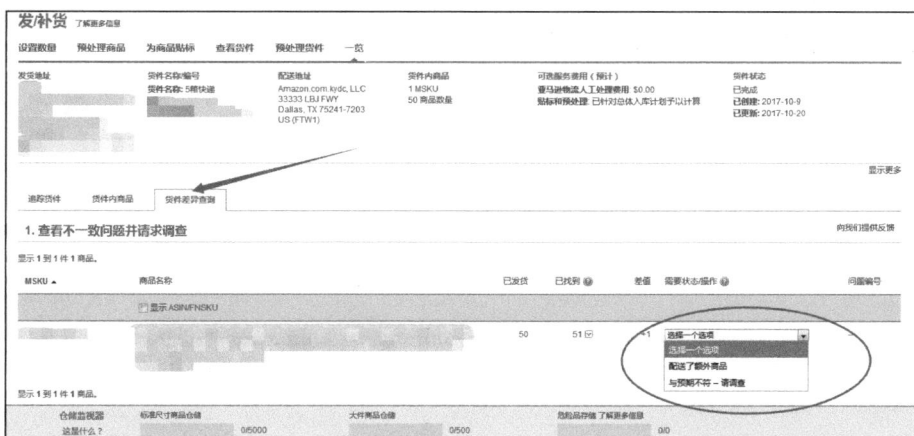

图 3-37

单击"货件差异查询"选项卡，然后在圆圈所示部分，选择数量缺失或者数量过多的类型，会出现如图 3-38 所示的页面。

图 3-38 中的"上传文档"是上传你的物流单号对应的签收信息截图，最好是带有网站链接的截图，有时候还需要提交亚马逊仓库签收人员签收时候的手签信息。在提交证明信息的空白处写清楚商品的 SKU、发货数量、缺失数量等基本信息即可，然后就可以提交这份货物数量丢失的调查报告。在 24 小时之内会收到亚马逊货件管理团队的电子邮件，如果丢失的货物数量较少，那么货件管理团队会直接以货币或者相同商品的形式赔偿给卖家；如果丢失的货物数量较多，那么货件管理团队可能会要求卖家提供有亚马逊仓库签收人员的手签信息以确定赔偿方式，这需要卖家向合作的物流公司索取。

图 3-38

3.5　用FBA发货的商品的退货原因查询

FBA 的服务非常完善，24 小时的电话售后服务可以随时解决平台第三方卖家的本地化售后问题。如果商品有问题需要退换货，打一个电话就可以轻松、快速地解决。但是亚马逊对于退货的商品，只是会给卖家发送一封如图 3-39 所示的邮件。

图 3-39

在亚马逊发送给卖家的邮件中会包含订单号、商品标题，以及退货原因。但是，这里的退货原因全部是 Customer Return（买家退回），并没有写详细的原因，这不利于卖家的精细化运营。卖家可以通过卖家中心的"库存和销售报告"选项查询具体的退货原因，如图 3-40 所示。

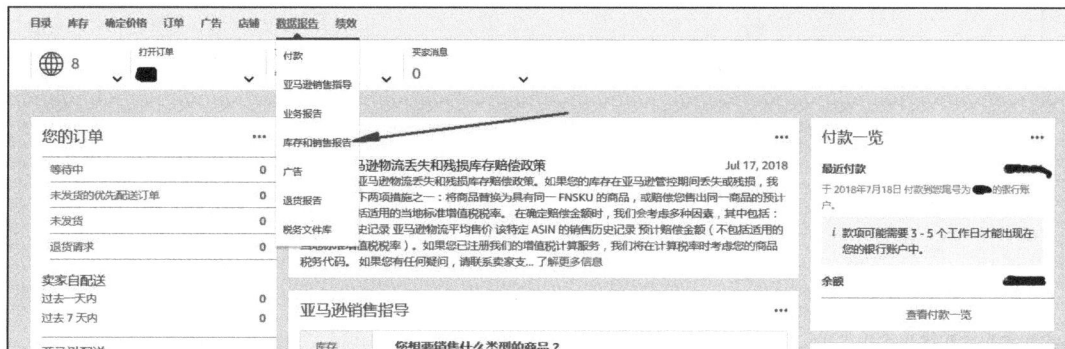

图 3-40

然后，在页面最左侧，选择"亚马逊物流买家退货"选项，如图 3-41 所示。

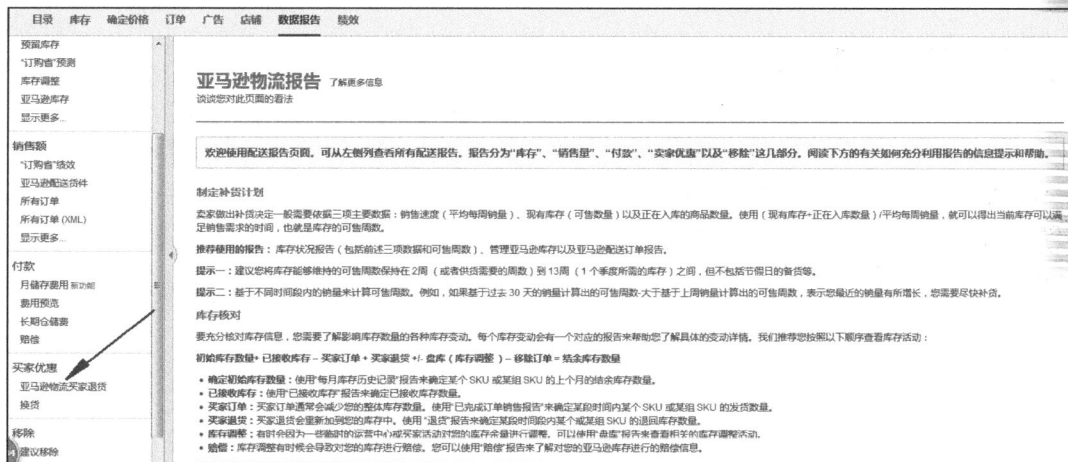

图 3-41

在图 3-42 中箭头所指的位置可以添加要查询的商品 ASIN 一键查询所有退货订单，也可以根据订单编号逐个查询。

这里随机查询到一个商品的真实详细的退货原因是买家不想要这个商品。亚马逊的 FBA 规定，在买家购买商品的 30 天之内是可以无条件退货的。

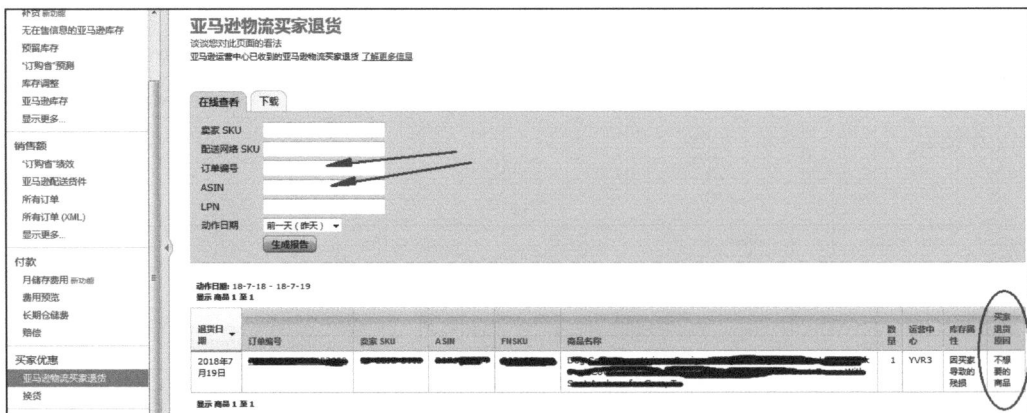

图 3-42

经过以上步骤，就可以轻而易举地找到每个订单的买家真实的退货原因，便于卖家收集真实的市场意见，不断优化商品和供应链，进而打造出更适合市场的优秀商品。

3.6 打包发货，这些工具能大大地提高你的工作效率

随着跨境电商在全国迅速普及，在很多二三四线城市，都有很多低调且有实力的卖家在默默地运营。虽然这些城市的氛围比不上深圳等老牌外贸城市，但是足以发现跨境电商在深圳以外的地区处于井喷状态。

在二三四线城市的跨境电商卖家，绝大部分采用 FBA 发货+自发货的模式。我接触过一位从深圳回家乡创业的"95 后"，一名典型的小镇青年，他将运营中心放在武汉，物流、仓储中心在深圳。把物流、仓储中心放在国内一线城市，可以一直保持快速的运营节奏。从近两年行业大卖家的运营趋势来看，将运营中心搬迁到内陆城市降低运营成本是大趋势，因为大卖家的公司往往拥有少则几百，多则上千人。

在武汉，用 4000～5000 元/月的工资可以招聘到一名非常有经验的跨境电商运营人才，而在深圳招聘没有经验的应届生就需要支付这么高的人力成本。将深圳的经验带到二线，甚至三四线城市，也是互联网领域典型的"降维打击"。

下面介绍有长期打包和发货经验的卖家日常所使用的工具，可以极大地提高你的工作效率。

1. 切割机

在封箱的时候用切割机可以快速切断透明胶布。我相信很多新卖家是用刀子割的，甚至还在用牙齿咬。切割机如图 3-43 所示。

图 3-43

2．记号笔

记号笔也很重要，特别是在商品 SKU 很多时，用记号笔把每箱货物是什么商品记录下来才不会出错。记号笔如图 3-44 所示。

图 3-44

3．牛皮快递袋

在自发货的时候，牛皮快递袋（如图 3-45 所示）既经济又安全，再配上气泡柱（如图 3-46 所示），可以对电子商品形成很好的保护。在用 FBA 发货多的时候需要用气泡柱，装到箱子里，可以对箱内物品起到很好的防震、抗摔作用。

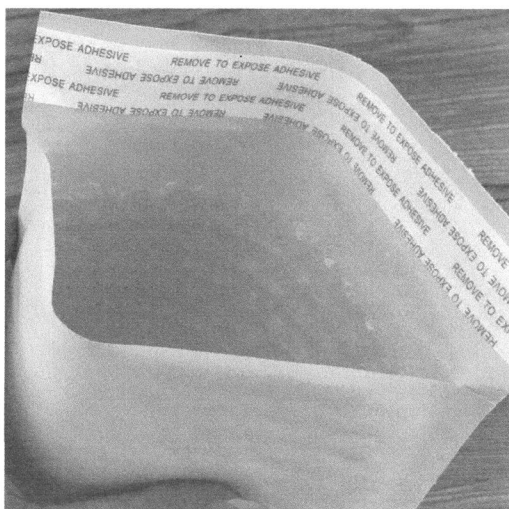

图 3-45

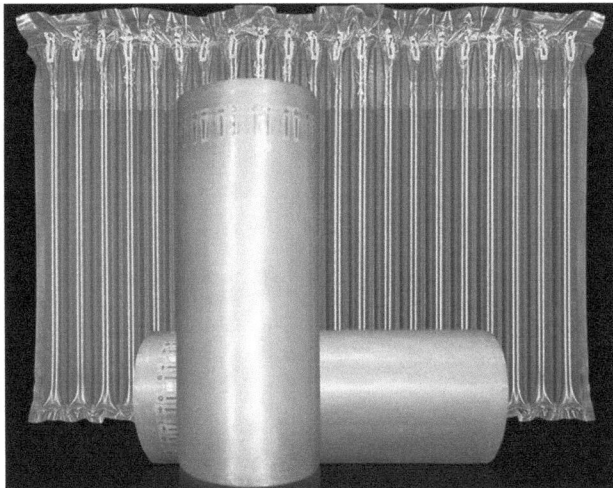

图 3-46

4．热敏打印机和不干胶贴

用 FBA 发货的商品在发货前都需要贴标，所以热敏打印机和不干胶贴也是必需品，如图 3-47 所示。

图 3-47

5．外箱单

用 FBA 发货的商品标签就是外箱单，需要使用大于打印 ASIN 小标签尺寸的不干胶贴，尺寸在亚马逊卖家中心可以自行设定。图 3-48 和图 3-49 是打印外箱单的不干胶贴，尺寸一般是 100mm×100mm。

6．货架

当你的店铺做到一定的规模后，图 3-50 所示的这种带轮子的货架会让你节省很多体力。

图 3-48

图 3-49

图 3-50

工欲善其事，必先利其器。必要的工具能帮助你节省大量时间和体力。

第 4 章

亚马逊卖家中心的基本操作方法

4.1　亚马逊卖家中心的各个模块简介

由于亚马逊一直在完善各种功能，所以卖家中心也会随之变化。下面对卖家中心进行介绍，重点介绍《亚马逊跨境电商运营从入门到精通》中没有介绍的功能或者已经更新的功能。

打开卖家中心页面，输入账户和密码，登录之后的页面如图 4-1 所示。

图 4-1

你注册的所有站点都可以在卖家中心一键关联起来，一键切换非常方便。如果你开通了阿联酋站、印度站、新加坡站账户，那么同样可以在卖家中心显示。

当第一次打开页面时显示的是全英文的页面，毕竟亚马逊是美国的公司，默认语言是英语，但是亚马逊为了帮助世界各国的卖家开展跨境电商业务，设置了几种常用的语言，如图 4-2 所示。

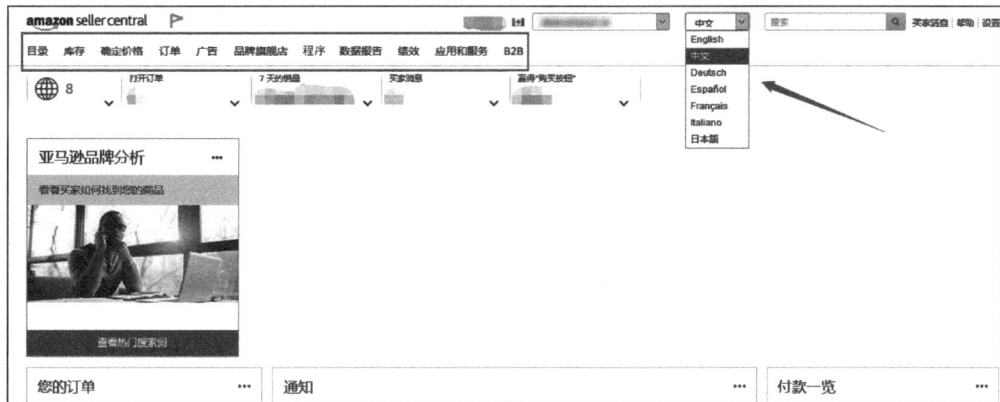

图 4-2

图 4-2 中方框框起来的 11 个下拉菜单包含了卖家中心的所有功能。

1. 目录

"目录"下拉菜单如图 4-3 所示。"目录"下拉菜单的功能最简单，专门用于手动上传商品。

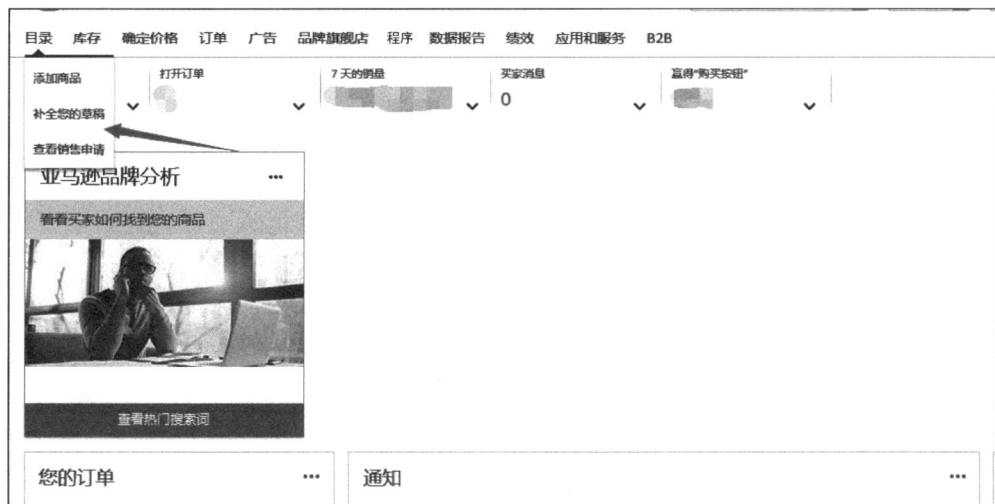

图 4-3

添加商品：用于打开手动上传商品页面。

补全您的草稿：用于打开上次未写完的商品编辑页面，这个功能与草稿保存类似。

查看销售申请：有些特定商品需要进行类目审核，在亚马逊审核之后才能销售。例如，医疗用品（口罩、测温仪等）和人体接触的商品（成人情趣商品等）等需要安全认证的商品。需要说明的是，商品所需要的各种认证都必须是目的地国的，例如在美国销售的商品需要 FDA（Food and Drug Administration，食品药品监督管理局）认证。

2．库存

"库存"下拉菜单如图 4-4 所示。

图 4-4

图 4-4 中箭头所指为新增加的内容。

管理库存：卖家在这里可以看到自己上传的所有商品的库存情况。

管理亚马逊库存：卖家在这里可以看到转换成亚马逊配送的商品的库存情况。从国内发货的商品在这里是不显示的。

库存规划：主要用于管理现有亚马逊库存。卖家在这里可以查看是否有冗余商品、什么时候需要补货，类似于一个宏观提醒的功能。

亚马逊物流远程配送：通过这个选项申请加拿大站和墨西哥站的商品 ASIN，可以把美国站的库存商品直接发货到加拿大和墨西哥，卖家只需要把货物存放在美国站即可，但配送要根据商品重量、体积收取一定的费用。

添加新商品：这个选项的功能与"目录"下拉菜单的"添加商品"选项的功能一模一样。

批量上传商品：当卖家有几十种商品时，可以在这里下载表格，然后以表格的形式快速、大量上传商品。

库存报告：在这里可以下载 Excel 表格形式的所有在售商品、非在售商品的现有数据。

全球销售：在此处可以一次性看到卖家账户在欧洲、北美、日本等市场的所有销售数据。例如，当天订单数、订单金额、总销售额。时间段可自行调节。

管理亚马逊货件：此选项是亚马逊卖家每天都会使用的，此处是所有亚马逊负责配送商品的库存信息，补货、缺货、移除库存都需在此操作。

上传和管理视频：新账户往往没有这个选项，因为这是需要注册美国商标，且在卖家中心备案后才会有的视频功能，也就是给商品上传主图视频，提高转化率。

3. 确定价格

"确定价格"下拉菜单如图 4-5 所示。

图 4-5

定价状况：是对亚马逊价格的整体解释，帮助卖家准确地理解亚马逊对价格的设置。

查看定价助理：帮助卖家对特定的商品进行自动定价，让卖家了解不同价格所拥有的购物车占有率。

管理定价：单击这个选项可以看到所有在售商品的编辑页面，以便调整价格。

修复价格警告：此选项方便管理有价格错误的所有在售商品。

自动定价：是管理定价工具的直接访问按钮。

佣金折扣：在这里能看到亚马逊推出的针对卖家的佣金折扣商品。

协议定价：在这里可以与企业买家签订一个时间段内的商品价格协议，即 B2B 交易电子协议。

"确定价格"下拉菜单中的这几个选项使用得较少，你大概了解其使用功能即可。

4. 订单

"订单"下拉菜单如图 4-6 所示。

管理订单：此选项用于一键查看所有已经购买的订单和配送中的订单。主要用在联系买家的时候，从这里进入能够设置查询条件，迅速找到对应的买家订单。

订单报告：提供过去最长 90 天的所有卖家自行配送订单的下载，以 Excel 表格的形式呈现，包括等待中的订单和待处理的订单。

图 4-6

上传订单相关文件：通过亚马逊提供的统一格式的表格模板，为配送、盘点、订单取消等功能进行批量修改。主要为了方便卖家高效地处理订单。

管理退货：提供过去任何时间段买家退货订单的下载，并可以设置不同的搜索条件以便快速找到需要的买家订单。

管理 SAFE-T 索赔：这是一个很重要的成本管理工具，很多卖家一直没有重视。无论是自发货还是 FBA 发货订单的退款，亚马逊都经常会自动退款给买家。如果你觉得某些退款订单不属于卖家的责任，那么可以通过这个选项向亚马逊提出索赔。

5. 广告

"广告"下拉菜单如图 4-7 所示。

图 4-7

广告活动管理：在这里可以设置所有站内广告活动，包括自动广告、手动广告、头条搜索广告，并且提供广告报告下载，以供卖家分析广告活动情况。

A+页面：当你进行了品牌备案后，就会有 A+页面，即图文版的商品详情描述，转化率可以提高 10%。

早期评论者计划：这是官方给出的一个测评通道。一个新商品是零评价的，你可以通过这个功能让亚马逊帮你要一些真实的 Review。这些 Review 的权重较高，并且不会被删除，对提高转化率帮助很大。

Vine：俗称为"绿标"，也是亚马逊针对留评率低出台的新功能。亚马逊组织了很多专业的 Reviewer，每个月用邮件通知他们可以对哪些商品撰写评论。他们提出申请，在收到商品后，30 天之内都会留评。"绿标"比早期评论者计划的评论的权重更高。一旦成功留评就会显示"Vine Customer Review of Free Product"（免费商品的顾客评论）的绿色字样。

秒杀：是卖家在做站内推广时最常用的一个选项，包括 Prime Day、复活节、黑五、万圣节、圣诞节等活动，卖家可以在这里自主提报对应的商品，但是前提是系统自动推荐的才有资格，大概一周左右更新一次，你可以不定期地看看。

优惠券：这个选项用于创建买家在下单结账时可以直接选择抵扣的优惠金额或者售价的优惠百分比，这个功能用得比较多，图4-8 中箭头所指的"Coupon"（优惠券）标识就是卖家在后台设置后显示的。

图 4-8

Prime 专享折扣：顾名思义，就是对亚马逊的 Prime 会员才有的折扣，是针对某部分群体的促销活动。

管理促销：这个选项是站内所有促销功能的入口，可以设置除了 Coupon 和 Prime 专享折扣之外的所有促销活动。

6．品牌旗舰店

"品牌旗舰店"下拉菜单如图 4-9 所示。

图 4-9

管理店铺：这是亚马逊针对品牌卖家推出的品牌店铺展示功能，主要是为已经注册了海外商标且在亚马逊备案的卖家进行品牌店铺宣传使用的。

7．程序

"程序"下拉菜单如图 4-10 所示。

图 4-10

借贷：这是新推出的功能。营业额满足一定要求的卖家，可以申请 3～12 个月的贷款。借贷对卖家的销售类目、营业额都有要求，一般要求 12 个月的营业额达到 10 000 美元。

8．数据报告

"数据报告"下拉菜单如图 4-11 所示。

图 4-11

付款：一键查看所有账单周期的结算情况，包括付款时间、金额，以及每笔订单的详细情况。

亚马逊销售指导：一键查看所有发送到亚马逊仓库的商品的库存情况，并且系统能够根据商品销售情况，给予卖家合理的优化和提高库存效率的建议。

品牌分析：对品牌注册的卖家旗下的商品进行单独的品牌数据分析，帮助卖家有重点地区别销售的商品。

业务报告：这是卖家每天都必须用的一个选项，能看到单个商品每天的订购商品数、流量数据、转化率、买家访问数、页面浏览量、销售额，也可以根据日期查看任意时间段的销售总额、订单数量，并且以坐标图的形式直观展现。

库存和销售报告：在这里能看到所有发送到亚马逊仓库的商品的配送报告。报告分为"库存""销售量""付款""卖家优惠""仓储费""物品丢失赔偿费用""移除订单""退货"。建议卖家用这个选项查看买家对某笔退货订单的具体退货理由。

广告：此选项和"广告活动管理"选项的报告下载页面相同，只是这里以直观的形式方便卖家查找使用。这是卖家需要经常使用的一个选项。

退货报告：可以一次性下载所有退货报告，了解商品的退货数据。

税务文件库：提供亚马逊配送服务的增值税发票，可以一键发送到卖家的邮箱。

9．绩效

"绩效"下拉菜单如图 4-12 所示。

图 4-12

账户状况：一键查询第三方卖家的账户绩效，包括订单缺陷率、商品政策合规性和配送绩效。此处关系到卖家账户安全，非常重要，需要定期查看。

反馈：一键查看买家给卖家店铺留下的 Feedback（关于物流和配送时效的评价）。此处也关系到卖家账户安全，需要卖家做好售后服务。

亚马逊商城交易保障索赔：是查看亚马逊买家和卖家之间纠纷的选项，类似于淘宝的申请官方介入，由亚马逊来判定谁对、谁错。

信用卡拒付索赔：买家在下单付款后，在一定时间内可以向银行拒付某笔交易，银行再将拒付的信息反馈给亚马逊。一般为买家在未收到货物、货不对款、重复扣款、信用卡被盗刷等情况下提出的索赔。

业绩通知：此处用于查看亚马逊给卖家发送的所有重要信息，绝大部分是关于卖家店铺安全的邮件，一般在卖家中心左上角会出现小红旗标志。

买家之声：经常有卖家抱怨账户不知道为什么受限了，在这里可以看到账户里买家对每个商品哪里不满意、是否被投诉和买家反馈的相关内容。

卖家大学：此处是服务于卖家的学习场所，从入门到正常销售，以及平台政策都可以在这里学习，包括视频和文字的内容。

品牌控制面板：这个选项用于帮助卖家整体分析品牌旗下的商品数据，例如价格竞争力、Prime Day 参与资格、存活率等。

10．应用和服务

"应用和服务"下拉菜单如图 4-13 所示。

图 4-13

卖家基本上不会用到"应用和服务"下拉菜单，或者只有很少卖家才用得上。这个下拉菜单的各个选项是让有条件的卖家借助工具来管理亚马逊卖家中心，通过这里接入的应用程序是最安全的，不会涉及卖家账户安全问题。这里不展开写。

11．B2B

"B2B"下拉菜单如图 4-14 所示。

图 4-14

我相信你听过很多 B2B 业务，这里是亚马逊为未来布局的 B2B 企业交易模块，现在也有少量订单是 B2B 业务产生的。这个模块用于帮助卖家分析各类商品的报价、数据趋势，目前用得也非常少，但以后几年会使用得越来越多。

这就是卖家中心的所有功能，你会发现大多数新的功能是与品牌相关的内容，也就是说亚马逊更倾向于为专业的品牌卖家提供平台，而不是做一个杂货铺。各种功能的更新都是为了使卖家更好、更便捷地运营账户，并且在未来体量最大的 B2B 领域，亚马逊已经开始布局，这点也是卖家应该关注的。

4.2　如何准确、快速地创建新商品

亚马逊的卖家中心经常更新，更新往往都是为了方便卖家使用。下面对上架新商品的流程和容易出错的地方做详细的讲解。

本节的截图全都是美国站的卖家中心。打开美国站的卖家中心，在"库存"下拉菜单中单击"添加新商品"选项，如图 4-15 所示。

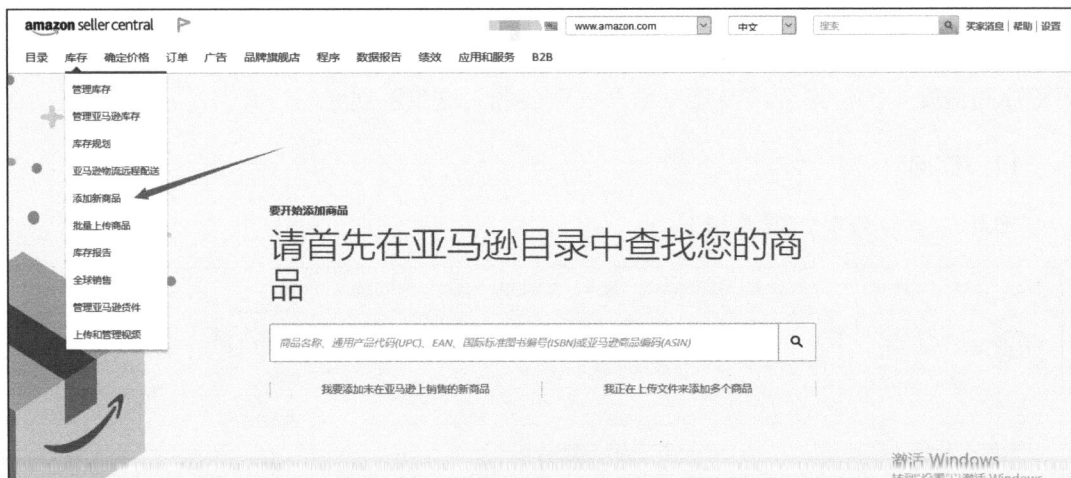

图 4-15

很多人在这一步出错，我把容易出错的地方标出来了，如图 4-16 所示。

在文本框中输入任何商品关键词，都属于跟卖别人。关于跟卖，你可以参考 3.1.2 节和 3.2 节。数字 1 所指的选项用于上架新商品，即在自建商品的时候，单击这个选项上传商品。数字 2 所指的选项用于使用表格批量上传商品。

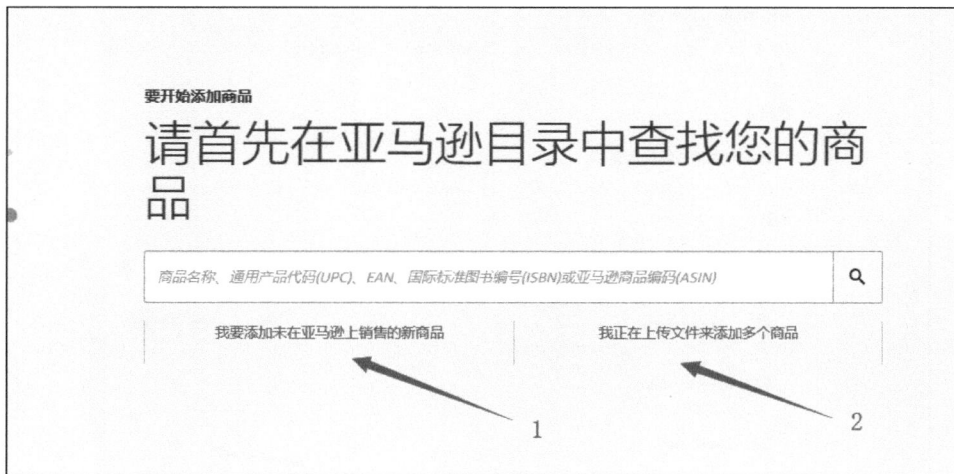

图 4-16

目前，在亚马逊上销售主要采用自建商品的方式，单击数字 1 所指的选项，会出现如图 4-17 所示的页面。

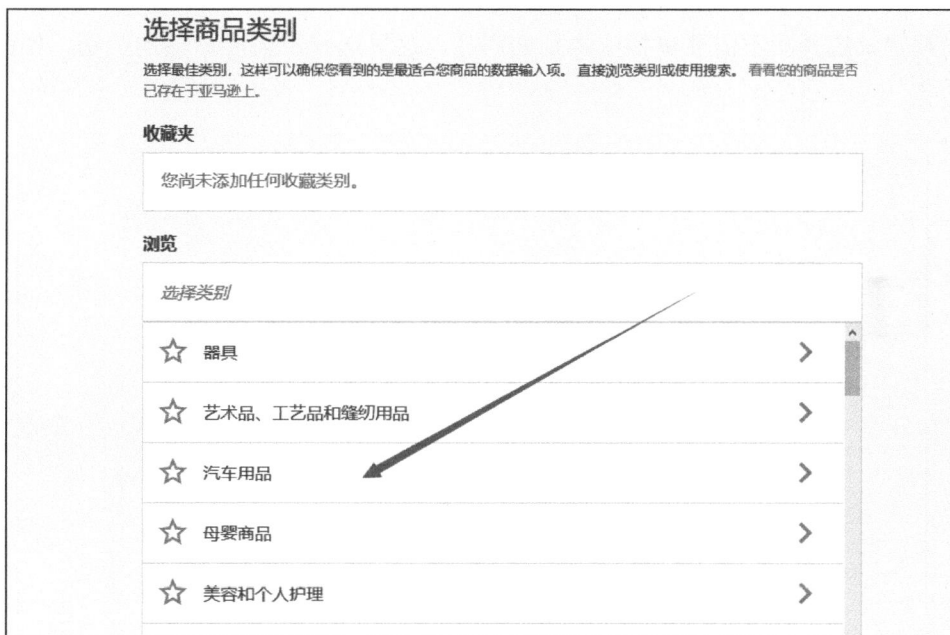

图 4-17

在图 4-17 中，我们需要选择商品类别。这就要求在上架商品之前，我们要确定商品属于哪个类别，可以参考竞品所在的类别。如果类别填错了，那么商品是会被禁售的。我们只需要按照系统提示一步一步地选择细分类别即可，到最后一步时，系统直接显示英文。有的类别会显示"请求批准"字样和锁头图案，意思是需要提交相关商品的发票和认证，待亚马逊审核之后，才能销售，如图 4-18 所示。

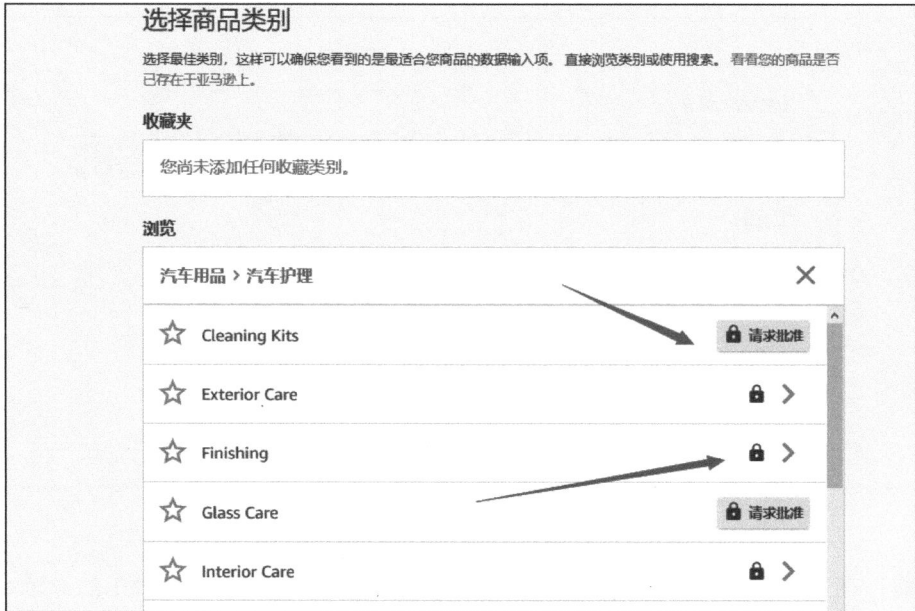

图 4-18

前期建议选择卖不需要审核的类别的商品，这里选择不需要审核的类别，如图 4-19 所示。

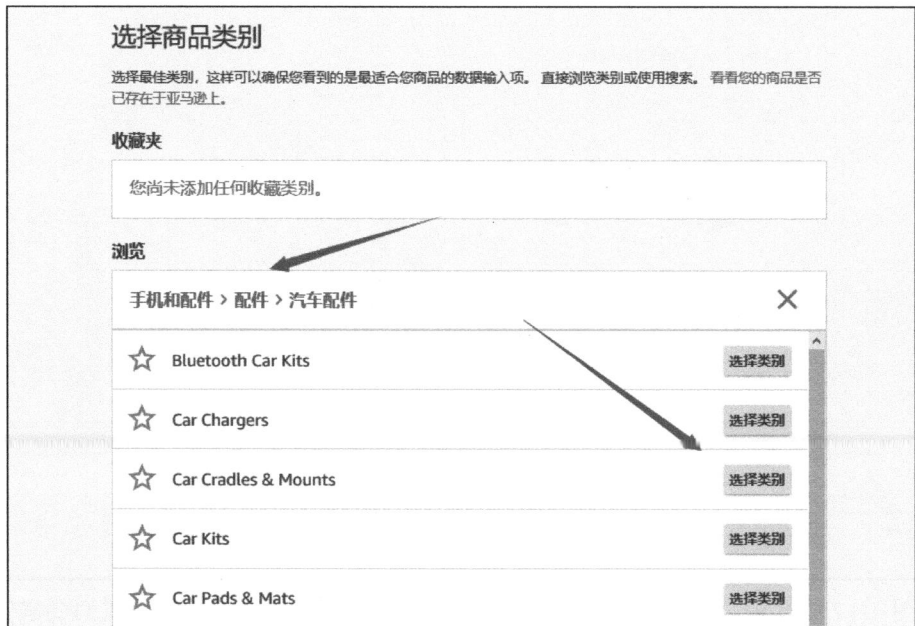

图 4-19

需要注意的是，如果觉得选择的类别不合适，那么可以单击上面箭头所指的文字返回上一步，重新选择。

我们一定要计算成本后再填写市场价，以免亏损。具体计算方法参见 6.3 节。然后，滚动鼠标滚轮将页面拉到最下方，如图 4-24 所示。

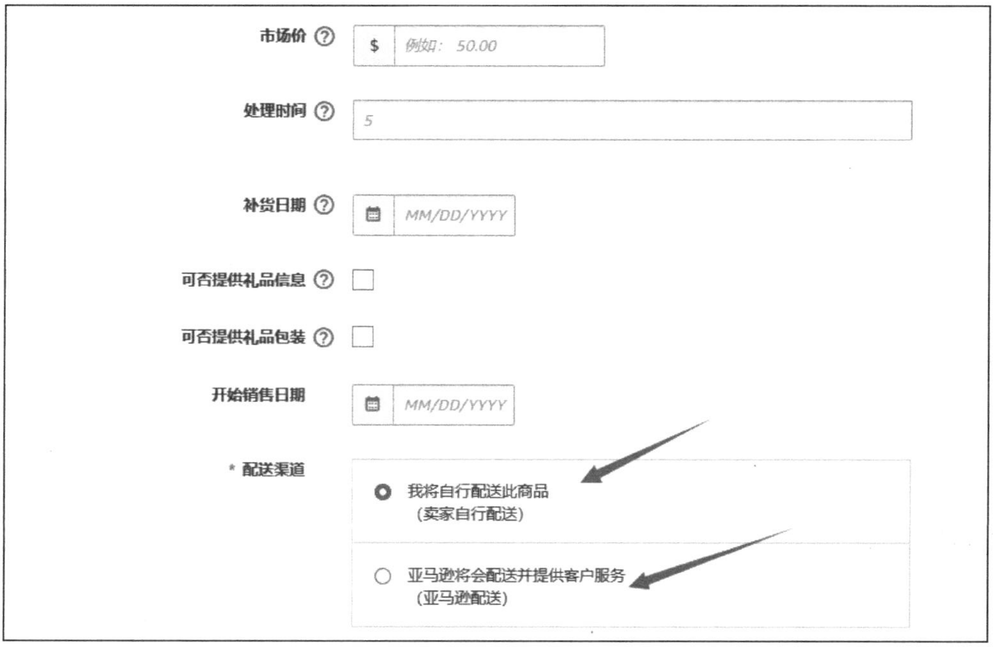

图 4-24

"我将自行配送此商品"单选按钮用于选择自发货，"亚马逊将会配送并提供客户服务"单选按钮用于选择 FBA 发货。两种发货方式的选择参见 3.1.1 节和 3.1.2 节。单击"合规信息"选项卡，会出现如图 4-25 所示的页面。

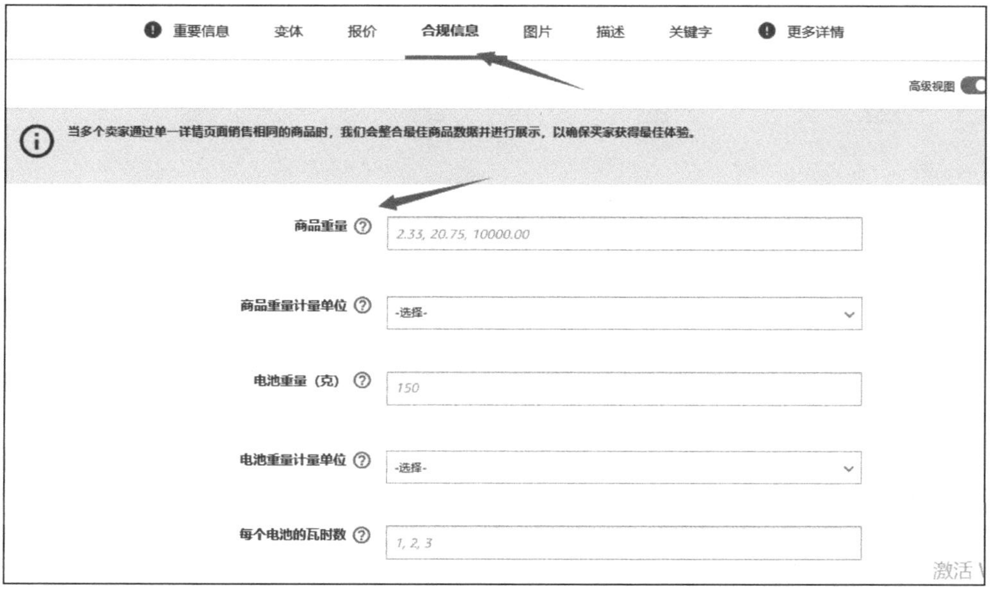

图 4-25

很多人都懒得填写"商品重量"文本框，这会影响商品在系统中的权重，对新商品还是很重要的。原则上，所有内容都要全部填满，如果不知道怎么填写，那么可以把光标放在问号上，会出现详解，如图 4-26 所示。

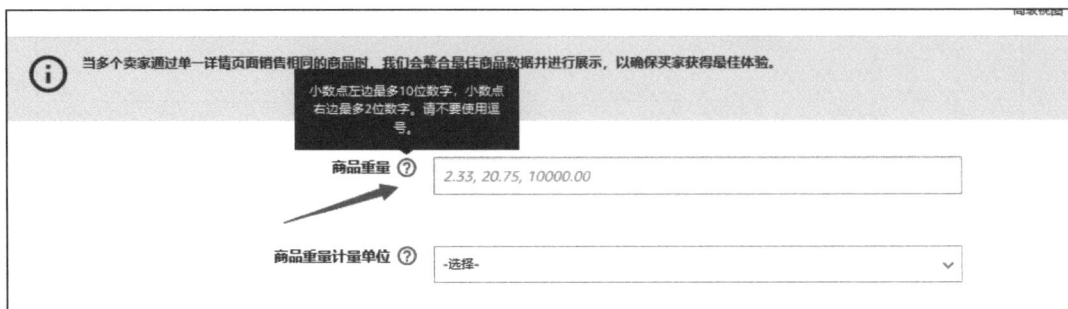

图 4-26

单击"图片"选项卡，会出现如图 4-27 所示的页面。

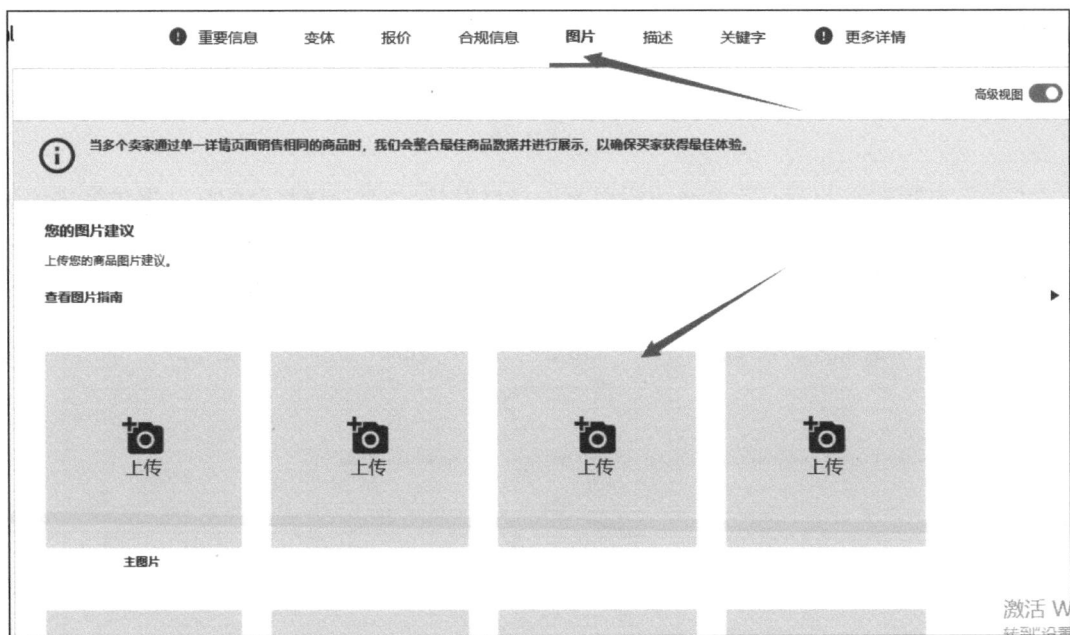

图 4-27

上传 7 张图片即可，如果对商品的商标进行了品牌备案，那么可以上传商品视频。

单击"描述"选项卡，会出现如图 4-28 所示的页面。

图 4-28

描述：即 Listing 详情页面的长描述。

滚动鼠标滚轮，将页面拉到最下方，如图 4-29 所示。

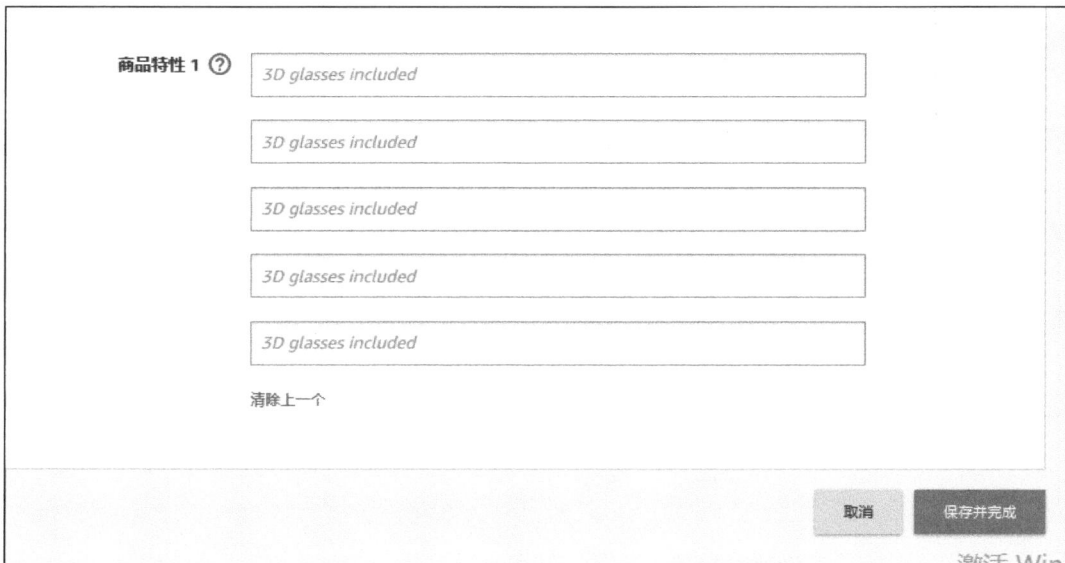

图 4-29

这里的商品特性就是 Listing 详情页面的五行描述，也是很多卖家不知道的地方。

图 4-30 所示为一个 Listing 的详情页面。5 个箭头所指的文字就是五行描述。

图 4-30

单击"更多详情"选项卡，会出现如图 4-31 所示的页面。

图 4-31

"更多详情"选项卡是最容易让人忽视的。在 Listing 详情页面,我们看到的与竞争对手商品的对比都是根据这里填的信息匹配的,如果我们不填,就会错失很多流量。原则上也是填写的内容越详细越好,每个空格都要填写,除非我们的商品不适用。

当所有选项卡的商品信息全部填完后,单击右下方的"保存并完成"按钮,如图 4-32 所示。如果"保存并完成"按钮是灰色的,那么说明商品信息没有填写完整,需要返回去补充商品信息。但是千万不能单击浏览器左上角的"←"按钮,否则刚刚填写的所有商品信息就需要全部从头开始填写了。

图 4-32

希望本节的内容能够帮助你提高上架新商品的效率,让你不用再去微信群、QQ 群问别人了。

4.2.1 如何准确地批量创建新商品

现在,很多人都说做亚马逊运营需要垂直供应链,这一点也不假。很多新卖家在刚注册完账户后,需要每天不断地上架新商品,熟悉卖家中心的基本操作。另外,有些商品的变体非常多,比如服装有很多尺寸,一个商品可能有十几个变体,如果一个一个地上传商品,既耗时又耗力。这就需要使用亚马逊的批量上传功能,速度快,类目更精准,对后期运营有极大的帮助。

以亚马逊美国站的卖家中心为例,单击"库存"下拉菜单,如图 4-33 所示。

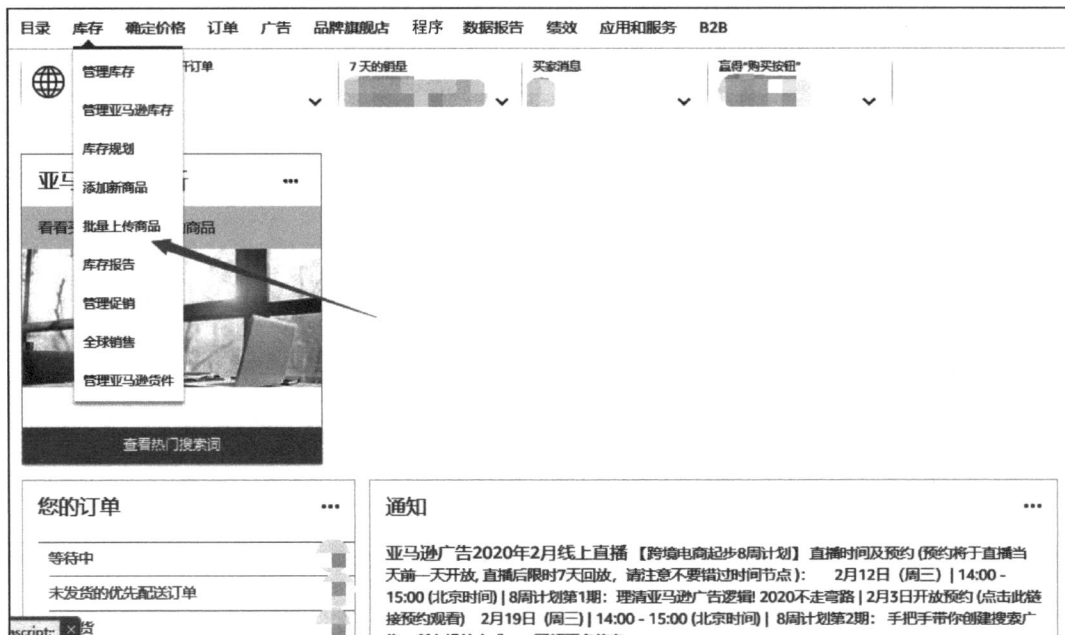

图 4-33

单击"批量上传商品"选项，会出现如图 4-34 所示的页面。

图 4-34

选择"下载库存文件"选项卡，滚动鼠标滚轮把页面拉到最下面，如图 4-35 所示。

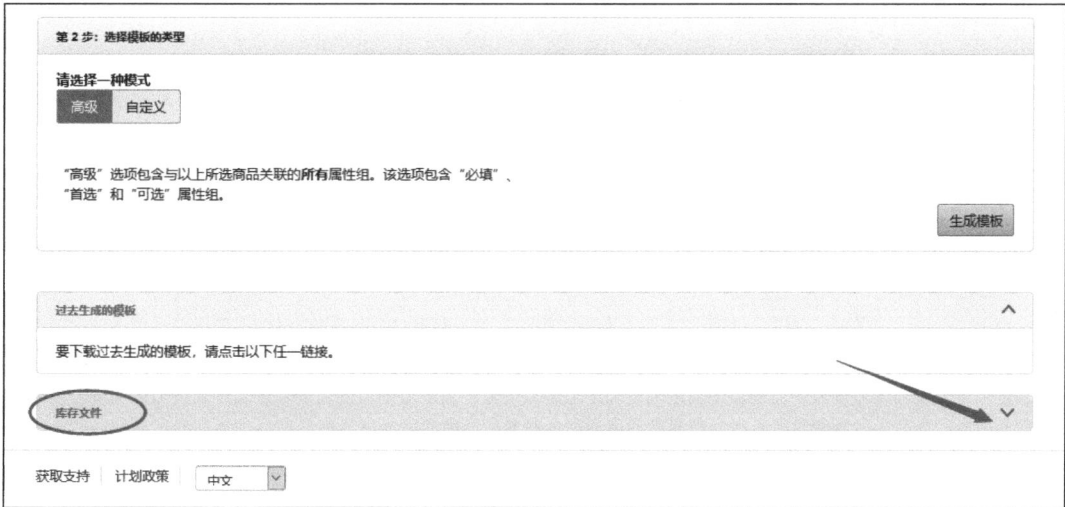

图 4-35

单击“库存文件”右侧箭头所指的位置，会出现如图 4-36 所示的页面。

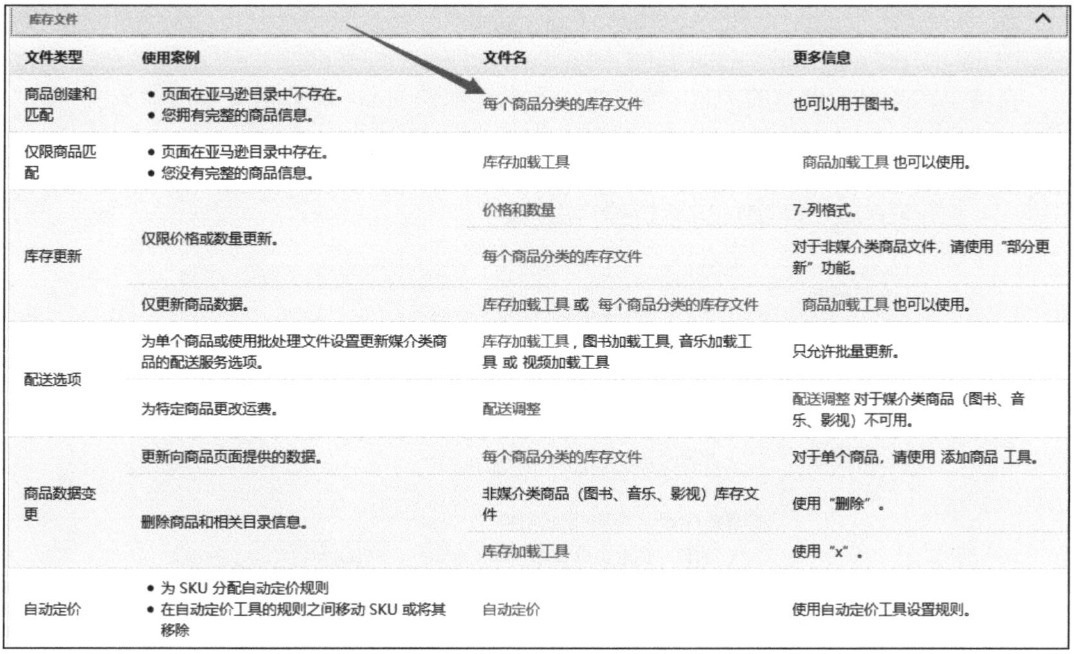
库存文件

文件类型	使用案例	文件名	更多信息
商品创建和匹配	• 页面在亚马逊目录中不存在。 • 您拥有完整的商品信息。	每个商品分类的库存文件	也可以用于图书。
仅限商品匹配	• 页面在亚马逊目录中存在。 • 您没有完整的商品信息。	库存加载工具	商品加载工具 也可以使用。
库存更新	仅限价格或数量更新。	价格和数量	7-列格式。
		每个商品分类的库存文件	对于非媒介类商品文件，请使用“部分更新”功能。
	仅更新商品数据。	库存加载工具 或 每个商品分类的库存文件	商品加载工具 也可以使用。
配送选项	为单个商品或使用批处理文件设置更新媒介类商品的配送服务选项。	库存加载工具，图书加载工具，音乐加载工具 或 视频加载工具	只允许批量更新。
	为特定商品更改运费。	配送调整	配送调整 对于媒介类商品（图书、音乐、影视）不可用。
商品数据变更	更新向商品页面提供的数据。	每个商品分类的库存文件	对于单个商品，请使用 添加商品 工具。
	删除商品和相关目录信息。	非媒介类商品（图书、音乐、影视）库存文件	使用“删除”。
		库存加载工具	使用“x”。
自动定价	• 为 SKU 分配自动定价规则 • 在自动定价工具的规则之间移动 SKU 或将其移除	自动定价	使用自动定价工具设置规则。

图 4-36

单击“每个商品分类的库存文件”选项，会出现一个新的页面，如图 4-37 所示。

库存文件模板简体中文版（库存文件模板）

文件模板	风格指南	分类树指南（BTG）	需要批准
汽车用品（零件与配件） 汽车用品（轮胎与车轮）	汽车和动力运动（PDF） 摩托车和全地形车（ATV）（PDF）	汽车和户外动力设备分类树指南	查看要求
母婴	母婴用品（PDF）	母婴用品分类树指南	否
美妆	Beauty（PDF）	美容化妆分类树指南	
图书	Use Book Loader Use UIEE Format to List Books	图书分类树指南	对于"图书"，仅当其状况为"收藏品"时才需要获得批准。

图 4-37

在这里选择对应商品的类目。假设我们卖汽车配件商品，那么需要单击箭头所指的"汽车用品（零件与配件）"选项，下载这个类目的批量上传表格，如图 4-38 所示。

库存文件模板简体中文版（库存文件模板）

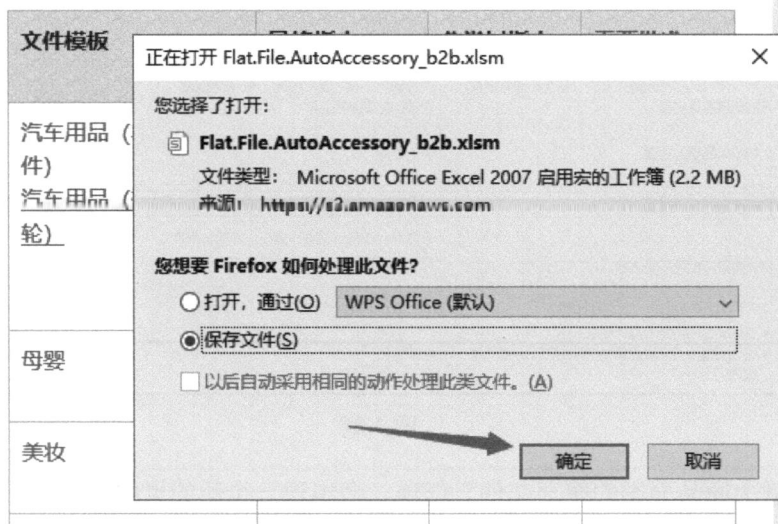

图 4-38

可以选择"保存文件"单选按钮，也可以直接打开表格，如图 4-39 所示。

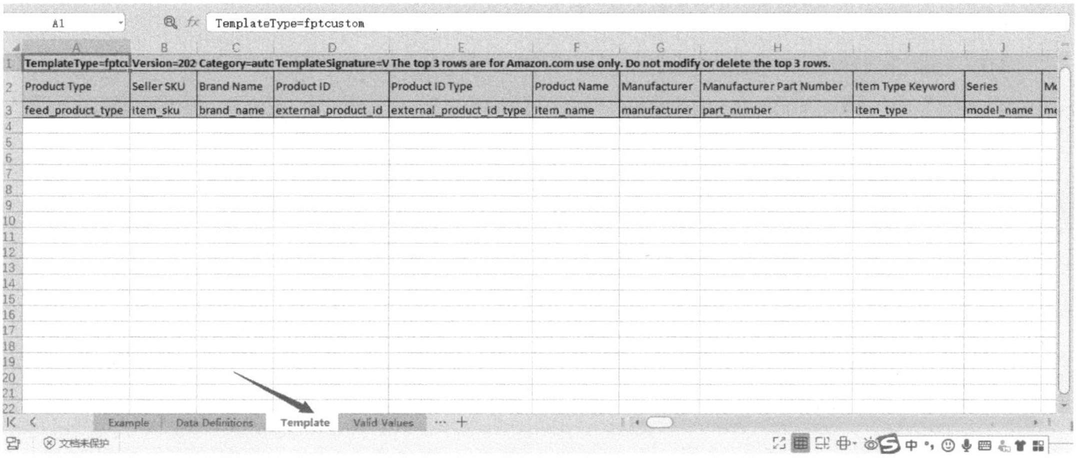

图 4-39

如果第一次填写这个表格，那么可能会感觉很复杂，但其实需要填写的只有"Template"（模板）工作表。下面详细说明表格中的各项内容。

（1）item_sku：商品的 SKU。在亚马逊是唯一的，即使跟卖我们的商品的 SKU 也是不一样的。建议写有顺序的字母加数字组合。例如，AABC001、ABC002 等。

（2）external_product_id 与 external_product_id_type。external_product_id 一般使用 UPC。我们可以在淘宝上购买 UPC，需要购买带证书的 UPC，而不能购买机器生成的。external_product_id_type 选择"UPC"。

（3）item_name：商品的标题。Listing 链接使用的时间长了，标题就会被系统锁定，如果想修改就会比较麻烦，建议想好了再写。

（4）brand_name 与 manufacturer。这两处要填写一样的内容。如果我们的商品有品牌，就填写自己注册的品牌；如果没有品牌，那么建议想一个没有人使用的品牌，千万不要写别人的品牌，特别是知名品牌，这会导致商品被下架。

（5）product_description：商品描述。需要使用 HTML（超文本标记语言），使用加粗和换行符号进行排版。

（6）item_type 与 feed_product_type。按照表格给出的数值选择即可。

（7）update_delete。新商品上传，统一选择表格中的"Update"（更新），老商品选择数值中其他两项。

（8）standard_price 与 sale_price。standard_price 与 sale_price 分别是标准价格和促销价格。目前，亚马逊美国站只显示 sale_price，这里要填美元。

（9）bullet_point：五行描述。如果我们选择铺货模式，那么可以简单写；如果我们选择精品模式，那么一定要用心写商品卖点。

（10）search_term 和 main_image url。关键词现在的权重不高，写上 5～10 个核心关键词即可。main_image_url 是主图链接，把主图直接放在生成链接的网站可以生成出来。

（11）variation 和 color_name。对于想销售变体的卖家，这两项非常重要，类似于淘宝的颜色、功能、尺寸等选择，具体包括 parentage、parent_sku、relationship_sku、variation_theme 4 个板块，可以自行查看表格提示。

看起来需要写的内容很多，但是在表格的"Example"（说明）工作表中已经写明了，必填项是黑色字体部分，其他的可以后期再补上。在填完后，我们需要先检查表格是否有错误。

单击卖家中心"库存"下拉菜单的"批量上传商品"选项，单击 "上传您的库存文件"选项卡，会出现如图 4-40 所示的页面。

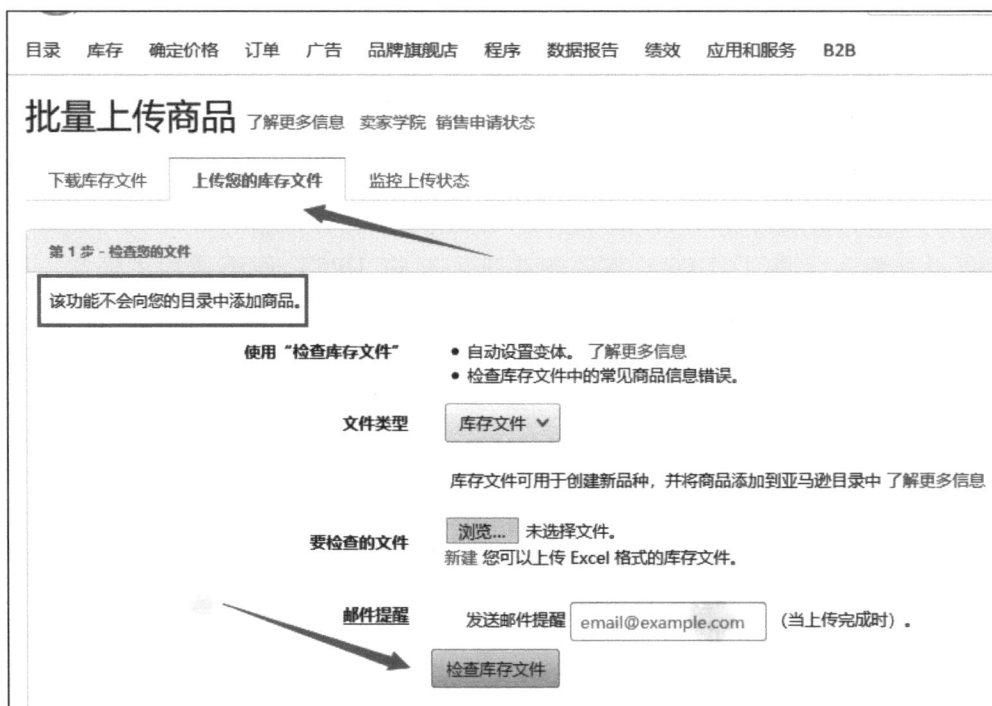

图 4-40

系统专门有一个检查的功能，如果表格有错误，那么会提示我们。等完全没有错误后，就可以一次性上传成功。

上传表格经常会出现莫名其妙的报错，我们只需要根据报错的提示修正，一般经过 2～5 次修改，都可以成功地批量上传商品。

4.2.2　变体在实际运营中作用巨大

很多卖家在听到亚马逊的变体这个词时，都不知所云。变体是所有卖家都会遇到的。

我们可以把变体的表现形式理解为淘宝商品的不同尺寸、颜色、型号的组合，这种组合在亚马逊上称为"变体"，如图 4-41 所示。

图 4-41

"Color"和"Size"分别表示这个商品有由不同颜色和不同型号组合而成的变体，买家可以轻松、方便地选择自己喜欢的风格的衣服。卖家为了方便买家做这样的选择，在商品上架时就需要更细心，以下几点一定不能出错。

（1）对于不同颜色、相同外观的商品，在预算允许的范围内，要尽量给每种颜色的商品都拍一套照片，这样买家会更直观地看到不同颜色的商品展现出来是什么样的。虽然你会看到一些商品用相同颜色的图片展示所有不同颜色的变体，但是这并没有把工作做细致。

（2）对于不同颜色、功能、外观的商品，标题要做到一一对应。例如，这是一款红色防水衣服，对应的变体就应该写 red waterproof 等单词。标题一定要和不同的变体、不同的商品特色一一对应，不能眉毛胡子一把抓。

（3）对于不同尺寸的变体，在五行描述中就必须写清楚这个变体的尺寸，如图 4-42 所示。因为对于有些商品来说，买家在下单前一定会找适合自己的尺寸的商品。

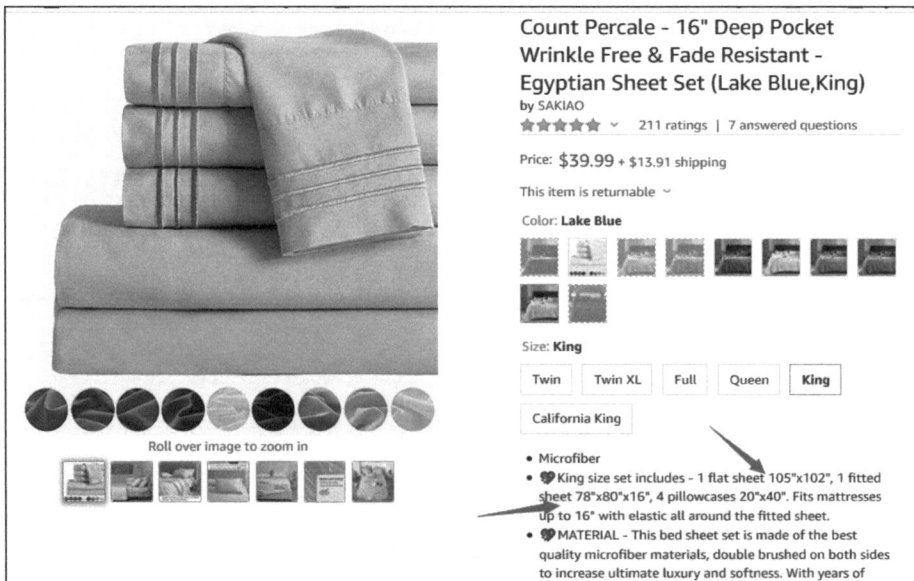

图 4-42

以变体的形式上架商品有非常多的优势，综合利用这些优势可以帮助我们高效地运营账户。

首先，拥有多个变体的商品的转化率高，买家点开了其中一个变体，如果不喜欢那么可以选择其他变体，如果我们的详情页面针对不同变体分别做了优化，就会大大提高买家的页面停留时间，可以极大地促进这个商品转化为订单。

其次，拥有变体的商品权重更大，亚马逊会给有变体的商品更多的流量倾斜，这能够提高商品的曝光度。不同的变体下的 Review 数量和 QA 数量大概率会显示成一个总数，进一步提高商品的转化率。之所以用大概率这个词，是因为有的类目已经被改了规则，不同变体会单独显示 Review 数量和 QA 数量。

最后，变体也有和国内电商不一样的地方。亚马逊的不同变体一直是单独计算排名和权重的，假设一个变体成了 Best Seller，但其他变体依然会显示自己的排名。同样，一个变体断货了，也不会影响其他变体的排名和权重。

上面这些都属于变体展现在前台页面的表现形式和基本规则。

对于卖家来讲，变体也有很多运营技巧，下面总结了运营中必备且使用最频繁的小技巧和思路。

当推广一个新商品时，我们可以把全部变体使用自动广告推广，在 1～2 周，就会得到广告数据。在数据中一定会显示哪些变体的销售量高、哪些变体的销售量低、哪些变体的销售量一般。我们把销售量高、销售量低和销售量一般的变体分别称为 A 变体、B 变体和 C 变体。

我们可以把 A 变体单独拿出来打手动广告，引入精准流量，对 B 变体降低广告预算，降低单次点击出价，进而达到降低成本的目的。把 C 变体也单独拿出来打手动广告，预算和单次点击出价要低于 A 变体，这就是精细化运营广告的最初做法。

然后，我们还需要下载自动广告报告中的 other ASIN report（其他 ASIN 报告）。很多新卖家不明白什么是 other ASIN（其他 ASIN）。举个例子，有流量进入变体 Listing，但是并没有买 advertised ASIN（广告 ASIN），而是从广告 Listing 跳转到其他变体 Listing，买了其他变体。那么那个被买的其他变体就称为 other ASIN。这些 other ASIN 也是非常有价值的，需要单独拿出来打手动广告，从而进一步优化整个广告结构。

当你做了一年甚至更久的亚马逊运营之后，一定会有一些滞销的或者断货很久的商品，这些商品再想推广是非常难的。之前花了大量时间和推广费，往往会得到一些 Review 和 QA。当再次推广相同类目，但是不同功能、款式的新商品时，就可以利用这些 Review 和 QA。步骤如下：①为新商品单独创建 Listing 链接，先不发货。②将新 Listing 通过表格的形式与之前的滞销 Listing 合并，合并后就是一个变体 Listing。③将滞销 Listing 的库存设置为 0，前台就不会显示。但是因为你有新商品作为变体，就会额外获得新商品流量。因为在新商品上架初期有适当的 Review，所以可以迅速提高转化率。

这样操作必须合规，要注意新 Listing 和滞销 Listing 必须是可以合并的相同类目的相同商品。例如，滞销 Listing 是男士黑色皮带，新 Listing 是男士灰色皮带、男士白色皮带等相同商品。千万不能违规合并，例如滞销 Listing 是男士黑色皮带，新 Listing 是一个毫不相关的商品，如男士手表、女士头巾等，甚至有的类目不允许做变体，你强行合并了，这就属于典型的违规操作，被系统检测到会被暂停销售。这些就是最基本的、常见的变体规则和基础运营方法。

关于变体的运营方法非常多，可以和广告、促销等多个功能结合使用。随着亚马逊各种功能的变化，变体的运营方法也会一直更新。

希望你能够多研究，找到适合自己商品的变体运营方法。

4.2.3　你不了解的关于 A+页面的那些真相

在不同的电商购物平台中很多功能是相同的，只是名称不同。亚马逊的 A+页面相当于天猫的图文并茂版的详情页面，有的国内电商卖家觉得不解：难道之前没有吗？

你猜对了，亚马逊最开始是自营图书的，是逐步向第三方卖家开放的，各种功能也是逐渐增加的。在 2016 年之前，亚马逊上的所有 Listing 详情页面都只能通过文字来描述，看起来非常干净，但在之后亚马逊进行了各种数据测试，用大量图片来表达商品卖点可以提高 10% 的转化率。在流量日益珍贵的今天，更高的转化率意味着流量被充分使用，这是卖家和亚马逊都喜闻乐见的。

在亚马逊的不同站点，A+页面有不同的规则。在注册完亚马逊日本站的账户后，第一时间就会拥有 A+页面，这可能是因为亚马逊考虑了亚洲人的购物习惯而设置的，但其他所有站点的 A+页面都需要进行品牌备案后才有。注册一个新的欧美商标至少需要 8 个月，没有品牌是无法在亚马逊上架新商品的。在这 8 个月的"空窗期"有一些运营技巧。

对于新账户来说，没有进行品牌备案，就没有 A+页面。你首先要考虑让其他卖家、认识的朋友将他已经备案的品牌授权给你使用，只是这样的操作会造成你的商品显示在他的品牌下。每个卖家的运营策略都不一样，具体是否可行需要你和对方商量。这种使用他人品牌的方式可以迅速获得 A+页面。

如果实在没有这样的卖家和朋友，你也不必太担心，即使没有 A+页面也有很多热销的商品。在上架新商品的时候，你要记得在"品牌"文本框中填写"N/A"，即可正常上架商品，如图 4-43 所示。

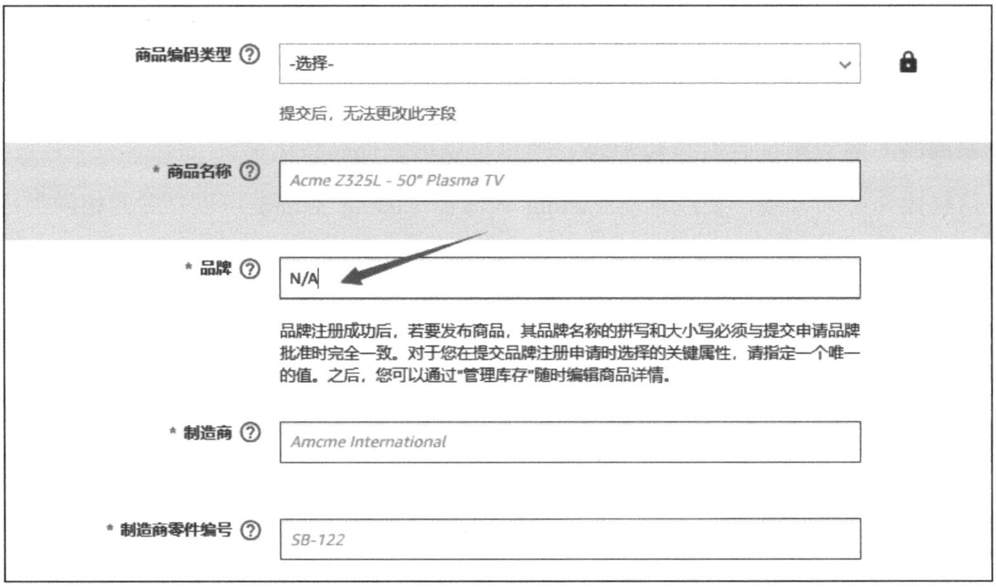

图 4-43

如果你正在注册某个商标，那么可以把这个商标做成不干胶贴，贴在商品上面，这就相当于这个商品的品牌 Logo。然后，你把商品拍照发给亚马逊官方客服，这样也可以正常上架商品。在 Listing 详情页面上你要写清楚正在注册的商标的英文 Logo，对品牌进行正常的宣传推广，在商标注册完后，再把商标填写在"品牌"文本框中即可。

A+页面的创建也需要精细化运营，不能想当然。A+页面一定要体现这个商品的品牌、商品细节、使用场景 3 个方面。图 4-44～图 4-46 是标准的 A+页面。图 4-44 是这个商品的品牌 Logo。这个品牌是销售量最高的跨境电商电子品牌 Anker。图 4-45 是这个商品的细节展示图、功能图和一些商品参数。图 4-46 是这个商品的使用场景图，非常有代入感。

图 4-44

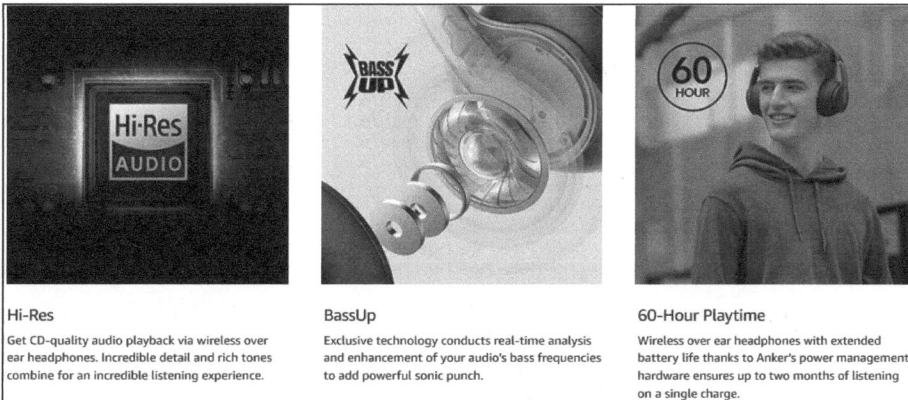

Hi-Res

Get CD-quality audio playback via wireless over ear headphones. Incredible detail and rich tones combine for an incredible listening experience.

BassUp

Exclusive technology conducts real-time analysis and enhancement of your audio's bass frequencies to add powerful sonic punch.

60-Hour Playtime

Wireless over ear headphones with extended battery life thanks to Anker's power management hardware ensures up to two months of listening on a single charge.

图 4-45

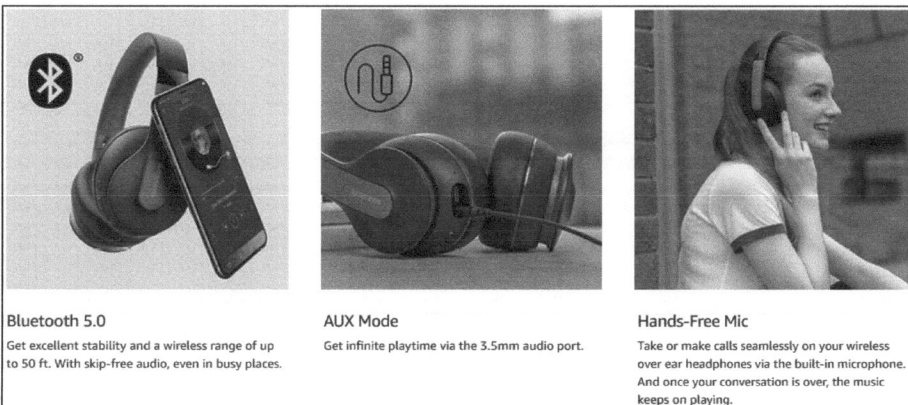

Bluetooth 5.0

Get excellent stability and a wireless range of up to 50 ft. With skip-free audio, even in busy places.

AUX Mode

Get infinite playtime via the 3.5mm audio port.

Hands-Free Mic

Take or make calls seamlessly on your wireless over ear headphones via the built-in microphone. And once your conversation is over, the music keeps on playing.

图 4-46

只有这样分模块地把商品的各个部分都展示出来，才能充分地吸引买家下单，提高转化率。商品的各种细节图、场景图一定要自己拍，千万不要复制、粘贴别人的，如果被投诉，那么会导致图片被删除，商品也会被暂停销售。

4.3　在品牌备案后如何授权其他账户同时使用

4.2 节涉及了一个品牌授权给其他账户使用的情况。亚马逊品牌备案、授权的操作比较复杂，困扰了很多卖家，加上从商标注册到下发 R 标，需要一年左右。能够坚持一年的卖家，都是在亚马逊上真心做运营，且业绩很好的一群卖家。

一个品牌可以在多个亚马逊账户备案吗？这是很多卖家都关心的问题。一个品牌在多个不同的亚马逊账户备案，会被判定为关联，切记不要乱备案！

一个在亚马逊成功备案的品牌，能否授权给不同的亚马逊店铺使用？这也是很多卖家关心的问题，答案是可以的！一个成功在亚马逊备案的品牌，是可以同时授权给不同店铺使用的，并且不会被判定为关联。

假设 A 账户、B 账户、C 账户都是正常状态的账户，我们可以通过以下步骤把 A 账户的品牌授权给其他两个账户使用，记得是授权，而不是备案。

打开亚马逊品牌注册页面，如图 4-47 所示。

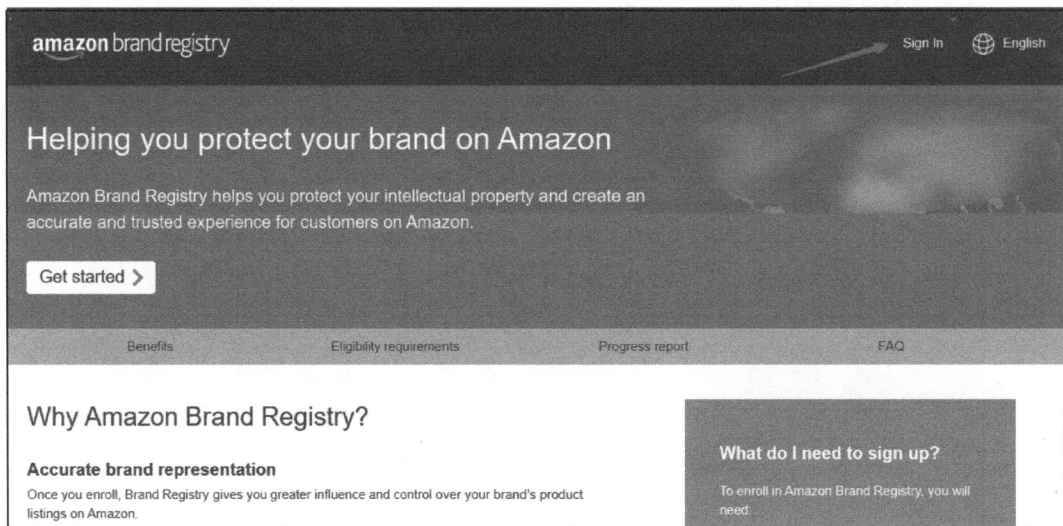

图 4-47

单击"Sign in"（登录）选项，会出现如图 4-48 所示的页面。

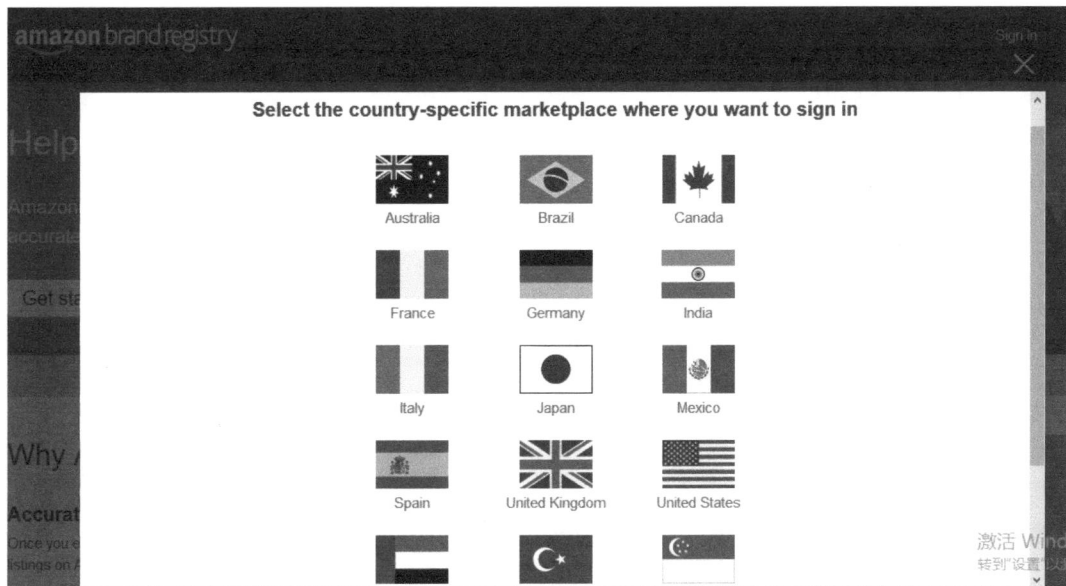

图 4-48

选择对应的站点，就会进入已经成功进行品牌备案的卖家中心，如图 4-49 所示。

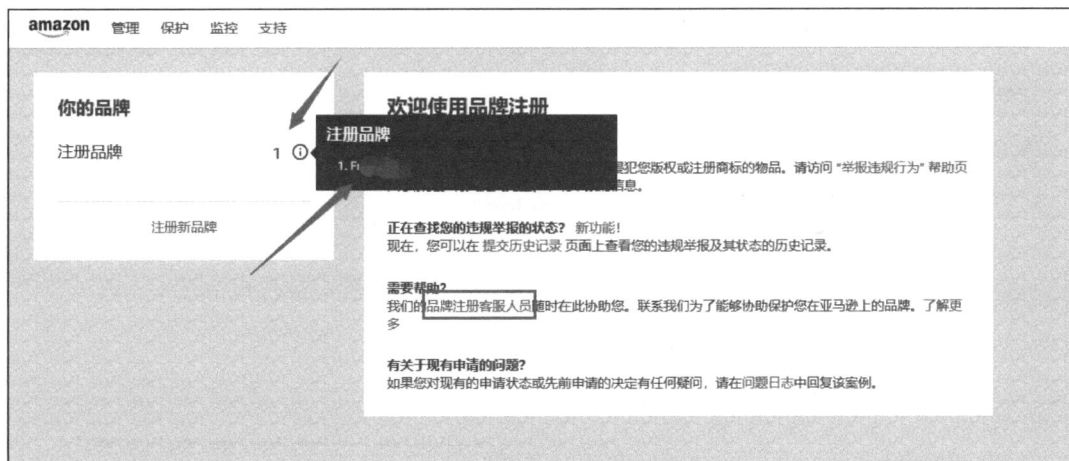

图 4-49

箭头所指的数字表示这个卖家账户成功备案的品牌数量。多个品牌可以备案到一个账户。把光标放在数字右侧的感叹号上会出现注册品牌。单击"品牌注册客服人员"选项会打开如图 4-50 所示的页面。

一定要切换到英文后台，再单击"Update your brand profile"（更新您的品牌资料）选项中的"Update role or add new user to account"（更新角色或向账户添加新用户）选项，会打开如图 4-51 所示的页面。

图 4-50

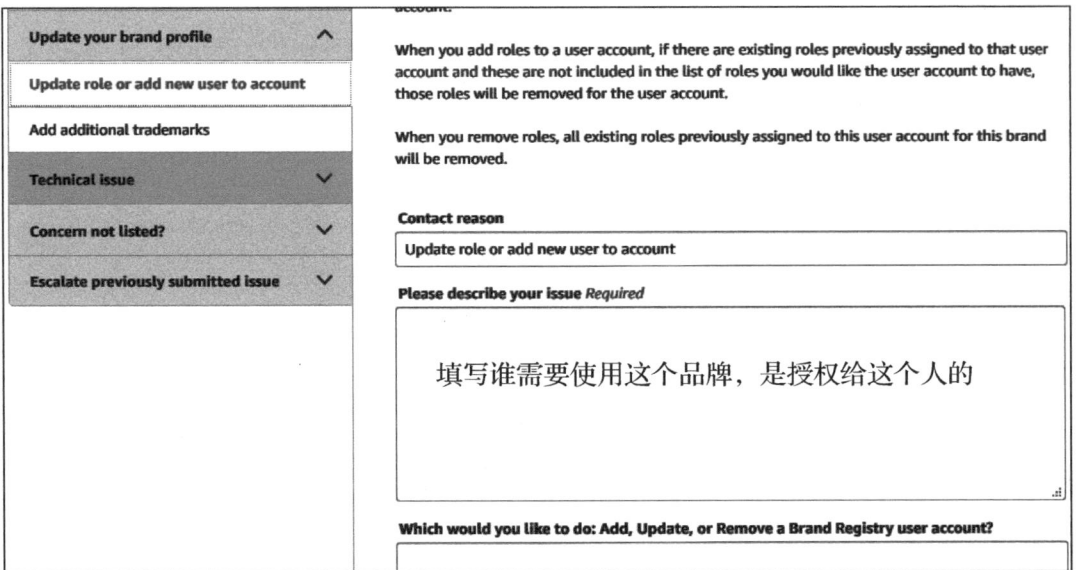

图 4-51

　　根据图 4-51 中汉语的注释，填写谁需要使用这个品牌。要使用没有语法错误的英文，并且需要表达准确，因为这些内容都由亚马逊海外客服处理。

　　滚动鼠标滚轮下拉页面，填写所有信息，如图 4-52 所示。在文本框 1 中填写新增的品牌授权。在文本框 2 中填写被授权账户的卖家登录邮箱。在文本框 3 中填写品牌 Logo。在文本框 4 中填写 Registered Agent（注册代理商）。

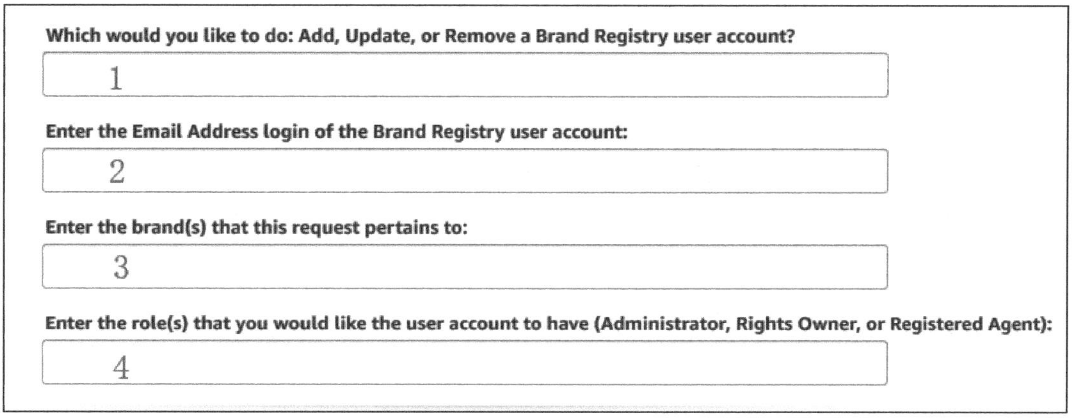

Which would you like to do: Add, Update, or Remove a Brand Registry user account?

> 1

Enter the Email Address login of the Brand Registry user account:

> 2

Enter the brand(s) that this request pertains to:

> 3

Enter the role(s) that you would like the user account to have (Administrator, Rights Owner, or Registered Agent):

> 4

图 4-52

在填完后，你的信息就会被发送给亚马逊品牌注册团队，1～3 天会成功授权。通过以上步骤，你就可以把一个品牌授权给多个账户使用。被授权的账户会拥有 A+页面、Listing 视频、品牌旗舰店等品牌卖家具有的功能。

4.4 你所不了解的跟卖的本质

跟卖，可以说是亚马逊和其他跨境电商平台最大的区别，也是习惯了国内电商模式的中国卖家最不理解的。虽然在 3.1.2 节和 3.2 节中介绍了跟卖的运营方式，但是我觉得有必要把容易出错的地方单独写出来，帮助你更加深刻和正确地理解跟卖的本质。

首先，中国卖家最不理解的是作为第三方卖家，我们写的 Listing 文案，以及花钱找人拍的精美商品照片，在商品成功上架后，其版权属于亚马逊，而我们只有使用权。

跟卖就是所有第三方卖家都可以使用亚马逊上的任何 Listing 文案，第三方卖家只需要确定这个 Listing 文案的编辑权在谁手里即可，这就是 Listing 文案的共用机制。什么是 Listing 文案的编辑权？即哪个卖家对这个 Listing 文案有编辑、管理、使用的权限。在绝大多数情况下，谁上架的商品，谁就拥有使用权，但这种情况因为跟卖会发生些许变化。

在亚马逊美国站搜索英文单词"iPhone 11 Case"（苹果 11 的手机壳），搜索结果如图 4-53 所示。

在搜索结果的下方有"Used &new offers"（二手或新商品提供者）字样，代表这个商品拥有多个跟卖者，数量也已经清晰地写明了，单击"7 used &new offers"选项，会出现如图 4-54 所示的页面。

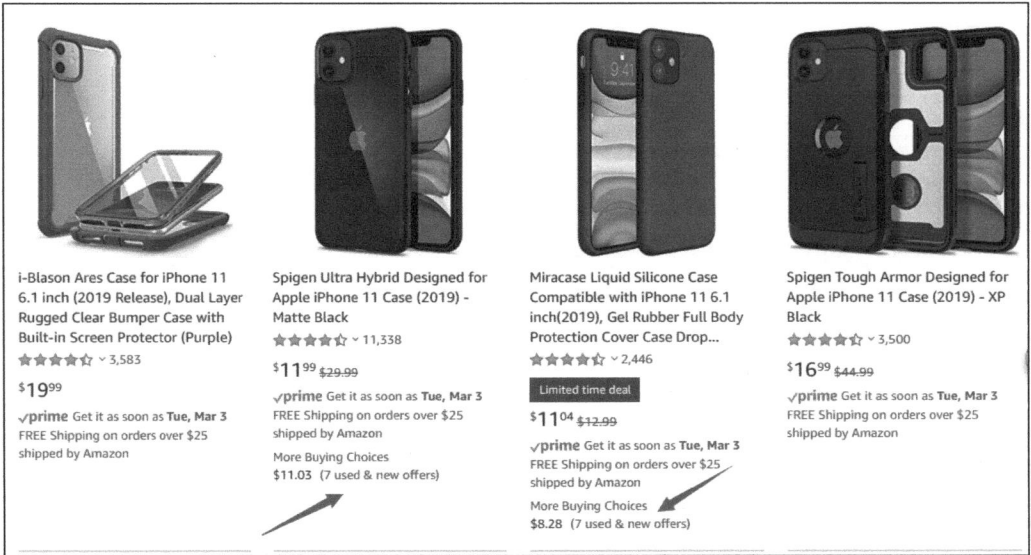

图 4-53

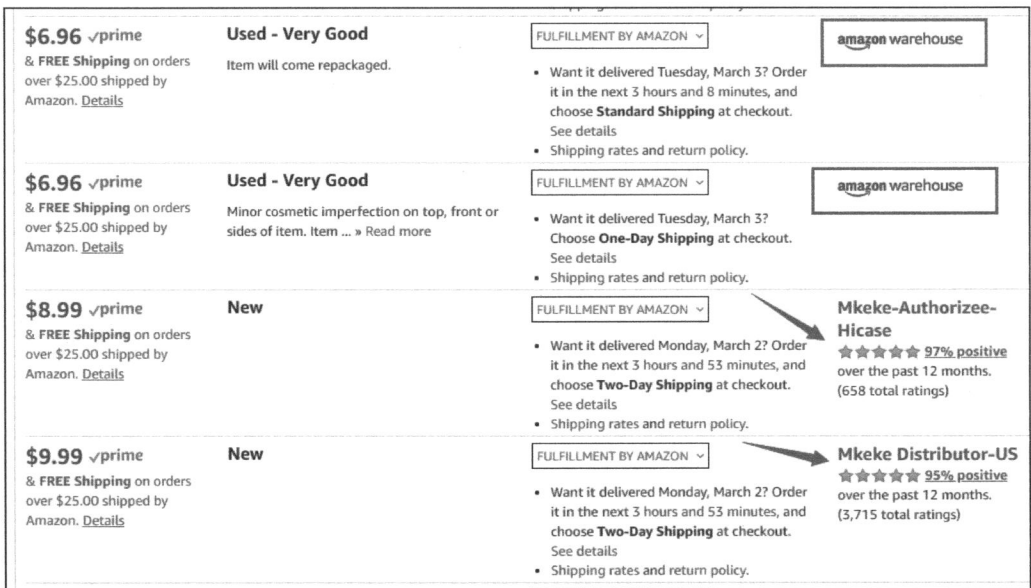

图 4-54

这里会显示不同的卖家，他们通过跟卖的形式以不同的价格在销售同款 iPhone 11 Case。

箭头所指的地方代表不同的卖家通过 FBA 发货的方式，销售全新的 iPhone 11 Case，左边对应的英文是"New"（新商品）。

方框的"amazon warehouse"（亚马逊仓库）是亚马逊官方专门用来销售二手商品的地方，商品依据成色等不同会有不同幅度的折扣，也就是通常所说的二手跟卖，左边对应的英文是"Used - Very Good"（二手或次新商品）。

你经常会在卖家中心的"交易一览"选项中看到亚马逊赔偿给你的商品金额，亚马逊购买你的商品，换得对商品的所有权，然后自行跟卖你的商品。

有的卖家一看到有其他人跟卖自己的商品就非常紧张。amazon warehouse 跟卖你的商品有利也有弊。

（1）买家看到亚马逊也在销售你的商品，会增加对你的商品的信任。

（2）一个商品有多人跟卖，会增加这个商品的排名权重。

（3）amazon warehouse 销售的是二手商品，而你的商品是新商品，虽然跟卖会影响你的订单，但不会形成直接竞争。

总的来说，amazon warehouse 跟卖你的商品是利大于弊的。

现在，中国卖家不能销售二手商品，销售二手商品的基本都是海外卖家。

所以，跟卖有多种形式，分为自发货跟卖、FBA 跟卖、新商品跟卖、二手跟卖。跟卖也有多种主体，有亚马逊自营跟卖、第三方卖家跟卖、自己跟卖自己。

第二个不理解的地方是对于你自建的 Listing 链接，如果你发现其他卖家跟卖你的商品，就算在卖家中心删除了这个 Listing 链接，其他卖家的跟卖行为不但不会中断，反而因为你放弃了这个 Listing 链接，跟卖者将拥有这个 Listing 文案的编辑权。根据本节开头说的 Listing 文案的版权属于亚马逊，即使你和跟卖者都放弃了这个 Listing 链接，使之处于无人售卖的情况，这个 Listing 链接也依然会留在亚马逊上，处于"随时待命"的状态。

第三个不理解的地方是，我身边有很多卖家一说起跟卖就咬牙切齿。跟卖作为亚马逊一直以来的特色，有它存在的道理。每个卖家都会遇到跟卖，你用正常的心态面对即可。当遇到跟卖时，你可以给对方发邮件，说明你是品牌卖家，需要得到你的授权才能跟卖，或者说明你的商品是独家设计的，跟卖发货会导致货不对板等。

跟卖别人的商品的基本原则是商品必须和对方的一模一样，不能有任何颜色、形状的差异，且对方没有品牌。跟卖者要遵守这样的基本原则：一起共同筑造和谐、健康的商业竞争环境。

4.5　FBA订单的注意事项

FBA 发货的本质是亚马逊帮助卖家解决跨境配送"最后一公里"的问题，卖家只需要负责出单，亚马逊负责发货。随着上架商品数量的增多和销售量的增长，订单量逐渐增加。少量订单的处理方式和大量订单的处理方式肯定是有差异的，特别是日销 150 单以上的热销品、刚刚参加过 Deal（秒杀）活动的商品，因为短时间内大量出单，会造成大量退货，所以你需要查询用 FBA 发货的商品的退货数量、退货原因，并计算退货率。

一个商品退货太多会影响利润率，还会影响商品的订单缺陷率，严重的会被下架暂停销售。查清退货的原因，是持续优化商品、优化文案的基本手段。一个"爆款"往往不是一上架就没有任何问题，而是经过 2～3 次后期改进诞生的。

打开卖家中心，单击"数据报告"下拉菜单的"库存和销售报告"选项（如图 4-55 所示），会出现如图 4-56 所示的页面。

图 4-55

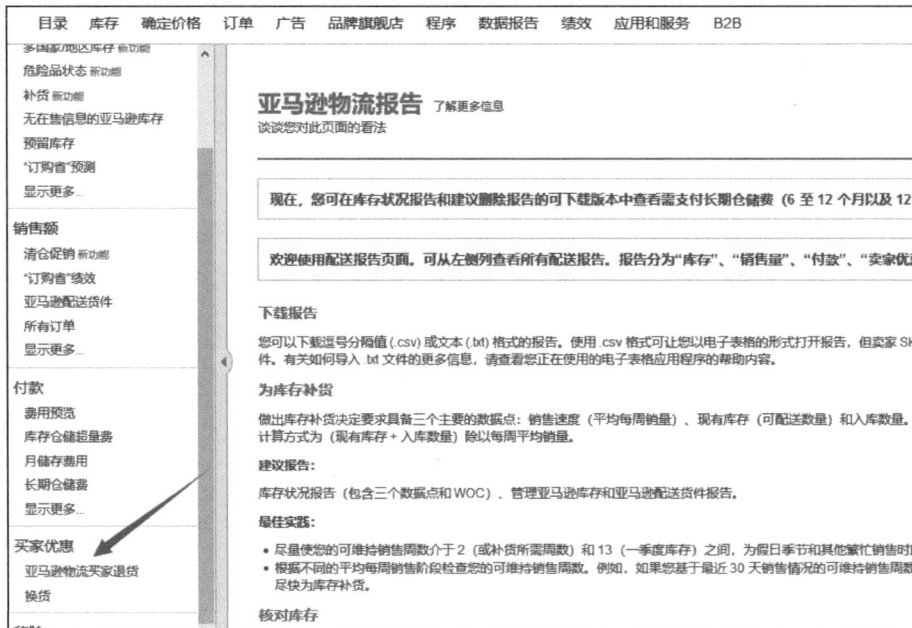

图 4-56

单击"亚马逊物流买家退货"选项，会出现如图 4-57 所示的页面。

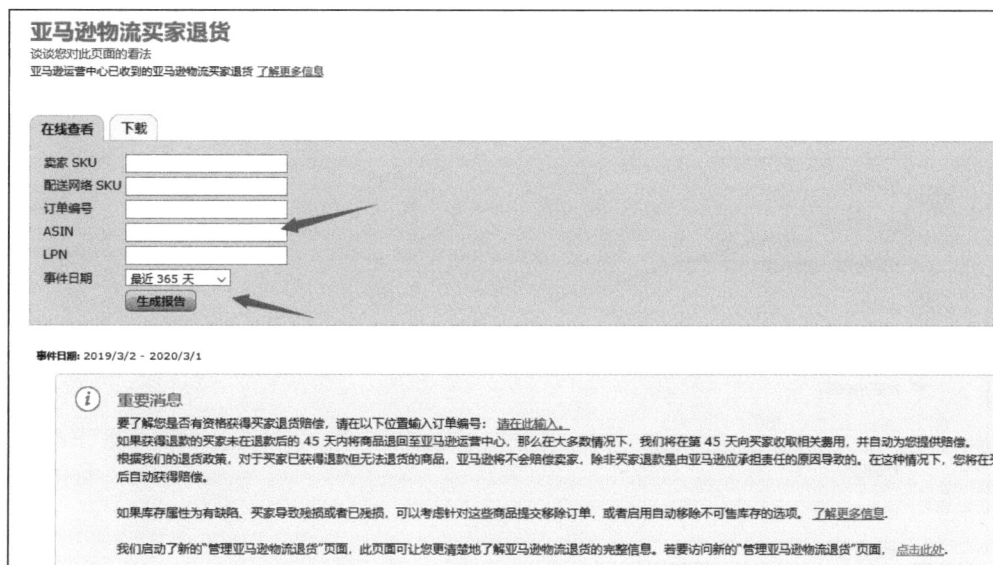

图 4-57

输入对应的商品 ASIN 和查询时间段，单击"生成报告"按钮，会出现如图 4-58 所示的页面。

图 4-58

箭头所指的内容是订单的库存属性。买家退货的商品如果不影响销售，那么亚马逊会帮你放回库存，这里就会显示"可售"。在"买家退货原因"中，可以看到是什么原因导致的买家退货，除了买家订错的，有瑕疵的、商品没满足客户期望的都属于商品本身有问题。如果大量退货都指向同一个原因，你就需要让工厂在生产的时候解决，以减少以后的商品退货，进而提高利润率。

不同类目的商品的退货率是不同的，有尺寸的服装类目的退货率肯定大于没有尺寸的日常办公用品的退货率。当你销售一个类目一段时间后，就会知道这个类目的平均退货率。假设服装类目的退货率是 10%，你的运营目标就是让退货率低于 10%。如果退货率是 15%，就说明你的运营工作不到位，或者工厂在生产方面偷工减料了。

在"库存属性"中，商品本身有问题或者买家在 30 天内造成的损坏都归为不可售的范畴。如何查询不可售数量和移除这些商品呢？打开卖家中心，单击"库存"下拉菜单的"管理亚马逊库存"选项（如图 4-59 所示），会出现如图 4-60 所示的页面。

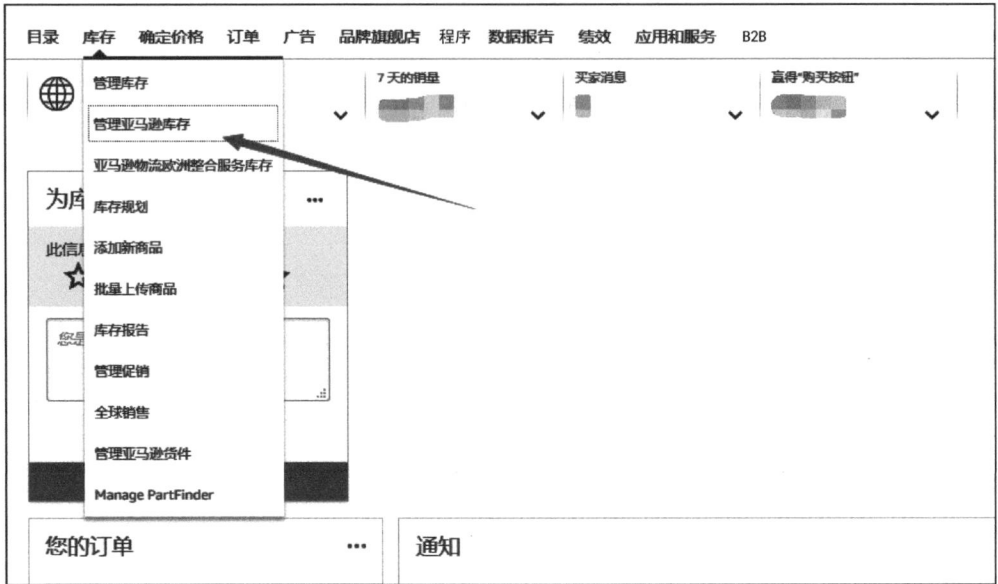

图 4-59

图 4-60

找到"不可售数量"选项的数字，单击箭头所指的数字，会出现如图 4-61 所示的页面。

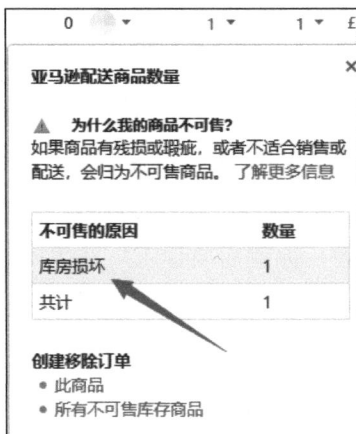

图 4-61

不可售的原因为"库房损坏",意思是亚马逊库房工作人员把你的商品弄坏了,亚马逊会按照商品售价给你赔偿或者赔偿相同数量的相同商品给你。

但是在大多数情况下不可售的原因如图 4-62 所示。

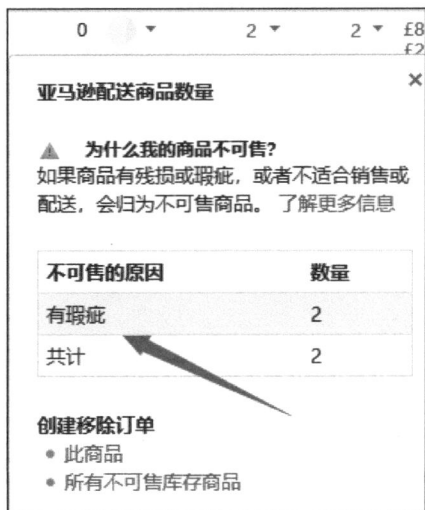

图 4-62

不可售的原因为"有瑕疵",这往往需要你处理。单击下方的"此商品"选项,创建移除订单,如图 4-63 所示。

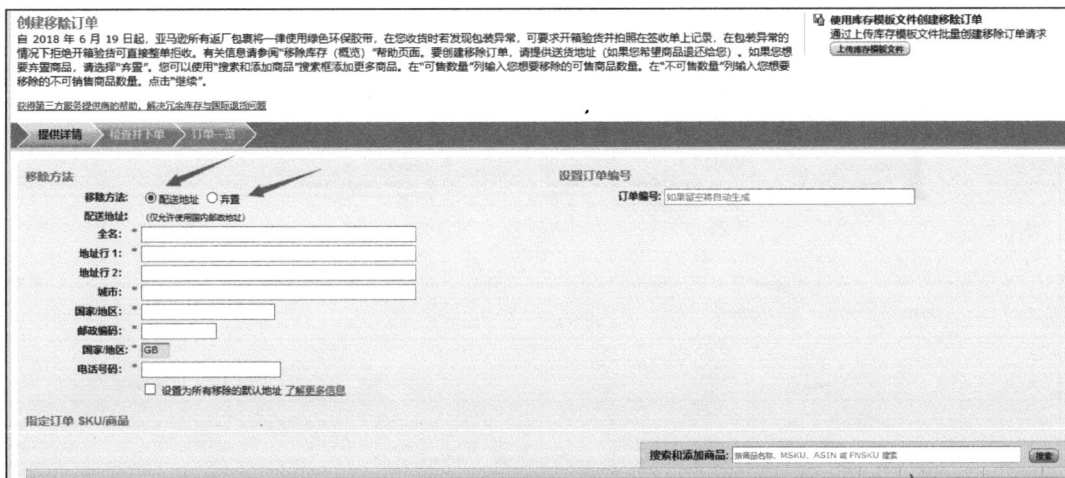

图 4-63

如果只有零星几个退货的商品,那么建议单击"弃置"单选按钮,让亚马逊把你的商品直接销毁,每个商品会有 0.3 美元的弃置服务费。

如果退货的商品数量多,而且集中在功能性强的电子商品、尺寸多的服装类商品上,那么直接销毁太浪费,这时可以单击"配送地址"单选按钮,将商品从亚马逊仓库运到当地国家的第三方海外仓，进行商品的维修、重新贴标等工作，充分、有效地利用退货商品。做这个工作的前提是你有合作的第三方海外仓，并且可以享受退货商品的简单维修、尺寸修改等服务。

用 FBA 发货的货物会集中存放在亚马逊的仓库。在卖家大量发货时，特别是在旺季时，货物量会成倍地增加，库房工作会经常出错，这就需要你主动关注每个商品的对应数量。单击"库存"下拉菜单的"管理亚马逊货件"选项，如图 4-64 所示。

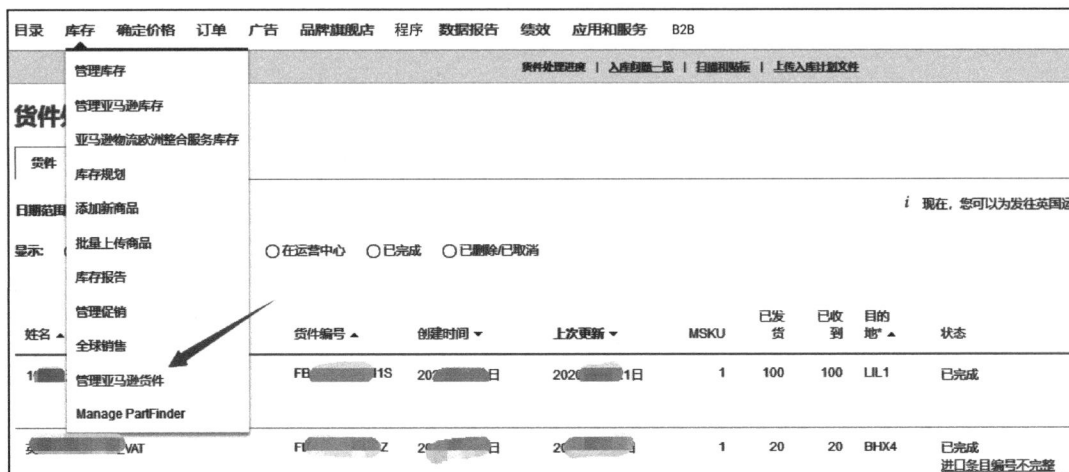

图 4-64

你可以打开每个对应的货件，会出现如图 4-65 所示的页面。

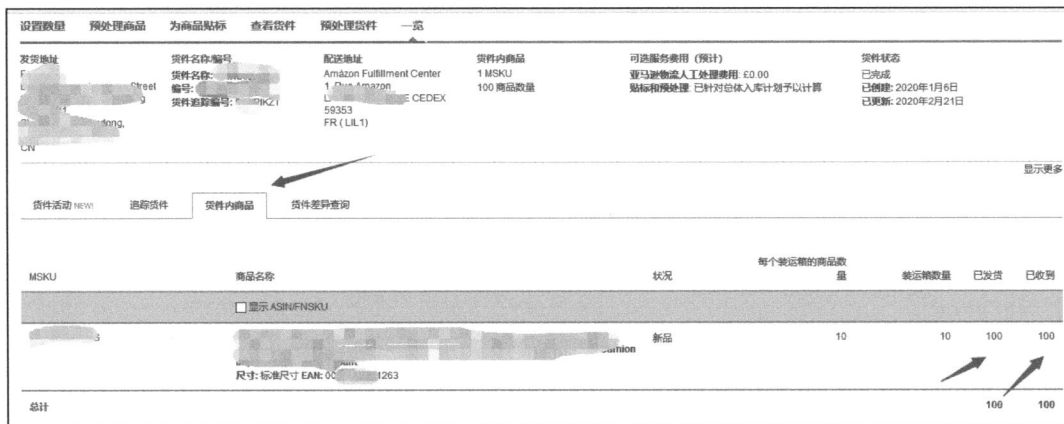

图 4-65

单击"货件内商品"选项卡，如果在"已发货"和"已收到"选项中发现数量不对，那么可以单击"货件差异查询"选项卡，请求亚马逊调查，如图 4-66 所示。

图 4-66

图 4-66 是一张上架无误的截图，如果商品的上架数量不对，那么系统会让你选择原因，单击"上传"按钮上传物流签收截图，如果这票货物有 10 箱，那么你需要提供 10 箱货的所有物流单号。你可以找发货的物流公司要物流单号，在最下面的文本框中，填上对应商品的 ASIN、发货数量、接收数量、差异数量，要求亚马逊调查，一般在 1～3 个工作日会有结果。

以上都是用 FBA 发货的商品在运营过程中需要做精、做细的地方，不要小看这些细节工作，一年下来会帮你节省很多钱。

4.6 自发货如何设置单个商品的运费

在做亚马逊运营的过程中，买家已经习惯接受商品价格是包邮的价格，因此你需要将店铺的商品设置成零运费，也就是包邮。但是有些特别重或者体积非常大的商品，就需要单独设置运费。

我曾经遇到过这样一件事情：商品的售价为 19.99 美元，而买家愿意支付 35 美元的额外费用，让卖家用 DHL 渠道给他邮寄，希望能够快速收到货。一些细心的卖家应该能观察到在欧洲的一些小语种站点（如德国站、意大利站、西班牙站、法国站），因为当地的福利很好，很多人在网上购物首先考虑的是商品本身的质量，反而对价格并不敏感，所以他们经常能够接受有运费的商品。

假设竞争对手的商品售价是 39.99 欧元，你可以把你的商品的运费设置为 5.99 欧元，把售价设置为 33.99 欧元。这样，在商品相同的情况下，你的页面价格就更具竞争力。

配送模板需要使用最新的，为了操作方便，可以将卖家中心的语言切换成中文，如图 4-67 所示。

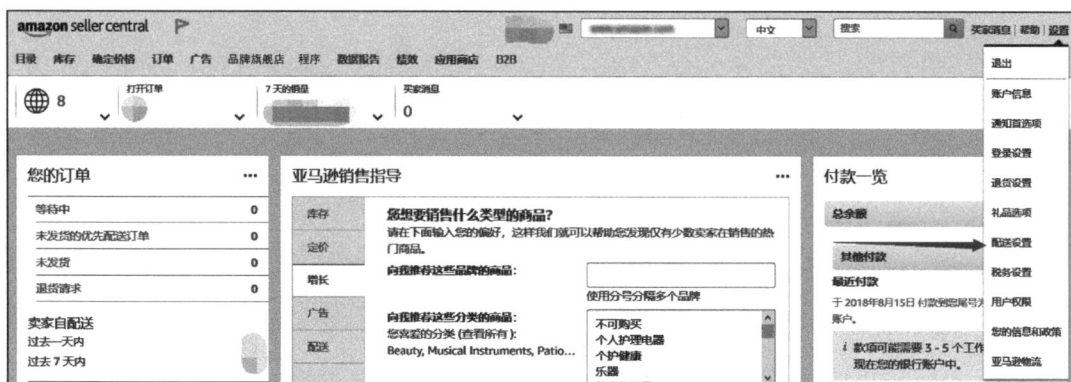

图 4-67

单击"设置"下拉菜单的"配送设置"选项，会出现如图 4-68 所示的页面。

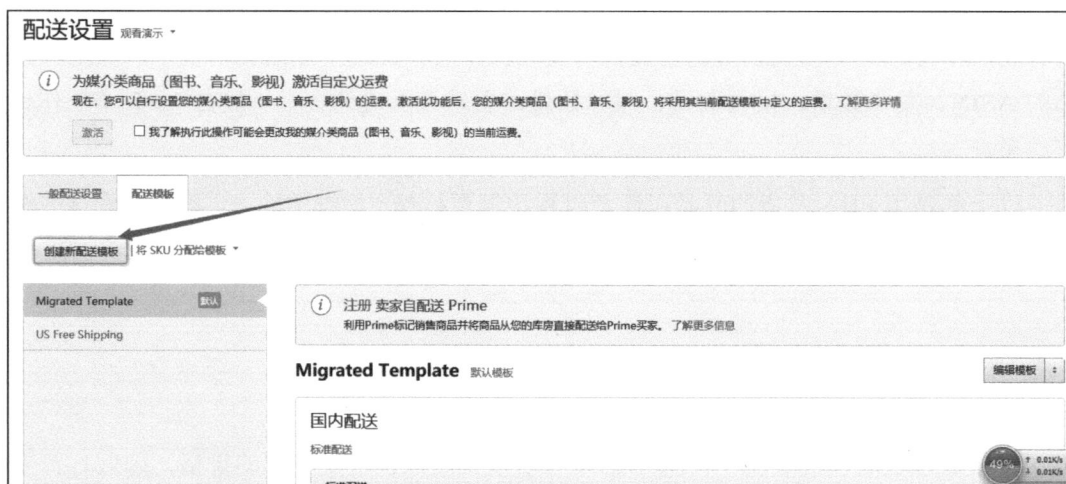

图 4-68

单击"创建新配送模板"按钮，会出现如图 4-69 所示的页面。

在"配送模板名称"文本框中写上需要单独设置运费的商品名称，在"运费模型"选区中选择"每件商品/基于重量"单选按钮。然后，把屏幕右侧的滚动条下拉，会出现如图 4-70 所示的页面。

图 4-69

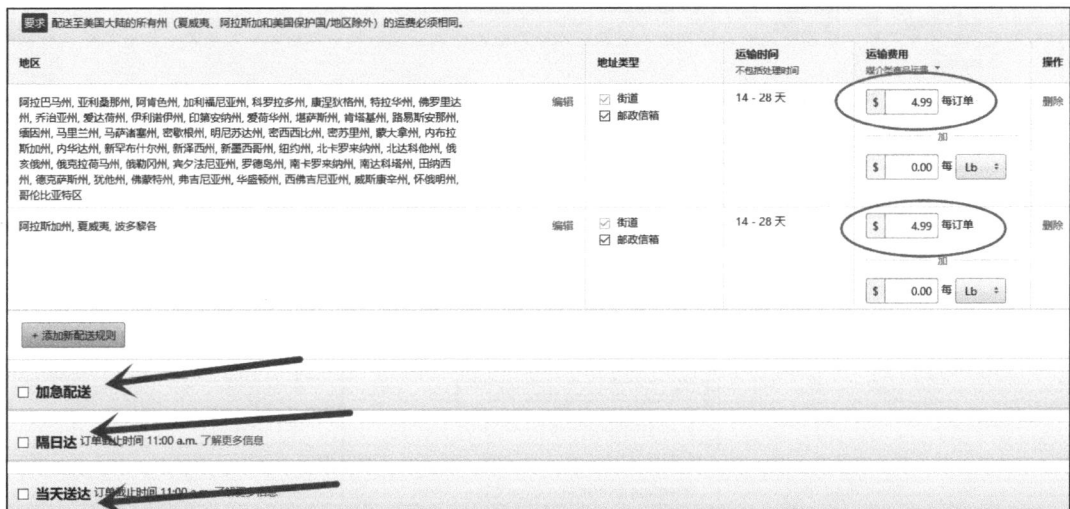

图 4-70

　　假设每笔订单的运费是 4.99 美元，那么在如图 4-70 所示的圆圈区域中填写即可。"加急配送""隔日达""当天送达"复选框均不建议勾选，因为几乎没有快递公司可以做到这么快的配送时效，后期会给自己带来麻烦。再将网页右侧的滚动条下拉，页面如图 4-71 所示。

　　单击"保存"按钮就设置完毕了。单击"库存"下拉菜单的"管理库存"选项，如图 4-72 所示。选择想单独设置运费的商品，单击"编辑"按钮，会出现如图 4-73 所示的页面。

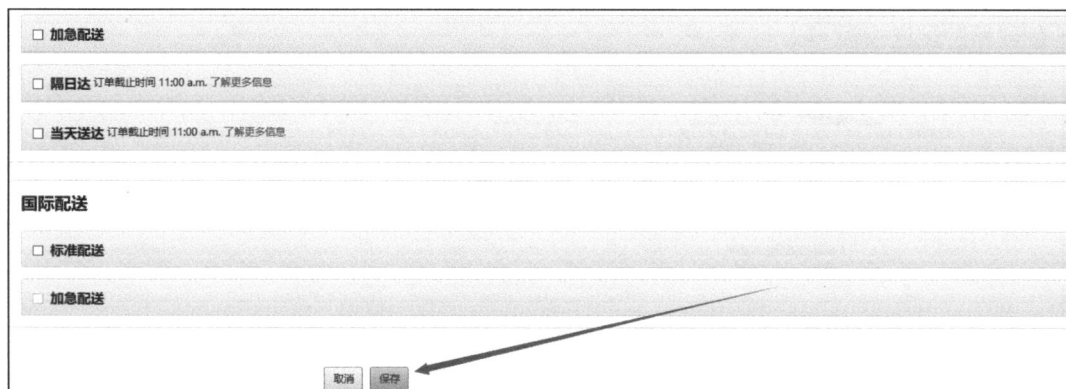

图 4-71

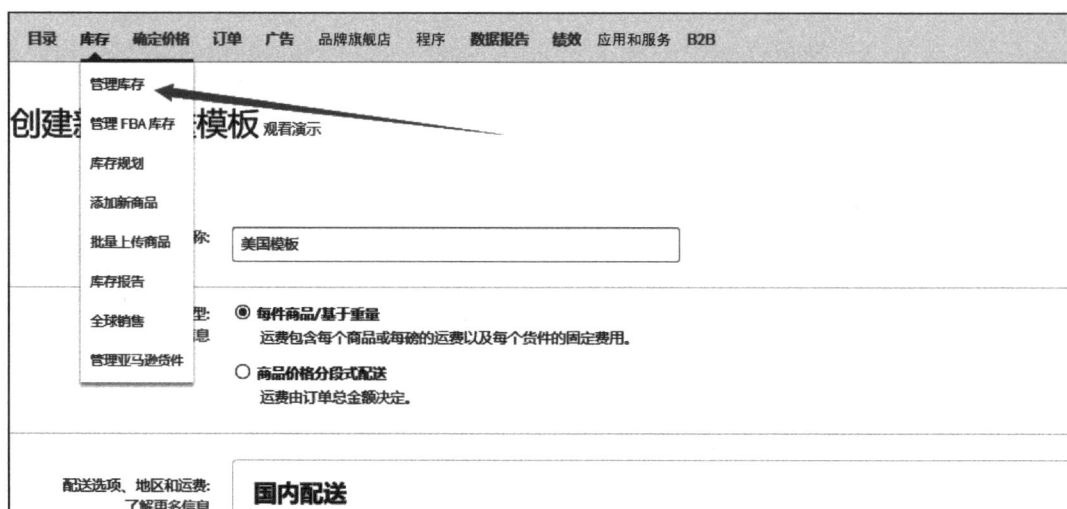

图 4-72

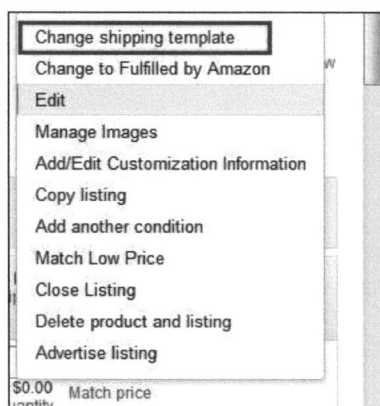

图 4-73

图 4-73 的方框区域会出现我们刚才设置的配送模板，此时只需要将新的模板匹配到单独设置运费的商品，这样单个商品就成功地匹配了单独的运费模板。

4.7　亚马逊的中国专属客服和海外客服的重要作用

亚马逊卖家都会和客服打交道，90%的时间都在和中国客服，也就是官方客服团队打交道。在 2016 年之前，客服按照美国公司的做事习惯，用英文邮件与卖家沟通，现在大部分都会选择打电话联系卖家。亚马逊卖家剩下的 10%的时间才在和海外客服打交道，并且都采用英文邮件的形式。两种不同的客服对运营账户都有帮助，这里需要展开来讲。

我们在运营中会遇到的问题大致可以概括为卖家中心操作问题、商品上架问题、平台物流问题、账户绩效问题，除了账户绩效问题需要海外客服处理，其他绝大多数问题都可以找中国客服解决。对于解决不了的问题，他们会把问题转移到海外相关团队帮忙解决，这就极大地方便了我们处理运营过程中的问题。

很多新卖家可能对联系官方客服团队不熟悉。打开卖家中心，右上角有"帮助"选项，如图 4-74 所示。

图 4-74

单击"帮助"选项，会出现如图 4-75 所示的页面。

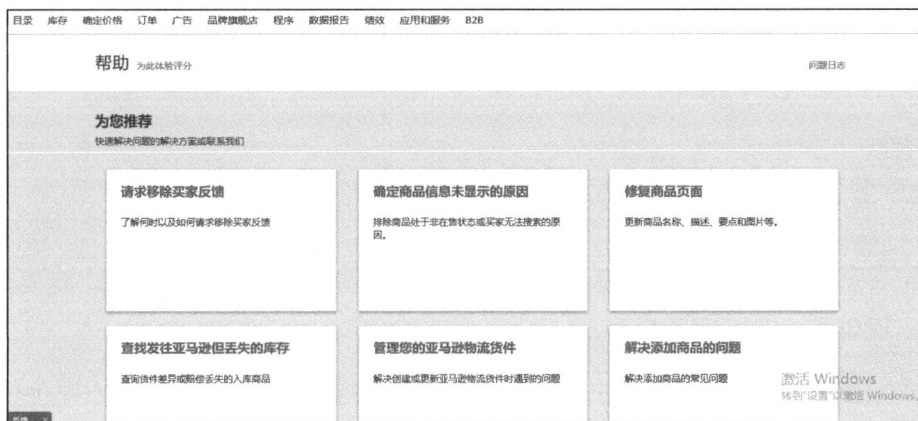

图 4-75

单击右侧的滚动条，下拉到底部，页面如图 4-76 所示。

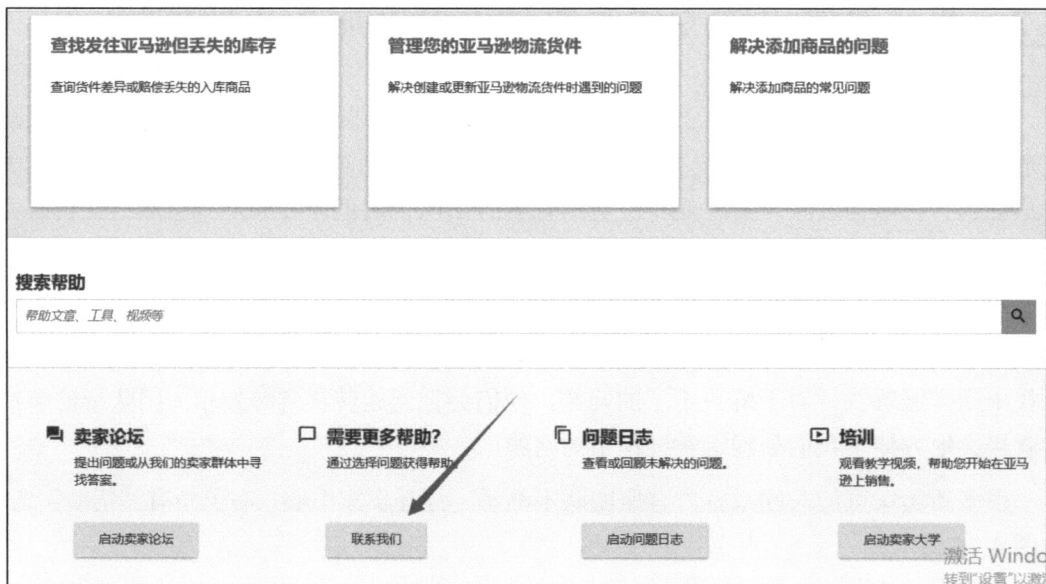

查找发往亚马逊但丢失的库存
查询货件差异或赔偿丢失的入库商品

管理您的亚马逊物流货件
解决创建或更新亚马逊物流货件时遇到的问题

解决添加商品的问题
解决添加商品的常见问题

搜索帮助
帮助文章、工具、视频等

🗨 **卖家论坛**
提出问题或从我们的卖家群体中寻找答案。

☐ **需要更多帮助?**
通过选择问题获得帮助

🗐 **问题日志**
查看或回顾未解决的问题。

▶ **培训**
观看教学视频，帮助您开始在亚马逊上销售。

启动卖家论坛　　　联系我们　　　启动问题日志　　　启动卖家大学

图 4-76

单击"联系我们"按钮，会出现如图 4-77 所示的页面。

目录　库存　确定价格　订单　广告　品牌旗舰店　程序　数据报告　绩效　应用和服务　B2B

联系我们

我能为您提供什么服务帮助?

我要开店　　　　　　　　　　　>
在 www.amazon.com 发布和销售商品

广告和品牌旗舰店　　　　　　>
商品推广、推广品牌和店铺

获取支持　|　计划政策　|　中文 ▽

图 4-77

这里有"我要开店"和"广告和品牌旗舰店"问题的联系入口。单击"我要开店"选项，会出现如图 4-78 所示的页面。

假设你遇到了订单问题，单击"其他买家和订单问题"选项，会出现如图 4-79 所示的页面。

图 4-78

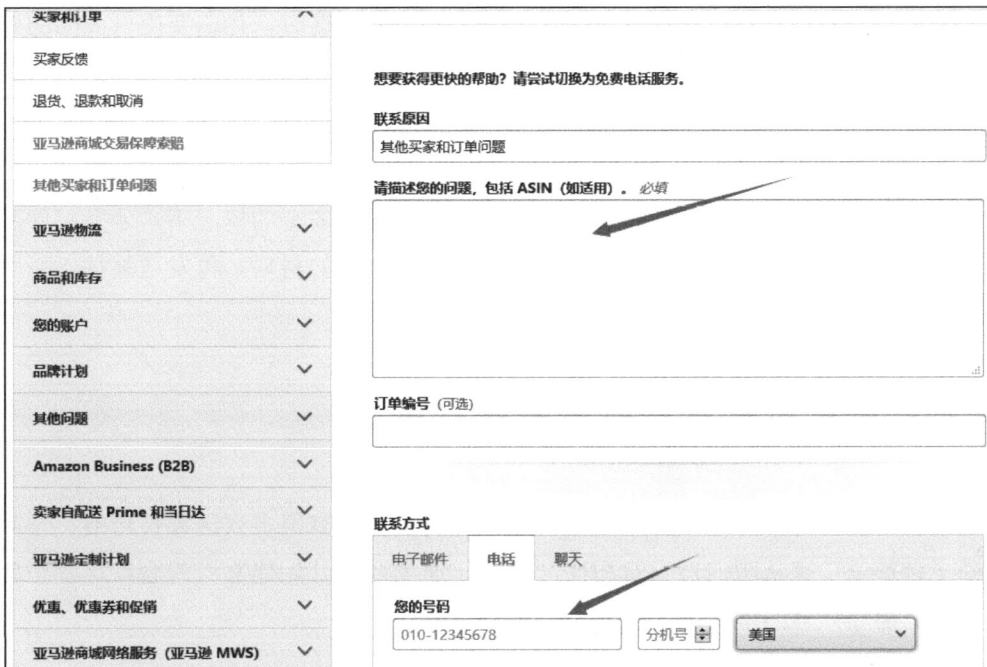

图 4-79

在图 4-79 中，需要写清楚遇到的问题、对应的商品订单编号等，最后写上联系方式，手机号即可，记得选择对应的手机号归属地——中国。很快就会有中国客服打电话与你联系，你可以用中文与他沟通。

建议你把相同的问题填写两次，让两个不同的客服联系你，因为平台的问题太多、太杂，对相同问题的解决方式经常不太一样，你可以多听几个客服的建议，这会让你对问题有全新的看法。

英文客服基本上都在海外，有的绩效团队在美国，有的在英国，都通过英文电子邮件交流，并且大多涉及的是卖家账户的安全问题，这也是官方客服团队解决不了的问题，所以你在处理问题上有 3 个原则：

（1）电子邮件的英文写作要规范，意思表达要准确，要没有语法错误。英文客服每天需要处理大量的邮件，如果你连基本的意思都表达不清，那么很可能得到的是一封模板邮件的回复。再加上不同国家有时差的原因，用英文邮件沟通最快要第二天才能得到回复。

（2）邮件内容要突出重点，在邮件开头就需要表达清楚你要干什么，后面再开始列明你的证据，不要写了一大堆道歉的话，还不知道你要干什么。如果卖家违规，那么纯粹的道歉是没用的，需要有具体的改进计划。

（3）英文客服是非常理性的，你不仅需要提供文字的改进计划，还需要提供真实的证据，证明你的商品真实、合规、合法。因为卖家账户被暂停销售甚至被移除销售权，大多数是因为比较严重的违规，例如侵权、卖假货、刷单等。这时，你需要提供商品的采购发票、品牌授权书、供货计划，甚至与供货商的聊天截图等一些看得见、查得到的材料与英文客服沟通。

总之，中文客服几乎每个月都要沟通，解决的都是卖家在日常运营中出现的问题，但是专业性没有英文客服强；英文客服可能只有在危急账户安全的情况下，才发邮件联系，但事情往往非常重要，一定要写清楚英文内容，提供充足的材料，再发送邮件。特别是申诉性的邮件，前两封基本上可决定问题能否被及时解决。

4.8　合乎运营逻辑的物流发货计划

之所以单独用一节介绍发货，是因为亚马逊的发货是有很多误区和技巧的，与其他跨境电商平台都是卖家从国内自发货相比，Wish、速卖通也开始建立海外仓，这些平台的发货更简单，需要处理的事情少得多。

问题一：做亚马逊运营能不能一件代发，发出去的货能退回国内吗？

与国内物流设施的完善和沟通时效能够得到保证相比，出口跨境电商的发货首先应该满足平台的发货要求，一般是 24～72 小时必须有上网跟踪记录，在 1688 上有的厂家是可以代发货的，但是对于商品包装，以及贴标都需要提前沟通。我曾经就在一家工厂远程操作自发货整整一年的时间，除了旺季，从中国直发美国最快能做到 7 天签收。

但是一件代发的核心是你要和发货方有很好的沟通与合作。有很多工厂是不愿意代发货的，首先，当你的订单量很少时，每天只有几个订单处理起来非常耗时。其次，工厂发货的商品质量、包装不一定能够达到零售客户的要求，少数厂家可能会以次充好，因为你没法时时监督。

我觉得一件代发是在你和发货方有了长期的合作，互相熟悉后，再做的选择。当然，现在有的工厂有专门代发货的业务，你给每个订单加几元钱，有的物流公司也愿意帮你发货，这都需要你花时间去找，去沟通细节。

做生意都会遇到买家退货，这是不可避免的。在国内，你让买家直接发快递邮寄回来，费用很低，几天就收到了。但出口跨境电商属于跨国交易，商品是邮寄到海外的，买家想退货，理论上是可以退回来的，但会涉及进口问题，即海外商品进入中国需要缴纳一定的进口税，在计算后，你会发现邮寄回来的运费加进口税比商品的采购价要高得多。纯粹从做生意的角度来看，退货商品是不值得邮寄回来的。我一般会选择免费赠送给买家，然后委婉地让其留下好评。

你可以这样理解，货物从国内发出后，就拿不回来了。除非买家愿意支付全部运费或者大部分运费。

问题二：用 FBA 发货自己贴标是怎么回事？

亚马逊的 FBA 发货可以简单地理解为卖家把一批货物集中发到海外的亚马逊仓库，在这个过程中需要单独给商品贴 ASIN 条形码，以便出单后，亚马逊扫描商品上的唯一 ASIN 条形码进行发货，如果没贴 ASIN 条形码或者贴错了，就都会造成大量的库存问题。

虽然在创建 FBA 发货计划的时候，你可以在卖家中心选择让亚马逊贴标，但这就涉及海外人工费的问题，亚马逊贴标的费用远远高于在国内自行贴标的费用。所以，用 FBA 发货都由卖家自己贴标，并且对每个商品需要一个一个地贴。

这又会有个问题，如果商品的数量很多，有几万个，那么工作量是不是太大了？因为相同商品的 ASIN 条形码是固定不变的，所以如果后期发货数量多了，就可以把 ASIN 条形码直接丝印在商品外包装上，外包装印刷清晰可见即可，这样就省去了单独贴标的工作。

虽然这样会方便很多，但在实际操作过程中，不同颜色、不同尺寸的相同商品的 ASIN 条形码都是一一对应的，也需要卖家和工厂沟通清楚，千万不要印错。

问题三：用 FBA 发货如何保证不断货？

这个问题其实很复杂，但每个卖家都会遇到，甚至都会断货，只能尽量做到不断货，且让库存保持合理水平，因为亚马逊仓库是要收仓储费的，特别是在十一二月旺季的仓储费就更高得吓人。

在做了一段时间亚马逊运营之后，账户里会有不同重量、不同大小的商品，很多书都教你如何计算补货时间、补货数量。下面告诉你一个通用的方法，可以有效地防止商品断货。

假设你的店铺里有 A、B、C、D、E 5 个商品在售，因为销售量不相同，大多数人每次都补即将断货的商品，但我建议你每次都给热销品全部补货，方法如下：

假设商品 A、B 要断货了，在计算所需要的商品数量后，你要同时创建这 5 个商品的发货计划，但主要补商品 A、B 的 30 天或者 15 天的销售量，因为大部分热销品要补一个月，最低半个月的货。

同时，顺带也给商品 C、D、E 补货，即使它们不缺货，也顺带补一周左右的销售量。商品 C、D、E 的补货数量也根据商品的畅销程度，可以给商品 C 补 7 天的销售量，给商品 D 补 5 天的销售量，给商品 E 补 3 天的销售量。

同理，假设商品 D、E 要断货了，在计算所需要的商品数量后，你要同时创建这 5 个商品的发货计划，主要补商品 D、E 的 30 天或者 15 天的销售量。

顺带也给商品 A、B、C 补货，即使它们不缺货，也顺带补一定数量的商品。商品 A、B、C 的补货数量，也根据商品的畅销程度，可以给商品 A 补 7 天的销售量，给商品 B 补 5 天的销售量，给商品 C 补 3 天的销售量。

补货原则如下：

（1）必须是店铺的热销品，对滞销品不能这样操作。

（2）对季节性商品不适合这样操作。但如果你对自己的季节性商品数量、销售月份把握得很准，那么也可以试试，只是操作的难度更大。

（3）一定要坚持这么操作，不要怕麻烦。我知道这样补货是比较费时间的，特别是对于采购数量少的商品。重在坚持，你就会明显地感受到断货的次数越来越少。

对用 FBA 发货的商品补货，其实更考验卖家的供应链，有的卖家可以做到很精准，既不压货，也不断货，全年库存都处于合理水平。

以上 3 个问题涵盖了亚马逊发货最易出错、最不好把控的地方，希望你能够记在心里，这是很多卖家都踩过坑的地方。

4.9　亚马逊FBA标签打印技巧

在了解了亚马逊 FBA 发货和最合适的物流发货方式之后，在打包发货的过程中，还需要对商品和箱子的外箱单进行贴标，这样亚马逊才能顺利、安全地接收卖家发过来的货物。很多新卖家会遇到标签问题，他们用整张 A4 纸大小的不干胶标签纸打印，然后用裁刀裁成一个一个的标签，贴到商品上。这样会浪费很多时间。可以改进一下，从亚马逊卖家中心下载 A4 页面的标签，在打印机中调好对应的尺寸，直接用对应大小的不干胶标签纸打印，然后贴到商品上，当然这也存在一不小心贴错标签的风险。具体方法如下。

1．必备工具

（1）电脑一台。

（2）能连上电脑、能正常打印的标签打印机一台（这里用的是打印国际 e 邮宝标签的斑马打印机 GK888t）。

（3）最接近亚马逊卖家中心默认尺寸的标签纸是 50mm×30mm 不干胶标签纸，这个尺寸最合适，既不浪费纸张，又不会显得尺寸太小。不干胶标签纸可以在淘宝买到，在亚马逊卖家中心下载的标签如图 4-80 所示。

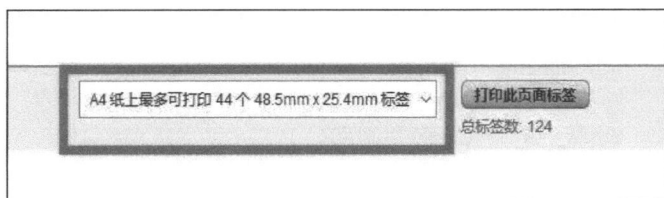

图 4-80

（4）PDF 编辑器。

2．操作步骤

（1）把打印机装上 50mm×30mm 不干胶标签纸，调整好位置，确认打印机能正常打印。

（2）在卖家中心下载好需要用 FBA 发货的 ASIN 条形码标签，设置打印个数为"1"，目的是先打印一个看是否合格，如果可以正常使用，再一次性打印剩下全部的 ASIN 条形码标签。

（3）打开 PDF 编辑器，新建 50mm×30mm 的标签模板，单击"打印"按钮，如图 4-81 所示。弹出"打印"对话框，如图 4-82 所示。

图 4-81

单击图4-82中"首选项"按钮，弹出"打印首选项"对话框，设置"Stocks"为"50×30"，然后单击"确定"按钮，就可以打印50mm×30mm尺寸的标签了，如图4-83所示。

图 4-82

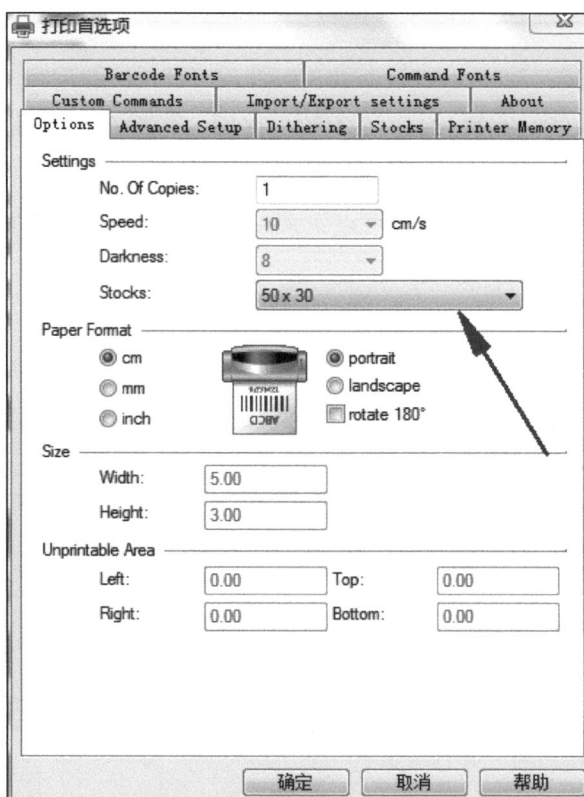

图 4-83

这样可以提高卖家的工作效率。同理，也可以用同样的方法打印箱子的外箱单地址标签。但是请记住，在打印外箱单地址标签时，打印机的标签尺寸设置为 100mm×100mm，用打印国际 e 邮宝标签一样大小的标签纸即可。

以上就是每个亚马逊卖家都必须会的发货贴标流程，一旦贴错标，货物到了亚马逊仓库就无法上架，所以一定要反复核对信息，这里有 3 个基本原则，只要遵守了，就会减少因为操作失误而造成的移仓、重新贴标的大量费用。

1．在卖家中心下载和打印的是ASIN条形码（如图4-81所示）

不是打印 SKU 条形码，也不是打印 UPC 条形码，这里经常有卖家打印出错，从而导致商品无法上架，需要将货物从亚马逊仓库先撤仓，撤到第三方的海外仓重新贴标，再重新入仓。这就会涉及额外的物流费，如果商品数量众多，那么也会产生大量的贴标费用。

2．用微信扫描打印出来的ASIN条形码时要有"嘀"的一声

亚马逊仓库工作人员是用扫码枪扫描商品唯一的 ASIN 条形码发货的，如果扫描不出来，那么商品会被当成有瑕疵的商品废弃。为了造成不必要的额外损失，一定要抽检 ASIN 条形码，用微信扫描一下，如果能听到"嘀"的一声，就是有效的 ASIN 条形码，不用在意显示什么内容，内容没有参考意义。

3．不同站点的ASIN条形码，有的可以通用，有的不能通用

亚马逊美国站的相同商品的 ASIN 条形码可以在加拿大站、墨西哥站同时使用，因为它们都属于北美站。

亚马逊欧洲站的相同商品的 ASIN 条形码可以在英国站、德国站、法国站、意大利站、西班牙站和荷兰站通用，因为它们都属于欧洲站。

但是北美站的 ASIN 条形码是不能在欧洲站、日本站使用的；同样，欧洲站、日本站的 ASIN 条形码也不能在北美站使用。

建议在发货前把工作做细致，能够做到对每个站点单独打印 ASIN 条形码是最保险的，因为平台的规则一直在变化，我们只要把工作做到极致，就不会出现意外情况。

第 5 章

基于平台的选品方法

5.1 永不过时的"爆款"开发思路

在《亚马逊跨境电商运营从入门到精通》中我介绍了跨境电商的商品开发趋势,先从垂直供应链的角度缩小选品范围,专注于某几个类目开发新商品,再从商品差评的角度找到终端买家对商品的反馈数据,根据差评内容不断迭代出符合消费者需求的新商品,增强商品的生命力和竞争力。随着时间的推移,商品的开发方法在不断更新迭代,下面通过实际案例介绍商品的开发思路,给你新的启迪。

众所周知,在 2020 年春节前后发生的新型冠状病毒肺炎,造成国内经济一度处于暂停的状态。随着有条不紊的复工复产,快递业得到了恢复,国内电商在这次疫情中起到了非常正向的作用。淘宝、天猫的持续繁荣,也反映出国内制造业的强大优势。

图 5-1 是疫情期间在各大自媒体上刷屏的一款渔夫帽。

这款渔夫帽当时之所以风靡各大自媒体,主要是因为功能上有明显的创新——防止飞沫传播,再加上面罩,真的连护目镜都不用戴了,紧紧地抓住了当时的巨大市场缺口,用创新精神解决了当时防疫商品短缺的状况。

这本来是一款春夏季普通的渔夫帽,加上一个透明的面罩,瞬间就成了国内平台的"爆款"。这样紧贴市场需求的创新商品,才是大众真正需要的商品。

有人可能会认为这是一个生命周期很短的商品,其实不是的。透明面罩是可拆卸式的,在疫情过后,它就可以被当成一项正常的渔夫帽来使用,一点也不浪费。

这样的创新商品在国内电商平台很多,图 5-2 也是一款非常接地气的商品。

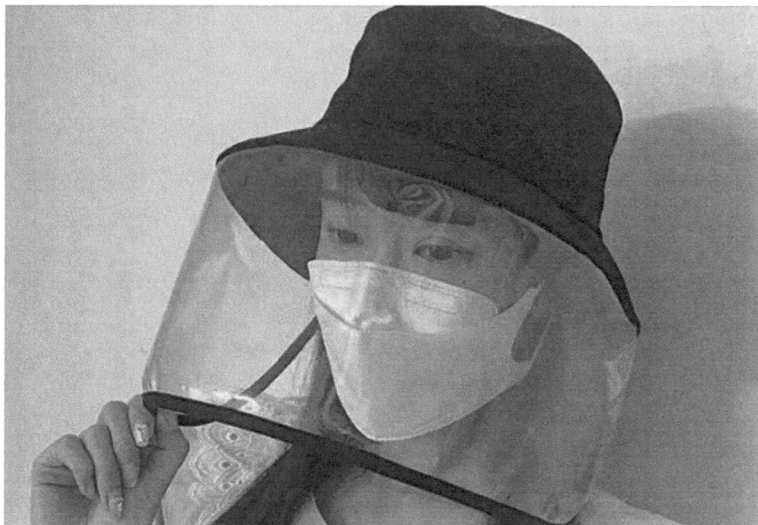

图 5-1

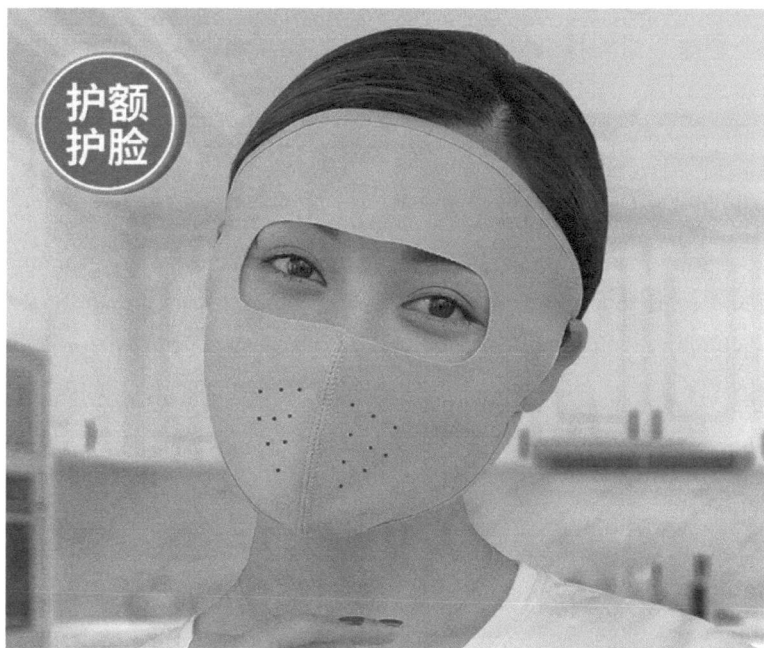

图 5-2

我们在炒菜的时候经常要用油，滚烫的油一不小心就会溅到脸上。这样一个常见且真实的市场需求，一直被很多卖家忽视。这款防油溅面罩在国内的销售量也非常可观。

以上的商品开发思路适用于所有零售商品。我们在做跨境电商运营时，特别是在重视商品的亚马逊上运营时，可以先去国内的淘宝、天猫寻找选品思路，这是对亚马逊上商品的降维打击。

要想把国内的"爆款"直接搬到跨境电商平台，需要以下 3 步。

（1）确认这个"爆款"背后的真实需求。

（2）确认这个真实需求在海外是不是也存在。我相信防疫渔夫帽在亚马逊上同样也会成为"爆款"，而防油溅面罩并不会在海外跨境电商平台上有多少销售量，因为欧美地区的烹饪方式主要是蒸和烤，溅油的场景只是中国厨房所特有的。

（3）将这款商品在材料、质感、包装上做提升。商品的成本高，退回国内的运费就更贵，成本也更高，减少退货就是增加利润。

这就是真实的案例，我们可以学会从生活中寻找商品开发思路，这永远不会过时。

这里顺势引出了互联网行业非常流行的"第一性原理"，即看透事物的本质，要把事物分解成最基本的组成元素，从源头解决问题。如果你和投资人有过接触，就会发现投资人喜欢问的第一句话就是，你的商业模式的第一性原理是什么？

"第一性原理"同样适用于跨境电商的商品开发，一个商品热销的背后肯定有一个最根本的原因，只要把这个原因找出来，开发商品的思路就会被无限扩大。我们再看一个"第一性原理"的应用案例。

服装类目很古老，不同于其他创新商品类目。大部分欧美服装的品牌商都在自己经营的类目中实现了垄断。凡是你能叫出名来的服装，美国卖家都用品牌牢牢地把握住了话语权。

这些服装品牌都由美国卖家经营，经常出现符合美国人审美的创新。一些让人眼前一亮的有文化元素的服装开始在亚马逊北美站成为"爆款"，例如有 Mermaid（美人鱼）元素的游泳衣，如图 5-3 所示。美人鱼游泳衣虽然不实用，但是非常受美国人喜欢。

图 5-3

Mermaid 元素的毛毯也是"爆款",如图 5-4 所示。

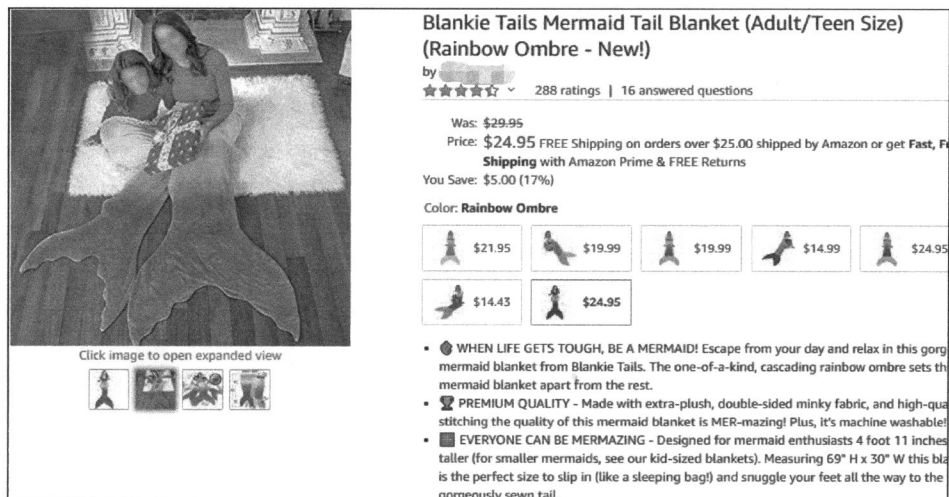

图 5-4

这些纺织类商品的热销,与其说是因为细分类目的长尾效应,不如说是第一性原理的真实应用,因为美人鱼的传说在美国文化中早就已经深入人心,现在只是通过亚马逊展现出来而已,美人鱼这个文化元素在不同的商品上很应景地被开发出来了。

你可以沿着这个思路多了解美国本土文化有哪些,将这些文化元素巧妙地与自己的商品结合,这会为你打开一扇新的窗户。

不管跨境电商以后竞争多么激烈,致力于解决生活中的难题和基于"第一性原理"进行商品开发都永远不会过时,这也是让你单纯地从找有差价的商品赚钱升级到用商业手段解决生活难题,满足人们追求生活愉悦性、舒适性的最终需求。

5.2 在疫情中爆红的3M公司给中小卖家的思考

在 2020 年春节前后发生的新型冠状病毒肺炎疫情中,口罩成了刚需品,你可能戴过 3M 这个品牌的口罩,但是很多人是不了解这家公司的。

3M 公司并不只生产口罩,生产口罩仅仅是其很小的一个业务。该公司的业务涉及居家、医疗、教育、通信、航空。可以这样形容,全球约 50%的人每天都要不可避免地接触 3M 公司的商品。

3M 公司的全称是明尼苏达矿务及制造业公司,是成立于 1902 年的一家美国企业。这家公司成立至今已有 100 多年了。一家企业能够存活这么久,本身就非常值得我们了解、学习。马云之前说过,想让阿里巴巴成为存活 102 年以上的公司。

3M 公司最初是只有 5 个人的小型公司，早期的商品很少，但一直以来都贯彻执行 15% 规则，即每个人每个星期都需要拿出 15%的工作时间来研究自己感兴趣的东西，这就是 3M 公司 100 多年来不断创新的原因。3M 公司同样也入驻了亚马逊美国站，如图 5-5 和图 5-6 所示。

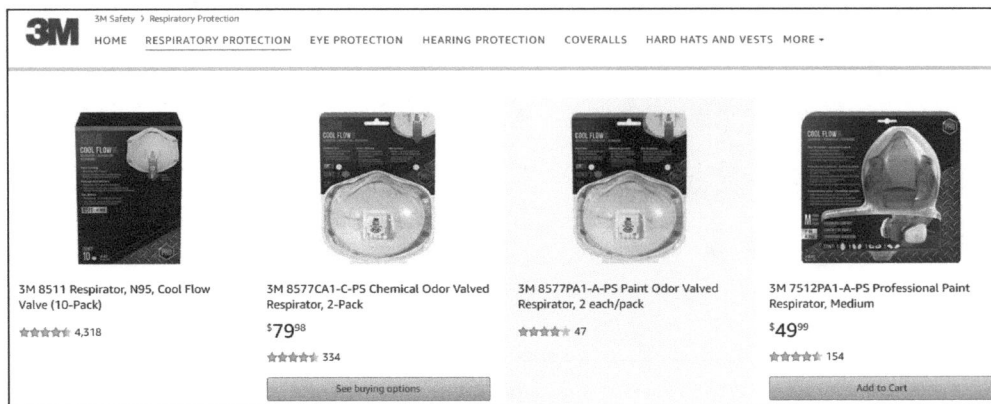

图 5-5

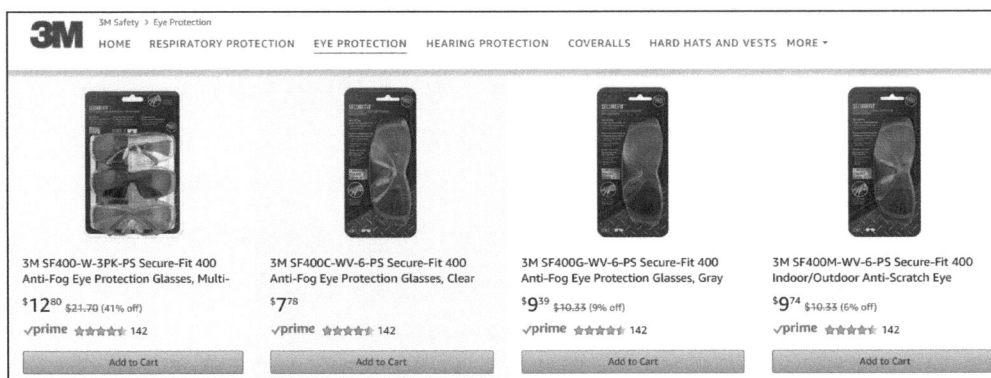

图 5-6

3M 公司亚马逊店铺里的商品涉及生活的方方面面,这和我们印象中的一家公司深耕一个行业完全不同，而且 3M 公司生产的商品全部都是生活中的刚需品，不断用创新解决生活中的痛点。要不是这次疫情需要大量口罩，我们可能都不会关注这家公司，主要原因是它的商品太生活化了，都是解决一些生活中的小问题。

3M 公司平均每 2～3 天就会生产一款新商品，然后通过各种外观专利、发明专利的形式保护。你可能不相信，这家公司拥有 10 万多个专利。

3M 公司因为不断创新，不断改进商品，通过知识产权保护自己，所以才有了今天的跨国多元化业务，进而让欧美国家都极其重视知识产权的保护。这样的实体经济才是健康、有活力的。

我们从 3M 口罩上就能感受到小创意，如图 5-7 所示。

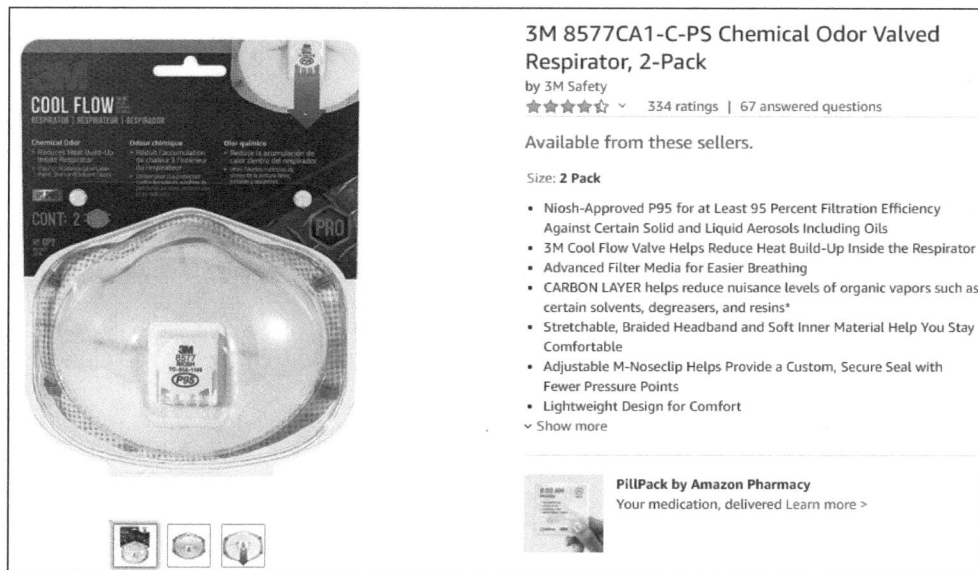

图 5-7

3M 口罩在功能和材料上进行创新，结合了商品的实际使用场景，例如如何过滤颗粒物、如何透气等。很多中小卖家一想到创新、专利，就感觉离自己很远。我们需要深入了解自己店铺里的商品，知道其具体用在哪个生活场景中，是否遇到过这样的生活场景。

如果你不认真研究商品，对自己卖的商品不感兴趣，只是单纯地知道采购价、物流费用，然后计算有没有利润，那么就只能陷入价格战了。

下面总结一下本节的知识点和中小卖家如何更长久地做亚马逊运营。

（1）在初期人手不足的情况下，关注 1~3 个类目的商品，深入研究使用这些商品的生活场景有哪些，要一一列出，写在纸上。

（2）每天研究自己的商品在生活场景中的不足，想办法解决这个问题。

（3）对改动比较大、有创意的商品，特别是在淘宝上搜不到的商品，一定要申请海外专利保护起来。

5.3　通过类目 Best Sellers（最畅销品）选品

从本节开始，我们介绍基于平台属性的选品方法，亚马逊的运营工作是"七分在选品，三分靠运营"，选品在运营中的作用可见一斑。但很多卖家往往因为没有经验或者认知不全面，所以选出来的商品不受海外消费者认可，从而导致投资失败。

在做选品分析时，打开任意一个 Listing 详情页面，在商品描述的下方会有一个类目 Best Sellers Rank（BSR）排名栏，如图 5-8 所示。

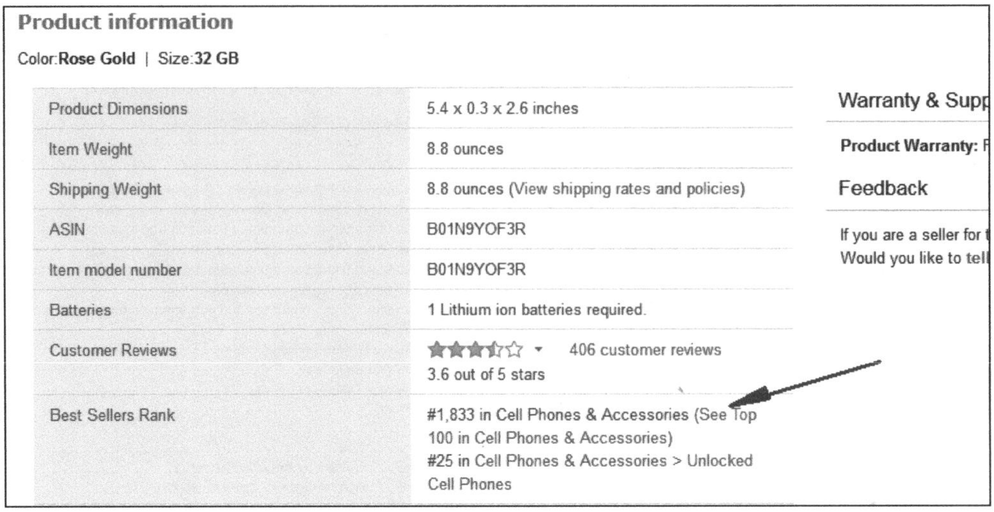

图 5-8

单击 BSR 排名栏中的 See Top 100，即可查看当前商品所在类目中最畅销的前 100 名的商品，如图 5-9 所示。

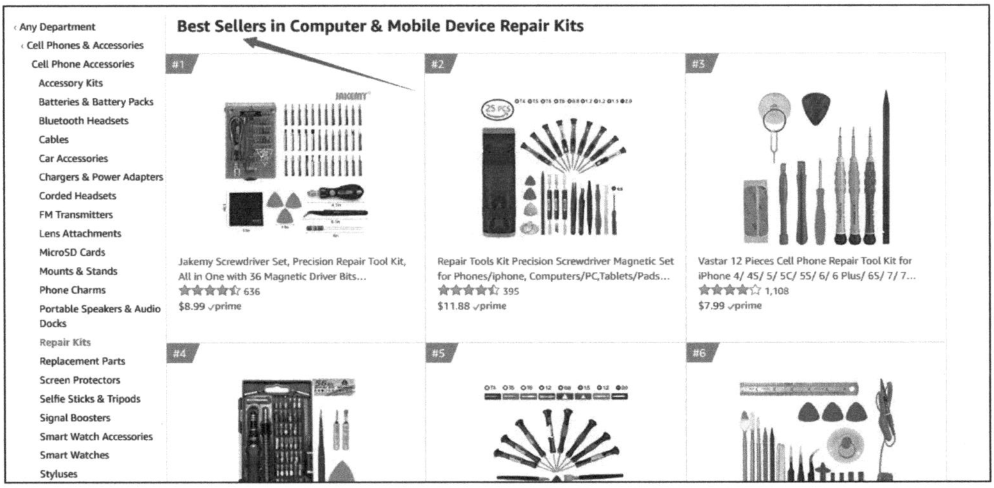

图 5-9

在类目 Top 100 Best Sellers 列表中，我们可以看到该类目当前卖得最好的 100 个商品。卖家如果能够对这些商品认真梳理、研究，并结合自己当前的资金、资源等要素综合考虑，那么基本上可以评估出自己是否能够操盘运营这些平台热卖商品。

当然，会有卖家觉得 Top 100 Best Sellers 虽然销售量大，但同时也是众多卖家所关注的对象，其竞争也是激烈的。有类似想法的卖家还可以关注 New Releases（最佳新商品）排行榜、Movers & Shakers（上升最快）排行榜、Most Wised For（最佳收藏）排行榜和 Gift Ideas（最佳礼品）排行榜，如图 5-10 所示。

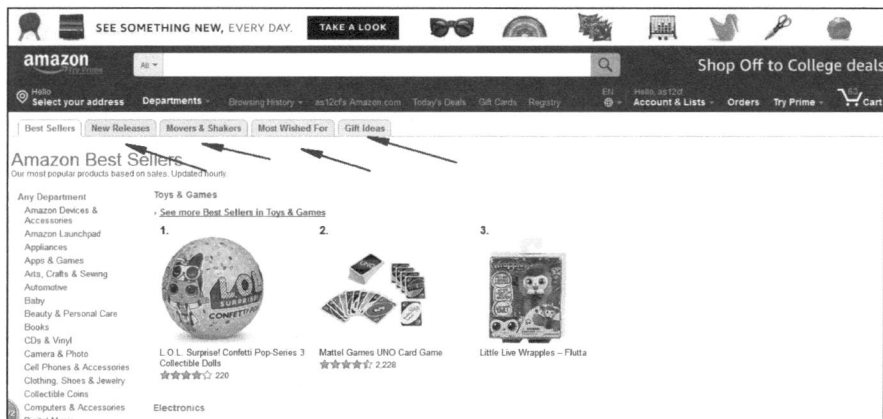

图 5-10

相对于"Best Sellers"选项来说，这些选项被关注得较少，但是它们代表着亚马逊上最新和最近时间段内的销售情况、用户需求和销售趋势。这些选项的有些商品可能和 Best Sellers 的商品类似，但也有很多不相同的，这意味着卖家的选品对象有了新的拓展，有了更多选择的可能性。卖家要持续对以上 5 个维度浏览、筛选、检测。

如果在某个时间段内发现某个商品同时出现在上述 5 个维度中的多个维度里，那么建议卖家此时应该对该商品进行特别关注。这种现象在很大程度上意味着一款新的平台级"爆款"诞生。只要抓住这个机会，就可以获得丰厚的回报。

也许有些卖家对当前所浏览的类目不太感兴趣，或者没有优质的资源对接，那也无妨。卖家可以单击"Any Department"（任何类目）选项，然后依次浏览"Any Department"选项下面的各个类目，如图 5-11 所示。

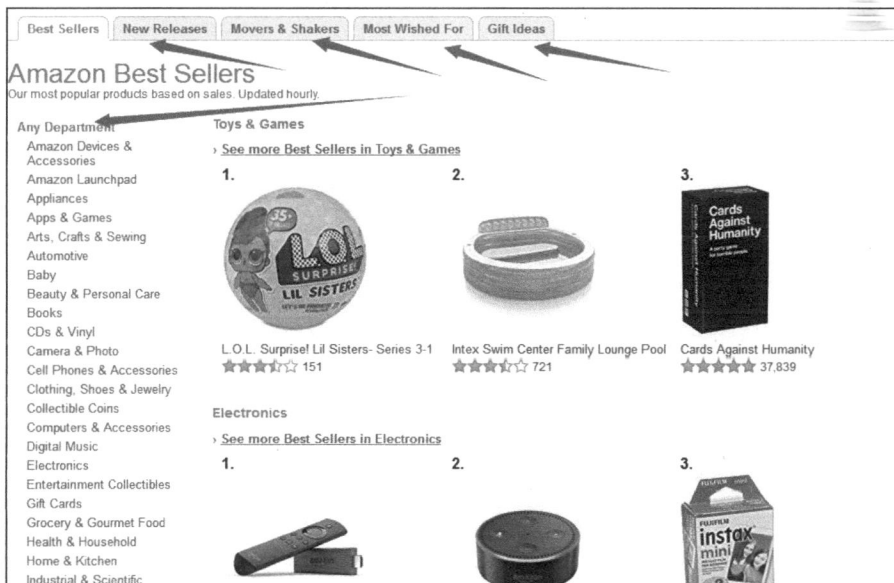

图 5-11

卖家只要根据自身的资源优势对自己感兴趣的类目重复进行上述操作，总会发现能够和自己运营能力相契合的商品。

5.4 通过竞争对手的店铺选品

选品的方法有很多种，基于平台的选品就绕不开卖家每天都要关注的竞争对手。俗话说，竞争对手是最好的老师。

不管你是亚马逊新卖家，还是做跨境电商运营很多年的老卖家，竞争对手的情况都是每个卖家应该关注和了解的，作为一名合格的亚马逊运营人员，每天的工作内容之一就是关注竞争对手的"动作"。

这些"动作"有哪些呢？列举如下。

（1）竞争对手的商品排名和你的商品排名对比。

（2）竞争对手的商品 Review 数量是否增长。

（3）竞争对手的商品广告所在的具体位置。

（4）竞争对手的商品近期是否参加秒杀活动。

（5）竞争对手的店铺是否上架新商品。

（1）～（4）是针对卖家自身已有商品的"侦查活动"，而（5）是本节讲的通过竞争对手的店铺选品。此方法操作起来很简单，只需要每天关注竞争对手的店铺的商品情况。

查看方法如图 5-12 所示。图 5-12 中数字 1 所指的是品牌名，数字 2 所指的是店铺名。

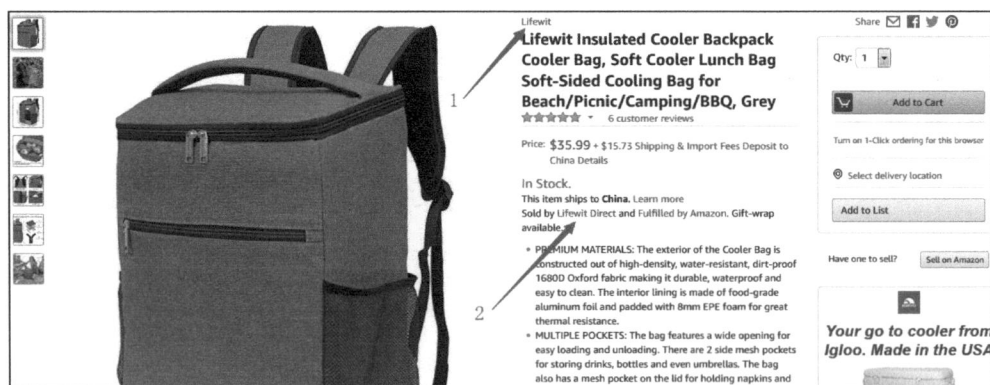

图 5-12

卖家要多关注竞争对手的店铺，图 5-12 清楚地区分了店铺名和品牌名。建议每天最少查看 10 个竞争对手的店铺。单击图 5-12 中的店铺名，会出现图 5-13 所示的页面。

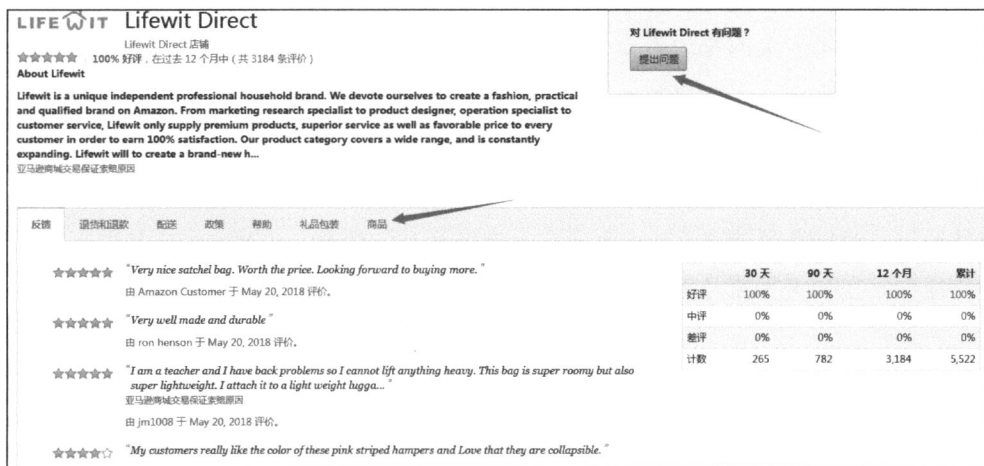

图 5-13

图 5-13 中有一个"提出问题"按钮，因为亚马逊是不鼓励卖家和卖家互相联系的，所以很多卖家不知道怎么联系其他卖家。单击"提出问题"按钮即可通过电子邮件的形式联系对方。

单击图 5-13 中的"商品"选项卡，可以查看该卖家店铺的所有商品，如图 5-14 所示。

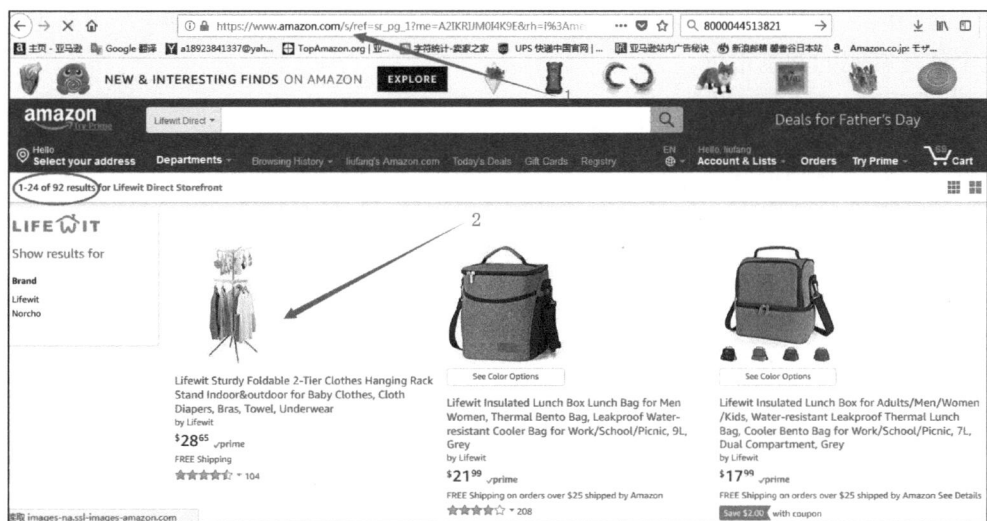

图 5-14

图 5-14 中圆圈区域的意思是，该卖家一共有 92 个商品在出售中，一页显示 24 个商品。

把数字 1 所指的网站链接保存下来，复制、粘贴到一个 Word 文档里面。然后，每天坚持在某个时间点看他的店铺商品，如果有新商品，你就可以跟进这个店铺的新商品。这样的优秀店铺至少要保存 10 个，并且店铺的 Feedback 数量在 50 个以上。

数字 2 所指的商品是该卖家店铺里面销售得最好的商品，所有卖家店铺里面销售得最好的商品都会在第一页的左边第一个位置。

行业大卖家在选品上会做更多维度的市场调研，除了立足于平台的分析，他们首先会借助外部数据对一个商品和市场做预判，然后才会决定是否要推出这个商品。如果你能够经常浏览行业大卖家的商品，观察其新商品上架的情况，那么很容易在这些优秀卖家上架新商品的第一时间获得信息。基于大卖家上架新商品的信息，并对这些商品进行市场调研，很容易让你站在和大卖家几乎相同的起跑线上。

5.5　通过亚马逊细分类目选品

亚马逊是大数据驱动的电商购物平台，平台的每一个类目都是有数据支撑的，并且融合了用户的购物习性和转化率，所以我们有必要单独研究。亚马逊卖家未来需要开发利基市场，用以下例子形容最恰当。

减肥（weight lose）这个关键词显然太大，竞争太激烈。

女性减肥（weight loss for women）会好一点，但竞争依然太强。

生育后的女性减肥（weight loss for women who've recently given birth）竞争就很小，那么这个就是减肥的利基市场。

下面结合实际操作寻找这样的类目。

首先，打开亚马逊网站，看一下它的分类页面，如图 5-15 所示。

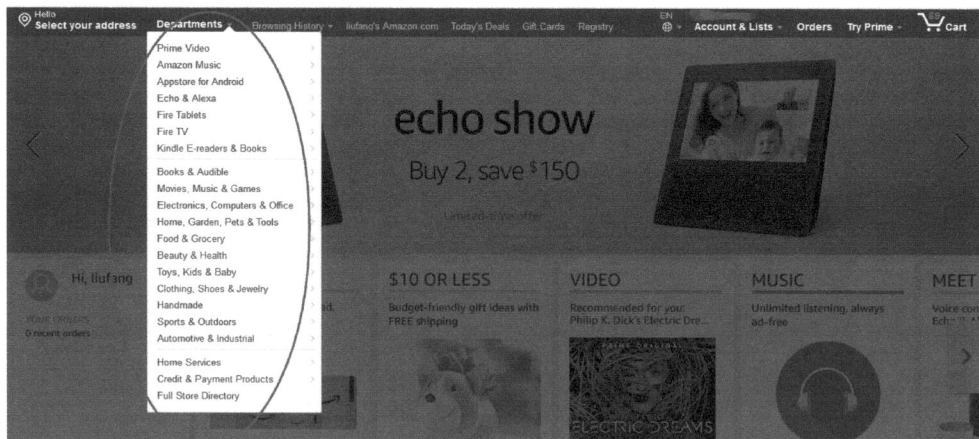

图 5-15

单击最下面的"Full Store Directory"（全部商品目录）选项，能够看到亚马逊所有的细分类目，如图 5-16 所示。

现在，要深挖亚马逊的分类页面和所使用的关键词布局。

假设你的亚马逊店铺是经营一些宠物狗的健康食品（Pet Supplies）的，先单击"Pet Supplies"选项（如图 5-17 所示），再单击"dogs"（狗）选项，如图 5-18 所示。

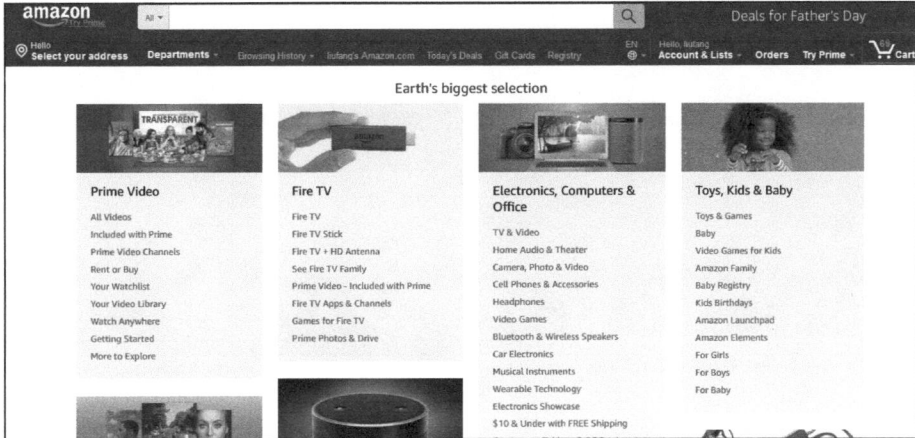

图 5-16

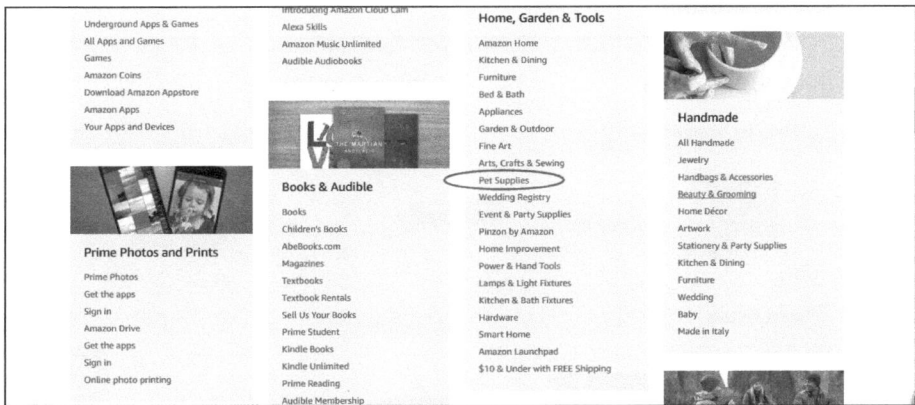

图 5-17

图 5-18

然后，选择"food"（食物）右侧菜单中的"wet"（湿）选项，如图 5-19 所示。

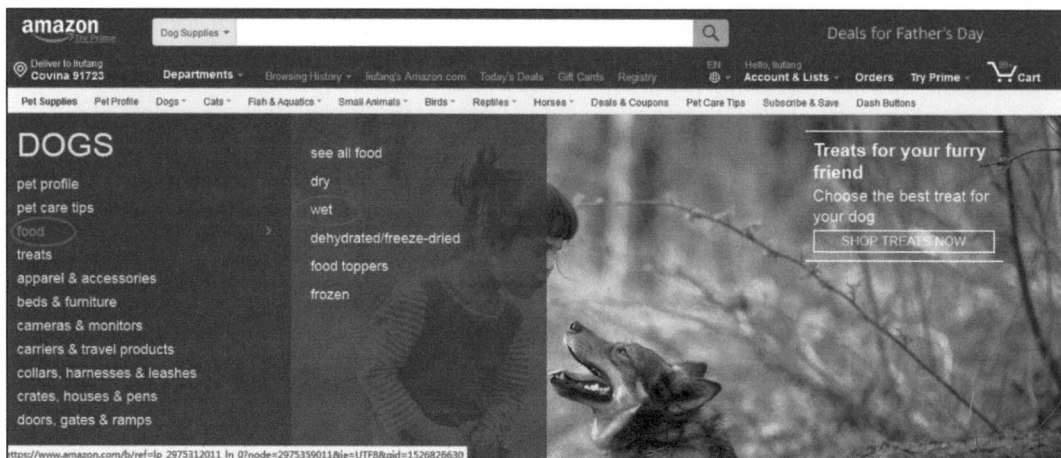

图 5-19

这时，亚马逊买家页面会展示关于狗粮的关键词和分类页的二级分类，如图 5-20 中方框区域所示。

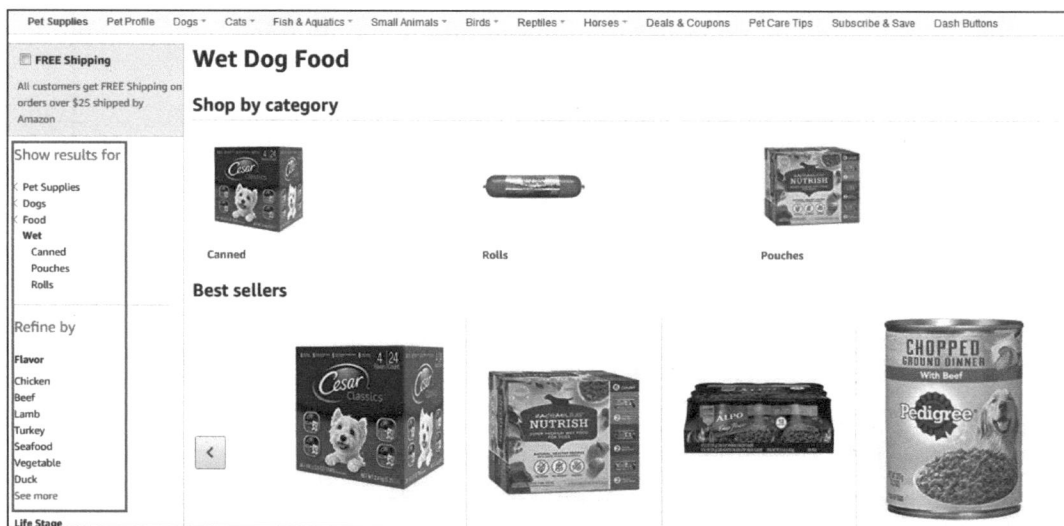

图 5-20

新卖家可以按照 Pet Supplies→Dogs→Food→Wet 的顺序挑选商品。

亚马逊基于大数据，即多年的买家购物数据，已经给我们提供了一个非常好的细分类目。如果卖家能够充分利用亚马逊类目挖掘商品，就可以找到很好的利基市场，甚至"爆款"。

5.6 通过特色店铺的方式选品

我们每天打开亚马逊前台页面，能看到不同卖家的店铺。打开一个 Listing 的详情页面，单击卖家的品牌名 Hertzko，如图 5-21 所示。

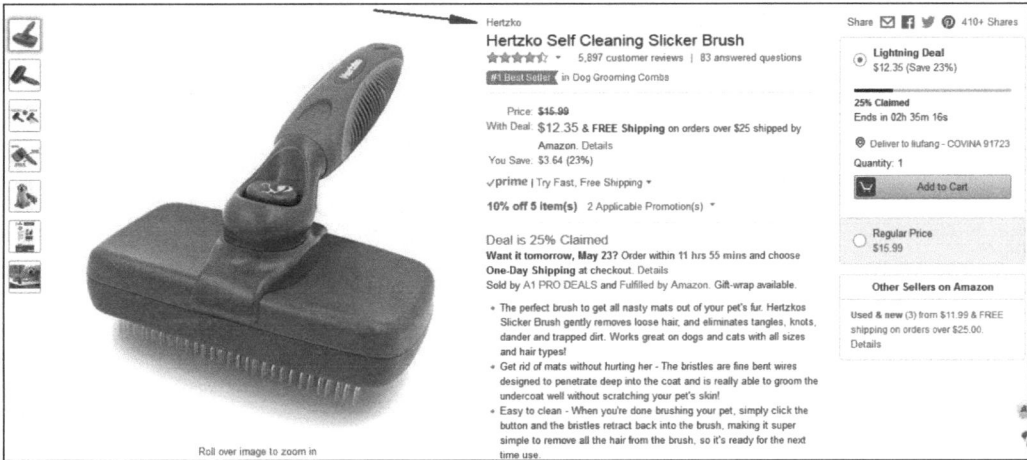

图 5-21

打开页面后，惊人的一幕出现了，这个卖家的所有商品都只有一个颜色——紫色，如图 5-22 所示。

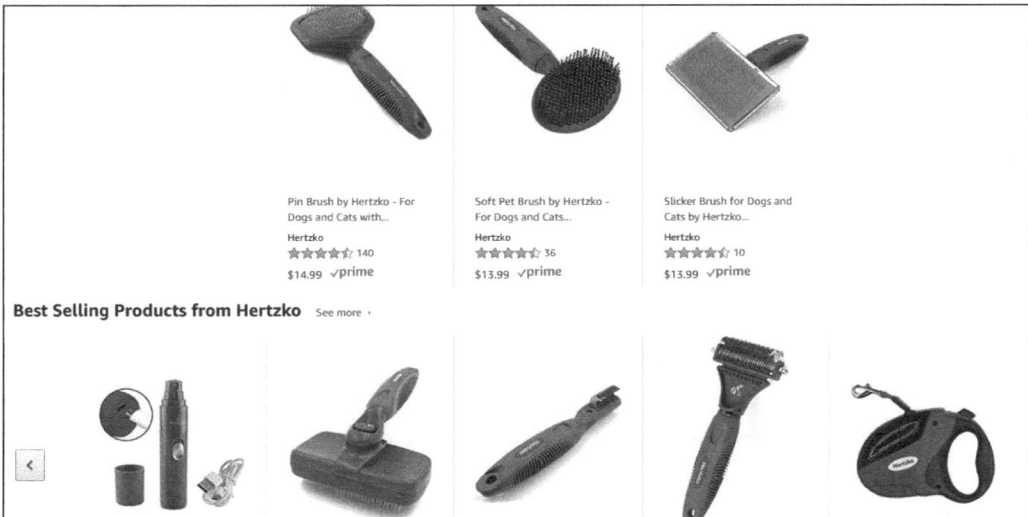

图 5-22

这说明了一个问题，不管是什么平台、什么商品，每个消费者都有自己的颜色偏好。比如，大部分中国人喜欢买红色的东西，觉得喜庆；大部分日本人喜欢买黑色的东西，对黑色的东西有某种执着；大部分美国人喜欢蓝色，尤其是天蓝色的商品，因为美国国旗上代表 50 个州的背景是蓝色的。

另外，还有一部分人喜欢白色、黄色、棕色、紫色等不同的颜色，所以新卖家可以按照这个思路开发一系列的商品。

再回到刚刚分析的品牌 Hertzko，仔细查看每一个商品，如 Pet Dematting Comb（宠物除毛梳子）、Dog Mat Remover（狗垫除污剂）、Pet Grooming Mitt（宠物美容粉）。你马上会发现，这个卖家店铺经营的全部是宠物用品，而且是宠物的护理用品，如去狗毛、剪狗指甲、给狗洗澡的工具。这个卖家锁定的一个细分类目，也就是我们在 5.5 节提到的利基市场，该卖家通过颜色锁定这部分买家群体，非常稳定地吸引着一批忠实的粉丝，完全不用担心这样会损失很多潜在买家，反而这样的操作更让人觉得他是一个专业卖家、专业的供应商。

这就是我一直提倡大家要做小而美、专而精的卖家！

下面再介绍一个类似的专业卖家。搜索品牌名 Pet Republique，如图 5-23 所示。

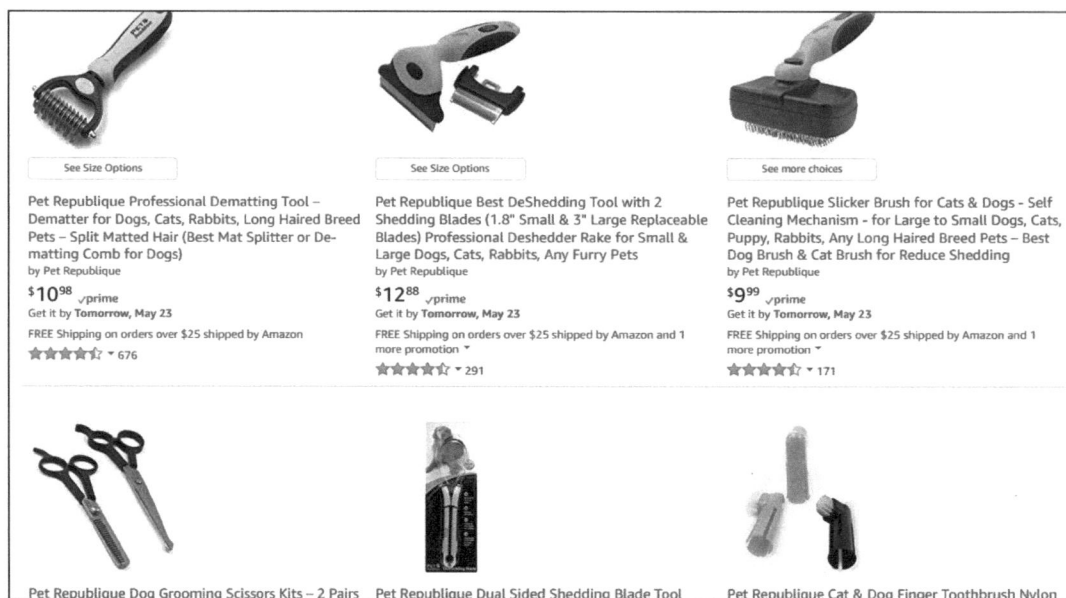

图 5-23

这个卖家店铺 30 天的 Feedback 数量如图 5-24 所示。

30 天的 Feedback 数量乘以 3～5 倍是这个卖家单日的订单数，这个卖家的单日订单数为 168～280 单，而该店铺仅有不到 10 个商品，是一个非常专业的小而美的卖家。

如果你是一个潜在的买家，会买这两个店铺的商品吗？

想必你的心里已经有答案了。

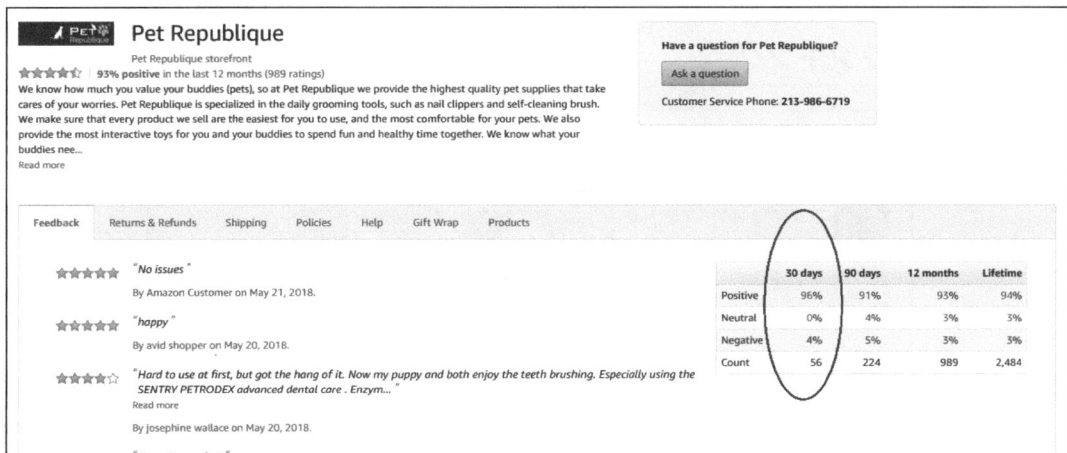

图 5-24

5.7 通过海外版抖音选品

在本书开头就讲过，跨境电商是从传统外贸演变过来的，七分在选品，三分靠运营，如果你有好的商品，不仅成功了一半，而且领先了其他卖家很多。跨境电商经历了 2012—2016 年的野蛮生长期，现在有很多大卖家，或者小而美但利润惊人的成功卖家是经历过那个过程的。从年龄层来看，"80 后""90 后"的卖家占相当一部分，特别是在 2017 年之后新卖家中"90 后"占很大的比例，"90 后"这个群体目前也是最火的视频社交 App——抖音的忠实使用者。抖音利用换装、对音乐、对口型等形式，让有趣的内容迅速火爆，形成了病毒性的传播。

从整个互联网电商的发展来看，中国的互联网电商发展已经超越美国，目前排名全球第一。即使身在海外的华人，也能深切感受到祖国经济蒸蒸日上。抖音是社交情境中非常有潜力的移动互联网产品，并且已经国际化。

抖音已经成为日本 App Store 下载量第一的 App。抖音日本版 Tik Tok 如图 5-25 所示。这对跨境电商卖家来说是很大的利好。中国互联网电商在全球都有借鉴意义，同样，抖音在国内社交电商领域营销的成功案例也值得我们学习。国内淘宝、天猫等电商平台的发展已经相当成熟，淘宝目前竞争异常激烈，流量非常稀缺和昂贵。我国互联网电商从 2001 年到现在已经快 20 年了，互联网已经到了内容时代，即 UGC（User Generated Content，用户原创内容）时代。

图 5-25

抖音中一些比较火的音乐，也产生了淘宝、天猫店铺的"爆款"，如图 5-26 所示。

图 5-26 所示为一个很普通的向日葵玩具，里面放了一个带电池的播放器。但是，在这个玩具中存入抖音最火的 120 首音乐，然后，让抖音上一些美丽的"小姐姐"撒撒娇，这个玩具就变成抖音同款玩具了。

图 5-26

之前备受关注的抖音同款兔耳朵玩具如图 5-27 所示。

图 5-27

这一看就是天猫上非常聪明、懂营销的卖家做的 520 抖音营销活动。

国内已经有了淘宝、天猫卖家通过抖音"爆单"的案例，而且抖音也已经成为日本现象级的 App，所以抖音很可能成为日本市场新的引流工具。

这对跨境电商卖家，特别是亚马逊的出口跨境电商卖家非常有借鉴意义。

在亚马逊日本站我们已经发现了一些走在前面的中国卖家，抖音同款平底锅如图 5-28 所示。

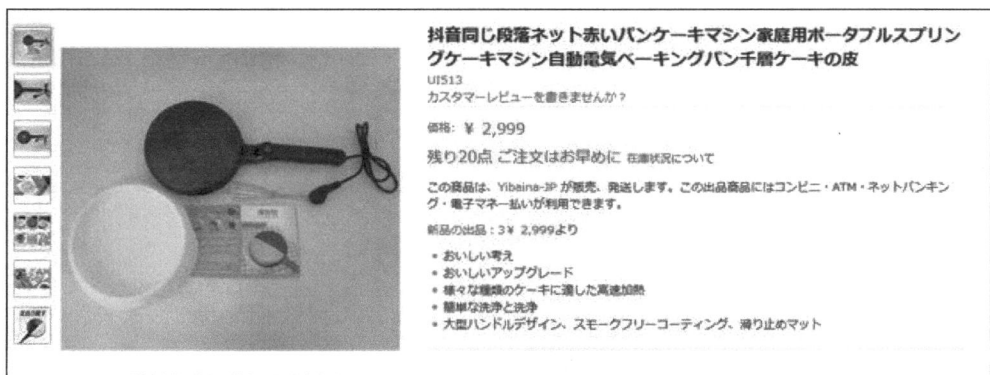

图 5-28

还有抖音同款向日葵玩具，如图 5-29 所示。

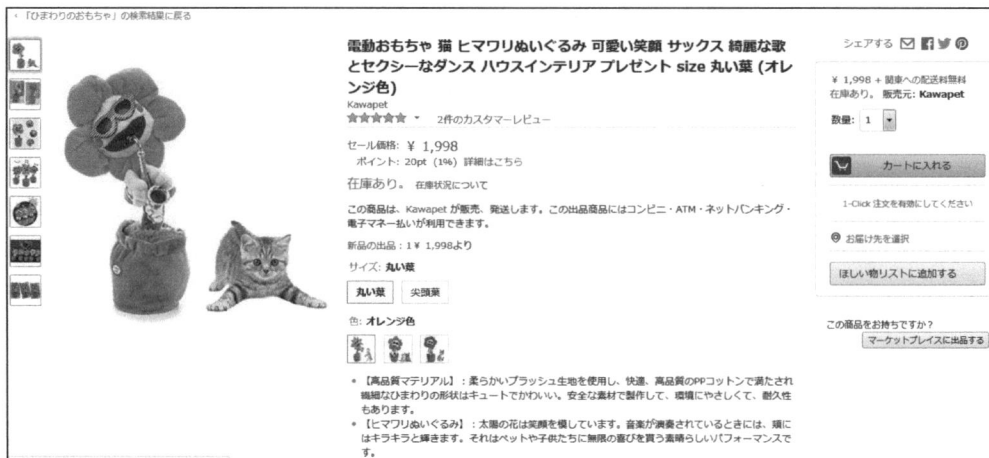

图 5-29

虽然这个卖家不是很专业，很多图片文字都是中文的，但是他能感觉到巨大的商机即将到来。

在抖音的日本用户中，有 85%的用户在 28 岁以下，核心的"网红"和用户基本是"95后""00 后"。目前，跨境电商中一些比较成熟的站外引流方法，很多都是在 YouTube、Facebook 上找"网红"做视频测评，而且找的都是在相关商品领域非常垂直的"网红"。现在由于抖音在日本持续火爆，连日本 YouTube 上最著名的两个"网红"Hikakin 和 Fischer's也拍摄了视频，如图 5-30 所示。

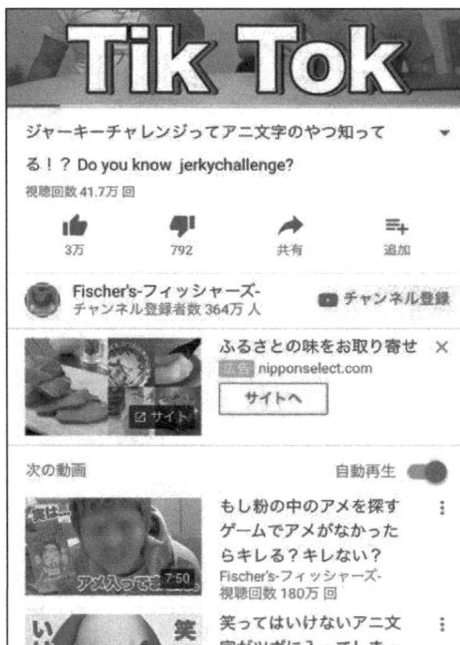

图 5-30

跨境电商卖家可以想办法让这两位"网红"成为自己商品的站外秒杀资源，这也是抖音海外版给跨境电商卖家带来的利用社交电商打造"爆款"的引流渠道。

5.8 平台"爆款"类目的热销属性

做亚马逊运营 1 年以上的卖家，就应该理解什么是类目的热销属性。热销属性反映了一个商品或者一个类目畅销的实质性原因，或者可以理解为哪些商品的基本要素让这个商品或者这个类目成为"爆款"？

一个商品可以简单地分为畅销品和滞销品。商品畅销肯定有其本身的原因，A 买家可能因为这个商品的外观或者颜色好看而购买，B 买家可能因为喜欢这个商品的材质而购买，C 买家可能因为这个商品适合送人而购买，这都属于潜在的热销属性。

商品畅销到一定的程度就成了电商里的"爆款"，但是"爆款"不是一天形成的，有一个不断测试、修正、供应链反馈和优化的过程。在这个过程中，我们就会知道什么是商品的热销属性。

下面来看一个常年都热销的类目，在美国站搜索"Dog Toy"（狗玩具），如图 5-31 所示。

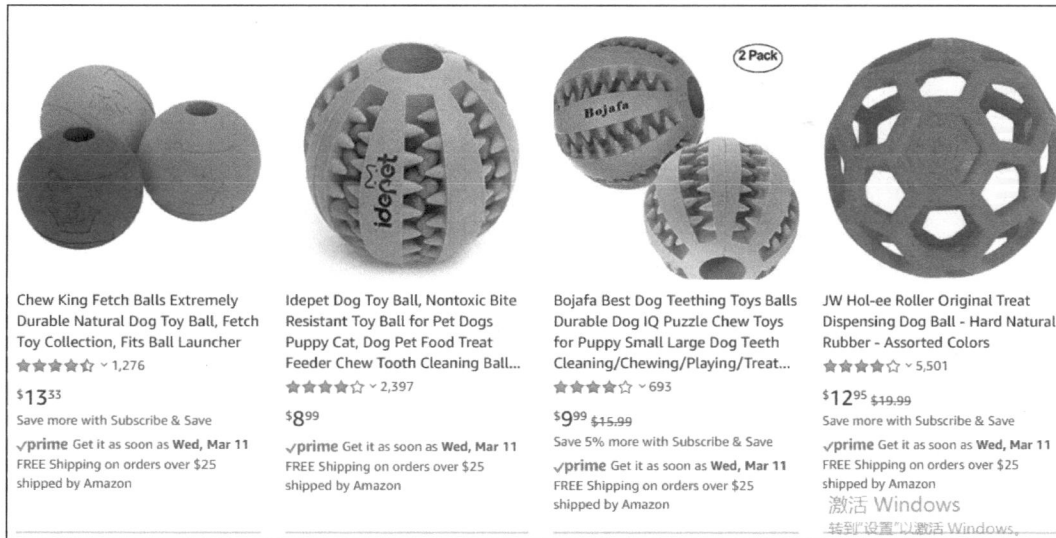

图 5-31

Dog Toy 是一个常年热度都很高，但又容易创新的类目。我们选取两个有代表性的商品，如图 5-32 和图 5-33 所示。

图 5-32

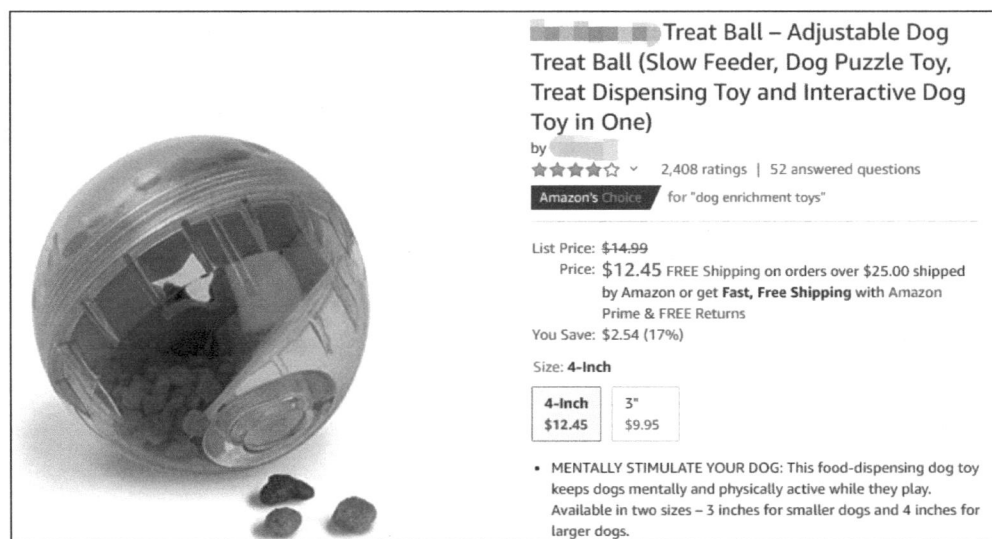

图 5-33

它们有以下 3 个共同特点：

（1）都属于宠物狗的咀嚼球，兼具玩耍和磨牙的功能。

（2）都可以把狗粮放在里面，极大地增加了对宠物狗的吸引力。

（3）都非常耐咬，欧美人养中大型狗比较多，耐咬性是买家非常介意的。

其实，这就是商品的热销属性。我曾经销售过这个类目，从实战经验和工厂生产过程中得到了这些信息。但不建议新卖家销售宠物玩具这个类目，原因有以下两点：

（1）即使再耐咬的咀嚼球，也会有被咬坏的一天。买家只会关心商品为什么坏了，商品坏了就会引来大量的差评和退货，这就需要强大的运营资源支撑。

（2）狗玩具是一个很大的类目，但是供应链也非常成熟，大部分都掌握在美国卖家手里，而且他们和中国工厂签订了保密协议，销售狗玩具会有一定的知识产权风险。

如果要销售一个类目，那么先要确定整个类目的热销属性。你可以多看几个商品，如果它们的调性相同，那么热销属性是很好确定的，基本步骤如下：

（1）看完小类目前 20 名的 Listing 详情页面，了解它们的卖点、图片风格，了解商品卖点比较好的表达。

（2）看完前 20 名的 QA，了解买家关心的点。

（3）看完前 20 名的差评，了解商品存在的问题。

总结你收集到的信息，反馈给工厂进行微创新，微创新可以极大地规避侵权风险（发明专利不在此列）。新卖家推广这款商品让其销售量增加并且稳定的概率，要比去 1688 找同款商品成功的概率真的高得多，开发出属于自己公司的"爆款"，也就十拿九稳了。

5.9 非标品或许是中小卖家逆袭的突破口

现在市面上大多数的跨境电商运营书籍都在讲标品的选品运营方法。这无可厚非，标品是我们生活中最常见、使用较频繁的刚需商品，而非标品属于有很强个人偏好的商品，下面先普及标品和非标品的概念。

标品：有明显规格、型号的商品，款式、固体外观极其接近。例如，手机、充电器等。

非标品：没有统一的市场标准和明确的规格、型号。例如，衣服、鞋子等，它们的尺寸和颜色变化多。

大部分非标品属于纺织品等可以个性化定制的类目，多多少少有一定的季节性。

1. 必须弄清楚商品的季节性

无论是强季节性商品（比如泳衣，只能卖 2～3 个月），还是弱季节性商品（比如户外饮水杯，欧美人喜欢喝凉水，这类杯子可以销售八九个月，季节性较弱），你都要把想卖的非标品从哪个月份开始热卖、从哪个月份开始销售量下降等在上架前用谷歌趋势做好淡旺季趋势分析，否则在备货时会非常被动。

2. 在小类目Top 100的商品中分析热销属性

一款商品之所以能够成为"爆款"，肯定有其内在的原因。一双鞋子、一件衣服的热销肯定不只是合身这么简单。对商品的面料、款式、颜色、做工、纹路、流行元素、创新功能等细节都需要用数据说话。我们可以做一个表格，对上面所说的属性画"正"字来计数。

假设 Top 100 的商品都用了纯棉这个面料，那么这个面料就记为纯棉 100，画 20 个"正"字。依此类推，找出前三名热销的原因，如图 5-34 所示。

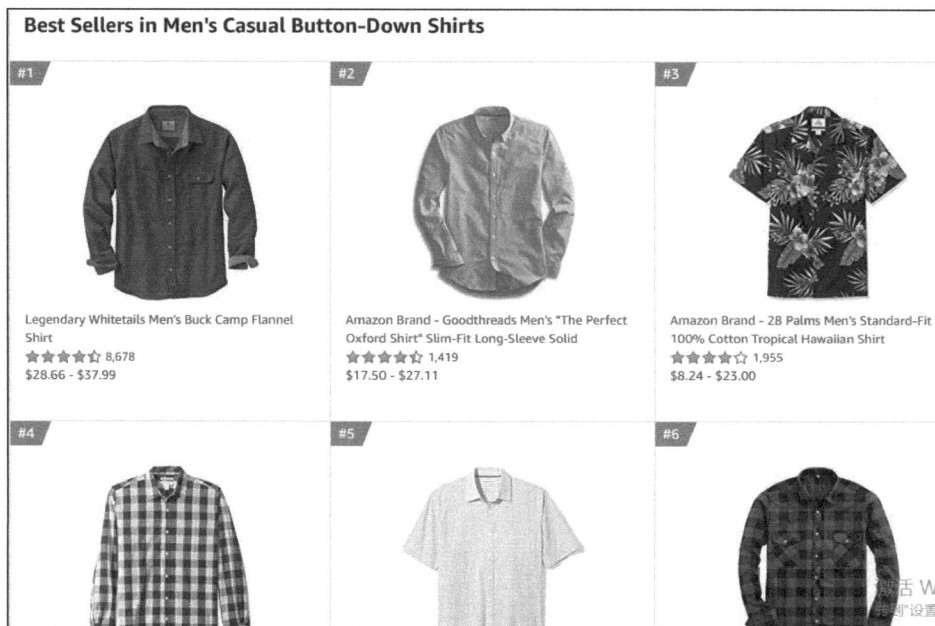

图 5-34

3．找准热销属性背后的买家需求

热销属性直接决定了这个商品能否畅销，所以我们必须谨慎对待。关键词代表了买家的真实需求。假设我们找到了 men dress shirts long sleeve（男士长袖衬衫）、mens black dress shirt（男士黑色衬衫）、polo shirts for men（男士 polo 衫）这些热销关键词，那么可以确定这个商品的热销款是男士黑色长袖衬衫，或者男士 polo 衫是当前市场真实的买家需求。这里只是举例说明，商品的实际热销原因需要用高达几十个关键词总结出来。

4．进行商品差异化开发，拒绝复制粘贴式选品

到现在为止，还有大量的卖家在看到一款商品卖得好时去 1688 找同款商品。我可以明确地告诉你，这种选品方式已经过时了。你一定要开发自己的商品。怎么开发？

在你销售的具体商品对应的行业中寻找这个商品的外贸展会，寻找这个商品的海外社交流行元素，寻找这个商品的国外秀场模特，寻找这个商品的海外垂直"网红"。

非标品的关键竞争力是应景的买家需求得到解决，非标品的差异化大小才是商品是否有竞争力的关键。我了解到一些专业技术类的卖家（例如学美术的卖家）会将现有老款商品进行简单涂鸦，让其变成一个全新的商品，大大提高了利润率。

以上步骤不需要花钱，只需要花大量时间。

5．测款

我们都很熟悉测款，测款是指用 FBA 发少量货看市场表现。但这里的测款不是这个意思，如果你有自建的 Facebook 粉丝群，或者有稳定的测款买家，那么可以把做出来的商品图发给他们，通过他们的投票择优选择，然后选出前三款商品。最后，再下单给工厂生产。这样的步骤看起来需要很多时间，但是可以大大地提高商品开发的成功率。

这就是非标品的一个选品开发流程，非标品的开发过程比运营更重要，原因从上面的流程中都能够感受得出来。

如果选错了商品，那么想通过站内运营，花钱去大力推广是不现实的。

对于一些有自己的想法、有自己独特的专业优势，但又没有多少运营资金的中小卖家来说，将非标品融入自己的专业优势（例如图案、颜色搭配、外观设计等）开发出受买家欢迎的商品，是这类中小卖家逆势崛起的一种普遍性方法。

5.10 从热销属性中看选品的第一性原理

5.8 节普及了什么是一个商品、一个类目的热销属性，5.9 节用案例讲解了如何寻找"爆款"的热销属性，建议你再回顾一下 5.1 节所讲的什么是商品的第一性原理。

热销属性决定了一个商品是不是平台的热销品，给我们选品提供了一个基本的参考维度。如果连热销属性都没弄清楚，那么选品的失败率会非常高。

第一性原理决定了一个商品热销背后最真实的原因，这个原因往往和热销属性是不同的。第一性原理可以帮助我们在亚马逊上走得更远，在开发商品上会形成发散思维。

两者的区别如下：

我们开发一个新商品，要明确这个商品能解决买家哪些方面的需求。把这些需求进行汇总，前 5 个因素往往就属于热销属性。这些因素往往是直观的、看得见的、摸得着的原因。例如，商品的外观好看、功能强大、包装大气等。这些因素是动态变化的，随着时间的推移和商品的更新迭代，热销属性也会发生看得见、摸得着的变化。例如，从功能手机到智能手机的迭代。

围绕着商品的热销属性，我们可以通过买家差评、买家问答的内容，顺势而为地开发出买家最喜欢和最关心的商品，这就是热销属性的商品开发应用。

第一性原理是商品热销最根本的原因，往往是看不见、摸不着的文化因素，或者隐藏的某些市场因素。在追根究底后，你就会发现这些因素往往具有唯一性，用一句话就可以表达清楚，并且这个因素非常稳定，不会随着时间变化而变化。例如，我之前讲过关于美国无人机热销的原因，主要是因为美国允许士兵自行采购部分单兵作战武器。这就是无人机在美国持续热销的根本原因，就属于这个商品的第一性原理。

因为美国士兵可以自行采购武器，所以我们可以顺势联想到美国人在户外狩猎的时候，是可以合法使用枪支来打猎动物的，这就有很多商品可以开发，如图 5-35 所示。

Tactical Buttstock Shotgun Rifle Shell Holder Cheek Rest Pouch
by ▓▓▓▓
★★★★☆ ∨ 102 ratings | 5 answered questions

Price: **$18.98** FREE Shipping on orders over $25.00 shipped by Amazon or get **Fast, Free Shipping** with Amazon Prime & FREE Returns

Color: **Tan**

$18.98 $18.98   **$18.98**

- 1000D Nylon
- 1 Buttstock Shell Holder/Cheek Rest/Storage Pouch
- Comes with one Shotgun(5 rounds) and one Rifle(7 rounds) interchangeable shell/cartridge holder
- Easy access to cartridges when out in the field
- Back strap and 3 top straps to keep secure to the rifle
- Removable Shotgun Shell Holders/Flexible for variable size shells

图 5-35

这是美国人在打猎时常用的子弹包，放在猎枪的把手上，方便取子弹。

另外，在射击的时候枪会产生很大的噪声，所以图 5-36 所示的电子降噪耳机在当地使用得非常普遍。

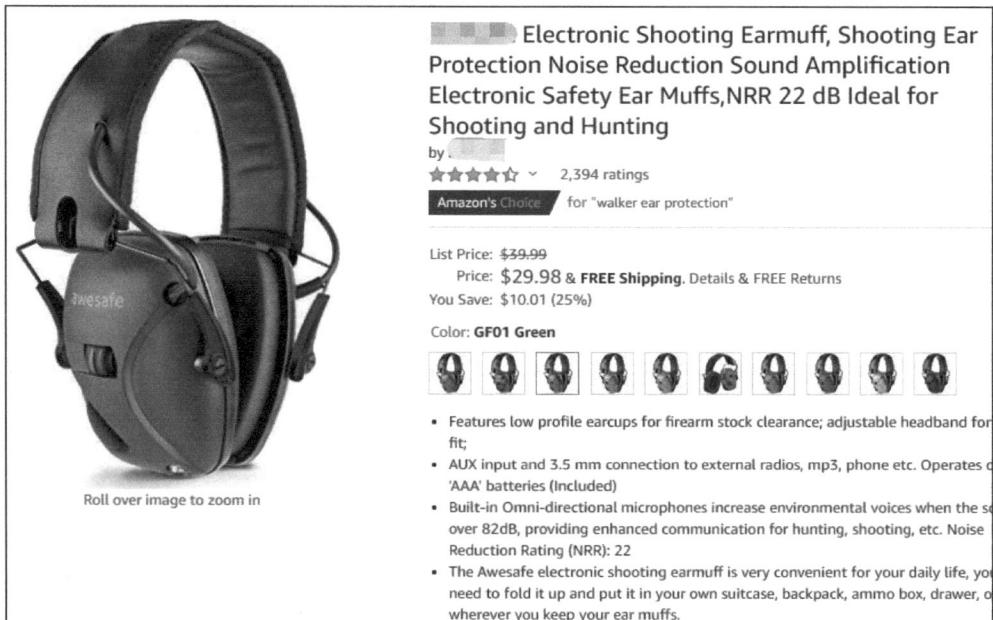

Electronic Shooting Earmuff, Shooting Ear Protection Noise Reduction Sound Amplification Electronic Safety Ear Muffs,NRR 22 dB Ideal for Shooting and Hunting
by ▓▓▓▓
★★★★☆ ∨ 2,394 ratings

Amazon's Choice for "walker ear protection"

List Price: ~~$39.99~~
Price: **$29.98** & **FREE Shipping**. Details & FREE Returns
You Save: $10.01 (25%)

Color: **GF01 Green**

- Features low profile earcups for firearm stock clearance; adjustable headband for fit;
- AUX input and 3.5 mm connection to external radios, mp3, phone etc. Operates o 'AAA' batteries (Included)
- Built-in Omni-directional microphones increase environmental voices when the so over 82dB, providing enhanced communication for hunting, shooting, etc. Noise Reduction Rating (NRR): 22
- The Awesafe electronic shooting earmuff is very convenient for your daily life, yo need to fold it up and put it in your own suitcase, backpack, ammo box, drawer, o wherever you keep your ear muffs.

Roll over image to zoom in

图 5-36

这些商品在国内没有任何市场，主要是用于出口的。在销售这类商品的时候，务必在商品认证和出口手续方面做到合法合规。

热销属性和第一性原理都可以帮助我们找到适合目的地市场的商品，因为出口跨境电商毕竟面对的是海外市场，很多消费习惯和文化因素我们都没有接触过，开发商品肯定不能凭个人的喜好和想象去做。

一方面，我们要用数据说话，要了解某个商品哪些方面受人欢迎，哪些方面受人吐槽，哪些方面有待改进。这里的数据就是指热销属性。

另一方面，在某个商品的销售量增加后，我们要不断思考商品热销的根本原因，不能再看一些表面的数据，要思考热销背后的深层次原因是什么，这里的深层次原因就是第一性原理。

只有找到第一性原理，你的出口跨境电商之路才能走得更远。

本节适合你利用空闲时间进行发散思考，要学会举一反三地看待各种问题。

5.11 亚马逊选品的兜底线原则

学习了这么多选品方法和开发思路，本质上还是为了选择有市场潜力的"蓝海"商品，但并不是选好了商品就可以"为所欲为"，想怎么做就怎么做，毕竟这是一门生意，需要合理地控制风险。每个卖家都在追求"爆款"，就是希望商品能快速赢利，赢利的方法当然是打造"爆款"和持续稳定地开发新商品，但是更重要的是如何把海外仓库存控制在合理水平，试想一下，当你发了 3 款商品出去，经过 2 个月的运营推广，其中一款商品"爆单"了，而另外两款商品每天只有几笔订单，对于持续出单的商品你自然很开心，可每天只有几笔订单的商品可能需要 2~3 个月才能卖完，甚至到后期可能成为滞销的"死库存"。那么，从总体来看，出单商品的利润就全部平摊在滞销款的成本上，最后算下来，也就是没赚钱！所以，有一些兜底线的原则需要卖家坚决遵守。

1. 在开发新商品的时候，单个商品的SKU要尽量少

如果一个商品有 20 个 SKU，你就需要分析竞争对手有哪些款式或者颜色的商品是畅销款，最多选择其中 3 个 SKU 用 FBA 发货。只有当这几个畅销款的销售量增加并且稳定时，才可以逐渐加上其他畅销款。

2. 多选择不同种类的商品

这听起来跟第一条矛盾，其实有本质区别。经过精挑细选的商品，最终是要拿到市场上检验的。减少单个商品数量是为了前期减少投资金额，而增加不同种类的商品是为了在最短时间提高打造"爆款"的成功概率。

3．在用FBA发货的时候，数量遵循大于20小于50原则和2000元封顶原则

当采购新商品时，即使客单价很低，采购数量也不要超过 50 个，但不能低于 20 个。如果客单价很高，那么采购金额不要高于 2000 元。当然，这只适合资金不多的中小卖家。如果有百万元启动资金，那么可以提高这个上限。毕竟，"死库存"是每个卖家都避免不了的，在前期把风险降到最低，才是合理的投资方式。

在日常运营中，即使有几款销售量稳定的商品，也需要随时处理库存，既不能让它们成为滞销款，又不能断货从而影响排名。亚马逊卖家只有做好供应链管理和优化，才算从新卖家成长为老卖家。

第 6 章

商品上架前的运营方法

6.1 在发货前，容易出错的地方

物流会直接影响卖家的整条供应链，打个形象的比方，物流好比跨境电商卖家的两条腿。没有物流就没法做跨境电商运营，物流中的航班、船次直接影响运输价格，也影响了商品的总成本和售价。对于一些容易出错的细节问题，我觉得有必要讲一下。

1. 在计算商品总成本的时候容易出错

跨境电商与国内电商在物流成本和运输距离上有明显差异。对于小件商品来说，国内物流基本上可以做到几元钱全国包邮，而且只需要计算从发货点到终端买家的距离。

而跨境电商的物流涉及从国内发货到目的地国的海外仓（物流专业词语为头程），在出单后，再从海外仓发货到终端买家，这两部分的运费是大大超过国内物流的。如果遇到大件商品，物流费更让很多卖家望而生畏，这也是很多中小卖家放弃卖大件商品的原因。

假设一个充电宝的重量是 400 克，采购价是 35 元，在国内属于首重低于 2 千克的商品，国内电商的运费普遍为 6 元左右。

商品的总成本约为 35 + 6 = 41 元。这里不计算国内电商的任何运营成本。

而相同的商品在跨境电商平台销售，如果采用空运，那么到美国的运费普遍是 32 元/千克，头程运费是 32 × 0.4 = 12.8 元。从亚马逊海外仓发货到终端买家的运费一般是平台的固定费用 3～5 美元，我们粗略计算成 4 美元，换算成人民币约为 28 元。

商品的总成本约为 12.8 + 28 + 35= 75.8 元，这里也没有计算任何运营成本。

这样一对比，就一目了然了。

你可能经常会看到一些短视频和网络文章宣传跨境电商是暴利行业，售价为 30 美元的商品采购价为 30 元，前后相减就是利润。你看看就行了，千万别当真。

2．在商品上线初期，盲目大量发货

这是从传统外贸转型跨境电商的卖家最容易犯的错，因为传统外贸采用海运发货已经成了多年的工作习惯，虽然亚马逊跨境电商也属于外贸行业，但是本质却不同。

传统外贸本质上是 B 端的批发业务，运费基本上都是买家自己承担的，而亚马逊跨境电商本质上是 C 端的零售业务，运费都是由卖家承担的。

我遇到过很多从传统外贸转型的卖家，仅仅为了降低运费成本，就大量采用海运或者空运发货，物流单价确实可以降低很多，但是总体的货物成本+运费成本远远大于小批次发货的货物成本+运费成本。

这是由海外大型批发商、中间商负责销售，传统外贸商不用担心销售量的原因造成的。一方面，这就回到了第 1 点里的商品总成本计算的问题，不要为了降低一点运费成本，而盲目自信地增加大批量压货的成本。另一方面，亚马逊跨境电商的性质属于零售，就会有商品不适合海外市场、运营水平有限、发货贴标错误造成的商品滞销。一旦商品滞销，这些商品是不可能寄回国内的。因为商品运回国内的运费会比采购价高得多，况且在亚马逊仓库放得久了，也要缴纳仓储费。

所以，当你上架的新商品没有稳定的销售量的时候，千万不要随意空运、海运大量货物。正确的做法是准确计算现有库存的销售天数，合理补货，让库存一直处于一个合理的水平。这里建议参考 4.8 节。

你要做到既不大量压货也不会断货，这对供应链管理要求较高，也是和传统外贸最大的不同点。

3．贴错ASIN条形码

这也是大量新卖家经常出错的地方，用 FBA 发货几乎是亚马逊卖家都会经历的，但是不同于简单的打包发货，如果你的商品出单了，那么亚马逊仓库是根据商品上贴的 ASIN 条形码扫码出库再配送的。

关于如何创建 FBA 发货，可以复习 3.3 节，如图 6-1 所示。在创建 FBA 发货过程中在卖家中心下载的 PDF 文档中有商品的 ASIN 条形码。

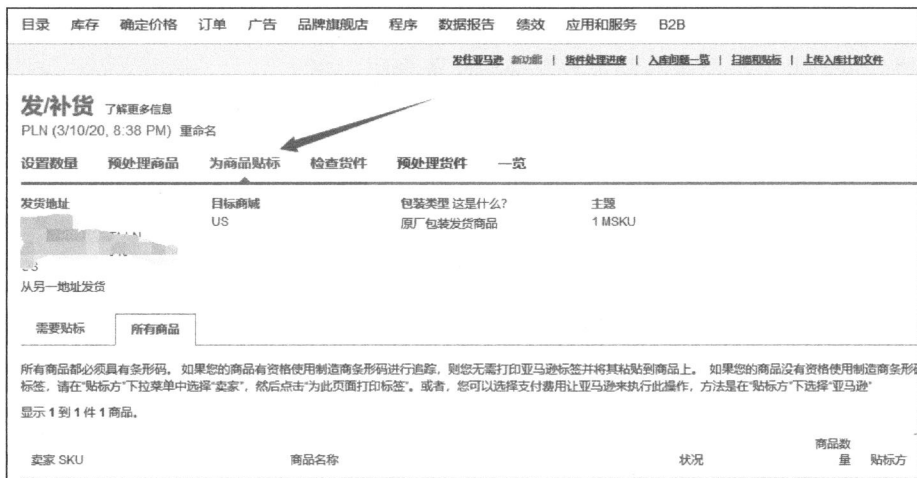

图 6-1

滚动鼠标滚轮，将页面下拉到底部，会出现如图 6-2 所示的页面。

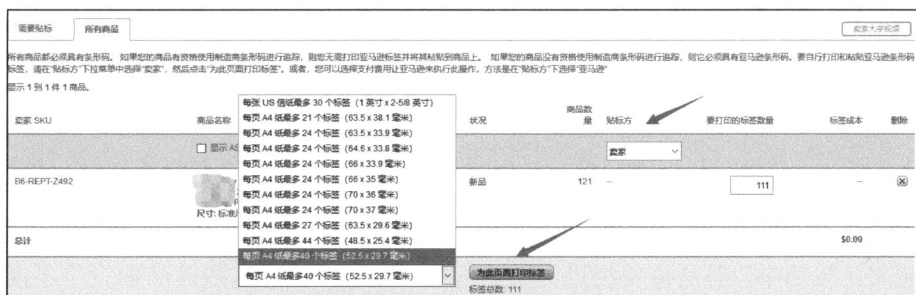

图 6-2

把贴标方选择"卖家"选项，填好需要打印的标签数量，也就是要打印的 ASIN 条形码数量。然后，选择标签尺寸，这要和你的标签纸张对应。我们一般买的是热敏打印纸和热敏打印机，可以复习 3.6 节。

单击"为此页面打印标签"按钮，会出现下载 PDF 的文档，打开 PDF 文档后如图 6-3 所示。

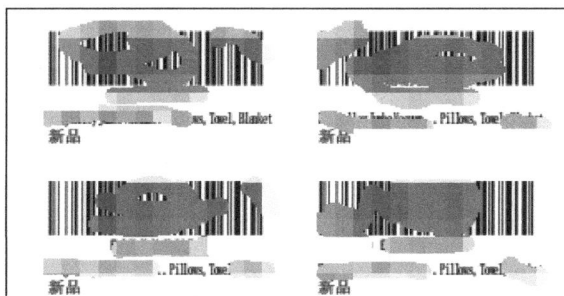

图 6-3

你可以用微信扫描 ASIN 条形码试试能不能用，再用热敏打印机批量打印，一张张贴在商品的外包装上，每个商品都需要贴 ASIN 条形码。

不能贴商品的 SKU 条形码，更不能选择无须贴标的共享库存，否则会造成棘手的库存烦恼。

如果多个商品同时发货，那么你要记得 ASIN 条形码和商品是一一对应的。如果贴错了，那么亚马逊发货也会发错，库房人员只会看 ASIN 条形码发货，而不会检查你的商品是否和订单一致。

如果一个商品有多个不同颜色、不同尺寸的变体，那么发货的不同变体都需要对应好 ASIN 条形码，不能贴错。特别是有尺寸的变体，如果贴错，那么买家肯定会大量退货。

贴标需要细心和耐心，我遇到过一些做了几年的卖家都没有贴错过，也遇到大量新卖家第一次发货就贴错了。

6.2 在资金充足和匮乏时，亚马逊运营之道

跨境电商卖家群体基本上分为两种，大量希望以小博大的中小卖家和少数有着雄厚资金的实力卖家。在启动资金不到 10 万元的情况下，你应该在 6 个月之内迅速打造属于自己的"小爆款"。你不可能点石成金，需要经过大量的选品和测款。

写起来比较简单，但是需要经过大量的实操和数据分析，这些商品的竞争不能太激烈，而且体积重量不能太重。在一般情况下，你可以找 4～6 款想销售的商品，经过分析商品数据会剩下 1 款合适的商品，重复这个步骤，需要选 20～30 款商品才能剩下 5 款决定要用 FBA 发货的最终商品。这 5 款商品在用 FBA 发货后，不会全部都畅销，在经过实际的市场检验后，基本上只有 1～2 款可以长期销售，属于你店铺的"爆款"。

从这一点你能够联想到，亚马逊上有的卖家的店铺里只有不到 10 款商品在销售，但是日订单量能做到 150 笔以上，从图 6-4 所示的 Feedback 数量上就可以看出这是一个小而美的卖家。

	30 days	90 days	12 months	Lifetime
Positive	96%	92%	95%	96%
Neutral	0%	2%	2%	2%
Negative	4%	6%	3%	2%
Count	45	122	1,086	6,434

图 6-4

店铺 30 天 Feedback 数量的 3～5 倍，大概就是整个店铺的日订单量。这个卖家店铺里只有 4 款商品在销售，如图 6-5 所示。左边箭头所指的就是这个店铺的在售商品总数量。

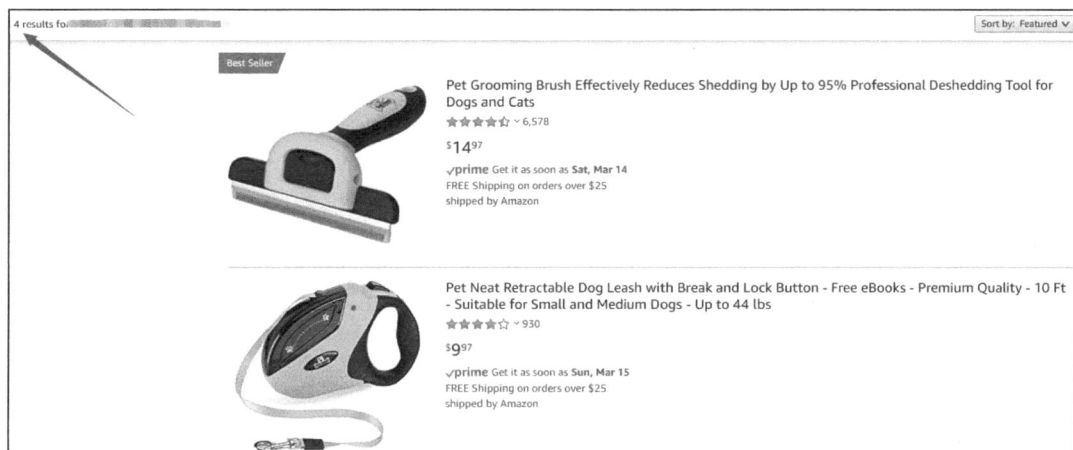

图 6-5

所以，销售量大才是取胜的关键，与其每天研究不靠谱的"黑科技"，还不如把精力放在大量的选品和运营上。几十款商品的上架和淘汰过程充满了辛苦与乐趣，在商品销售量增加并稳定后，你会得到可观的利润。

这就是绝大多数中小卖家应该努力的方向——极少的库存、较高的销售量、健康的现金流。

另外，对于中小卖家而言，"小爆款"的日订单量就应该是每天 20 笔左右，而不是大家想象中的一天几百笔，你的资金决定了你承受不了这样的日订单量，你可以考虑一下有了这么多订单，你有钱进货吗？

随着订单量慢慢增加，利润也会随之增加，你也会积累属于自己的供应链。供应链包括工厂端、物流端，这样才算走在了跨境电商运营的路上。

你可能是持有大量现金的工厂卖家、天猫大卖家，或者是从其他行业转型做跨境电商运营的，因为看到这两年做亚马逊跨境电商运营赚钱的人挺多，就盲目自信，投入大笔资金。我之前遇到过一个经营砂石厂的朋友，准备给我投资 25 万元，但要求新注册一个账户，利润五五分。我这样回复他：就当我管你借 25 万元，每月还高于银行定期存款的利息给你。后来他就没有回复，我知道他是怎么想的。

每个人的情况都不同，一方面，我不缺这 25 万元资金，另一方面，双方最好都要出力，只想着投资一个项目，每个月稳定拿收益，是不适合做亚马逊运营的合伙人的。投资是一件比较复杂的事情，你可以回顾 2.10 节，有详细的方法。

如果要投入一笔资金，那么我觉得最起码要设置一个亏损底线，假设亏损底线是 50 万元，当亏损 50 万元时要立刻止损，在这个金额范围内就不要太计较，要有这样的基本认知。

当资金较多时，亚马逊运营的可操作性就大得多，在选品的时候可以多考虑大件商品或者对供应链要求较高的商品。大件重货商品因为运费高昂，很多中小卖家是不会涉足的，你如果销售这些类目，竞争反而更小，成功率就大得多，图 6-6 所示是一款家居商品。

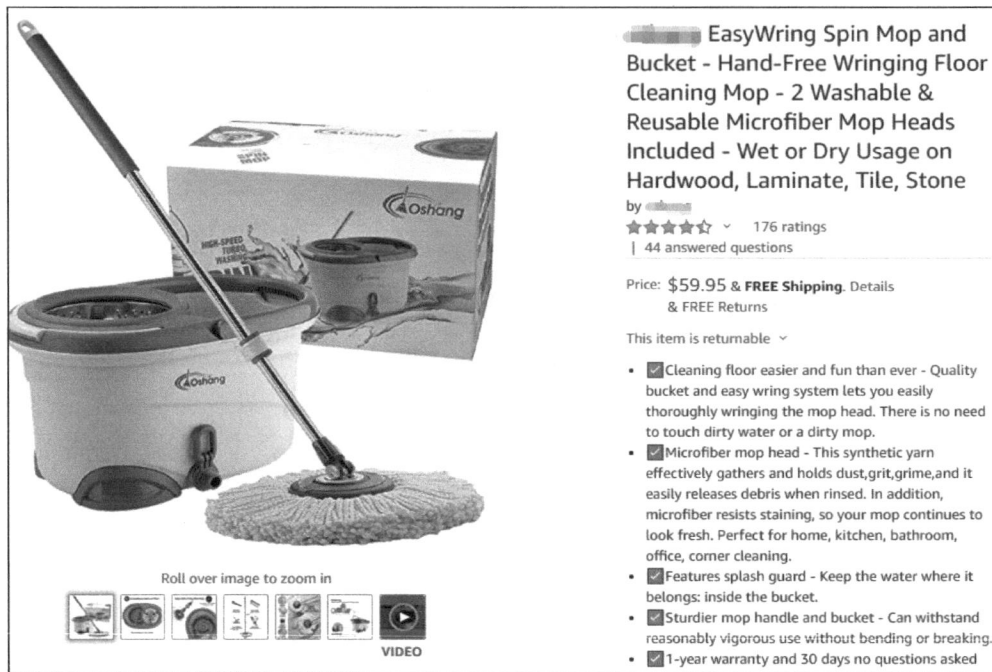

图 6-6

这种不用弯腰就可以轻松拧干的拖把是欧美家庭的必备单品，因为美国人均居住面积较大，打扫卫生是比较麻烦的。这种拖把可以极大地节省体力，采购单价适中，在淘宝上为 50～100 元人民币，但是运费贵，里面装水的桶无法折叠，也不能被重物压，一箱可能就装 2～3 个商品，是典型的泡货，即物品体积重大于实重。因此只能采用海运，运费远高于商品的采购价，需要一定的周转资金才能运作。

对于这种商品，如果你和工厂合作愉快，那么在商品的功能和外观上更新迭代很方便，如果这类商品能够卖得好，那么生命周期都比较长。

另外，在商品的推广上，前期要以最快的速度拿下更多市场份额为主，也就是依靠较低价格和不断做站内、站外秒杀活动去占领类目前 10 名的位置，推广预算就要多一点了，但也需要设个止损点。例如，设置一个新商品的推广预算在多少金额以内，不然每天都会想着今天花了多少钱，明天又要花多少钱，用这样的运营心态很难做好。

6.3　在商品上架前必须考量的4个关键因素

卖家每天要做的事情就是上架新商品，但并不是随随便便地上传新商品，上架不出单、没有市场的商品就是在浪费卖家的宝贵时间。在第 5 章中讲过很多选品的方法，都是基于平台的选品，也是目前最靠谱的选品方法，其核心是选择平台喜欢的商品。

请记住，是平台喜欢的商品，不是你喜欢的商品，也不是你的男朋友或女朋友喜欢的商品，更不是别人说的某某好商品。亚马逊作为一家购物网站，本质和核心业务是大数据，多年来收集了大量买家数据，点击量多的、转化率高的商品就是买家喜欢的商品，同时也是平台喜欢的商品。

但是，亚马逊作为美国的公司，做事一直有美国公司的特点，不会公布太多数据给第三方卖家。所以，在商品上架前必须考量以下 4 个关键因素。

第一，搜索结果必须小于 50 000 个。

搜索 iPhone Case（手机壳）出现的结果如图 6-7 所示。

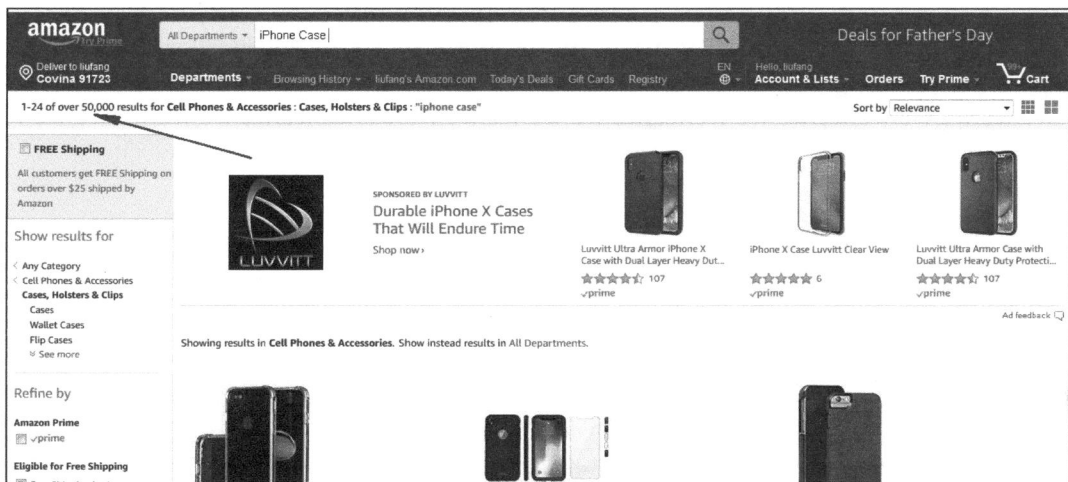

图 6-7

看到这里我很惊讶，其实之前手机配件商品的搜索结果是几百万个。亚马逊在不断优化自己的购物体验，如果搜索结果显示的是 over 50 000，那么足以让买家淘汰掉这个商品。

第二，搜索结果的 Best Sellers 排名里 Review 数量不能太多。

再来搜索之前推荐的商品 iPhone Case，如图 6-8 所示。

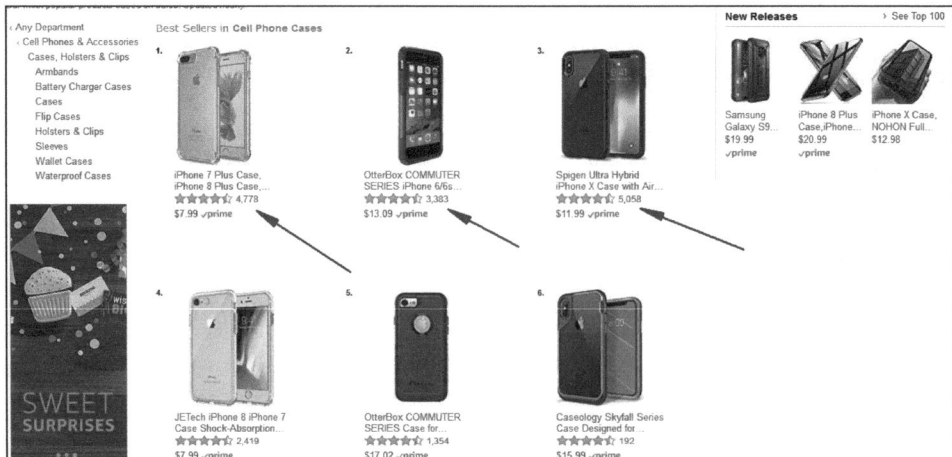

图 6-8

箭头所指的是该类目的前 3 名，Review 数量都非常多，说明该类目商品总体很成熟，老卖家已经占据了固定的商品排名，不适合新卖家进入。

第三，Review 总体星级。

还用上面的搜索结果，如图 6-8 所示。

绝大部分商品的 Review 都是 4 星以上，说明这个商品的质量很好，同时每个商品也都出现了 4 星以下的 Review。

那么，接下来就应该仔细查看产生差评的原因。

1 星、2 星差评在图 6-9 中箭头所指的位置查看。

在 Listing 详情页面的最下面会显示每个评论的具体情况，可以看到一个商品具体有哪些质量问题，单击 1 星、2 星差评进行分析，得出总体结论之后，可以向工厂反馈，改进商品现有缺点，提高客户满意度。

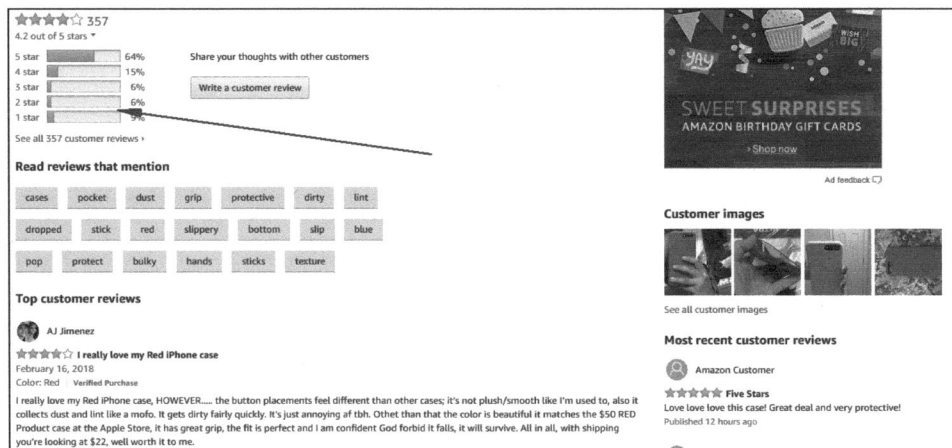

图 6-9

这样，你的商品在市面上就会更有竞争力。

第四，商品出现在哪些排行榜中。

还以 iPhone Case 作为案例，Best Sellers 搜索结果如图 6-10 所示。

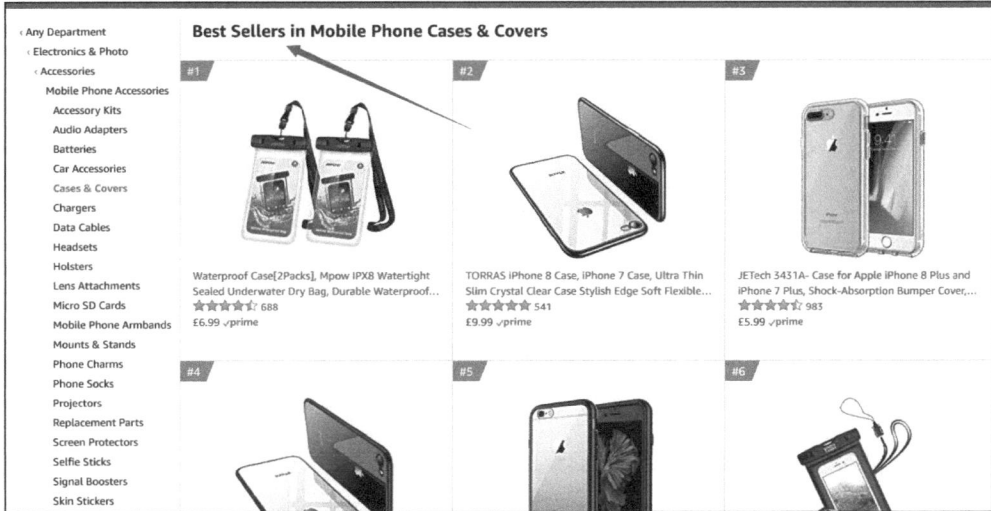

图 6-10

如果在 Best Sellers、Most Wished For、Most Gifted 三处均有防水手机壳这个商品出现，那么这个商品可以列在最终选品名单里，如图 6-11 所示。即使不在三处同时出现，只要在其中两处同时出现也是值得开发的。本节开头就说过必须选择平台喜欢的商品。

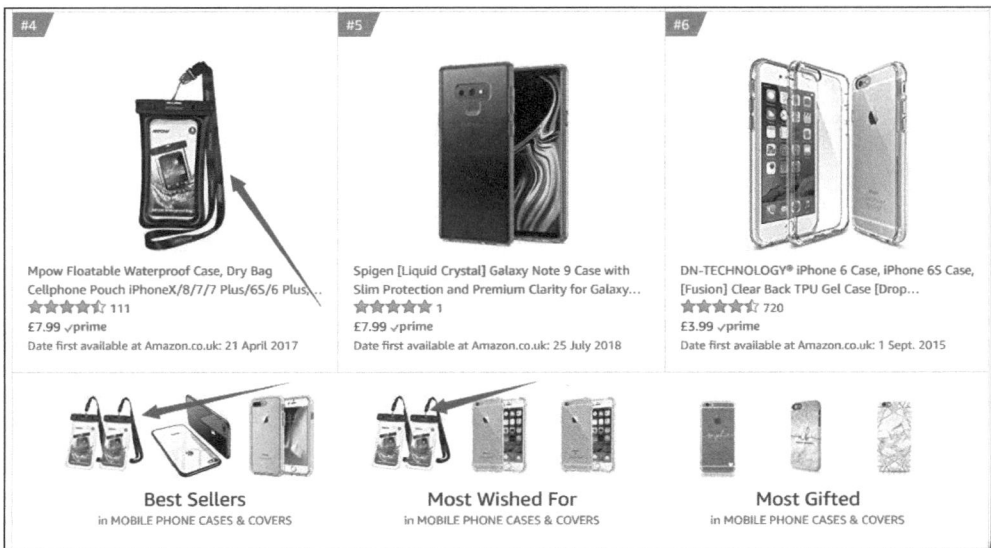

图 6-11

在这几个常见的排行榜中出现的商品一定是新卖家需要关注的。

在一个成熟、完整的选品过程中，你需要考量的维度肯定不只这些，但是如果连以上4个维度都没有把握好，那么将会出现重大的决策失误。

经常有粉丝和读者询问我，为什么花了很多时间选出来的商品，依然没有好的销售量？你要明白一个道理：销售量是选品和运营共同努力的结果，而不仅仅是选品的结果。

这一点也适用于很多制造业工厂，有些手里有百万元资金的传统工厂老板，只看到在他那里经常拿货的贸易商花 20 元人民币买入，30 美元出售，心理不平衡，觉得自己有工厂，有成本优势，如果自己注册一个亚马逊账户，肯定能比贸易商做得好。

运营这么重要的参考因素怎么能不考虑呢？有时候一个转化率低的大词在打站内广告时不去掉，一天就会浪费几百美元。

6.4　单个商品的成本和利润率的计算方法

跨境电商本质上是一门生意，只是传统外贸披上了互联网的外衣，这让国内电商从业者和传统外贸出身的企业老板都觉得跨境电商是新生事物，新生事物的变化也是有规律可循的。

做生意需要赢利，有人说我想打造国际知名品牌，其实那还是在赢利的基础上才能实现的事情。本节介绍如何计算单个商品的成本。

每个亚马逊卖家都希望销售有利润的商品，高利润的商品对应的是更高的商品质量和更优质的服务，千万不要以为买家好骗，特别是美国的买家，手机里面都装着若干 App 比价呢！

当上架一款新商品的时候，要学会定价，而不是想当然地定个价格。卖家要多参考竞争对手的价格，如果你的商品跟竞品一模一样，那么一定要做到比竞品的价格更低或者高出一大截。

例如，竞品的售价为 20 美元，你可以定价为 19 美元，或者 25 美元以上，因为这里涉及买家购物心理的问题，很多买家需要便宜的商品，但是也有很多买家需要质量更好的商品。商品价格更高意味着你的商品质量应该是更好的，这个原则需要和商品主图相对应。如果商品主图一模一样，那么价格一定要比别人的价格低；如果价格比别人的价格高一截，那么商品主图一定要更有质感。

商品的定价原则清楚了，你就需要核算商品的成本。以亚马逊运营为例，商品的成本包含采购价、国内物流费、头程物流费、平台佣金、FBA 配送费。

假设你的商品的采购价是 30 元人民币，商品重量是 500 克，售价为 30 美元（约 213元人民币）。国内物流费按 1.3 元/千克计算，单个商品的国内物流费是 0.5 千克乘以 1.3 元/

千克等于 0.65 元（不同物流公司的价格可能有差异）。头程物流费以美国的空运费 32 元/千克计算，即 0.5 千克乘以 32 元/千克等于 16 元（具体价格随时变动）。平台佣金是售价的 15%，即 30 美元乘以 15% 等于 4.5 美元，折合人民币约为 31.95 元。单个商品的 FBA 配送费为 2~3 美元（体积越大，价格越贵），折合人民币为 14.2~21.3 元，这里用 15 元计算。那么单个商品的成本约为 30+0.65+16+31.95+15=93.6 元。

单个商品的毛利润约为 213 - 93.6 = 119.4，此商品的毛利润率大概是 56%。

单个商品的净利润为 119.4-一定的退货费用-商品广告费-公司运营成本-1% 的汇损最终值，如果退货费用和广告费控制得好，那么此商品的净利润率为 35%~45%。

可能有人说，还没有计算新商品营销推广的费用和亚马逊自身仓库造成的不可售的损失费用。需要说明的是，这里计算的是单个商品在上架时卖家应该计算的总成本。

总的原则是，只有当商品的毛利润率在 40% 以上、净利润率在 30% 以上时，这个商品才有开发的价值。如果你的商品在上架 3 个月之后，净利润率能够控制在 45%，那么说明你的商品受平台欢迎，运营手段也很成熟。

6.5 如何计算每个月的运营提成和商品利润

计算运营提成和商品利润不是纯粹的算术题，所以绝大多数的中小卖家或者刚刚起步的卖家，是计算不清楚商品利润的，也有很多中小型团队计算不清楚运营提成，造成了一些不必要的麻烦。如果是大型跨境电商公司，那么可以把这些工作交给专职的财务人员。

对于运营提成，有的公司按照每个月的销售流水计算，有的公司按照到账金额，也就是每个月提现到第三方收款账户的金额计算。我建议按照到账金额计算，按照销售流水计算有很多不确定性。

假设一个运营人员负责的账户的月销售额是 100 000 美元。

平台对大多数商品收取的佣金是售价的 15%，即 100 000×15% = 15 000 美元。

100 000-15 000 = 85 000 美元。

按照到账金额计算运营提成还要减去广告成本、库存成本等，这些费用大概占 25%，用字母 A 代替。

A = 100 000×25% = 25 000 美元。

所以，到账金额应该是 85 000-25 000 = 60 000 美元。

下面开始计算运营提成。

运营提成一般按照到账金额进行梯度计算，这样能激发运营人员的工作积极性。

假设到账 5000 美元以下提成 1%,到账 5000~20 000 美元提成 2%,到账 20 000~50 000 美元提成 3%，到账 50 000~80 000 美元提成 4%，到账 80 000 美元以上提成 5%。

需要说明的是，这里的提成点适用于 40%的毛利润率，其他毛利润率的提成依次递减或递增。

那么，到账 60 000 美元就适用于 4%的提成。

60 000×4% = 2400 美元，换算成人民币后，这个运营人员的月度提成大概是 2400×7.1= 17 040 元，再加上底薪，假设底薪是 5000 元/月，那么这个月运营人员的总收入是 22 040 元（税前，且不含社保费用）。

如何站在公司角度计算商品利润呢？

假设商品的毛利润率是 40%，即 100 000×40% = 40 000 美元，减去上面说到的费用 A，即 40 000 - 25 000 =15 000 美元，换算成人民币大概是 15 000×7.1 = 106 500 元。

该账户这个月的净利润还需要减去运营人员的工资，即 106 500-22 040 = 84 460 元。

如果把纯收益 84 460 元换算成美元大概是 11 895 美元，这个账户的净利润率是 11 895 ÷100 000 = 11.895%，再减去各项办公、房租支出，最终利润率在 8%~10%。

综上所述，84 460 元就是一个月仅 10 万美元，每天仅 3000 多美元的销售流水能给公司带来的月收入，再加上很多公司是多账户运营的，所以亚马逊运营做得好，收益还是挺可观的。

站在公司和创业者的角度，你可以算一笔总账。

商品总成本所占的比例如下：15%（平台佣金）+30%（FBA 配送费）+15%（广告成本）+ 10%（商品成本）+ 10%（头程物流费）+ 3%（平均运营提成）= 83%。

商品的净利润率就是 1-83% = 17%。

再从 17%的净利润率里扣除员工的工资和房租开支等，账户的最终利润率预计为 10%~15%。

如果你是个人或者夫妻创业者，并且在家办公，没有房租和人员工资支出，那么最终利润率就是 20%以上。

上面的计算方式只是参考，不是行业标准，请根据商品的利润率计算。利润率越高，提成点越高；利润率越低，提成点就越低。

有的个人卖家销售不被人关注的"蓝海"商品，净利润率能达到 40%，还有的销售定制类商品的自发货卖家，净利润率能达到 70%，所以不能一概而论。

另外，如果你运营的是亚马逊欧洲站，那么还需要把占销售额 20%的增值税扣掉，再计算提成，所以，在欧洲站合规运作，售价一定要把增值税考虑进去。

<u>6.6</u>　快速写出优质Listing详情页面的万能公式

Listing 是亚马逊上商品的独有称呼，也有人戏称为"李思婷"。因为在用拼音输入法输入 Listing 的时候，打出来的中文就是"李思婷"。甚至有一家做亚马逊图片配图摄影的公司就叫李思婷摄影服务有限公司。

一个完整的 Listing 详情页面包含标题（数字 1 所指）、图片（数字 2 所指）、是否用 FBA 发货（数字 3 所指）、价格（数字 4 所指）、五行描述（数字 5 所指）、商品详情描述、关键字和基本属性，如图 6-12 和图 6-13 所示。

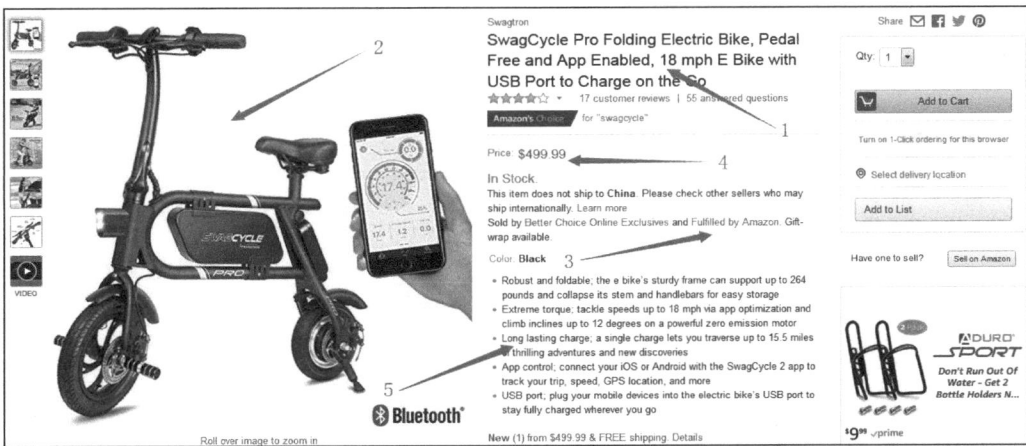

图 6-12

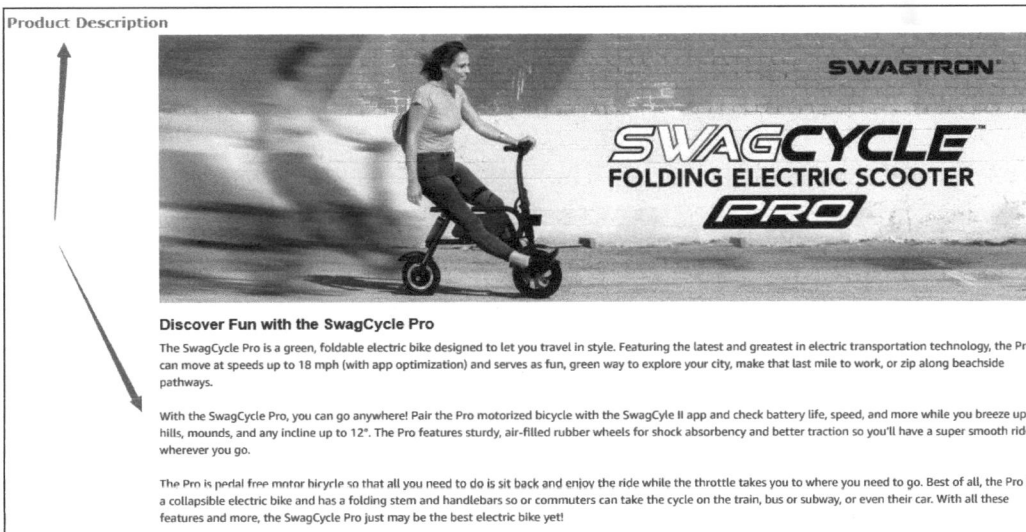

图 6-13

之所以用这个商品做案例，是因为它具有特殊性。在之前章节中已经讲过，亚马逊本身是一家大数据公司，所以在人工智能方面也早有布局。Amazon's choice 代表这个商品可以通过 Amazon Echo 音箱（智能语音助手）直接购买，通俗地讲，买家可以对着一个音箱说话，讲出这个商品的名称，亚马逊会直接帮买家完成下单的过程，并且按照买家的历史购买记录配送到经常收件的地址。

要写出一个具有竞争力的 Listing 详情页面，必须遵循以下几点原则。

第一，吸引买家且有立体感的主图。

买家在购物的时候，第一眼看到的就是商品图片，所以主图一定要有立体感，通俗地讲，要让买家产生想用手去摸的冲动。

另外，亚马逊要求主图必须是白色的。如果商品本身的颜色是白色，那么就需要参考在售的同类竞品是怎么拍摄的，不要犯规。

图 6-14 所示的 Listing 详情页面非常值得新卖家学习。

图 6-14

第二，要用简洁的标题，可以参考以下模板。

标题：核心关键字+品牌+次要关键字+修饰词。许多中国卖家习惯了淘宝式的思维方式，堆积大量的关键字到标题，让人看起来感觉很累赘，我们应该尽量做到简洁，让标题具备一定的可读性，新卖家可以学习美国卖家的标题写法，如图 6-15 所示。

图 6-15 中箭头所指的是美式的标题写法，第一个单词是品牌名，后面写明商品的类型。标题要让人一目了然，不能超过 3 行。亚马逊一直提倡短标题，短标题更有利于搜索引擎抓取核心关键字。

第三，与同类商品有差异的五行描述。

五行描述就是商品需要用 5 个卖点表达清楚，卖家必须充分了解自己商品的特点和竞争对手商品的优缺点。需要注意的是，一定要把商品最大的优势写在第一行和第二行。

五行描述可以参考以下模板。① 商品的突出卖点 a。② 商品的突出卖点 b。③ 商品材料+尺寸。④ 商品应用场合。⑤ 卖家保障。

图 6-15

这里有一个小技巧，每行开头的重要特性要概括起来，并且全部用大写，如图 6-16 中横线所示。

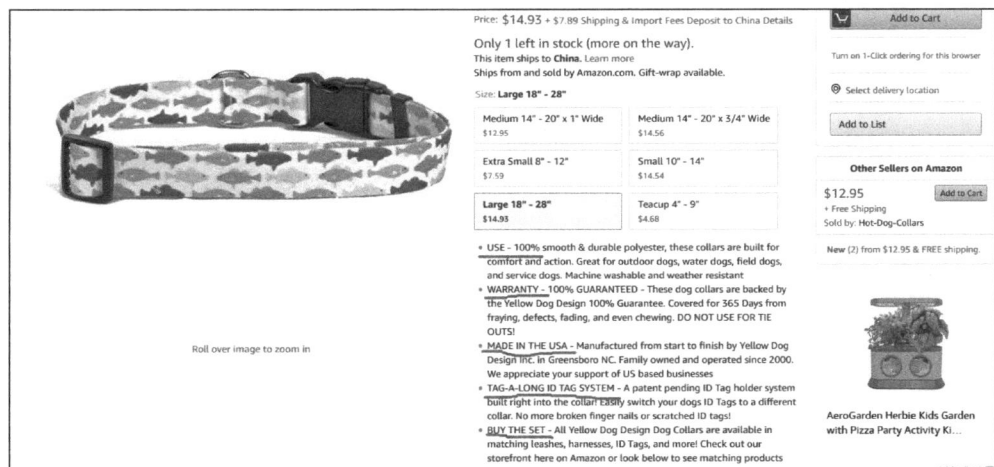

图 6-16

第四，体现卖家服务和售后服务的商品详情描述。

详情描述也被称为长描述，包括以下几点。① 写上关于店铺的一些信息，包括商品售后服务、如何保障买家利益等，简单、精准概括即可。② 商品的详细信息。③ 可以写五行描述里写不全的商品特点。④ 商品包含的额外的赠品和配件。

写一个优质的 Listing 详情页面需要付出很多心血，并不是一蹴而就的，在商品的运营期间，需要根据关键字的曝光量和节假日不断优化。看到自己写的 Listing 详情页面有没有想购买的冲动？一定要能打动自己，说服自己才算合格！

6.7　A9算法改变后，视频营销该提上日程了

因为亚马逊重商品和轻店铺，所以更加适合经营小而美的店铺，前提是做绝对的细分类目+专业的运营，做专业的运营就少不了做视频营销。现在商品视频会在搜索结果中显示，在 Listing 详情页面的权重也很大，图 6-17 是我随便打开的一个手套商品。

图 6-17

滚动鼠标滚轮往下拉，详情页面如图 6-18 所示。

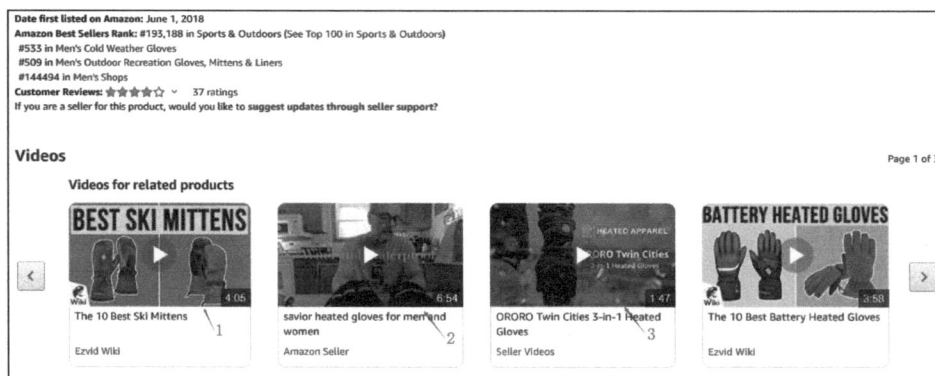

图 6-18

在 Listing 详情页面中已经专门用一个板块——Videos（视频）——展示买家 Review 的视频，并且在相关商品的下方，亚马逊嵌入了毫不相关的其他商品的视频。在图 6-18 中，

数字 1 所指的是真实买家拍的商品视频，这是买家在收到商品后，觉得商品很棒，自主留下的买家秀。数字 2 所指的是其他卖家拍的。数字 3 所指的才是这个商品的卖家自己拍的视频。很显然，亚马逊就是要在买家能看到的所有地方，展示不同卖家的商品，然后让买家从中选择。

这个位置出现的视频，是亚马逊利用 A9 算法根据买家的搜索结果推荐的，亚马逊依然还是那个重推荐、轻广告的平台。这个位置是花钱买不到的广告位，但是现在主要给了拍视频的卖家。

所以，我们除了拍商品的主图视频，还要想办法找买家拍真实的买家秀，这也称为开箱视频。如果我们不努力，流量就会被别的卖家抢走。

以上简单的案例就是我要表达的观点，我们做跨境电商运营一定要有前瞻性。随着 5G 时代的来临，买家更喜欢在手机上看视频内容的商品介绍，视频介绍的商品更直观，转化率也更高。你可以回想在淘宝上买东西时，是不是更倾向于买有视频的商品？有视频的商品权重越来越高，我们需要在运营中重视起来，并进行全方位的布局。

在现阶段至少要对 3 个位置的视频布局。

1．主图视频

主图视频位于 Listing 详情页面最下方的视频展示区域。这个位置非常关键，因为是系统抓取有视频商品的重要依据。

2．买家Review视频

这需要让买家帮我们拍，以后我们做测评不能只上传文字好评，而需要让买家上传拍的视频，买家留下的 Review 视频不需要多好的质量，主要在于真实。

3．站外社交网站视频

亚马逊有大量第三方卖家，想让这些卖家主动去站外引流，进而提高亚马逊的整体流量。我们现在至少要去站外的 Facebook 上找买家拍视频，这属于基本功。

如果资金预算充足，那么找对口专业类目的"网红"拍视频，能进一步提高商品的权重，转化率会更高。

在我们创建 Listing 详情页面的时候，拍主图视频就应该和写标题、五行描述一样，一起去做了。找专业人士去拍，3000 元以内的预算足够应付大多数类目。对于 Review 视频和站外社交网站视频，在我们做测评的时候，也就多花几十美元，只要我们的商品质量足够好，很多人是愿意给正面且积极的 Review 的。另外，在文字 Review 上应该减少预算了。

世界在变，平台不变就没法保持领先，平台在变，卖家不变就没法持久赢利。物竞天择，适者生存，我们需要学会适应环境。

6.8 不会英语，如何写地道的Listing文案

跨境电商平台的语言绝大部分是英语，还有一些小语种语言。卖家需要具备基本的英语水平，如果你是留学生，或者通过了英语专业八级考试，那么在亚马逊运营还是很有优势的，但是有很大一部分人英语水平很一般，要写出地道的 Listing 文案是有一定难度的。

我多年的亚马逊运营经验证明英语不是最重要的，最重要的是商品。写英语往往是一个习惯，当你在亚马逊运营半年以后，你就会习惯打开电脑后满屏都是英语的状态，突然出现几个汉字反而不习惯了。

卖家对商品的了解和对商品的熟悉程度是写出优质 Listing 文案的决定因素。

目前，很多有上百个员工的亚马逊企业的运营人员只是负责自己账户的商品，每天面对的只是商品图片，考虑什么关键字精准、流量大，但是连商品也没见过、没摸过。假设你手上拿了一件自己都喊不出名字的商品，你的英语再好又能怎么样呢？

英语不好，不是你做不好跨境电商运营的借口。以登山包商品为例，假设你不知道登山包的英语单词是什么，你该怎么办？具体操作步骤如下。

首先，把登山包这三个汉字写到翻译软件中，推荐使用谷歌翻译、有道翻译，如图 6-19 所示。不同的翻译软件翻译出的结果不同。

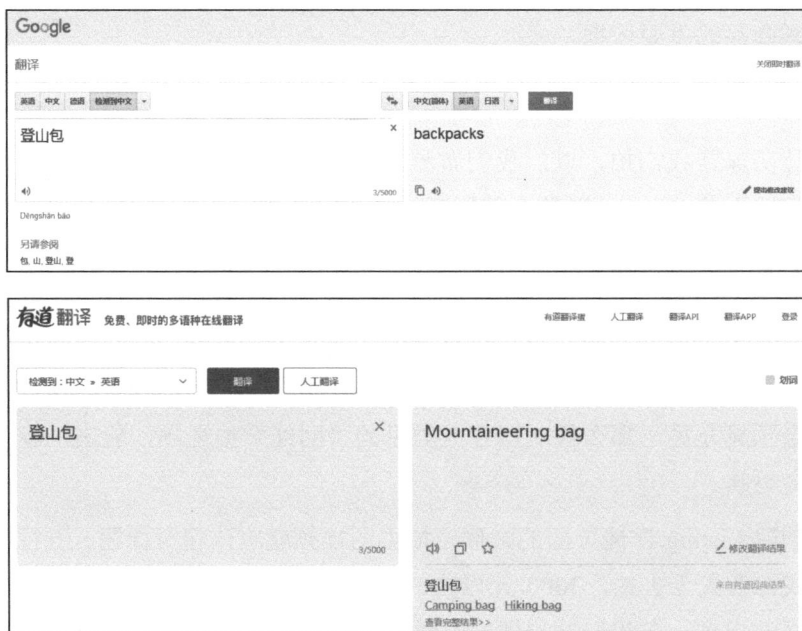

图 6-19

然后，将这两个翻译软件翻译出的不同英语单词分别放在亚马逊美国站搜索，搜索结果如图 6-20 所示。

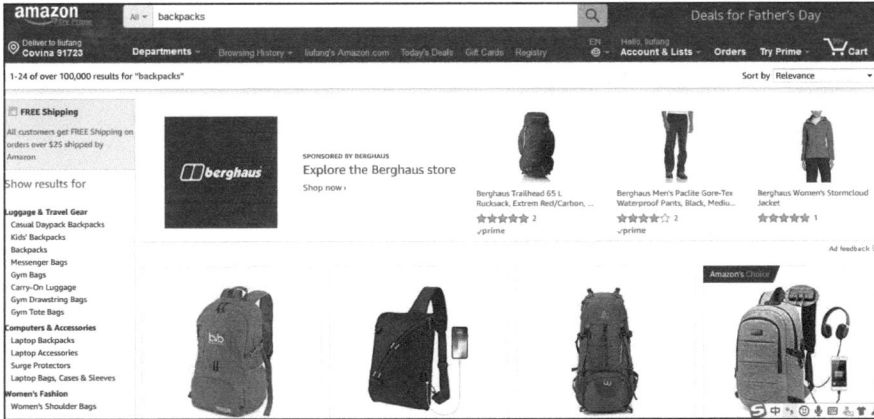

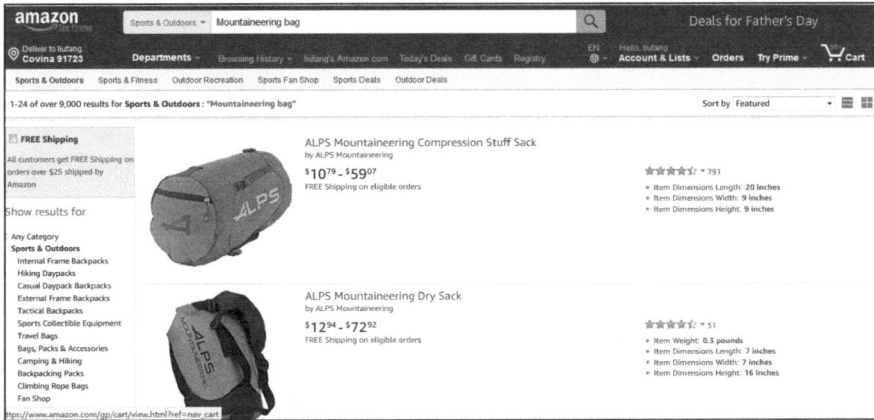

图 6-20

从日常生活中我们对登山包这个商品的外观印象能够看出来，搜出来的结果是不一样的。大概可以知道 backpacks 这个单词的搜索结果更准确。

再单击 backpacks 中的一个 Listing 详情页面，如图 6-21 和图 6-22 所示。

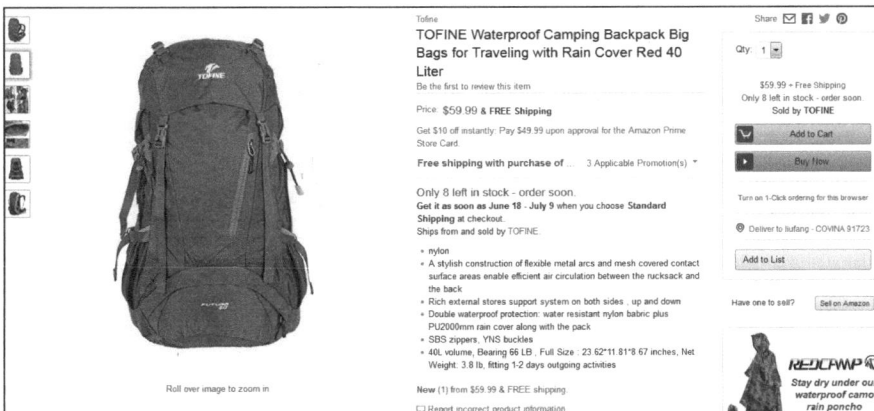

图 6-21

图 6-22

图 6-21 是 Listing 的详情页面，图 6-22 是详情页面下面的广告位和同类商品的对比图。

最后，把这些相似的商品都点开，至少点开 10 个，把每个商品的标题都复制并粘贴到 Word 文档里，如图 6-23 所示。

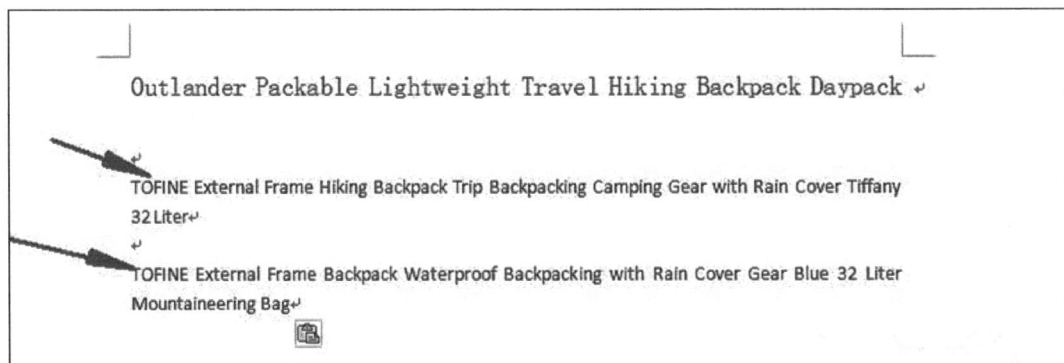

图 6-23

这里只做示范，只复制、粘贴了 3 个标题。这个方法需要注意的地方是，绝对不能把别人的品牌名复制、粘贴进去，不然会被亚马逊判定为侵权，品牌名没有任何内涵，只是该商品的品牌名而已。

图 6-23 中箭头所指的就是品牌名，这里正好是同一个品牌的相同商品。

在收集了 10～20 个标题后，你就会精准地了解这个商品，可以做出基本的描述。

这样写出来的标题至少可以做到 80 分。但是如果想写出更加地道的美式英语标题和英式英语标题，就需要到美国本土的一些电商平台看看同类商品的标题是怎么写的。美国的沃尔玛电商平台也有着较大的知名度，还是搜索刚刚比较精准的关键字 backpacks，搜索结果如图 6-24 和图 6-25 所示。

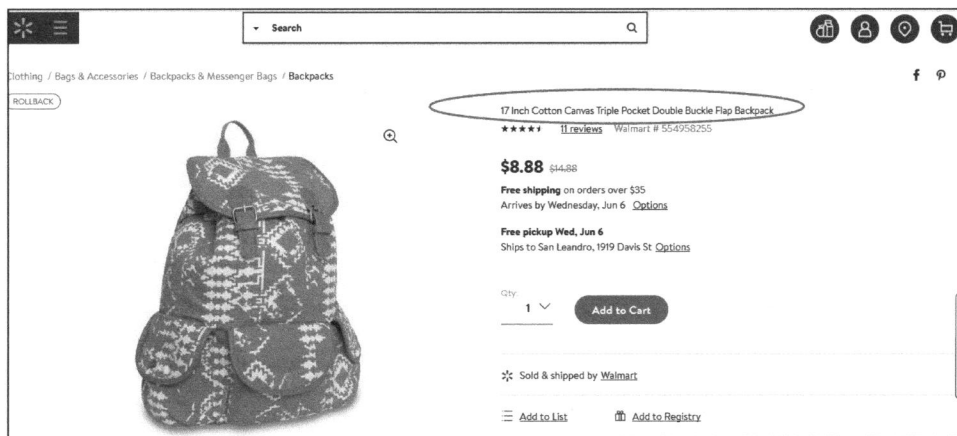

图 6-24

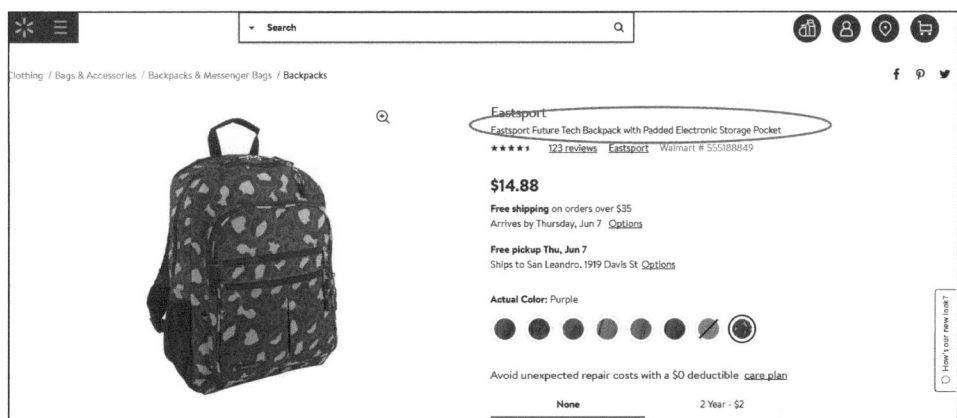

图 6-25

图 6-24 和图 6-25 中圆圈区域就是沃尔玛网站上背包商品的标题，之所以参考沃尔玛的商品标题，是因为沃尔玛没有对海外招商，上面的卖家都是美国本土卖家，所以商品标题用的都是非常地道的美式英语或者英式英语。方法和上面一样，需要收集至少 10 个商品标题，最后对照之前亚马逊的商品标题去写作、总结。

详情描述也可以采用以上相同的方法和步骤来写，这里就不一一叙述和截图演示了。

6.9　商品出口日本所需要的三大商品认证

无论你是自己创业做跨境电商运营，还是在公司做运营或者商品开发，都会遇到各种商品认证。跨境电商和国内电商最大的区别是，商品在海关清关和目的地国销售时需要商品认证，即使是相同的商品，不同国家对出口商品的商品认证都有不同的要求。

在日本市场中没有做认证，就等于失去了一半的选品机会。因此，下面介绍日本的商品认证。

日本作为世界贸易组织（简称为世贸组织）的一员，既要遵守世贸组织的全球自由贸易的各项规定，又要保证本国国内的商品安全以及相关的技术不被窃取，相关的各种商品认证就属于技术壁垒。

下面列举经常用到的日本的商品认证。

1．PSE认证

PSE 认证类型分为 PSE 菱形认证和 PSE 圆形认证（如图 6-26 所示）。

PSE 菱形认证为强制性认证，针对指定的特殊电气用品及材料类商品，共 165 项（如电源适配器等），需要有相关授权的实验室才能检测发证，费用相对高一些。

PSE 圆形认证针对非指定的 333 种商品，有中国官方授权的实验室都可以检测发证。

（1）PSE菱形认证　　（2）PSE圆形认证

图 6-26

中国卖家经常销售的商品就是电子商品，例如手机充电器、充电宝等。PSE 认证的费用最低，需要 5～10 个工作日，是中国卖家必须了解的一种认证。

2．TELEC认证

TELEC 是日本无线电设备符合性认证的注册认证机构，这种认证是具有强制性的。中国卖家的优势商品（如蓝牙耳机等）都需要这种认证，如图 6-27 所示。

图 6-27

TELEC 认证类型分为测试认证和型式认证。

测试认证是指针对每一个设备单元进行验证后，才能检测发证；型式认证是指对同样设计和制造的一批设备的样品进行验证后，就能检测发证。型式认证比较严格，如果商品的设计和功能有改变，就需要重新认证。

3．PSC认证

PSC 认证要符合消费类生活用品安全法，涉及安全类商品，属于部分强制性认证。日本消费类生活用品安全法规定，因商品结构、材料和使用方法容易对人体产生危害的消费商品，在进入日本销售的时候需要 PSC 认证。

PSC 认证类型分为菱形 PSC 认证、圆形 PSC 认证、SG 认证。

菱形 PSC 认证：针对指定用品的强制认证，如便携式激光应用装置、打火机、婴儿床、浴缸用热水循环器。

圆形 PSC 认证：针对日常生活中有一定危险隐患的产品进行认证，如家用高压锅、机动车头盔、登山用绳索、燃油热水器、燃油锅炉和燃油取暖器。

SG 认证：针对其他消费类生活用品，属于自愿认证。

本节内容比较专业，有的人会觉得麻烦，但前期麻烦有以下 3 个好处。

（1）减少竞争对手数量。因为大量卖家不熟悉商品认证，不愿意做商品认证，这就会排除一部分信心不坚定的卖家。

（2）增加商品竞争力。如果你的商品做了认证，那么在商品的描述和图片中可以说明，日本买家非常认可这样的商品，商品的转化率会高很多。

（3）在运营中不用担心被暂停销售。再优秀的商品也会有退货和差评，当买家投诉的时候，亚马逊可能会暂停商品的销售，让卖家提供商品合格方面的证明材料，这时如果你能拿出商品认证，就可以迅速激活商品的销售权，不用担心库存滞销，不会影响整体的运营节奏。

6.10　上架新商品的一些关键技巧

很多卖家第一次接触亚马逊卖家中心，对上架新商品总有各种疑问。亚马逊也经常更新功能和规则，及时地了解卖家中心的变化，可以大大地提高运营效率。在学习本节前，建议你复习 4.2 节。

打开卖家中心，在选择商品类目后，会跳转到如图 6-28 所示的这个熟悉的页面。

图 6-28

图 6-28 中带星号的内容是必填项，但如果想让商品上架更精准，获得更多流量，那么我建议把所有与你的商品相关的文本框全部填满，这是一个成熟的运营人员的必备技能。有些卖家做了几年运营，习惯性地把商品迅速上架，然后空运过去推广，虽然执行力和节奏感很强，但是系统是根据商品第一次发布的质量给流量的，后期虽然可以完善和优化，但是运营工作没做到极致。

很多卖家以前经常随便填写"品牌"文本框的内容，但是现在的要求是只有注册品牌才能发布商品，你会看到图 6-29 所示的提示。

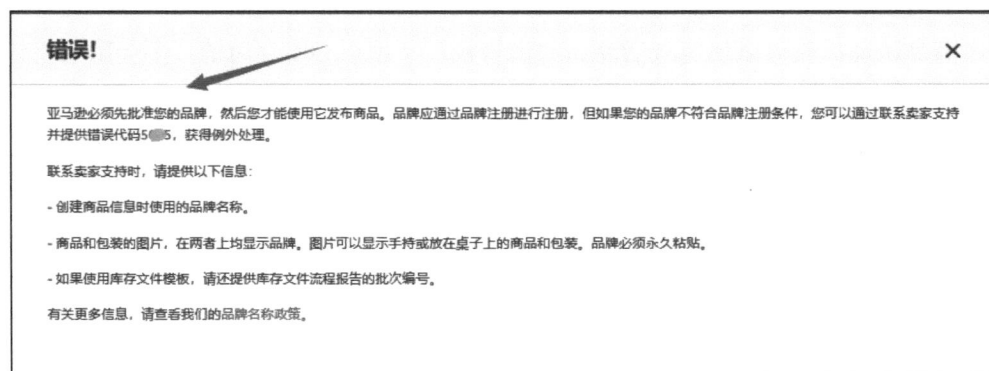

图 6-29

对于系统报错，有两种解决方法。一个方法是按照提示操作，因为从注册一个海外商标到获得证书，最少需要 8 个月（参阅 2.4 节），这就决定了卖家无法在平台进行备案。另一个方法比较快捷，直接在"品牌"文本框中填写"N/A"或者"Nobrand"，就可以正常保存页面。等获得商标证书后，再联系官方客服团队修改品牌。

下面再看 Listing 文案描述内容的填写部分，单击"描述"选项卡，如图 6-30 所示。

图 6-30

箭头所指的是 Listing 详情页面的长描述。长描述在上传了 A+页面之后，会被 A+页面代替，从而不显示，当然也有少数类目的长描述在亚马逊的手机端可以显示。

把"描述"页面继续往下拉，会出现如图 6-31 所示的页面。

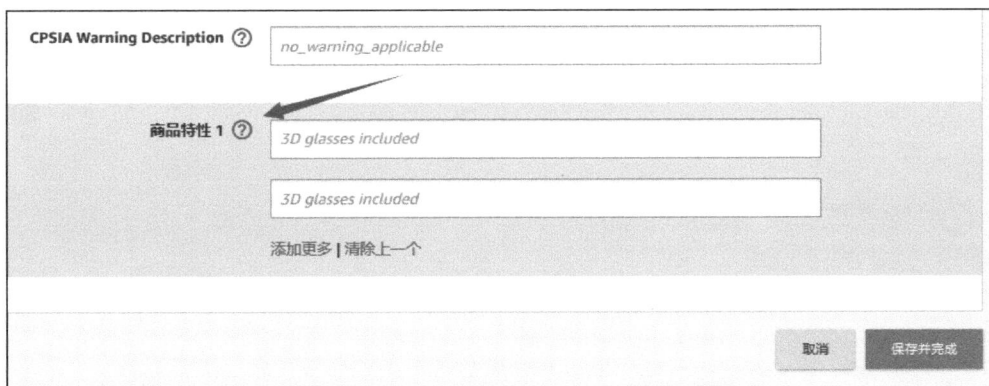

图 6-31

箭头所指的"商品特性 1"就是 Listing 文案的五行描述，刚开始只显示一行，单击下方的"添加更多"选项会显示 5 行，这也是很多新卖家找不到和出错的地方。

单击"关键字"选项卡，如图 6-32 所示。

图 6-32

箭头所指的"搜索关键词"就是我们常说的商品关键词。关键词的权重以前很高，一行能填写上千个字符，现在亚马逊把关键词的权重降低了，一行只能填写十几个关键词。我们把商品最核心的关键词写上即可，不需要写逗号，也不需要考虑语法，单词也不要重复，单词和单词之间用空格隔开即可。

紧接着的是"Target Audience"（目标受众）。Target Audience 在大多数时候与核心关键词接近，但更侧重于商品是谁使用的，例如 water bottle for dog（给宠物狗用的水瓶）。

另外，在"合规信息"选项卡中，有些卖家也经常犯莫名其妙的错误，如图 6-33 和图 6-34 所示。

图 6-33

图 6-34

因为亚马逊上有各行各业的卖家，所以"合规信息"里都是通用的模板。有些卖家过于用心，把自己商品本身没有的功能也填上了。假设你上架的只是普通手机壳，但是把图 6-33 和图 6-34 中箭头所指的"每个电池的瓦时数""联合国危险货物编号""安全数据表（SDS）URL"文本框都填了，系统就会误认为你的手机壳是危险品，可能触发对应类目的分类审核。一些卖家经常会犯这种错误，从而打乱了自己的运营节奏，一定要看清楚再填。

6.11　在新商品上架前必须熟知的知识产权基本常识

你应该听过马蹄铁的故事，讲的是一匹马的马蹄铁少了一颗铁钉，然后丢了一只马蹄铁，最终导致一个国家灭亡。这个故事听起来很荒诞，但在亚马逊运营过程中，一个漫不经心的错误就会导致运营失败。

这里最典型的就是对知识产权不重视，欧美国家对知识产权的重视程度非常高，亚马逊延续了这个特色。我们经常会听到某个卖家因为侵权，导致商品被下架，甚至账户被封。

有些卖家不重视知识产权，采用粘贴复制式选品，看到亚马逊上的热销品，就到 1688 找同款商品销售，根本没有想过对方是否做了知识产权保护。

对于这样盲目上架产生的结果，你可能感觉很冤，其实一点都不冤，只是你不懂而已。市场是残酷的，亚马逊不会因为你不懂就给你认错的机会，你需要为自己的行为负责。

知识产权也称为"知识所属权"，是指"权利人对其智力劳动所创作的成果和经营活动中的标记、信誉所依法享有的专有权利"。

知识产权分为版权（Copyright）、商标权（Trademark）、发明专利权（Utility Patent）和设计专利权（Design Patent）。

这里先科普一个基本认知：知识产权保护有地域性。

你在中国申请的任何版权、商标权、发明专利权和设计专利权等，都只在中国有效。有的卖家把国内工厂的中文商标授权书翻译成英文后拿到亚马逊做品牌备案，做申诉，这都是无效的。你注册的美国商标，也仅仅在美国有效，拿到邻国加拿大也是无效的。

这里有个例外情况，即欧盟商标、专利。1993 年，欧盟议会通过了《欧洲共同体商标条例》。欧盟的成员国开始实行一种在欧盟全部国家使用的商标体制，即你只需要注册一个欧盟商标，申请一个专利，就可以在欧盟所有国家得到法律保护。

做跨境电商运营两年以上的卖家应该能够感觉到，现在越来越多的卖家开始重视知识产权并且懂得维权。这几年因为知识产权被投诉，导致账户被封的卖家太多了，他们是交了很多"学费"才开始重视的。

很多人不知道怎么查询专利，图 6-35 是美国商标专利局官网。

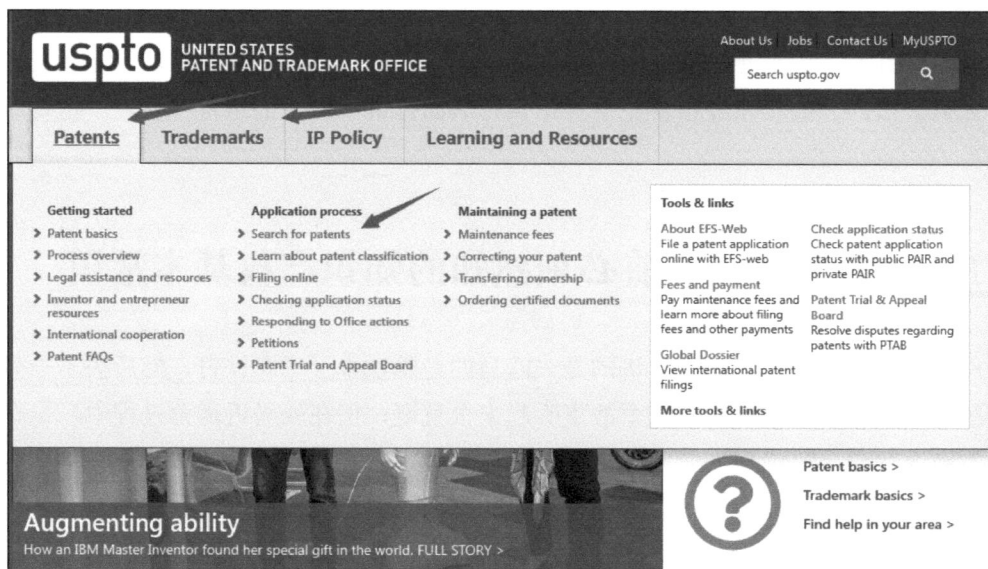

图 6-35

Patents 和 Trademarks 的意思分别是专利和商标。单击 Application process（申请流程）选区的 Search for patents（搜索专利）选项，输入对应的商品名称或者专利号，就可以准确地查询是否有知识产权保护。欧盟专利、日本专利的查询方法都是一样的。

需要注意的是，自己设计商品的卖家可以花点钱注册外观专利。一方面，可以防止同行打价格战；另一方面，往大了说，我们要将这样的智力成果保护起来，把中国制造变成中国质造，甚至中国智造。中国制造业一直被认为没有核心技术和品牌。随着知识产权保护意识的觉醒，越来越多的卖家开始经营自主品牌，甚至自主设计、开发符合市场发展趋势的商品。我了解到很多国内工厂设计商品，把商品卖给海外大型批发商，然后批发商稍做修改就拿去申请专利保护起来了，其实大部分还是我们国内工厂的智力成果。

6.12　在品牌备案后，如何申请商品UPC豁免

无论是自发货还是 FBA 发货，都需要大量的 UPC 上架新商品，特别是有些卖家喜欢用精铺模式开拓新的类目。不知道什么是精铺模式的卖家可以看看 3.1.3 节。如果你是注册了海外商标，且在亚马逊做了品牌备案的卖家，那么亚马逊有政策可以直接豁免 UPC。这可以大大提高日常运营的工作效率。

先简单科普什么是 UPC。UPC 是美国统一代码委员会制定的一种商品条码，欧洲站的 EAN 也是在此基础上发展起来的。

我们在亚马逊上销售任何商品，只要上架，就需要购买 UPC，在自发货前期要进行大量铺货，一天上架 200 个商品，一个月就要上架 6000 个商品。每个商品需要一个 UPC，每个 UPC 的均价大概是 0.5 元，那么，每个月铺货费用是 3000 元。

通过品牌备案豁免 UPC，就节省了一笔运营费用。申请全球贸易项目代码豁免的页面如图 6-36 所示。

图 6-36

这个页面需要有卖家账户才能正常打开，一次最多可以申请 10 个商品分类，填上品牌的对应 10 个商品分类即可，并且输入英文品牌名，然后"检查资格"按钮会变亮，如图 6-37 所示。

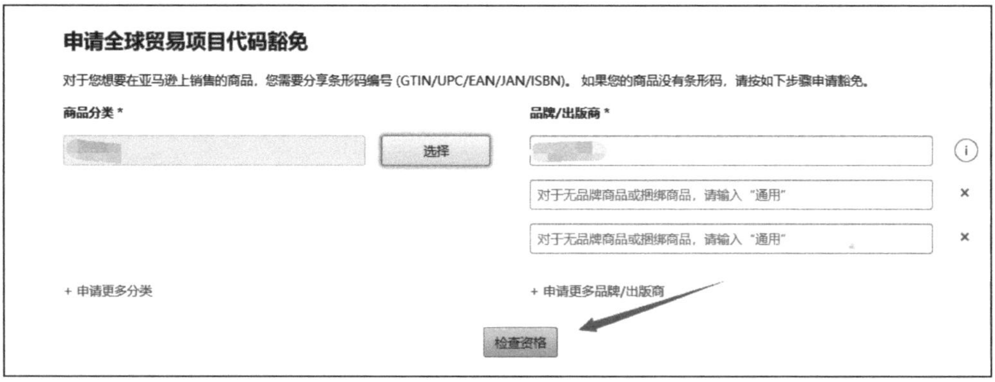

图 6-37

单击"检查资格" 按钮，就可以申请 UPC 豁免了，再单击"下一步"按钮，会出现如图 6-38 所示的页面。

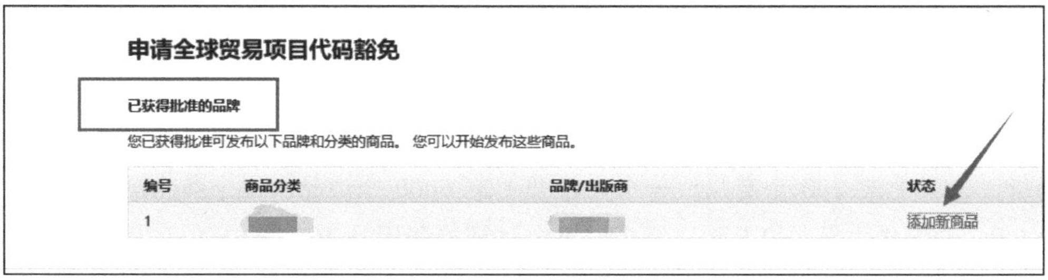

图 6-38

这个界面就代表备案成功了，以后可以在备案品牌对应的商品分类中单击"添加新商品"按钮，就不需要再买 UPC 了。

商品进行 UPC 豁免后，好处很多。UPC 豁免后上架的商品，就算拥有特权的 VC 账户也是无法跟卖的，以后合并商品，也只需要在父体添加 ASIN 即可。

很多人忽略了一个细节，即使你的商品只有美国商标，也可以授权给你的欧洲站、日本站账户使用，并且可以在被授权的站点进行 UPC 豁免，只是在被授权站点无法投诉跟卖和侵权。

可以看出，亚马逊对品牌卖家的倾斜是很明显的。

第 7 章

商品上架后的运营方法

7.1　亚马逊卖家中心Listing详情页面各部分详解

本章主要介绍商品上架之后的运营方法，先来熟悉和回顾一下亚马逊的 Listing 详情页面由哪些部分构成。由于 Listing 详情页面很长，这里分成 7 个部分截图讲解，第一张截图如图 7-1 所示。

图 7-1

图 7-1 中数字所指的内容分别标明了 Listing 详情页面的主要功能。

数字 1 所指的是该卖家的品牌名。现在所有亚马逊卖家都是有品牌的，也就是注册了美国商标的，出于隐私考虑，将其用马赛克处理了，单击品牌名，可以看到这个品牌卖家旗下的所有在售商品。

数字 2 所指的是此商品的标题。标题必须写清楚商品的名称、功能和颜色。这个商品是 iPhone X 的黑色和白色手机壳。标题要尽量简短，这个标题从严格意义上说写得有点长。

数字 3 所指的是商品的图片。一个在售商品能够显示的图片最多为 7 张，其中第一张图片称为主图。主图必须是白色的，并且分辨率在 1000px×1000px 以上，商品实物必须占整张图片的 85%以上。单独从这个商品来看，卖家是下了功夫的，做了防水渲染。

数字 4 所指的是五行描述。五行描述是亚马逊的特色之一，即通过五行内容描述商品的主要特点，在 6.6 节已经介绍过如何写吸引人的五行描述内容。从这个商品的五行描述来看，卖家也是用心写的，亚马逊卖家中心本身是没有上面的黑色圈码数字❶、❷、❸、❹、❺的，这是卖家自己加上去的，看上去非常清晰、美观。每行描述的开头部分都用鱼尾括号标明，并且每个单词的首字母都用大写字母书写，这非常符合美国人的习惯。

数字 5 所指的是商品价格。商品定价有两个技巧：一是不要写 17.2、18.1、18.5 这样的数字，购物心理学建议以 88 或者 99 结束，让买家觉得便宜。二是价格由市场来定，如果销售的同类商品价格都在 10 美元左右，那么你的商品的价格就应该在 10 美元附近，太高会无人问津，太低得不到买家信任。

数字 6 所指的是购物车。亚马逊的跟卖原则就是谁有购物车，谁就能得到最多的销售量，"Add to Cart"就是此商品拥有购物车的证明，如果上架的商品没有这个黄色标识，卖家就要尽快解决这个问题，否则基本上不会有订单。

第二张截图如图 7-2 所示。

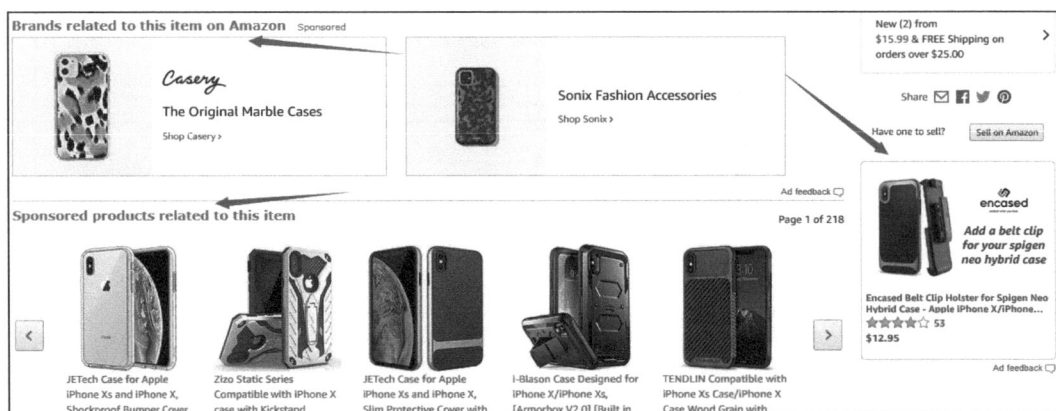

图 7-2

这是亚马逊在站内广告方面给更多品牌卖家的广告位置。

第三张截图如图 7-3 所示。

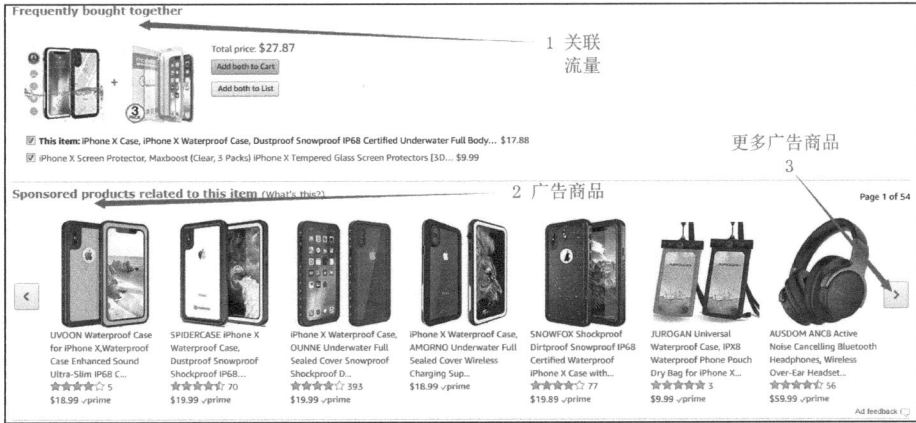

图 7-3

图 7-3 是整个商品描述下方的位置。这里充分说明了亚马逊重视商品，而不重视卖家店铺的特点。在一个 Listing 详情页面下方可以有其他卖家的商品出现。

数字 1 所指的是 iPhone X 手机壳和手机膜一起购买的链接。这是亚马逊根据买家的购物习惯计算出这两个商品经常一起被购买，所以就出现了这个链接，方便其他买家下单，旁边的手机膜可以是同一个卖家的商品，也可以是其他卖家的商品。

数字 2 所指的是广告商品。这里的意思是卖家可以通过站内付费广告的形式，让自己的商品出现在竞争对手的 Listing 详情页面的正下方，以便买家进行对比购物。这里的广告位是按照点击付费的，只有在买家点击商品时才会扣费，这里只是展示，如果买家只看而不点击这个商品，那么是不扣费的。

单击数字 3 所指的按钮可以往右边翻一页，看到更多的广告商品。如果相同的商品你出价最高，那么就可以直接展示在竞争对手的 Listing 详情页面下方，如果出价很低，就需要买家往后翻才能看到，所以出价决定着商品的曝光量。

第四张截图如图 7-4 所示。

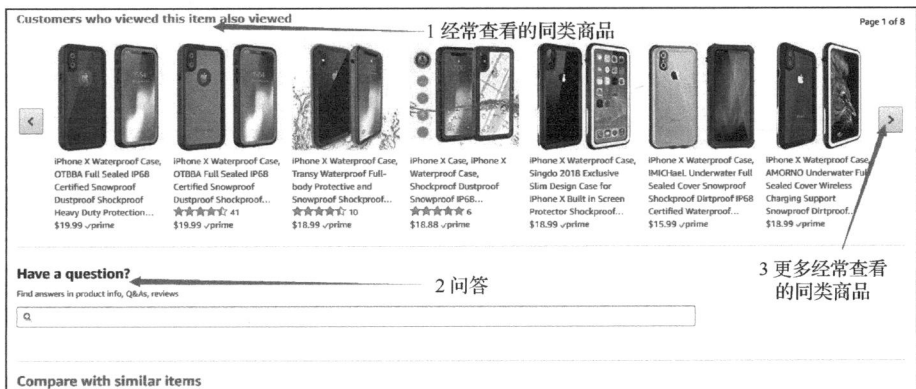

图 7-4

买家在看到 iPhone X 之后，还看过什么商品，都会在图 7-4 中显示。

数字 1 所指的是这些买家经常查看的商品的第一页。一般根据买家的查看次数和下单数量确定哪些商品会在第一页。

数字 2 所指的是问答环节。当买家有疑问时可以在这里提问，亚马逊会把提问的问题直接发送给已经购买过这个商品的买家，帮助其解决问题。问答环节看起来不起眼，但是深刻影响着商品的转化率。

数字 3 所指的也是买家经常查看的同类商品。但是需要单击往右翻，才能看到更多同类商品。

第五张截图如图 7-5 所示。

图 7-5 还是不同卖家相似商品的对比。

数字 1 所指的是同类商品对比。这里单击任何一张商品图片，都可以直接跳转到该商品页面。

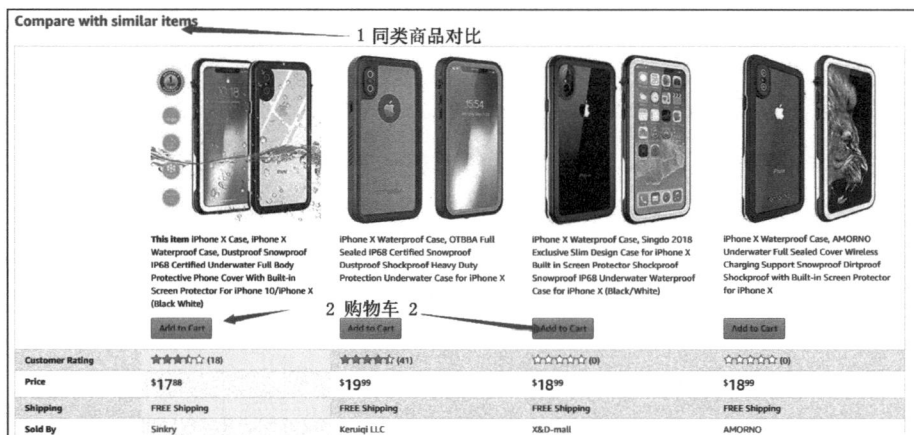

图 7-5

数字 2 所指的是购物车。这里也体现了亚马逊方便买家购物的页面设置，只要是买家喜欢的商品，在这里都是可以一键加入购物车结算的。

第六张截图如图 7-6 所示。

图 7-6

图 7-6 是商品的详情描述，也叫长描述，卖家可以多写一些不同于五行描述的商品信息，例如商品的数量、材质，以及相应的售后服务等。这里虽然不受买家关注，但是体现了卖家的商品与其他商品的不同之处。在书写英语文案的时候，需要用 HTML（超文本标记语言）符号将文字排版，使用图片可以让详情描述看起来更舒服、更有条理，重要的地方可以用黑体字加深。

第七张截图如图 7-7 所示。

图 7-7

图 7-7 是亚马逊卖家经常关注的地方。

数字 1 所指的是商品信息的英语标识，主要是商品参数。

数字 2 所指的是亚马逊中每个商品都拥有的独一无二的 ASIN，把这个 ASIN 写在搜索框中是可以直接搜索到这个商品的。

数字 3 所指的是商品的大类目中前 100 名商品的链接和细分类目前 100 名商品的链接，单击这两个链接可以分别查看该商品所在的大类目和细分类目前 100 名的所有商品，这非常有参考意义。有些买家喜欢从这里进入，看看有没有更适合自己的商品，以便购买。卖家可以从这里研究竞争对手和查看自己商品的排名。

7.2 推广一款新商品，你会经历的那些事

做亚马逊运营最吸引人的地方就是，每天沉浸在枯燥的数据中，翻看着不太懂的全英文页面，刷新着时不时卡顿的主图和细节图，突然发现一款买家搜索量非常大、卖家数量极少的商品。此时，才是最幸福的时刻。

找到能销售的商品就需要立刻行动，推广一款新商品的过程好比在高速公路上开车，如果提前知道路况，就会顺利得多。推广新商品是一个具有连续性的过程，不能中途停下来。下面分几个阶段讲解。

第一个阶段：从 0 到 1 的突破——流量是关键。

这个阶段相当于汽车的启动阶段，越快越好。

对于新商品来说，没有流量就没有销售量。我们首先要做的是从 0 到 1 的突破。在这个阶段，我们要想尽一切办法，第一时间出单，只有这样亚马逊才会认为这个商品是受买家欢迎的。

所以，在新商品上架后，可以同时打自动广告和手动广告，可以少一些预算，但是价格一定要有优势。在亚马逊美国站，我们可以参加早期评论者计划，在其他站点也有一些官方测评。这是新商品到仓后第一周的最主要任务。

第二个阶段：有所侧重，从 1 到 5 的开端——转化是关键。

在第一个阶段通过广告引进流量后，我们就要开始关注转化率，转化率必须高于 10%。亚马逊的转化率比国内电商平台的转化率高出很多。

这时，我们要把广告里的一些核心大词设置为否定关键词，广告的单次点击出价可以少一点，以减少垃圾流量。

同时，我们可以把 Listing 链接做成带关键词的短链接，把它放到一些站外折扣网站上做促销活动，最大限度地增加销售量和转化率。在这个阶段，我们必须把 Review 数量增加到 10 个以上，能增加到 15 个以上是比较好的，这时每天出 3～5 单属于正常范畴，否则就是推广力度不够。

第三个阶段：重点突击，从 5 到 10 的上升——排名是关键。

当积累了一定数量的文字 Review 后，不要忘记做问答，以及视频 Review 和图片 Review。Review 的点赞数至少要达到 15 个，只有这样，这些 Review 的权重才会起作用。

在站内广告方面，我们要通过提高站内广告竞价，开始让有转化的 10 个左右的关键词竞争首页广告位。亚马逊站内有四大流量入口，首要的就是搜索排名带来的流量。

通过广告，我们可以有目的地把十几个核心关键词都推广到首页，随着销售量的增加，商品所在类目的排名会提升，类目排名提升带来的流量会进一步促进这款商品的销售量增加。

第四个阶段：制定商品优化方向——差异化与利润是关键。

当新商品一天能出 10 单左右时，我们就要开始考虑这个商品能带来多少利润。关于一天能有多少笔订单、能赚多少钱，我们可以参照和我们的商品排名差不多的或者比我们的商品排名稍微高一点的竞品，制定一个能够实现的目标。

假设日订单量为 20 笔，每笔订单的利润为 6 美元，那么这款商品一天的毛利润是 120 美元。目标一定要数字化，要具有实操性，在这个阶段稳住销售量是主要目的，可以用小步慢跑的方式提高售价，进而提高商品利润率。

第五个阶段：复盘错误——经验修改是关键。

我们要复盘整个操作过程，及时反思，在做完一件事后，在几分钟内就反思。我们要把主要结论写在纸上以便查阅、梳理因果关系，从事情的开始、发展、转折、背后的动因、阻力、关键点、结束、成果中获取完整信息，要特别注意"意外事件"。

意外事件在超出我们预期的同时，也突破了我们的认知局限。把这些经验收集起来就会得到宝贵的财富，我们要保持敏感，克服惰性，理解意外，拓展自己的认知和行动边界。

整个推广过程至少要持续 2 个月，因为亚马逊的大数据算法权重很高，2～3 个月销售量都不高的商品，后面基本上销售的情况也不会好。当然，这不是绝对的，一些季节性商品的表现就很不一样。

下面总结一下本节的知识点。

（1）在第一个月，通过广告收集商品各个方面的数据，用这些数据优化商品的表现。

（2）在第二个月，提高转化率，稳定排名，目的是巩固第一个月的优化结果，并且让 Review 数量在最短时间达到 15 个。

（3）在第三个月，明确单日销售量目标和赢利状况。在这个过程中很可能出现意外情况，意外情况往往考验一个卖家的运营水平和供应链资源。

7.3　请不要忽略手机端的Listing详情页面深度优化

很多跨境电商卖家都忽视手机端的 Listing 详情页面优化，甚至很多老卖家也不知道怎么优化，所以有必要在这里写出来，引起你的重视。

在北美，在线购物有一个非常重要的数据，买家在手机端购物的比例已经超过了 50%，由于大多数卖家运营亚马逊账户都在电脑端，使用手机不方便登录卖家中心，也不安全，因此对亚马逊手机端 Listing 详情页面的优化是绝大多数卖家所不具备的。

在亚马逊 App 的美国站搜索 mask（口罩），页面如图 7-8 所示。

下面讲解手机端和电脑端的区别和优化。

第一，搜索结果页的标题只显示前 80 个字符。

这对于提高点击率非常重要。我们要把商品的核心卖点对应的关键词，以及想要重点表达的内容的关键词写在最前面。用词一定要体现和其他竞争对手的差异化，以便吸引买家点击。

打开 Listing 的详情页面，标题只显示前 80 个字符，如图 7-9 所示。

图 7-8

图 7-9

第二，主图的分辨率不能太大，但必须清晰。

再好的手机打开图片的速度也比电脑慢，而且手机的屏幕尺寸有限。主图的分辨率建议设置为 500px×500px。有的卖家说这样的分辨率会影响电脑端的转化率，这需要先做测试，看看哪个数据的表现更好，现在业内做这方面尝试的卖家还不多，这是一个机会。

把上面的 Listing 的详情页面下拉，如图 7-10 所示。

展示的优先顺序是 A+页面 ＞商品描述＞五行描述。

A+页面必须要有品牌备案或者品牌授权，这里也体现了亚马逊就是一个做品牌的平台，各种规则倒逼第三方卖家去重视品牌。

商品描述最好是写一个关于品牌的故事，贴近生活，展现美好生活之类的意境。

最后才是五行描述，展现商品特色最重要的 3 点一定要写在前面，特别是第一段话要足够有吸引力，这样可以提高转化率。

另外，亚马逊运营一定要全面，每一个细节都需要做好，做完美。如图 7-11 所示，单击"Filter"（筛选）下拉菜单，如方框所示，可以筛选商品是否有 Prime 会员标签、是否免费送货，还可以选择商品的细分类目、星级等。

图 7-10

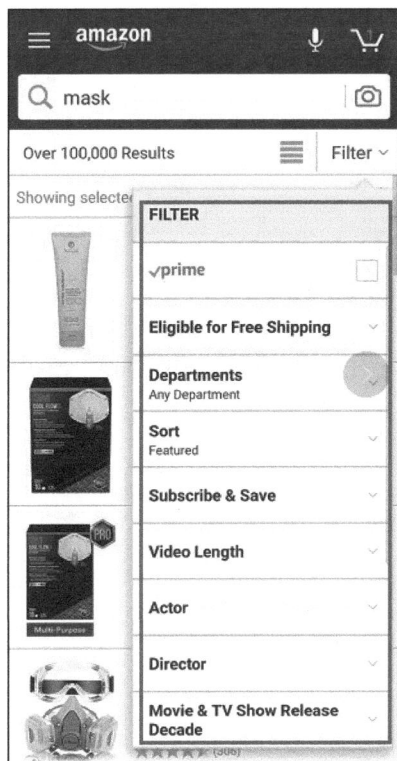

图 7-11

细节决定成败，我们只有把与商品有关的方方面面都做好，才能得到最大的流量。

这些内容一定要在发布 Listing 链接的时候，也就是在用 FBA 发货之前完善，因为用 FBA 发货之后，这个 Listing 链接有了库存，再让客服修改一些资料是很麻烦的。

现在大部分人都用手机购物，手机端的 Listing 详情页面优化会直接影响商品的转化率，只有从手机端和电脑端两个方面同时优化 Listing 详情页面，才能做出更好的商品，得到更高的营业额。

7.4 关键词的背后藏着高转化率商品的所有特征

在跨境电商平台中，与 Wish、速卖通、eBay 相比，亚马逊的转化率算是比较高的。如果你的商品的转化率只有 5%，就属于不及格。在亚马逊上商品的转化率必须在 10%以上才算及格。

一个高转化率的商品，一定也是特色非常鲜明的商品。千篇一律的主图、千篇一律的变体、千篇一律的描述是无法帮助买家做出购物决策的。

下面仍以实际案例说明，现在国内的爱狗人士有很多，Dog Collar（狗项圈）就属于这些人的必需品，如图 7-12 所示。

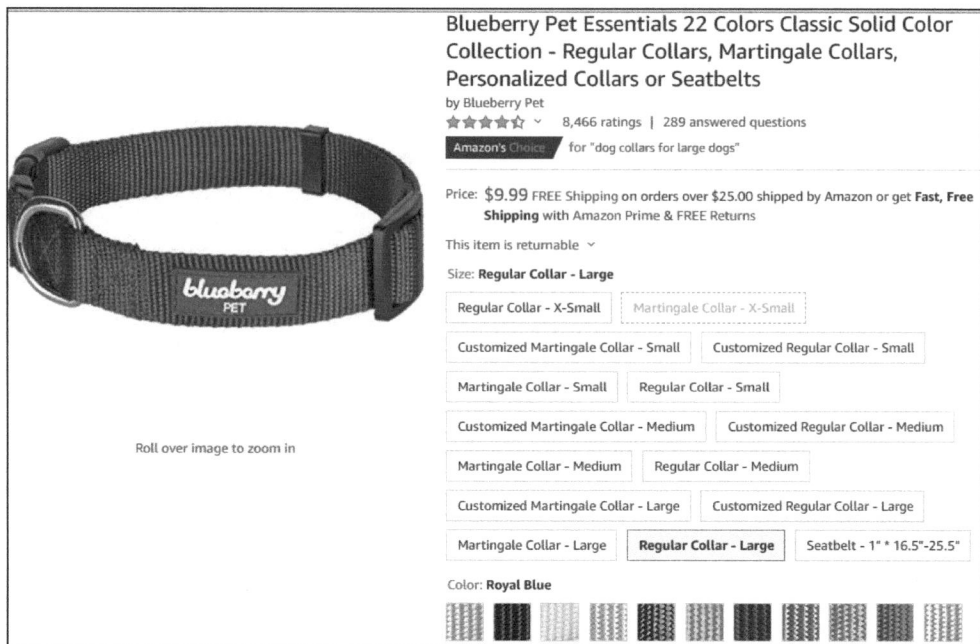

图 7-12

图 7-12 所示为美国著名的宠物用品品牌 Blueberry 的狗项圈。这个项圈的制造工艺非常简单，尼龙材质+塑料扣+金属环，批量生产的制造成本不到 2 元。它满足的消费人群是经常给狗更换项圈的时尚爱狗人士。

这个商品本身设置了很多不同颜色的变体，漂亮的颜色+不易损坏的尼龙材质是这个商品的最大卖点，售价也很低，属于易耗品。这个商品赢利的本质是大量的可选颜色和极低的购物成本。

大型狗对塑料扣有一定的破坏性，所以图 7-13 所示的金属扣的项圈也有一定的市场。

图 7-13 所示的狗项圈的制作工艺就复杂得多，真皮材质+金属扣+金属环，批量生产的制造成本最少也需要 15 元，它满足的消费人群是需要高质量、不易损坏的耐用型狗项圈的爱狗人士。

同样，这个商品也有很多颜色的变体，不易损坏的金属扣和真皮材质是这个商品的最大卖点，但因为金属扣和真皮材质的重量比尼龙材质和塑料扣大得多，导致售价高得多，这个商品赢利的本质是大量的可选颜色和高质量的商品体验。

针对不同"狗群"的特点开发商品，是商品型卖家和运营型卖家最大的不同，图 7-14 和图 7-15 为专门开发的"dog collar for girls"（女孩使用的狗项圈）。

图 7-13

图 7-14

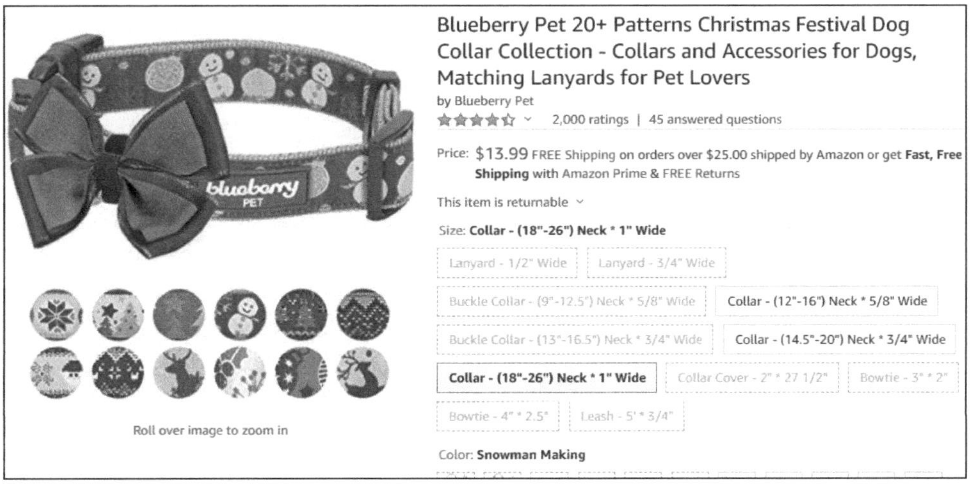

图 7-15

这个商品主打 dog collar for girls 这个市场，用运营型卖家的说法是主打 dog collar for girls 这个关键词，但我更喜欢看这个关键词背后的用户人群，这两个商品都非常漂亮，但是一看就知道是女孩使用的狗项圈。尼龙材质+塑料扣+女性化的图案是它们的共同卖点，直接抓住了女孩这个用户群体。

较低的成本+较高的售价，这两个商品追求的是毛利润，而不是销售量，但是转化率绝对比前面售价低的商品要高，只是总销售量远不及前者，所以排名靠后。

很多人看到这里，觉得实操有点难，我希望你在选品的时候可以发散思考，你的商品对应的特定用户群有哪些？特定用户群可以细分为哪几种？你每天花钱打广告的关键词背后的购物人群又有哪些？

我们做跨境电商运营虽然每天要面对电脑，但是不需要和客户见面，只需要把工作做好、做细，像经营实体店一样，观察所有进店客户，以及他们各自的特色。

7.5　运营中期的运营原则和方法

商品上架初期的运营方法已经贯穿在本书前面的几个章节中，新商品上架之后的目的是出单，提升排名，收集 Listing 详情页面的各种数据。如果这个商品受买家欢迎，且是平台需要的，那么就会开始持续赢利，在开始赢利之后所做的所有操作都属于商品上架中后期的运营。

销售不同的商品有不同的运营思路，下面介绍适用于所有商品的通用原则和方法。

第一，稳住排名。

在商品上架初期所用的运营手段，都是为了让商品获得一个好的自然排名。亚马逊的销售机制就是排名越靠前的商品，获得的自然流量越多，产生的自然订单就越多。

在商品推广初期主要采用站内广告、秒杀等付费的手段获得流量，然后再转化成订单，这属于前期花钱抢占市场份额的阶段。随着订单量的增加、转化率的提高，商品的自然搜索排名会逐渐提高，自然搜索排名带来的流量是免费流量，这样才能赢利。

做亚马逊运营的本质是一门生意，我们可以接受前期短暂的亏损，但是中后期的目的就是赢利，不赢利的生意没人愿意做。

亚马逊对商品排名有很多综合的考量因素，没有对外公布排名的机制，但是销售量和转化率是最核心的。这里就有一个博弈：流量太少，销售量就不可能太多，商品排名也就不会太靠前；但在引进大量流量后，如果商品的转化率不高，低于同行竞品，那么商品的排名也不会太靠前。

亚马逊对商品转化率的及格线是 10%，低于 10% 就是不合格的。如果你的竞品的转化率一直是 13%，那么你的商品的转化率就必须高于 13% 才有机会排在它的前面。这就涉及如何提高转化率。

第二，持续优化，得到高质量的 Listing 文案。

转化率是指买了你的商品的人数与看了你的 Listing 文案的人数的比值。假设 100 个人看了你的 Listing 文案，10 个人买了，转化率就是 10%，15 个人买了，转化率就是 15%。影响转化率的因素很多，但主要取决于你的 Listing 文案是否足够吸引人。以行业标杆 Anker 的 Listing 文案为案例进行讲解，如图 7-16 所示。

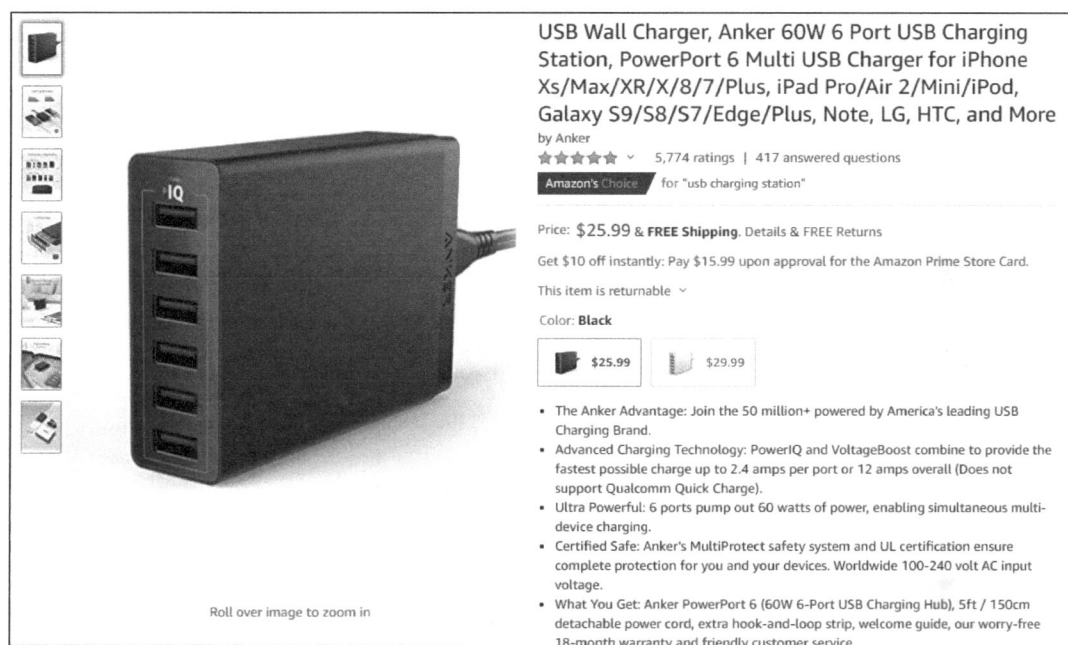

图 7-16

打开一个 Listing 详情页面，首先进入眼帘的是主图和标题，其次是价格、Review 和五行描述。所以，商品主图和标题一定要下功夫优化，这两项直接影响商品的转化。

主图一定要有立体感，有质感，因为人都会喜欢质量好的商品。

你一定要把商品最常用的核心关键词结合卖点写到标题里，因为图 7-16 所示的是充电器，所以把对应的能使用的型号都写了，这样买家一看就知道适不适合自己使用。特别是部分美国人在买东西时都比较懒，在看了主图和标题后，如果觉得价格合适就下单了，都懒得看其他内容。欧洲国家的人有长时间的阅读习惯，一般会仔细看五行描述和长描述，但主图和标题也是他们共同关注的焦点。

当你的商品经过了推广期，就会获得一些真实的 Review。一个受买家欢迎的商品往往不是一撮而就的，需要花时间去研究买家需求，特别是差评的内容。这个商品的差评如图 7-17 所示。

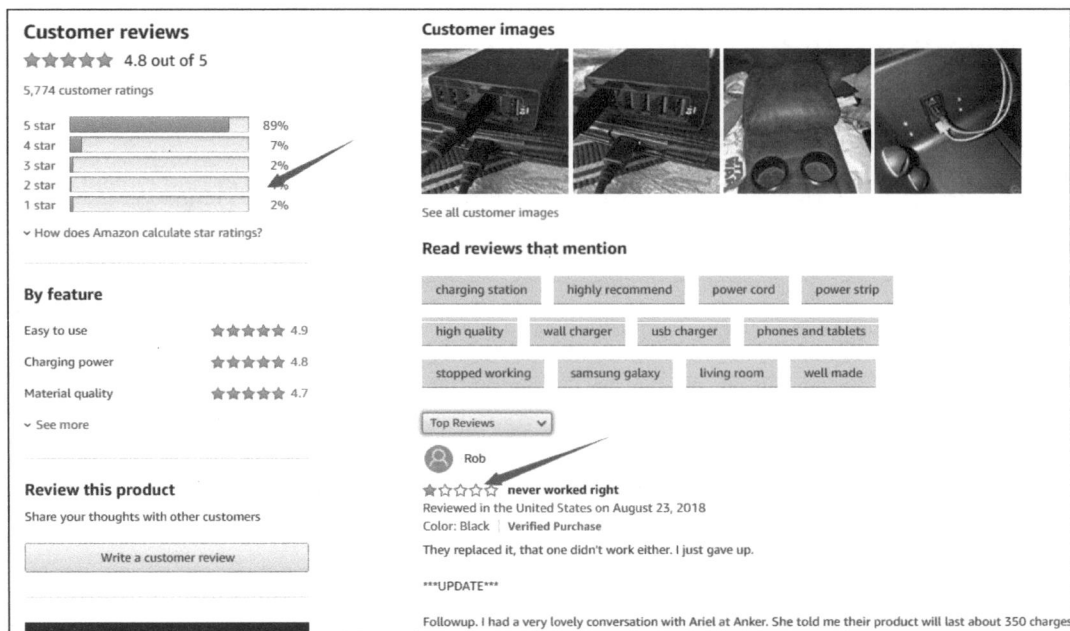

图 7-17

你需要单独花时间把箭头所指的所有一星和二星差评都看一遍，总结出买家普遍吐槽的内容有哪些，把被吐槽的地方进行优化，让生产商改掉这些不好的地方，并且在 Listing 文案和图片中说明这些地方已经改进。

你也要扩展受买家欢迎的功能，在 Listing 文案和图片中，用更多篇幅和有针对性的细节图说明这个功能能解决的问题。文案表达不能有语法错误，否则买家会觉得你非常不专业。你可以有针对性地重新拍摄图片，把卖点扩大。

这就像个人发展一样，弥补短处，发挥长处，只有这样才能持续不断地提高商品的转化率，并带来更多利润。

第三，优化供应链。

在商品的排名稳定，差评得到及时处理，定期参加站内外各种秒杀活动后，亚马逊就会持续给商品大量的流量，这个商品就会产生大量的订单，大量的订单往往考验卖家的供应链。

有的人对"供应链"这个词陌生，下面举例说明，便于你更加直观的理解。

假设一个商品一天只有 3 笔订单，一个月只有 90 笔订单，你到工厂采购这个商品基本上都会有现货，你和工厂没有太大的谈判空间。当然，你也不会太纠结价格。在 1688 上下单后，过两天你就可以收到商品，再贴 ASIN 条形码，打包，直接把商品空运到海外，也觉得省时省事。

但当一个商品一天有 200 笔订单，一个月有 6000 多笔订单时，你再去工厂下单，就需要一次性下单 6000 个。工厂可能会说数量较多，需要排单，10 天后给你商品，这时就会出现一系列问题：你可能等不了那么久，因为着急发货；由于商品较多，空运太贵，你会选择海运，但是海运需要一个月的时间才能到亚马逊仓库；为了不断货，选择空运 1000 个商品，海运 5000 个商品，这样的处理方式和纯粹的海运完全不同；还可能因为突然"爆单"，运营资金跟不上，你没钱进货了……

上面的这些事情几乎都发生在做亚马逊运营逐渐有起色的卖家身上。这就是商品销售量增加后会面临的物流、生产端、资金链的问题，统称为"供应链"问题。

在订单量急剧增加后，你需要经常和工厂、物流商沟通，沟通的核心是提前，工厂要能提前帮你生产商品，物流公司要能提前帮你发货，要用有时效保证的渠道发货。

如果你本身有工厂，转型做亚马逊运营，那么需要重视亚马逊上销售量高的商品，优先为自己生产。

如果你是贸易型卖家，那么需要定期去工厂采购商品，对于店铺的热销款商品，一定要最少联系 3 家供应商。在商品紧急缺货的情况下，这样才会有充足的货源。多个不同的供应商往往能够最大限度地保证你采购到现货，甚至因为你不熟悉制造业，不同的工厂在报价和商品质量上会有巨大差异，通过对比，你可以找到商品采购价更低和质量更好的工厂。

再多说一点，对于店铺的"爆款"，一定要做到亚马逊仓库有货，运输途中也有货，可以用空运紧急补货，用海运降低运输成本补货，还要保证工厂有正在生产的货。

7.6 运营后期的运营原则和方法

运营工作是每天都要做的，运营后期意味着一个商品的销售量慢慢下降，到了销售的末期，即使之前一天出几百上千单的"爆款"，也会有终止销售的一天，但是这会有一个过程，不会戛然而止，在这个过程中，我们有很多事情需要做。

首先，处理售后订单和各种买家邮件。

既然是处于销售末期的商品，肯定不太符合买家需求，在商品的各种参数上会有很多令人不满意的地方，商品的退货、差评会增多，买家发的邮件也会增多。我们需要在这个过程中耐心解决买家的各种问题，最大限度地降低商品的退货率，提高商品的利润。

因为一个账户里肯定有多个商品，有的商品处于新商品期，有的商品处于成熟赢利期，有的商品处于淘汰期，运营工作肯定是有重点的，很多卖家都会忽视淘汰期的商品，造成账户绩效问题，这就得不偿失了。

其次，持续分析竞争对手，保持优势。

虽然一个商品进入销售末期，但是其面临的竞争对手也处于相同的状态，甚至有的竞争对手会比我们先开发出升级款的商品。如果我们及时跟进，就可以延长商品的销售周期，从而让商品赢利的时间更长。

商品处于销售末期不只是商品本身的问题，有时是运营技术层面的问题（例如商品的关键词会随着买家需求的变化而变化，如果我们的商品关键词还是一两年之前的，注定会错失很多新流量），还有时是运营人员没有及时学习平台最新的政策和功能，也就是竞争对手的运营技术进步了，而我们还在原地踏步。

跨境电商属于高速变化的行业，无论是买家需求、商品本身、运营技术，还是平台政策都会在几个月之内发生变化，一定要善于学习，及时学习。

最后，研究买家的真实需求，进而升级商品或开发周边新商品。

刚刚提到了买家需求的不断变化，这点在商品的销售末期尤为重要。你要想将一个商品不断更新迭代，就要满足真实的买家需求，从这点可以区分出你是不是一个优秀的卖家、用心的卖家。当你真正研究买家需求的时候，才是踏上跨境电商运营升级之路的开始，才会对平台规则有更深入的认识。你可以复习 5.10 节关于选品的"第一性原理"。

能否不断升级现有老商品，开发出满足周边需求的新商品，决定了一个精品卖家的业绩是否稳定，会不会出现坐吃山空的情况。有些新卖家因为一时开发出一个"爆款"，每天看到有源源不断的美元进账，就开始了所谓的高枕无忧的生活，每天看看后台订单，看看有没有邮件回复，这在业内被称为"佛系卖家"。我们一定要不厌其烦地每天开发新商品，每天观察竞争对手，每天只有比昨天做得更好，才能保持对跨境电商行业的敏感和新鲜感。

运营后期的重要程度丝毫不亚于新商品推广前期，商品到了销售末期，如果你没有感受到整个市场销售量在萎缩，没有用谷歌趋势看整体搜索趋势，那么销售末期的商品的库存滞销风险远大于新商品推广期商品卖不掉的风险，希望你能够重视。

7.7 遇到差评的正确解决思路

我知道很多人看本节的目的是想找到怎么删除差评的直接方法，如果带着这样的心态来阅读本节内容，那么你肯定会失望，因为处理差评在任何平台都是大难题。有些新卖家，甚至老卖家迷信各种"黑科技"，找服务商删除差评，这些都是违规的方法，且存在巨大陷阱，不建议操作。

差评是运营中的拦路虎，会硬生生地把商品的转化率降低。一个日订单量为 100 笔的商品，可能会因为一个差评订单量锐减。差评很可怕，但又不可避免，我们用正常的心态面对即可。

要想删除差评，目前只能找亚马逊和买家。

在什么情况下，亚马逊会帮我们删除差评？

当买家留的 Review 有地址、联系信息、物流时效、骂人的脏话、诋毁侮辱的词汇时，亚马逊会帮我们删除差评。所以，在大多数情况下，我们只能联系买家，虽然买家的邮箱被亚马逊屏蔽了，但是我们做售后服务还是正常的，也就是我们需要把联系买家删除差评的目的，转变成做售后服务。

在删除差评这件事上，我们要先弄清楚在亚马逊美国站上购物的买家分为哪几种类型。

（1）晒单狂魔型。有的买家留评价就是他们的乐趣，在留评价的过程中会很有成就感。这是很多卖家喜欢的买家类型，只是可遇而不可求。

（2）一锤子买卖型。这类买家觉得双方钱货两清，没有必要再浪费自己的宝贵时间留评价，商品与图片和描述一致，物流按时送达，本来就是卖家应该提供的。卖家做到了无须给好评，做不到才应该留差评，因为这类买家认为自己花了钱，却没有享受到应有的待遇。

（3）过后即忘型。买家在收到商品后本来想留评价，但被其他事情占用了时间和精力，如果以后商品没有问题，那么他们大概也不会留评价了。只有商品出现了问题才会想起卖家，但这时不是要留差评，就是要去投诉。

（4）新手买家型。这种买家在美国站很少，因为亚马逊在美国太成熟了，而在新开通的欧洲站、日本站、澳大利亚站、中东站和印度站，这种买家非常多。他们刚开始在亚马逊上购物，没有留评价的意识，也不知道如何留评价，只要把东西买到就行了。

在看到一个正常购物的买家留差评时，很多卖家认为可以直接给买家发消息，给买家退款或者退货，让其删除差评。亚马逊认为这种做法属于利诱买家，以达到操作评论的目的，严重者会被处以"极刑"——封号。

正确的操作如下。

（1）仔细阅读差评，找到原因。买家留差评有很多原因，我们需要明确具体是商品问题还是物流问题。关于物流问题的差评，可以找亚马逊官方客服团队删除。如果是商品问题，那么我们需要明确是商品功能问题、外观问题，还是使用不当的问题。我们只有站在买家的角度，了解具体是哪里出了问题，才能对症下药，再去撰写邮件，而不是写一封退货或者退款的模板发给买家，要让买家感觉到我们的诚意。

（2）在找到原因后，需要写 2～3 封邮件。在第一封邮件中要与买家确认是不是因为这种原因导致的，如果是的话，那么我们需要提供至少 3 种解决方案。让买家做选择题，他能感受到我们的诚意，绝大多数买家会回复邮件。买家如果在回复的邮件中选择了其中一种解决方案，我们就可以按照这种方案立刻执行。

这时，我们不能急着在邮件中说："我这么做了，你帮我把差评删除。"

在这个阶段，我们只需要帮助买家解决问题，先解决问题，再谈以后修改评价的事情。

（3）在解决问题后，立刻询问售后服务。在我们快速地解决了买家不满意之处后，可以给买家发一封邮件，说明已经按照承诺解决了问题，并询问他能否对我们的客户服务（Customer Service）给一个公正的评价。

这封邮件非常关键，在邮件中不是赤裸裸地要求删除和修改差评，而是要求买家对我们的客户服务修改评价。这就巧妙地将对商品的不满意转换成对我们的客户服务的满意。买家也很明白我们的意思，自然就会修改评价，在邮件中要使用 Update Review（更新评价）来表述，需要将 Change Review 改成 Update Review。Update 一词符合亚马逊不允许操作买家评论的政策。

本节的内容是合规运营的正确思路，如果你认真地阅读，那么相信你会收获全新的售后服务思路，而不只是想着怎么删除差评。

7.8　通过Pack组合打造"爆款"

前面几节讲过商品上架之后的基本操作，以及行业大卖家运营商品和增加 Review 的一些方法，本书不只是讲一些基本的运营方法，更希望卖家能够对行业内的优秀卖家有很好的理解。对电商稍微有点了解的卖家，都应该听过"爆款"这个词，这个词属于电商行业的专业名词，每个亚马逊卖家都希望能够打造"爆款"，但是"爆款"具有很多特性。在商品本身质量上乘、价格合理的情况下，有效且合适的运营手段是打造"爆款"的必要条件之一。特别是在竞争激烈的亚马逊美国站，如果一款商品的款式、价格、颜色、功能等各个方面都和其他卖家的相同，你再以新卖家、新商品的形式进入这个市场，那么很难打造"爆款"。

这里介绍两种利用 Pack 组合的方式打造"爆款"，以 Dog Seat Belt（狗安全带）商品为案例，如图 7-18 所示。

图 7-18

第一种，通过不同数量的 Pack 组合做差异化。

狗安全带这款商品是亚马逊各大站点的常年"爆款"。欧美人在出游的时候都是全家集体行动的，并且会带上自家的宠物，其中养狗的人是最多的，这个商品可以一头连接狗的项圈，另一头直接插进汽车的安全带插口，防止宠物狗在汽车行驶的过程中摔落。这款商品价格便宜、质量较轻，是尼龙材料制作的，但也因为商品生产简单、运输方便，在一年的时间内大量的中国卖家都销售这个商品，这个商品现在是"红海"商品。图 7-18 所示的黑色狗安全带是热销款，以单个数量的形式出售，5.99 美元的包邮价格几乎让其他竞争对手没有利润空间。但是，一些有心的卖家将商品的数量增加到 2 个，甚至 4 个一起出售，让买家觉得更加便宜，同时也提高了利润空间，如图 7-19 和图 7-20 所示。

图 7-19

图 7-20

2 个商品一起出售的价格是 7.99 美元，4 个商品一起出售的价格是 8.99 美元。亚马逊自配送的配送费用是按照重量和大小收取的，2 个或者 4 个商品一起配送，肯定比 1 个商品配送 2 次或者 4 次的运费要低很多，因为这个商品的采购价只有 1～3 元人民币，所以这样的数量 Pack 组合是提高客单价、避开相同商品竞争的有效方法。

第二种是通过不同颜色的 Pack 组合做差异化。

狗安全带这个商品的使用对象是宠物狗，养过狗的人肯定明白自己养的是雄性狗还是雌性狗，可能一些爱狗人士不喜欢听这样的书面表达语，他们称之为自己的"儿子"或"女儿"，总之是对自己养的狗有性别的区分，应用到这个商品上，对应的雄性和雌性宠物狗会使用不同的颜色，如图 7-21 和图 7-22 所示。

图 7-21

图 7-22

欧美人是很喜欢狗的，把狗当成自己的家人对待，养很多条狗是很普遍的事情，图 7-21 中的粉色狗安全带和黑色狗安全带分别是给雌性狗和雄性狗使用的。图 7-22 就是给养的全部是雌性狗的欧美人购买的，颜色也是买家购买商品的时候经常考虑的。

以上就是通过 Pack 组合的方式打造"爆款"的基本思路，颜色、数量的组合是最容易实现的，不同款式的搭配、不同功能的搭配都需要根据具体商品来定。所以，打造"爆款"的前提条件是亚马逊卖家对商品非常熟悉，建议卖家把自己要销售的商品都买回来，试用一段时间，这样在运营的过程中才会更有感觉。

7.9 通过蹭大品牌Intellectual Property（知识产权）打造"爆款"

在之前的章节中多次强调过，跨境电商面对的是海外市场，由于欧美国家有着成熟和完善的知识产权保护，所以对商品的商标权、外观专利权等有着严格的保护政策，例如米老鼠、唐老鸭、迪士尼等相关的品牌元素，在没有得到品牌方授权的情况下是不能随意使用的，但品牌的周边商品是多数卖家可以销售的。下面以近几年热销全球的无人机玩具作为案例讲解。

美国是一个注重创新和高科技商品的国家，亚马逊美国站上很多创新商品的接受度是远高于其他站点的，前两年热销的 VR 商品就是例证。

在亚马逊美国站搜索 Drone toys（无人机玩具），如图 7-23 所示。再看 Best Sellers 的排名，如图 7-24 所示。

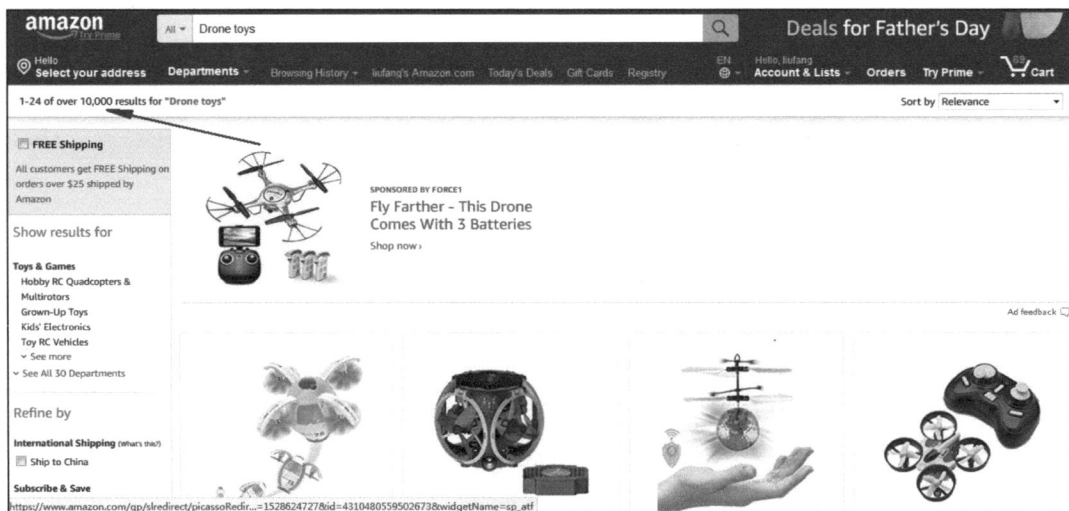

图 7-23

图 7-24

如图 7-23 所示，搜索结果超过 10 000 个，但是需求量是巨大的。为什么需求量巨大呢？

（1）美国是一个喜欢创新商品的国家，鼓励创新，保护创新，所以你能感受到亚马逊作为一家美国公司对知识商品的保护是很完善的。

（2）很多无人机都带有航拍功能，美国人性格奔放，喜欢户外运动。这样，相对应的应用场景就非常多，在户外跑步、游泳、攀岩、海边冲浪的时候，都可以用无人机记录生活的点点滴滴。

（3）我国的大疆无人机属于美国军队自行采购的武器，美军允许士兵自行采购称手的单兵武器装备上战场。在这种情况下，很多在战场上执行任务的美国士兵们都会带上一两架无人机。

有人会问，美国的无人机性能那么先进，为什么要买中国制造的无人机呢？重点就在性价比。美国的全球鹰无人机售价高达几千美元，功能齐全的可达上万美元。

在战场上，执行任务的美军巡逻兵在无法判断前方地形和敌军情况的时候，就可以用电子遥控的无人机飞到可疑目标上空侦查，这比自己冒着生命危险抵近察看要安全得多，即使损失了，也就只损失几百美元的一个大疆无人机而已，如图 7-25 所示。

图 7-25

从亚马逊美国站的销售量来看，大疆无人机是非常受欢迎的，但是此商品的研发成本很高，并且有外国专利，商标保护等知识产权做得很好，新卖家不可能直接销售大疆无人机整机商品。因为大疆无人机这个大品牌被美国人所熟知，很多人都在关注这个商品，中小卖家完全可以蹭大疆无人机这个大品牌的 Intellectual Property，这样的做法既合乎规范，又能够把握市场热点。卖家可以从大疆无人机配件做起，这样更容易进入无人机玩具市场。无人机玩具商品有以下两个特点。

第一，所有商品都存在续航时间较短的问题，卖家完全可以销售无人机玩具配套的电池和充电设备。

第二，无人机玩具的很多周边商品属于易耗品。由于无人机经常在户外到处飞，摄像头镜片、风叶、保护圈、电机等常用配件容易损坏，卖家完全可以自行采购这些商品，以打包组合的形式一起销售。

图 7-26 所示为一个专业销售无人机玩具配件的卖家，店铺名为 SKYREAT。

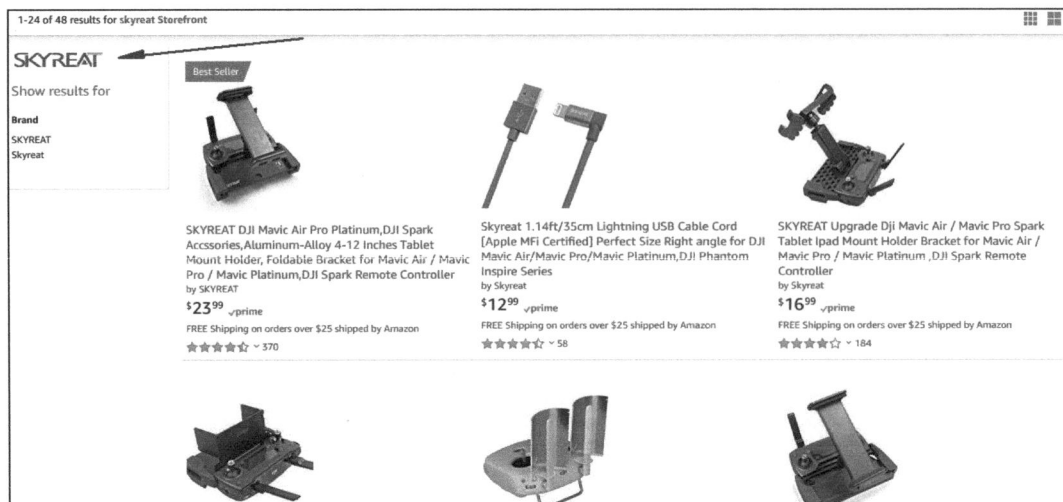

图 7-26

从店铺 30 天的 Feedback 数量来看，这确实是一个追求利润的小而美卖家，如图 7-27 所示。

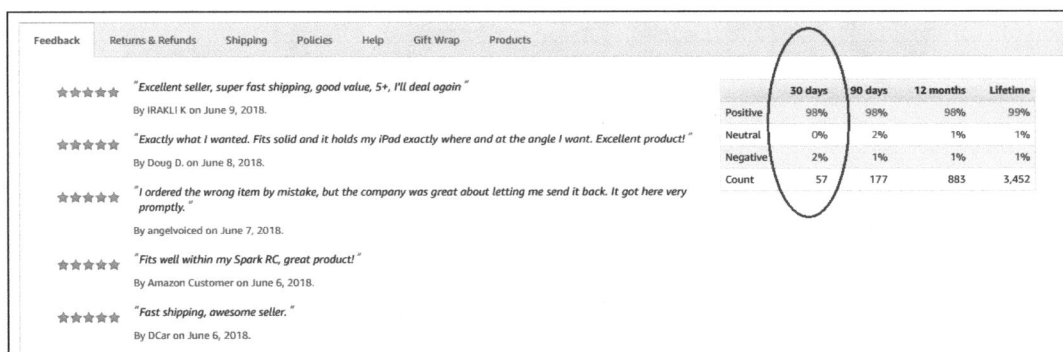

图 7-27

最近 30 天 Feedback 数量的 3～5 倍就是这个店铺一天的销售量，该店铺每天的订单量在 171～285 单，这样的预估方式只能计算该店铺所有商品加起来的单日订单量，一般来说，还是比较准确的。每天 200 多单的订单能够养活一个 3～5 人的小团队，是每一个新卖家在一年之内应该追求的目标。

7.10　抖音海外版站外引流

本节主要介绍抖音海外版在跨境电商的选品、运营中的应用，更多的作用是提醒你要有这个意识。可以肯定地说，未来市场的新热点就是抖音海外版（Tik Tok）。

抖音海外版的市场热点包括以下两个方面：

（1）便宜且巨大的新流量来源。

（2）"爆款"的新诞生地。

你可能每天都在"刷"抖音，但是 Tik Tok 在欧美和东南亚地区也在极速扩张，并且牢牢地抓住了当地年轻人的社交圈，未来非常有商业价值。

Tik Tok 目前在泰国、马来西亚、新加坡、印度尼西亚、越南等地已经成为最受年轻人欢迎的 App，甚至在用户增长速度上也已经超越老牌社交媒体 YouTube。

在亚马逊站内流量日益昂贵的今天，很多亚马逊卖家开始选择从 YouTube、Facebook 等渠道引流，一些美国独立站卖家也开始布局 Tik Tok。东南亚平台 Shopee 的新卖家在批量铺货，虽然平台现在给新商品的权重很高、流量很大，能够迅速出单，但要想长久和稳定运营，依然要从 Tik Tok 上寻找当地"网红"，从他们那里发现当地人喜欢且溢价较高的商品。下面看一个印度尼西亚的"小姐姐"，如图 7-28 和图 7-29 所示。

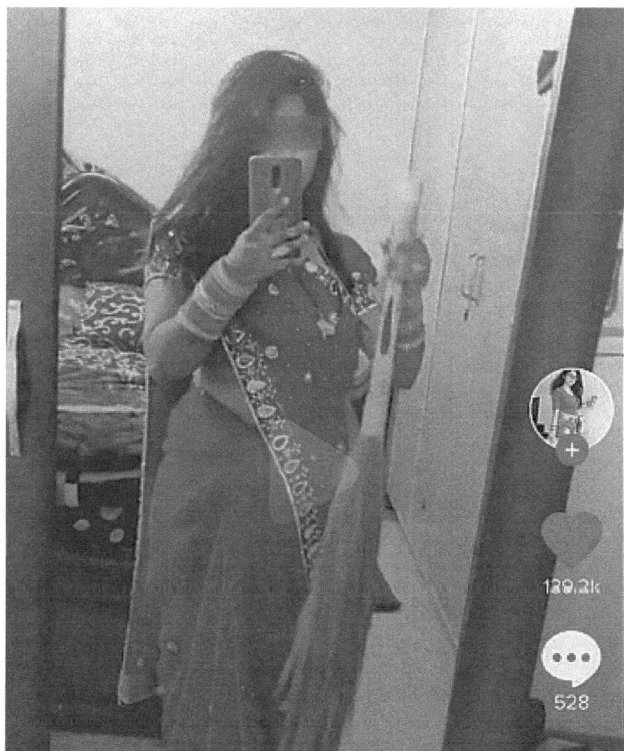

图 7-28

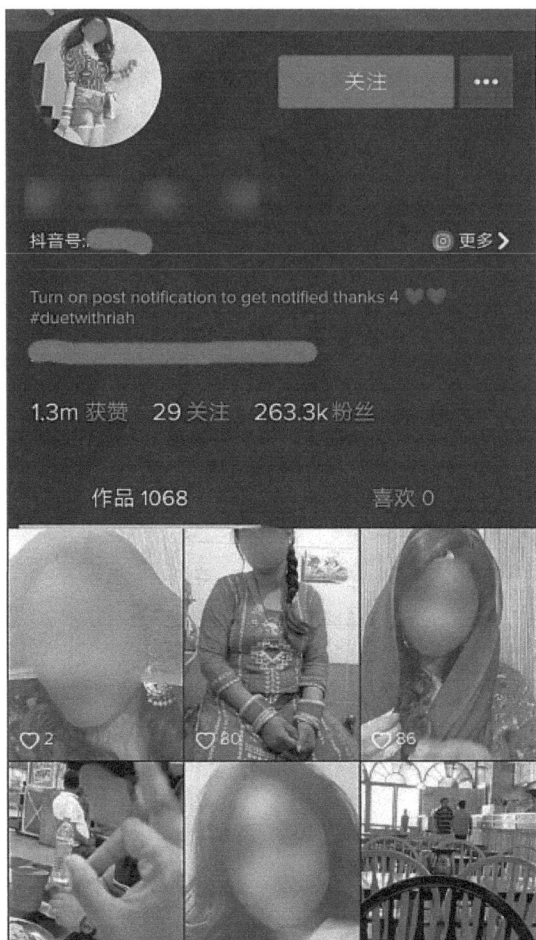

图 7-29

　　她身上的服饰和日常用品都反映了当地人的生活，这些都值得你研究，绝对要比闭门造车强得多。

　　很多卖家在把一个新商品推广到首页，把转化率做到极致后，往往就会出现运营瓶颈。有些卖家就开始想方设法地做秒杀活动，找 YouTube 上的"网红"合作，这些都需要一定的门槛，而且寻找适合自己商品的"网红"需要时间。

　　现在 Tik Tok 上有很多这样的"网红"，不需要他们有很多粉丝，只要他们的定位与你的商品匹配就行，找他们推广新商品的性价比很高。

　　本节要告诉你需要提前布局 Tik Tok，Tik Tok 会带给你新的流量和新的选品思路，并能帮你找到安全的测评方法。

7.11 独立商品和产品线

作为亚马逊卖家，你必须销售平台喜欢的商品，亚马逊是一个重商品、轻店铺，重买家、轻卖家，重推荐、轻广告的平台，这也是本书自始至终贯穿给你的运营主线。卖家在选择了几款合适的商品发货到亚马逊仓库开始运营后，肯定会出现有的商品已经可以形成稳定的订单和店铺流水，而有的商品因为各种原因没有销售量，就不得不放弃，从而重新开发新的商品，这就涉及开发商品的选择标准问题，要有一个独立商品和产品线的标准。

独立商品：是指单独的、互相之间没有任何供应链可以共同使用，或者买家一般不会想到同时购买这两种或几种不同的商品。例如，手机壳、牛仔裤、水杯、宠物项圈。

产品线：是指商品与商品之间是一个系列的，或者买家会经常联想到这两种或几种商品可以同时购买。例如，手机壳和数据线、宠物项圈和宠物牵引绳。

从我多年对商品的研究来看，如果某个商品因为很结实成为热销款后，卖家就应该将此商品结实的属性一直做到最好，因为能够抓住这部分消费者。如果某个商品因为外观颜色成为热销款，卖家就应该开发这个颜色的系列商品来满足这部分买家。

现在，亚马逊被越来越多的中国卖家所关注，之前通过大量铺货、每天上传很多单个商品来达到出单的方法已经不适合了，现在的商品开发和运营方法都是围绕产品线来做的。

下面来看几个卖家店铺的案例，这样更加直观，如图 7-30 所示。

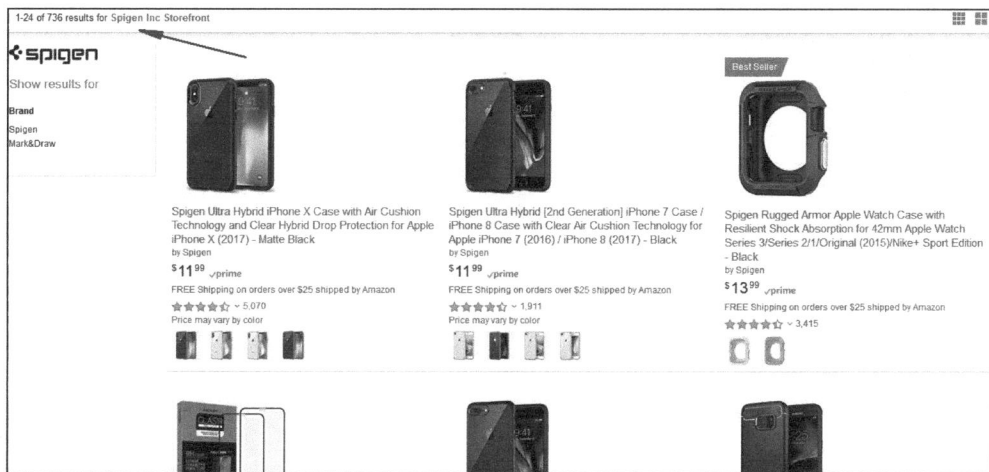

图 7-30

这是典型的专业卖家，一个店铺里面全部是手机壳周边商品，再看他的店铺的 Feedback 数量，如图 7-31 所示。

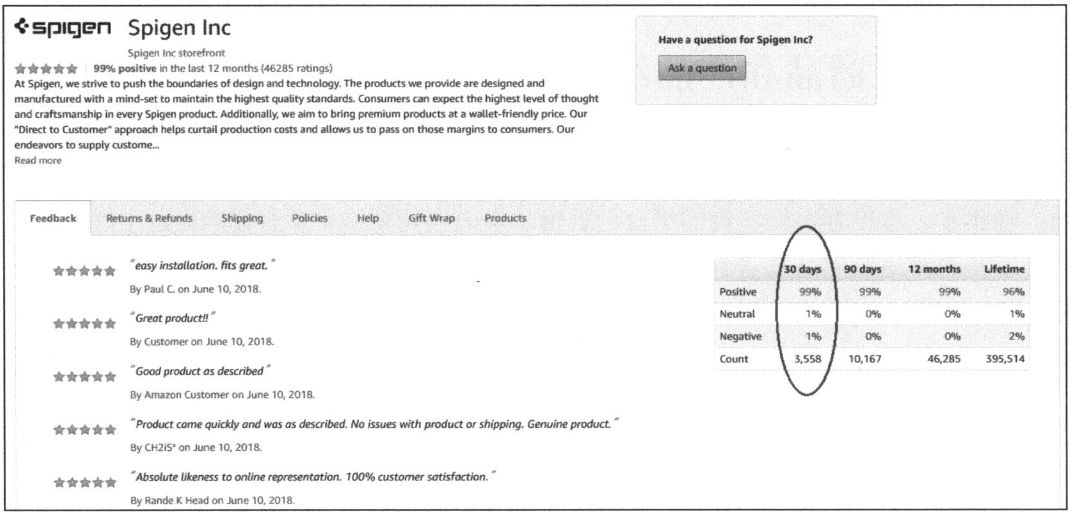

图 7-31

30 天的 Feedback 数量为 3558 个，按照 7.9 节的计算方法，这个卖家每天的订单量超过 1 万单，是典型的超级大卖家。

这样围绕手机壳周边做商品延伸，非常适合打造卖家自身的供应链，当买家看到这样的店铺商品时也会感觉这是一名专业的手机壳卖家，在这个店铺可以有更丰富的选择，就不用到其他店铺浏览了，进而提高了商品转化率。久而久之，卖家也会对手机壳周边的商品越来越熟悉，也符合亚马逊重视商品的特点，卖家可以更专业地打造手机壳周边的优秀商品。

下面看另一个卖家的店铺，如图 7-32 所示。

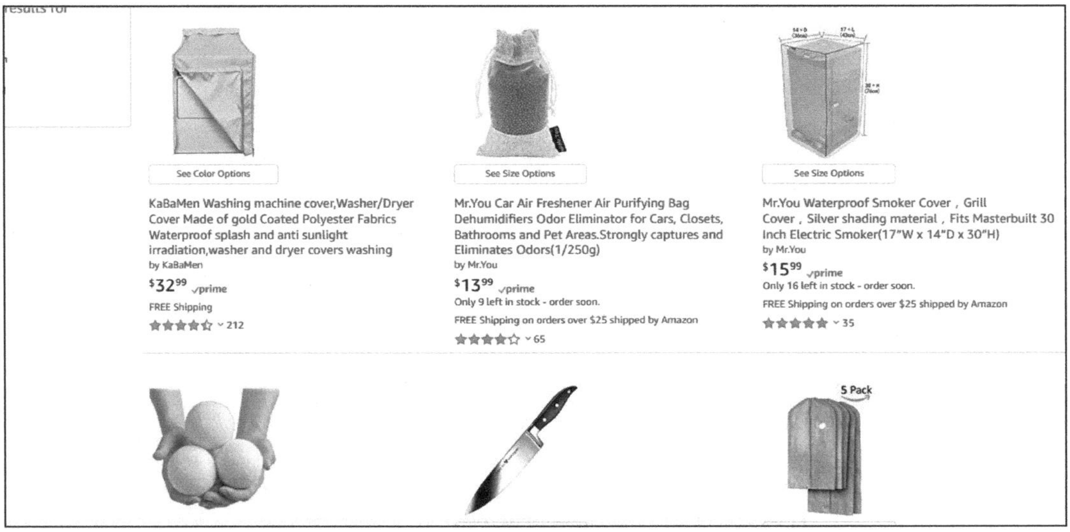

图 7-32

店铺里面的商品有洗衣机罩、水果刀、装西服的衣袋等不同的商品，买家在购物的时候很少能一次性联想到这些毫不相关的商品，当买家看到这些商品时首先会觉得这是一个杂货铺，没有任何专业性可言。

再看看他的店铺的 Feedback 数量，如图 7-33 所示。

30 天的 Feedback 数量只有 4 个，每天的订单量最多是 20 单，这显然无法满足一个亚马逊全职卖家运营的费用开支。当然，也有可能是这个卖家刚刚开始做，正处于上升阶段。

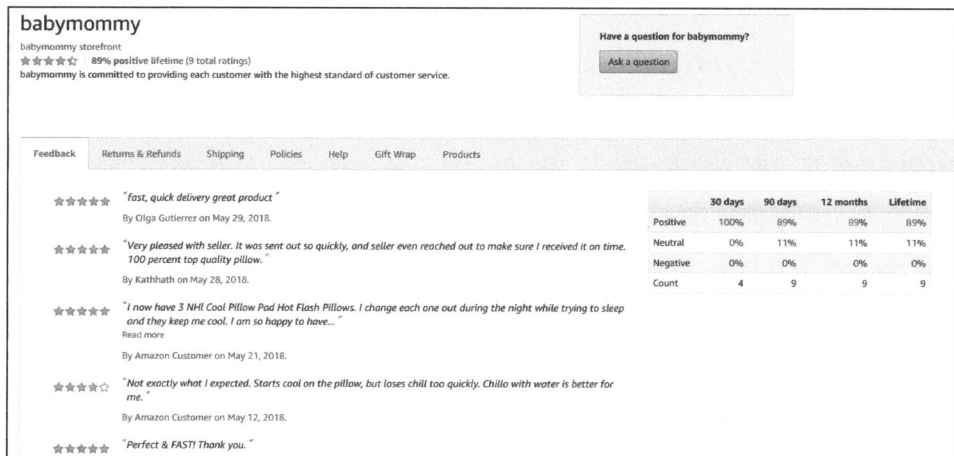

图 7-33

当你坚持围绕一条产品线去做时，你会发现能销售的商品真的太多了，中国作为世界工厂拥有丰富且完整的全产业链，你想销售的商品基本上都可以找到生产源头，而且有以下 3 个好处：

（1）能够集中精力钻研某一个类目，亚马逊上一个类目往往代表一个行业。

只有长期经营一个类目，你才能深入了解这个类目的上下游供应链以及竞争对手的现状。很多卖家经常说不知道商品有没有外观专利，也无法通过商标专利局网址查询。一个商品是否有外观专利，往往是在深入了解所在的行业后，才能做出的判断。

（2）降低新卖家入行的难度，提高运营效率。

很多新卖家兴致勃勃地进入跨境电商行业，在初期起步阶段就会发现不知道销售什么商品。于是今天想销售这个商品，明天想销售那个商品，最后疲惫不堪，运营工作也没有进展。当瞄准一个类目后，你就缩小了选品的范畴，锁定了选品目标，只需要找出这个类目下你想销售的、能销售的商品。

（3）长期经营一条产品线，会逐步建立自己的商品竞争壁垒。

你有没有发现当不熟悉一个类目的时候，从 1688 等批发网站上找的商品其实大多数都是已经销售了 1～2 年的所谓的"爆款"，你再去销售，其实只是作为跟风者，间接提高了运营难度。如果你看了本书，坚持在一个类目经营 1～2 年，就会对这个类目的竞争对手非常熟悉，之前可能只是在亚马逊前台页面看到他们的商品，后来就会从供应商、工厂处得知某个商品是他们家生产的，并且知道对方是哪里的公司，做了多久等，进而对这个类目有自己的独到看法，并开始建立商品的竞争壁垒。

7.12　如何补救断货的商品排名

亚马逊的发货方式分为自发货和 FBA 发货两种。

自发货是卖家负责把商品从中国邮寄给海外的买家，卖家可以随时更改自发货的商品在后台的库存数量，假设库存数量是 100 个，当天卖了 90 个，卖家应该立刻将库存数量修改成 100 个甚至更多的数量，这里操作起来很简单，只需要在后台输入数字即可。

FBA 发货是亚马逊负责给已经下单的海外买家送货，假设库存数量也是 100 个，当天销售了 30 个，只剩下 70 个，这时候卖家是无法自行在后台编辑数量的，只能通过空运、海运的方式将商品运输到亚马逊库房，由库房人员盘点数量之后，库存页面才能显示增加的数量。这就涉及一批商品从中国发货到美国或者其他国家需要一定的时间。即使卖家的商品就放在自己的仓库，在打包好后，通过最快的快递方式 3 天可以签收，那也需要提前 3～5 个工作日做准备。如果卖家向工厂下订单，那么还要计算生产的时间、国内的运输时间、打包贴标的时间、头程的物流时间，亚马逊仓库上架还需要 1～3 天的时间。所以，卖家店铺销售的"爆款"需要至少 15 天的备货时间，否则用 FBA 发货的商品断货会影响销售排名，销售排名下降又会影响自然流量的曝光，所以应该尽量避免断货。

用 FBA 发货的商品在上架时应该至少准备 2 个变体同时上架，即使其中一个商品断货了，另一个商品也可以通过降价促销或者增加广告曝光提升排名，因为对于变体商品来说，买家可以看到其他商品，如图 7-34 所示。

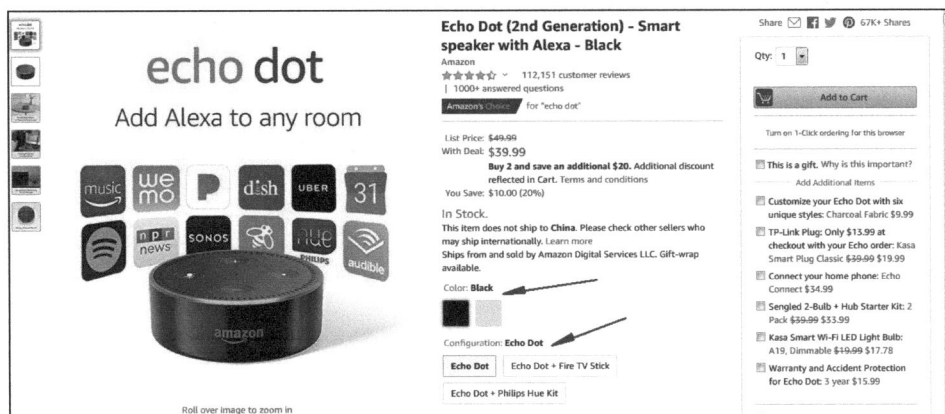

图 7-34

图 7-34 中箭头所指的地方是此商品的变体属性，分为不同颜色和不同型号。其实这很好理解，就和国内在淘宝买衣服有不同颜色和尺寸的选择一样，在亚马逊就叫变体。变体的功能很多，上架变体在商品断货影响排名的情况下是很有效的一种运营手段。

断货是让很多卖家既高兴又痛苦的事情，断货既意味着商品被卖爆了，又意味着会损失潜在的销售量。断货一般需要用以下运营手段减少损失。

（1）逐步提高售价。随着商品售价的提高，购买的人会相对减少，进而减缓商品断货的速度。

（2）降低站内广告预算。站内广告是站内引流的必备手段，在商品快断货的时候，卖家可以选择把每天的广告预算降低，这样就可以减少一些流量，进而减少订单量。

（3）亚马逊其实对断货有 2～3 天的时间宽限，即使真的断货了，如果在 3 天之内能够补货上架的话，那么对商品的排名和权重是不会有影响的。

断货是每个新卖家都无法避免的情况，没必要因为断货而焦虑，要用积极的心态和行动去对待断货后的运营，这才是你需要修炼的基本功。

7.13　亚马逊会员日（Prime Day）及其意义

对于亚马逊卖家来说，如果不知道 Prime Day 就真的有些过时了，Prime Day 是亚马逊自创的一个节日。从字面意思上来看，可能很多人会觉得 Prime Day 是针对 Prime 会员的，其实是针对所有潜在的消费者，即买家的。Prime Day 的本质是一个秒杀活动。

我们简单回顾一下往年 Prime Day 的开始时间。

2016 年，Prime Day 于 7 月 12 日星期二开始。2017 年，Prime Day 于 7 月 11 日星期二开始。2018 年，亚马逊 Prime Day 于 7 月 10 日星期二开始。2019 年，Prime Day 于 7 月 15 日星期一开始。所以，每年的 Prime Day 的具体时间都是不确定的，基本上是每年的 7 月 10 日—7 月 15 日。

所有参加 Prime Day 的商品必须将当年 1 月以来的最低售价再打 8 折。可以说，亚马逊的促销是正儿八经让利给买家，而不是提高售价再打折。

单击卖家中心"广告"下拉菜单的"秒杀"选项，就可以查看你是否有商品被系统推荐，如图 7-35 所示。

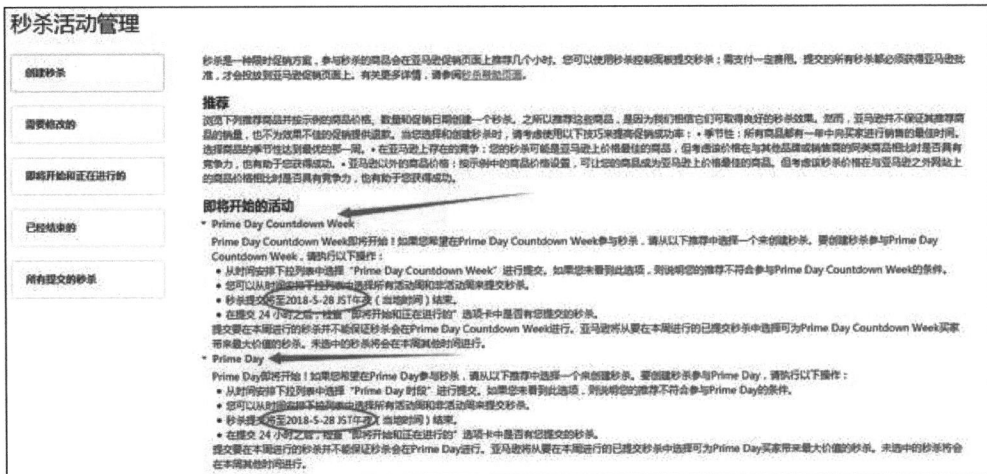

图 7-35

只有被系统推荐的商品，才有资格参加 Prime Day。你可以在被推荐的商品里选择合适的商品参加 Prime Day，或者 Prime Day Countdown Week。图 7-35 中 Prime Day 的报名截止时间是 2018 年 5 月 28 日。

本书的宗旨是给卖家提供有深度思考性的内容，Prime Day 对卖家的真实意义是什么？参加 Prime Day 的商品需要在最低售价的基础上再打 8 折，另外亚马逊还要收取 150～500 美元的报名费，对第三方卖家的商品还要收取 15%的佣金，而且配送费也是照收不误的。这么算起来，一个商品至少需要 50%的利润才能保本，卖家需要计算想参加 Prime Day 的商品是否有 50%的利润。

我在旺季的时候做过几次测试，把一个商品分别放在 3 个不同的新老亚马逊账户中销售。

第一个账户是新账户，销售量很少。

第二个账户是备用账户，用来销售一些引流款商品。

第三个账户是主账户，也就是用来赢利的。

同样一个新的商品，分别上传到 3 个不同的账户中，得到的新商品流量是截然不同的。主账户的新商品流量居然是新账户的 3～5 倍。需要说明的是，新商品流量是自然流量，是不算广告流量的。因为主账户的销售量高、售价高、订单也多，所以店铺等级不一样。都说亚马逊重视商品而不重视店铺，但是，真实的案例测试结果告诉我们，亚马逊对不同等级的店铺给予的流量是有倾斜的。可能有人会说，这对我们新卖家不公平。而我想说，别人的老账户经营多年了，没有违规记录，销售量高，好评率也高，账户绩效自然就好，已经用实际行动证明了是有实力的卖家，那么在新商品流量上就会得到更多的扶持。

所以，Prime Day 应该是广大中小卖家提高店铺等级的最好时机。

首先，准确计算商品的利润，只要不亏损，就一定要报名参加 Prime Day，也可以通过变体的形式，利用低价款做秒杀活动引流，给变体的另外利润款更多的曝光，进而达到赢利的目的。其次，Prime Day 是在短时间内对卖家在供应链、货源稳定方面的一次考验，在 Prime Day 开始之前，需要预估商品的销售量，这样才能合理备货。备货可采用海运和空运相结合，对于如何降低成本、如何选择优质稳定的物流商又是一次考验。

在 Prime Day 期间，对商品的宣传、商品站内广告的设置、Listing 详情页面的节日氛围打造和优化是一个新卖家成长为成熟卖家的必经之路。

在 Prime Day 结束之后，商品一定会出现或多或少的售后问题。卖家以低价在短时间内产生巨大的销售量后，大量催评邮件的跟进、对已经购买商品的买家逐个发送邮件询问使用情况就是日常运营的工作。邮件催评的目的是增加商品的 Review 数量，持续增加 Review 数量是卖家的必修课。如果一个商品能够在 Prime Day 当天销售量超过 1000 个，那么这个商品将会成为亚马逊年度销售排行榜的一员，而且很可能是前三名。这意味着这个商品就是卖家通过 Prime Day 打造的"爆款"，后续会带来大量的自然流量和订单。

当然，前提是你的商品质量足够好，否则一切都是徒劳的。

所以，从这点来看，亚马逊最终还是以重视商品为主的平台。

7.14 亚马逊淡季运营方法

经历了亚马逊自创的 Prime Day 狂欢购物节之后，就会逐渐进入外贸行业的淡季，时间一般在 7—8 月底这段时间。在这段时间里，很多欧美买家都会带上自家的宠物外出旅游，并且欧美人工作和生活绝对分开，在度假的时候，经常不接电话、不上网，更别说在线购物了。欧洲主要国家的休假图如图 7-36 所示。

国家	假期
法 国	7月最后一个星期至8月
德 国	7、8、9月轮休
意大利	8月1日至9月3日
波 兰	7月初至7月底
荷 兰	7月初至8月初
比利时	7月中旬至8月初
捷 克	7月初至8月底轮休(一般为7月12日至8月8日)
挪 威	7月至9月轮休(一般为7月14日至9月1日)
西班牙	7月7日至8月4日
葡萄牙	7月14日至7月27日
瑞 士	7月初至7月底

图 7-36

欧洲国家福利好，休假时间长。在旺季的时候，卖家赚得盆满钵满，而在接下来的淡季，无论在 Prime Day 中是否"爆单"，都需要做好运营准备。

1. 在Prime Day"爆单"的卖家，这里称为"惊喜卖家"

"惊喜卖家"千万不要洋洋得意。如果你的商品正好是夏季季节性的商品，千万不要用空运加海运一起大规模补货，因为很可能接下来的订单量会呈现逐渐递减的状态，在每年 8 月 10 日左右会达到最低谷。

2. 在Prime Day销售量稳如泰山的卖家，这里称为"抑郁卖家"

"抑郁卖家"也不用太失望自责。其他卖家能够"爆单"，很可能是因为上半年付出的努力比你多，选品的数量、质量都比你高。先看看自己的店铺里面是不是只有 2~3 个商品？跨境电商选品至少需要提前 3 个月，在淡季时，可以多联系几家工厂看样品，特别是需要对年底黑五、圣诞旺季的商品做充分的市场调研。

3. 在销售量持续下降的时候，不要寄希望于站内广告

2017 年，有位美国站卖家上半年的销售量节节攀高，在补货时工厂经常来不及生产，但到了 7 月底销售量明显下降。然后，该卖家加大站内广告预算，把预算提高到每天 300 美元，结果转化率仍然很低。淡季流量减少是因为需求量减少，要多参考竞品的销售量是否下降。

4. 多方对比物流商，采取海运运输

从每年的 6 月开始，美国的很多物流公司和货代公司都开始做促销活动，直接原因就是货物量不足。

在淡季时，每个卖家的销售量几乎都会腰斩，在合理采购一定数量的货物之后，可以选择一部分货物采用海运运输，另一部分货物采用空加派的方式运输，要放弃 Prime Day 这段时间因为断货使用的快递红单渠道，这样可以大大降低卖家的物流费，进而提高利润率。新卖家如果采用海运的方式运输，那么一定要选择销售量稳定的商品，对于销售量不稳定的商品还是要选择空加派的运输方式补货。

7.15　季节性商品并不是洪水猛兽

我们每天选品的目的就是选出有销售量或者市场大、竞争小的商品。所以，我们经常会遇到一些销售量增长很快的季节性商品，例如冬季滑雪服、夏季泳装。这些都不用做数据调研就知道会热销的商品，到底适不适合销售呢？我的结论是季节性商品的运营难度确

实要比普通商品高得多，但也不像你想象中那么难，很多人一提到季节性商品就摇头，无非是面临以下几个障碍。

（1）季节性商品往往只热销 2～3 个月。在商品上架前，我们会做大量的计划、调研工作。在商品上架后，会有 1～2 个月的推广营销过程，这拉长了这个商品的准备时间。而对普通商品，我们付出的时间成本相同，一旦销售量增加并且稳定后，可以实现长期赢利。

（2）对销售量要求更高，风险也更大。季节性商品真正的销售期只有 2～3 个月，这就要求销售量足够大，才能平衡前期的各项成本支出。巨大的销售量不是嘴上说说那么简单，需要制订严格的计划，按计划执行，只有付出巨大的推广费用，才会有对等的回报。

一旦你没有做好推广工作，这类商品的库存风险就会比非季节性商品更大。你可以想一想在夏天的时候会买棉衣吗？在冬天的时候会买泳装吗？

（3）备货难度大，对供应链要求高。短时间产生大量的销售量，就需要短时间备大量的货，跨境电商的备货难度是远远大于国内零售的。对于国内电商来说，只要工厂能生产出来，物流基本没有问题。但跨境电商的物流分为头程物流加当地国家的二次配送，为了降低运输成本，大量货物往往选择海运的形式，海运到欧美国家需要 40 多天，到日本需要 20 天，这对卖家的供应链是极大的考验。

以上 3 点并不是泼冷水，我们在销售一个季节性商品的时候，一定要知道风险到底是什么，这样才可以很好地规避。

下面提供销售季节性商品的 3 个思路。

（1）季节性商品分为强季节性商品和弱季节性商品。上面列举了强季节性商品，2～3个月就不能销售了。还有很多商品是弱季节性商品，弱季节性商品可以销售 5～6 个月，甚至 8～9 个月，是非常值得销售的。本书前面章节的案例都是欧美站点的，下面介绍一个日本的弱季节性商品——雨伞，如图 7-37 所示。

图 7-37

日本的 4—6 月是典型的梅雨季节，会有很多人买雨伞，但是雨伞这个商品是常年都会使用，且每个家庭必备的。所以，雨伞就属于弱季节性商品，全年都可以销售，只是在 4—6 月会出现销售高峰期。我们要利用好这个销售高峰期，可以用来推广新商品，也可以用来赢利。

（2）有的季节性商品有天然的高门槛，竞争对手很少。如果你有工厂或者有一定的资金实力，那么销售强季节性商品反而是很好的选择。欧美国家的假期较长，很多人喜欢去海滩玩，所以一些海上场景的商品在夏天就非常热销，如图 7-38 所示。

图 7-38

这是传统的冲浪板，在国内可能很少有人会冲浪，但是欧美国家的人很喜欢这类刺激的水上运动。这种商品的客单价高，备货对资金要求高，天然地挡住了很多中小卖家。如果你愿意卖这个商品，愿意研究买家需求，做微创新，等这类商品的销售量慢慢多了后，你会发现竞争对手就十几个，这是典型的"蓝海"商品，对运营技术要求不高，只需要能承担更多的资金风险。

（3）在季节性商品的销售量慢慢多了后，销售周期更长。这里的销售周期不是指一年的时间段，而是指一个商品在平台上完全没有了市场，中间要经历的时间。一个非常普通的没有任何品牌的商品的销售周期最多只有 1 年。最有代表性的就是手机配件类目了，一款全新手机的发布往往意味着上一代商品的周边配件进入销售末期。而很多季节性商品的销售周期很长，例如图 7-39 所示的这款充气沙发。

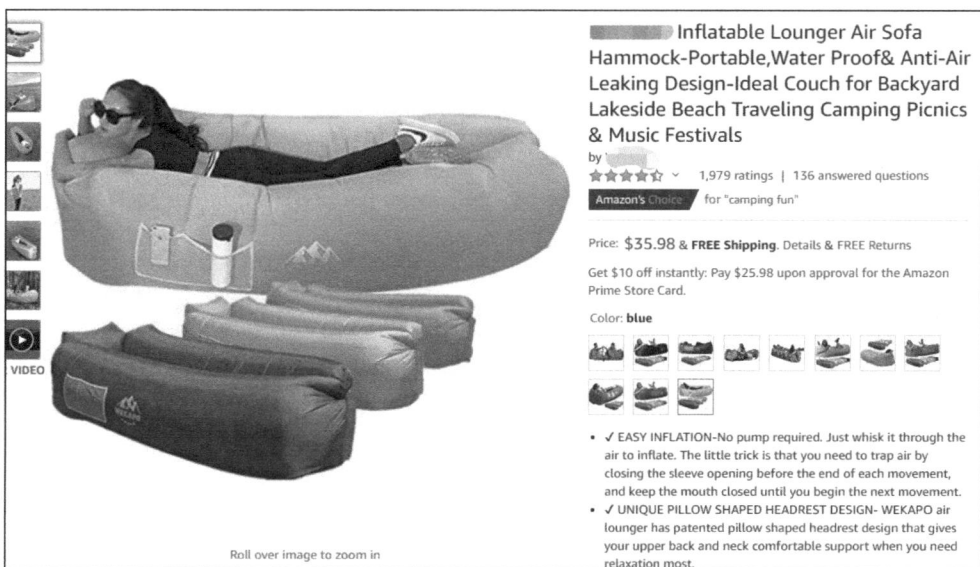

图 7-39

充气沙发这个商品已经火了很多年，被称为"永恒的爆款"，虽然在商品外观、颜色上会有创新，但是功能才是买家愿意下单的原因。这个商品大部分在户外宽敞的地方使用，特别是在夏天去沙滩、旅游聚餐的时候使用，过了夏天之后，销售量就会明显下降。但这款商品只要能够推广起来，每年都会有稳定的订单，类似这样的强季节性商品很多，你可以去找找。

对于想长期做跨境电商运营的卖家，适当地布局类似季节性强，且门槛较高的商品，会给你带来稳定的现金流。我强调的是在店铺里适当销售一部分季节性商品，而不是全部销售季节性商品。

我也遇到过专门销售季节性商品的公司，在冬天开始上架夏天的商品，推广 3 个月，在第一年的夏天就开始积累权重和销售量，到第二年开始赢利。同样，在夏天上架冬天的商品，推广三个月，到了年底圣诞旺季，积累评价，提高排名，也是到第二年开始赢利的。对于很多人来说，这样的运营方式赢利太慢，适合专业型的工厂或者想长期做亚马逊运营的卖家。

7.16 深度解读如何备战黑五和海外圣诞旺季

本节的黑五和海外圣诞旺季是根据时间顺序来写的，Prime Day 在每年的 7 月中旬，接着就是传统淡季。跨境电商卖家必须把眼光从国内转向海外，从最热门的欧美日到东南亚，再到正在崛起的中东、非洲等新兴国家和地区。黑五和圣诞节这两个节日是全球性的。因为基督教文化在全世界传播，圣诞节在亚洲国家，如日本、韩国，还有中国都非常受欢迎，自然就成为很多商家做促销活动提高利润的节日。

黑五的全称是黑色星期五，即每年 11 月第四个星期四，这个节日起源于美国传统线下商超，当天很多超市在早上五六点就开业了，因为很多商品打折，所以大量的美国市民会很早就到商超门口排队购物，商超对所有的收入和支出都有记载，支出属于赤字，用红色的笔标记，收入属于赢利，用黑色的笔标记，这也是黑五这一词的出处。

随着互联网的发展，亚马逊针对黑五会有大量的打折促销活动，很多美国人不用当天再去商超购物，有的人转向亚马逊这样的电商平台买东西，因为亚马逊可以提供最快 2 日达的快递服务，所以坐在家里很快就能收到东西。

圣诞节在每年 12 月 25 日，是纪念耶稣诞生的节日，历史悠久。进入 12 月后，亚马逊的流量会大增，很多美国消费者习惯在网上购物，准备新年礼物，圣诞节就像中国的春节一样，几乎所有人都在准备年货。亚马逊卖家需要提前做好选品，把自己的货物通过海运、空运的方式发到亚马逊当地的仓库。

首先，黑五和圣诞旺季分别在年底的 11 月和 12 月，每年的旺季都会有大批量的货物运输到亚马逊仓库，这时候卖家应该未雨绸缪，不能到了 11 月再去备货、发货，那样肯定来不及，运输成本也会高很多。在时间的安排上，新卖家应该把商品的生产放在 9 月，这是最晚的时间，工厂大概需要一个月的时间生产。

其次，在黑五和圣诞旺季的那段时间，卖家需要把商品的所有标题、文案都做有针对性的修改，例如使用黑五促销、圣诞促销等字眼吸引买家。这里有一个技巧，商品的核心关键词可以加上 for Black Five（黑五专属）或者 Christmas Gift（圣诞礼物）打站内广告，提前一个月打这些带有节日单词的站内广告，每天设置 50 美元的预算，前期可以少点，经过一个月的出单和优化后，到了黑五和圣诞节期间，这样的核心关键词可以给商品带来大量的免费流量，因为那时候对应关键词的商品的自然排名已经占据了靠前的位置。

最后，黑五和圣诞节期间的流量在美国可以持续不到一个月的时间，在欧洲等国家会持续到 1 月。很多卖家同时注册了美国站、欧洲站和日本站的账户，在备货数量上应该根据月销售量的 3 倍给工厂下订单。在每年的 11 月和 12 月，亚马逊会对放在仓库一个月以上的货物按照商品体积征收长期仓储费，并且这两月的长期仓储费是其他月的 3 倍，所以商品的销售速度也是卖家需要考虑的一大因素，11 月到 12 月中旬的销售量应该按照海运的补货数量计算，而 12 月中旬到 1 月中旬的货物可以适当用空运的方式补货。每年总会有很多卖家出现货物堆积到 2 月，甚至第二年年初都没卖完的情况，从而产生高昂的仓储费。

在年底的圣诞旺季除了要提前备货和合理地安排运输方式，我建议你制定一个总的运营方案。

对于"爆款"而言，需要一个全职运营人员专门负责；而对于整个账户而言，则需要运营总监或者老板全盘操控。下面先对一个商品做运营方案，整个账户的运营方案在此基础上调整。

如果一个"爆款"在旺季总的备货量是 10 000 个，售价为 20 美元，那么意味着在 12 月底，最好在圣诞节之前全部销售完毕，销售额为 20 万美元，毛利润按照销售额的 20% 计算，可以实现 4 万美元的赢利，折合成人民币约为 29.6 万元。

我们需要计算出总货值、总运费、总推广费用，并细化到每天的订单量，以实现这个目标。

你自行计算商品的货值和运费，下面介绍具体的运营细节知识。

假设 10 000 个商品需要在 60 天之内销售完，每天的最低订单量是 167 笔，亚马逊转化率的及格线是 10%，每天就需要 1670 次点击，这个点击量是一个平均数，在 11 月会低一些，在 12 月会高一些。对于这个"爆款"，我们需要做的事情就是在 11 月最少完成销售额的 40%，在 12 月完成销售额的 60%。

如果这个商品每天的平均销售量是 50 个左右，并且排名稳定，那么旺季每天的销售量预计是 150 个，再加上站内秒杀、促销等活动，是可以完成这个销售额的。但现实情况不会这么理想，更不会每天的销售量稳定为 150 个，而会呈现一个梯度上升的趋势，12 月 1 日—12 月 20 日会达到整个旺季销售量的顶峰。

这时，我们就需要利用站内、站外广告实现目标。

站内广告的花费最好只占总销售额的 10%，所以广告的总预算金额是 10 000（总数量）×20 美元（商品单价）×10% =20 000 美元。需要说明的是，这个广告的总预算金额包括站内自动广告、手动广告、LD（站内秒杀活动的一种，持续 4～6 小时）和 BD（站内秒杀活动的一种，持续 2 周）等秒杀活动的所有预算金额。

所有广告带来的流量都会体现在卖家中心的 ASIN 数据里。我们需要每天监控是否有1670 次点击，要知道在这些流量里去除广告流量，自然流量占比为多少。虽然销售量稳定后的"爆款"的自然流量比较稳定，但作为公司运营总监或者老板，我们需要做到心中有数，否则会出现商品卖完了，数据很好看，可是亏损了。

以上是非常顺利地实现目标的方案，但还要考虑可能会遇到各种意外情况，特别是遇到商品侵权突然被下架、被无良竞争对手恶搞失去购物车、因为物流原因无法及时上架导致断货、流量没有达到预期、销售量不达标等，这些常见的意外情况都要写到方案里，这样在运营时才会更自信。

有一种特殊的情况容易被忽视，就是商品的销售情况超出预期，提前完成了销售额并赢利。在圣诞节前后几天，有过这段时间经历的卖家都知道，圣诞节当天和过后的一两天，商品的销售量是全年最低的，因为大家都去过节了。这时，我们就不要再过分自信地海运、空运商品备货了，虽然 1 月的销售量会有一个小高潮，但是远不如 12 月旺季。我们先空运少量商品，包装商品尽快补货，然后按照新年的备货计划发货即可。

总而言之，跨境电商的旺季就是在 11 月和 12 月，备货是对卖家供应链和商品质量的考验。供应链不稳定会出现断货的情况，造成销售量损失。商品质量不稳定会出现很多售后问题，会对账户产生负面影响。

第 8 章

国际物流渠道简介

8.1 国际小包物流渠道推荐

目前的跨境物流渠道大概分为国际小包和国际快递。国际小包的特点是价格便宜，但是时效较慢；国际快递的特点是价格昂贵，但是时效较快。具体区别见表 8-1。

表 8-1

	国际小包	国际快递
时效	5～14 个工作日	3～5 个工作日
价格	价格低	价格较高
重量	单件 2 千克以下	单件 79 千克以下
体积	长+宽+高≤90 厘米	长×宽×高/5000 厘米^3
其他费用	没有偏远附加费等	会产生超长、超重、偏远附加费等
通邮范围	全球 220 个国家	全球 220 个国家
跟踪查询	挂号可跟踪，平邮不提供查询	提供跟踪查询
退件说明	退件慢	退件快

亚马逊对不同国家的买家订单在时效方面有着不同的要求，但是大同小异。美国买家的订单要求 40 天之内必须送达，欧洲和日本买家的订单要求 25 天左右必须送达。物流时效较快的快递渠道往往让很多卖家没有利润空间，所以绝大多数自发货的卖家都选择国际小包的物流渠道发货。

国际小包也有很多渠道，现在市场上常见的渠道有国际 e 邮宝、中国邮政小包（简称中邮小包）、新加坡邮政小包、荷兰和瑞士小包、俄罗斯小包等。在 2016 年之后，亚马逊对所有自发货订单都要求能够查询到网上的追踪轨迹，所以中国邮政的国际 e 邮宝业务是亚马逊卖家的首选。国际 e 邮宝以克为单位收费，如图 8-1 所示。

● [国际e邮宝] 资费表

价格(本产品能接受的单个包裹重量最大为2000克)		
包裹运费	50克及以内	每增加1克
	¥6.00	¥0.12
上门揽收费	少于5件	5件及以上
	¥5.00	免收
挂号费	免收	
外理费	免收	
退还费	暂不提供退件服务	

运费速算表					
重量（克）	价格	重量（克）	价格	重量（克）	价格
50	¥6.00	150	¥18.00	500	¥60.00
60	¥7.20	200	¥24.00	600	¥72.00
70	¥8.40	250	¥30.00	700	¥84.00
80	¥9.60	300	¥36.00	800	¥96.00
90	¥10.80	350	¥42.00	900	¥108.00
100	¥12.00	400	¥48.00	1000	¥120.00

● [国际e邮宝] 使用流程

1. 登录 ▓▓▓▓▓▓▓▓▓▓ **激活eBay账号，并进行"习惯设定"**
第一次登录后，系统自动抓取eBay账号之前14天需要发往美国的物流信息。

▼

2. 对订单进行"编辑详情单"—"申请包裹跟踪号"—"打印详情单"—"交运"—"打印报关单"步骤
标签需要剪裁，分别贴在邮件正反两面。

▼

3. 上门揽收—系统通知邮政揽收人员上门揽收，将邮件和报关单交给邮政揽收人员或卖家自送—卖家将邮件和报关单送至邮政指定的自送接收点
5件以上邮政免费上门揽收，单次不满5件的，加收5元揽收费，也可以选择自送，邮政自送接收点在邮政EMS、shippingtool主页查询。

▼

4. 完成投递
中国邮政扫描邮件后，将信息传递到美国邮政以及eBay系统，系统自动改变物品的状态变成"已发运"，并且自动添加跟踪号。
邮件的送达状态可以直接在中国邮政和美国邮政网站进行查询，也可以在shippingtool中查看"已发运"邮件的跟踪号，直接得到新的邮件状态。

图 8-1

国际 e 邮宝的运输范围能够覆盖中国所有内陆城市，这就给不在深圳、广州，不在沿海城市的卖家提供了极大的便利，并且能够覆盖亚马逊目前所有站点，时效平均在 15 天，快的在 6 天左右可以到达。

自发货用得最多、时效最稳定的当属中邮小包和国际 e 邮宝，这两个发货渠道的发货方式都是空运。空运分为两种，一种是随我们平时旅游乘坐的客机一起运输，另一种是用专门的货机运输。在绝大多数情况下，货物都是利用货机运输的；只有在少数特殊情况下，货物才会被安排用客机运输。航空公司为了保障乘客安全，安检非常严格，带电的商品很容易被退件。

飞机起飞的口岸大概有以下几个：中邮广州口岸、中邮苏州口岸、中邮北京口岸、中邮上海口岸，以及国际 e 邮宝广州口岸、国际 e 邮宝上海口岸、国际 e 邮宝苏州口岸。每个口岸都有各自的优势。

我们最熟悉的深圳口岸因为靠近香港这个自由贸易港，发货和清关极其方便，一些敏感的商品（例如，带电的、带磁的商品）用中国香港小包、新加坡小包清关会容易很多。同理，上海口岸因为靠近东北亚最大的货运中心仁川，所以使用中邮小包比较灵活，很多货物可以用货机运输，而且货机的数量多，运力充足。我了解到很多日本站自发货卖家从上海发货到日本，3～4 天就可以签收了，这就是充分利用了地理位置的优势。

中国邮政旗下的国际 e 邮宝和中邮小包都属于万国邮联系统，所以清关能力很强，甚至连茶叶等可以长时间存放的食品都可以顺利清关。新卖家可以直接联系当地的邮政所咨询具体如何发货。其他几个物流渠道大部分没有网上追踪轨迹，不过这些小包渠道都在不断更新，卖家可以多方了解，对比价格和时效，选择最适合自己的发货渠道。

8.2　国际快递物流渠道推荐

与国际小包相比，国际快递物流渠道给人的第一印象是时效快，一般 3～5 个工作日就可以将物品从中国邮寄到主流的跨境电商目的地国，但一些非洲国家的时效稍微慢一点。目前，市场上最常用的四大国际快递公司是 UPS、FedEx、DHL、TNT。

1．UPS

UPS（United Parcel Service，联合包裹速递服务有限公司）是现在世界上最大的快递承运商与包裹递送公司，总部位于美国华盛顿州西雅图市，成立于 1907 年，已经有 100 多年的历史了，网站如图 8-2 所示。

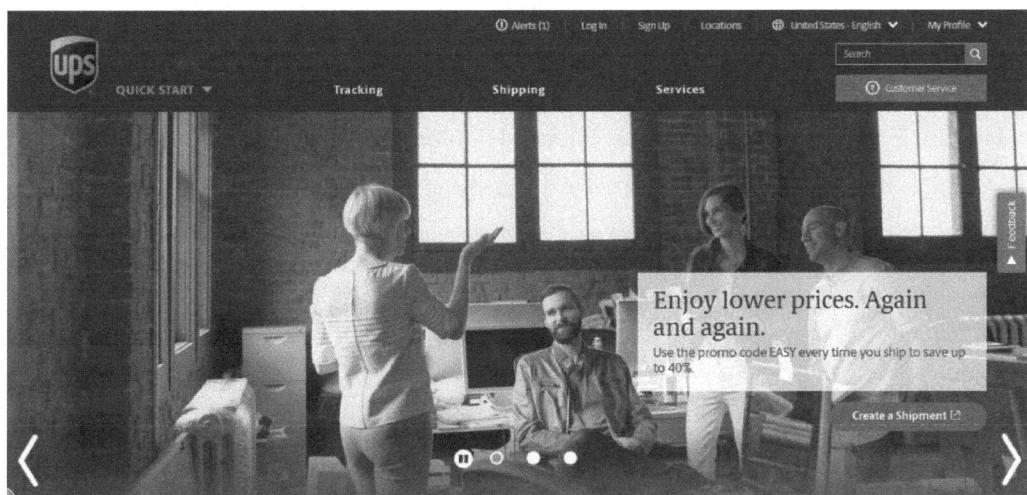

图 8-2

UPS 的主要优势为在美洲性价比极高，这两年在主力打造美国专线，在北美洲和南美洲运输 100 千克以上的大货时效非常稳定。UPS 的主要竞争对手是 FedEx，UPS 在中国对外贸易物流领域影响力仅次于 FedEx。

2．FedEx

FedEx（Federal Express，美国联邦快递）的总部位于美国田纳西州，成立于 1971 年，网站如图 8-3 所示。

在日本、韩国、美国、加拿大、墨西哥等国家，货物重量在 50 千克以上时 FedEx 的价格很有优势，时效也很稳定。FedEx 在中国对外贸易物流领域影响力最大。

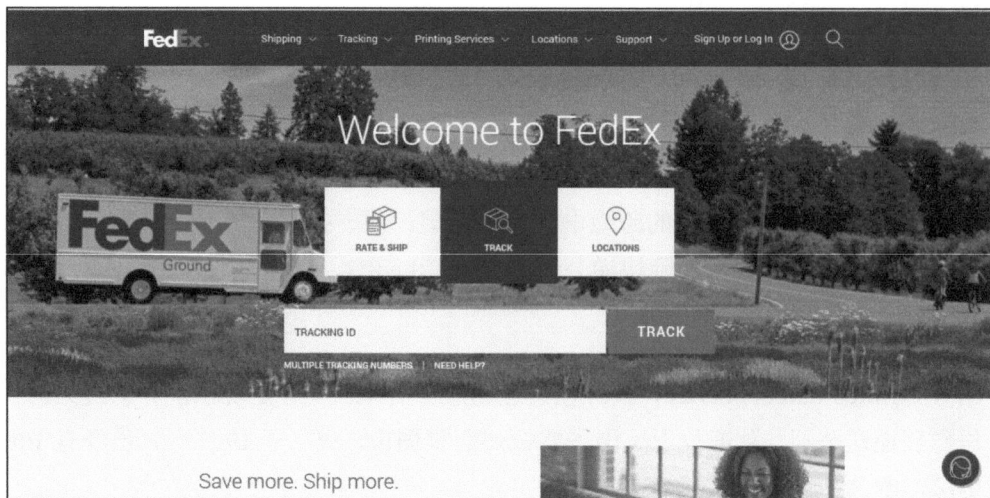

图 8-3

3. DHL

DHL 由三位美国人 Adrian Dalsey、Larry Hillblom 及 Robert Lynn 姓氏的首个英语字母组成，中文名称是敦豪快递，1969 年创立于美国旧金山市，网站如图 8-4 所示。

图 8-4

DHL 与中国对外贸易运输总公司合资成立了中外运敦豪，中国的业务全部由中外运敦豪运营，运输 21 千克以下的小货和 21 千克以上的大货价格都非常便宜，在亚太、澳大利亚、日本、非洲等国家和地区拥有极强的清关能力，基本都能做到 2～4 个工作日签收。

4. TNT

TNT（Thomas National Transport）是世界顶级的快递物流公司，总部位于荷兰阿姆斯特丹市，成立于 1946 年，目前是西欧市场占有率最高的公司，网站如图 8-5 所示。

图 8-5

　　TNT 给人的第一印象是在美洲价格较高，但在西欧地区是清关能力最强的公司，在西欧地区可以做到 3 个工作日送达，而且在西亚和中东地区相对于其他 3 家国际快递公司在清关安全性方面有着绝对的优势。跨境电商卖家只有在运输重要货物、需要清关能力强的公司时才会选择 TNT，毕竟其价格很高。

8.3　国际快递清关报税详解

　　8.2 节介绍的 4 家国际快递公司都有各自的优势清关地区，在清关时采用商业快件清关方式，只需要提供发票、海关编码、收件地址和装箱单，不需要提供相关单证，所以清关速度会很快。

　　目的地国海关会以货物名称和申报价为依据征收税金，要求提供商品相关信息或者商品质量认证。如果运输的货物不需要缴纳关税，且商品不需要相关资质、质量认证，那么海关会直接放行。如果需要缴纳关税或者需要提供商品质量认证，那么这 4 家快递公司一般会联系收件人处理，如果联系不到收件人则由发件人处理。

　　所有的快递公司都不包清关和关税，即货物在清关时如果遇到问题，那么快递公司只能协助解决，会联系收件人或者发件人解决。如果问题解决不了，货物就很可能被退回或者被销毁，因此而产生的费用都需要由发件人承担。一般的货运代理公司，也就是我们常说的货代公司，都会在发货前问清楚商品具体信息再申报，会根据经验让发件人提供相关的商品质量认证或者做关税预付。需要说明的是，关税预付虽然是合规的操作，但是成本会高出很多。

　　承诺包清关、包关税的货代公司都是根据行业经验，在权衡清关风险与收益的情况下做出的营销行为，既然承诺就肯定会涉及赔偿，所以在发货前要如实申报，特别是对于发往国外亚马逊仓库的货物，因为亚马逊是不会处理货物清关及关税方面问题的。

8.4 FBA最佳物流方式推荐

FBA 的概念和运作方式在第 3 章中就详细讲过，其本质是亚马逊在海外租用仓库，第三方卖家如果需要使用这项配送服务，就需要将一批货物从中国运输到亚马逊的 FBA 仓库，这一段的运输称为头程物流。利用一些技巧可以大大降低新卖家的运营门槛和头程运费。需要说明的是，因为运输到亚马逊 FBA 仓库的货物不是发给终端购物买家的，所以绝大多数卖家会选择发送一批货物，也就是一定数量的货物到亚马逊仓库。目前市场上用得最多，也是卖家普遍认可的运输方式为空运加快递派送，简称空加派或者 FBA 专线，一般都是包税、包清关的。

空加派的清关分为整批清关和单件清关。单件清关比较安全，清关速度快，但是成本较高，即使遇到查验，也只会扣下有问题的货物，没有问题的货物可以放行。整批清关虽然成本较低，但是不安全，货物遇到查验会被整批扣下。注意：采用整批清关的货代公司往往是不正规的物流公司，采用偷税漏税的方式操作。空加派除了时效之外，在价格及安全性上都比快递好得多。以上是主流的发货到 FBA 仓库的运输方式，其实在对比不同运输方式的价格和时效的同时，清关能力和关税问题也是卖家在合规操作方面需要了解的。

FBA 发货的货物运输方式除了空加派，还有价格便宜的海运、海加派（海运加快递派送）、欧洲铁运，都需要一定的发货量才能发。

海运适合运输一些体积较大的泡货或者重量非常重的大货。例如，沙发、衣柜等家具用品。在时效方面，发到美国需要 25～40 天。

海加派是介于海运和空运之间的一种运输方式，一般按照货物的重量计算价格，发往美国的货物价格是 12～15 元/千克，时效较快，15～30 天可以到港口。较低的价格、较快的时效使海加派成为向美国发货降低运费的主流运输方式。

欧洲铁运属于陆地运输方式，直接到目的地英国清关。铁运是 2017 年后才出现的运输方式，可以按照货物的重量和体积计算价格，不同的货代公司标准不一样，铁运只能运输到欧洲国家，到不了美国。时效一般比欧洲海运要快一个月左右，所以铁运是目前欧洲主流的降低运费的运输方式。

各种运输方式都是根据市场需求设计出来的，随着市场的变化，会不断地推陈出新。跨境电商卖家在选择运输方式时要根据自己的销售情况，选择适合自己的渠道备货、补货。在第一次发货的时候，由于不确定商品是否能够热销，建议只发不超过 60 个 PCS，并且采用快递红单的方式，3～5 天能够迅速到达亚马逊仓库，实现上架销售。如果销售情况较好，那么第二次补货时可以同时发快递和空加派，将两种运输方式结合，这样可以节省一部分运费。当某些商品的销售量已经稳定时，就可以考虑采用海运、海加派和欧洲铁运的方式进一步降低运费，进而降低商品成本，提高卖家自身的竞争力。

对于相同的运输方式，需要综合考虑安全性、价格、时效因素，然后再确定选择哪个物流公司。对于不同的运输方式，不同的物流公司也有各自的优势，在发货的时候，要多方询问、对比、收集几家物流公司的商品价格表，选择既经济又高效的运输方式。

8.5 这些发货秘密可以为你节省大笔运费

当你做亚马逊运营一年后，业绩有了一些起色，发货量趋于稳定，如果商品种类较多，那么每次打包发货就需要一些技巧。这些技巧涉及与平台相关的运营方法以及与货代相关的物流行业知识，我发现很多老卖家都不明白，这里就单独写出来。

亚马逊发货分为自发货和 FBA 发货。下面主要分享 FBA 发货的打包细节，能够帮你节省物流费用。

自发货卖家如果每天要处理 300 单以上的小包，那么需要先管物流公司要面单，然后用 ERP 系统把地址打印到面单上，再贴到货物上。

如果用 FBA 发货，有多个相同或者不同的收货地址，并且同时发货，就需要提前规划，否则会做很多无用功，甚至会弄错便签，从而产生巨额的海外移仓、重新入仓费用。

第一，相同和不同收货地址的发货技巧。

相同账户、多个相同的收货地址（即亚马逊分配的仓库地址）的货物，是可以合并在一票货里发走的。

相同账户、多个不同的收货地址的货物，是不能放在一票货物里发货的，很简单，地址都不同的货物，怎么能一起发货呢！

另外，我和很多物流公司的人交流过，他们经常将不同卖家账户下的多个相同收货地址的货物合并在一票货里发走，而且不会关联。注意：卖家中心的发货地址千万不能相同，相同的发货地址是会导致账户关联的，这里需要注意卖家中心发货地址的填写技巧，如图 8-6 所示。

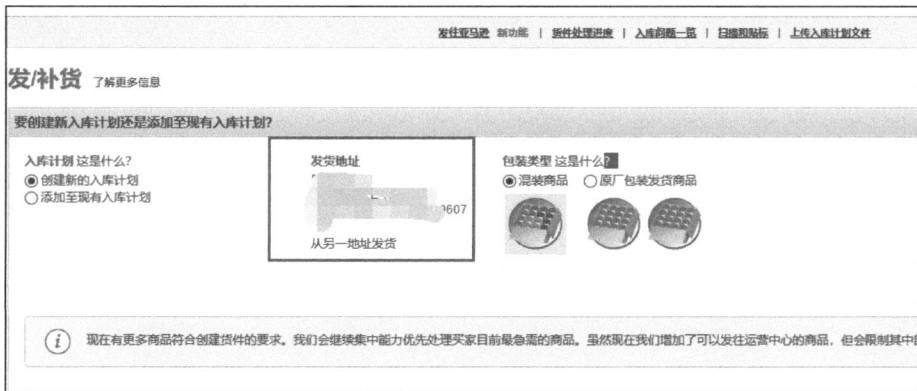

图 8-6

为了避免发货地址相同而产生关联，建议填写公司营业执照地址，因为营业执照地址都不相同。

第二，无论是空运还是海运，泡货是可以和实重商品一起发的。

假设你发 10 个箱子，实重是 100 千克，体积重是 150 千克，这就是典型的泡货，即体积重大于实重的货物。物流公司会按照 150 千克计算运费。如果你还有 5 箱其他的实重商品，假设共 40 千克，和 10 箱泡货一起发，一共 14 箱。实重就是 100+40 =140 千克，体积重依然是 150 千克。

这时，运费是不变的，还是按 150 千克计算，相当于节约了 40 千克货物的运费。

第三，更专业的物流知识。

现在行业的分泡很常见了，但是大多数跨境电商卖家都不懂这些非常专业的物流知识，这就因为信息不对称花了很多冤枉钱。

假设分泡 30%，最终计费重量=（体积重-实重）×0.7 + 实重。如果体积重是 100 千克，实重是 90 千克，那么实际按 97 千克计算运费。

假设分泡 50%，最终计费重量=（体积重-实重）/2+实重。如果体积重是 100 千克，实重是 90 千克，那么实际按 95 千克计算运费。

看起来只有 2 千克的差别，但是如果一个月的发货量是 1 吨，那么一年的发货量就是 12 吨，节省的运费就不只 24 000 元人民币。对于这一点，很多资深老卖家都会忽视。

现在货代公司大多数都是按分泡 30%计算的，无论是发空加派还是发海加派，你一定要咨询清楚，要问清楚是不是分泡 50%。如果你不问，那么有的货代公司就按照分泡 30%计算。如果你问了，他觉得你不懂，那么也会告诉你分泡 30%。现在你看了本书，就应该知道与货代公司讨价还价了。

当然，我不是说货代公司坑人，有的货代公司的业务员自己也不懂。如果你是定期用海运、空运大量发货的老卖家，那么一定要问清楚这些，可以节省大笔物流费。

第 9 章
亚马逊站内广告实战分享

9.1 站内广告基本简介

亚马逊作为跨境电商的代表性平台，其平台流量和用户价值都是最大的，平台流量远远大于其他新兴电商平台，在用户价值方面更超过了其他平台。

亚马逊是主流的欧美电商平台，覆盖了大多数发达经济体。这些国家的人均收入较高，加上亚马逊的 Prime 会员制度，所以亚马逊上有很多购买力强的买家。以上都是我们在亚马逊上取得成功的必要保障，而站内广告是主动获取站内流量的基本运营手段，站内广告也随着整个跨境电商市场的发展而不断变化，造成很多卖家都弄不清楚站内广告有多少种类型，不同类型的站内广告的目的是什么，下面进行概括性的梳理，让新卖家了解亚马逊的站内广告类型，让老卖家对自己之前的运营有新的思考和启发。

在卖家中心单击"广告"下拉菜单的"广告管理活动"选项，再单击"创建广告活动"选项，会出现如图 9-1 所示的页面。

图 9-1

目前，亚马逊的站内广告分为 3 个类型：商品推广广告、品牌推广广告、展示型广告。

1．商品推广广告

商品推广广告是最常见的，也是使用得最频繁的广告类型。

商品推广广告针对商品本身，你可以理解为对单个商品的站内广告，它分为自动广告和手动广告。

自动广告是系统根据商品自动匹配的广告，通过抓取 Listing 文案的标题、五行描述、关键词等文案内容，自动对商品进行广告投放，然后通过机器的人工智能不断自我学习，进而提高站内广告效果。虽然系统会不断地根据广告数据自我学习，但是不意味着你不需要管它了，反而需要定期下载自动广告报告，将只有点击而没有转化的词否定掉，把曝光量高、转化率高的词单独拿出来打手动广告，并且同步到 Listing 文案里，通过数据不断优化 Listing 文案，帮助机器自我学习，才能把自动广告做好。

自动广告在大多数情况下展示在竞品详情页面的下方，如图 9-2 所示。

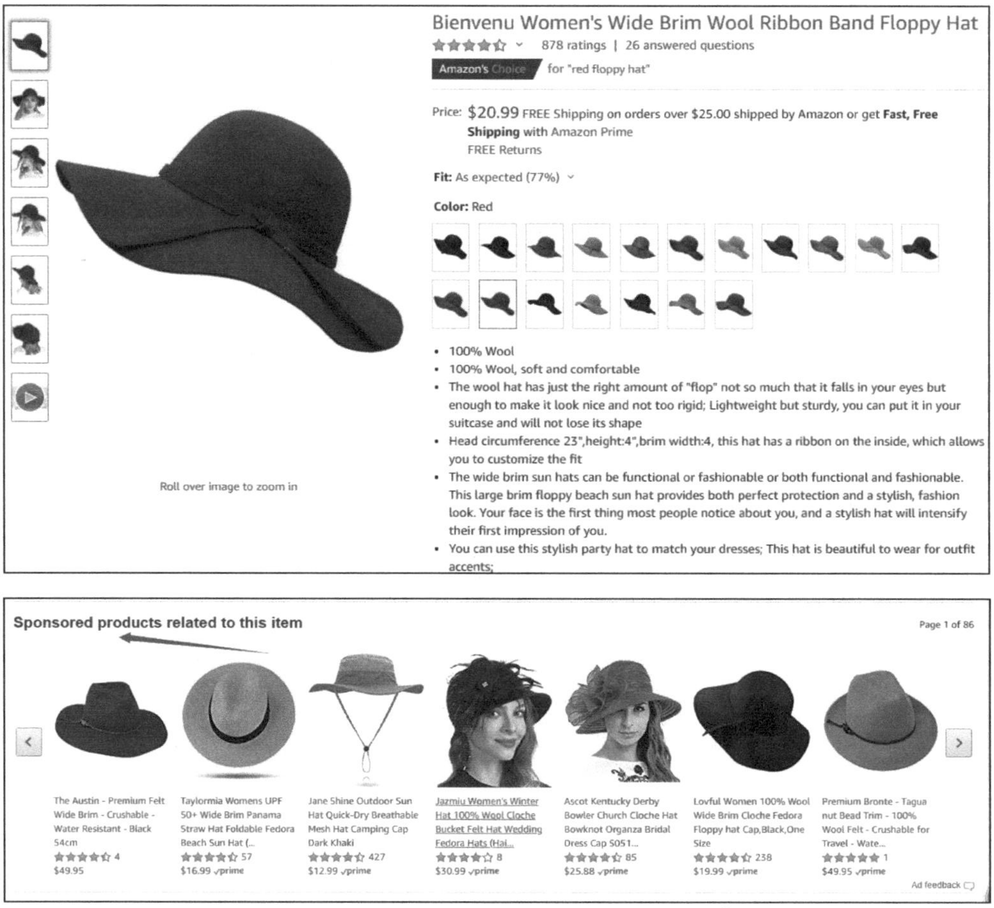

图 9-2

图 9-2 是我随意打开的一款帽子的详情页面，箭头所指的即自动广告出现的位置，下方这些帽子都是系统自动匹配的，以便买家对比。

现在亚马逊对自动广告进行了升级，也会在买家搜索结果页显示，这在下一节详细讲解。

你可以把自动广告里转化率高或者曝光量高的词单独拿来引流，从而引入精准流量，提高商品的转化率，同时帮助买家更好地找到自己想要的商品，这样的广告就是手动广告。

手动广告往往根据出价会出现在搜索结果的页面，如图 9-3 所示。

图 9-3

图 9-3 中 "Sponsored"（赞助广告）代表这个商品投放了手动广告，广告位置是根据出价和商品转化率等综合得出的，并不是出价高就一定排在前面。

无论是自动广告还是手动广告，在竞价和功能上都有所更新，会在下一节详细讲解。

2. 品牌推广广告

品牌推广广告是卖家做了品牌备案之后才会有的广告类型。

品牌推广广告主要是针对商品本身或者品牌旗舰店投放的广告。品牌推广广告的流量是最大的，位于最显眼的位置，这与亚马逊本身做品牌的调性相关。

品牌推广广告的投放分为针对 3 个商品和品牌旗舰店的投放。投放品牌推广广告的目的是展示这个品牌和对应的 3 个商品，一般出现在前台搜索结果顶端，如图 9-4 所示。

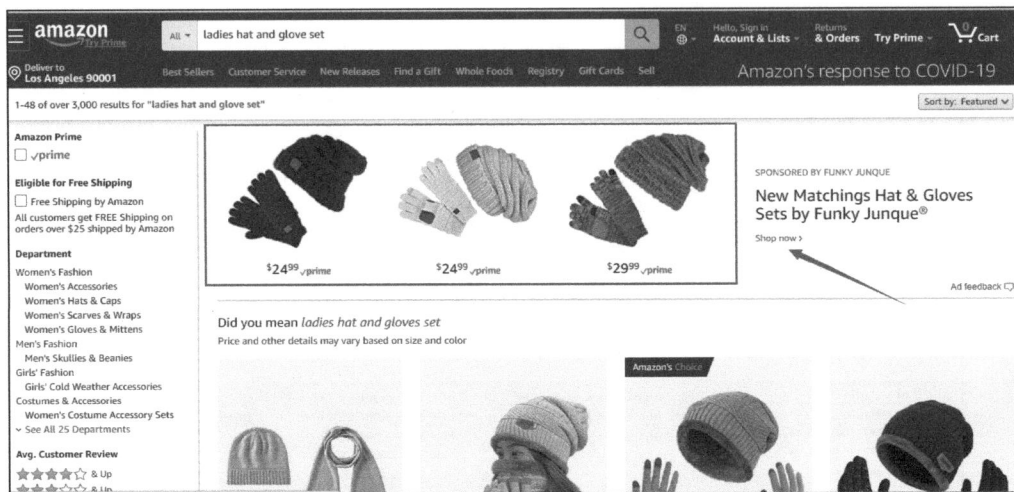

图 9-4

这是一款冬季手套和帽子的套装广告，图 9-4 中方框和箭头所指的位置就是品牌推广广告的广告位，非常显眼，比搜索结果首页的第一个自然位还要靠前，这样就会有巨大的流量。

方框框起来的商品是这个品牌一次性投放的 3 个商品的广告，买家可以单击其中任意一个。

箭头所指的是这个品牌旗舰店的广告，单击"Shop now"（商店）选项，会出现如图 9-5 和图 9-6 所示的页面。

图 9-5

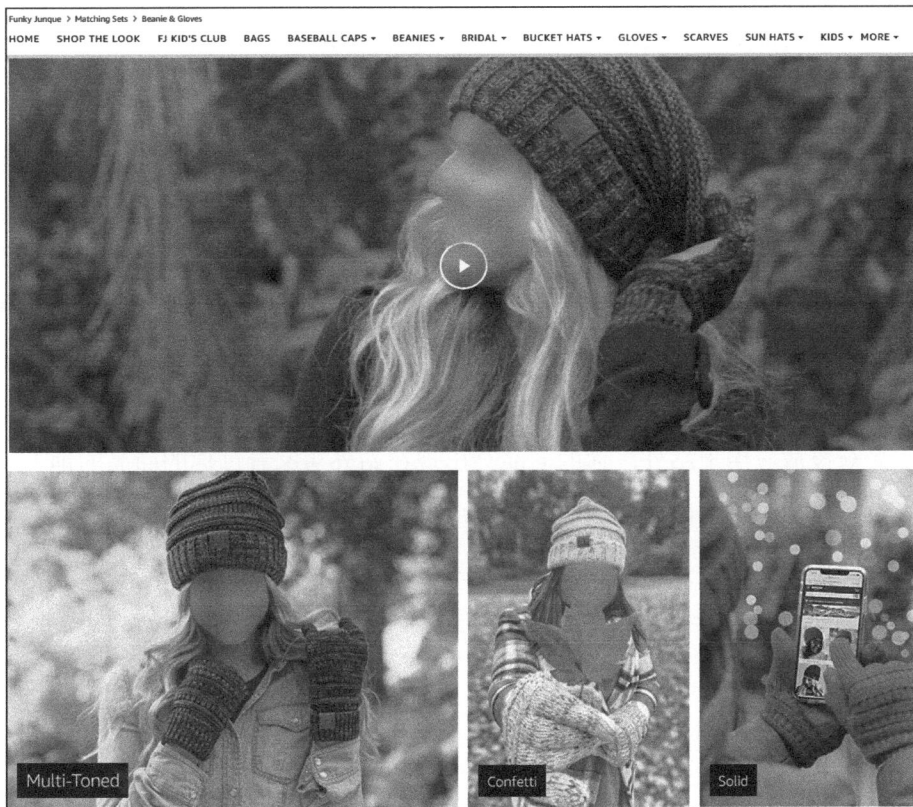

图 9-6

页面有很多屏，就不一一截图了。总之，你可以把有精美图片、视频的品牌旗舰店展示给买家，大大提高整个店铺的转化率并增加买家对品牌的好感。这样显示的前提是在卖家中心设置了品牌旗舰店，否则只会显示 3 个投放广告的商品。

卖家中心有专门设置品牌旗舰店的选项，如图 9-7 所示。

图 9-7

只要你注册的品牌在亚马逊备案后，就会有这样的功能和页面。

3. 展示型广告

展示型广告是亚马逊根据大数据优化出来的广告类型，很多买家在看过你的商品之后去看了别的商品，这个广告就会再次出现在买家的面前。假设你的商品的转化率是 15%，那么就有 85% 的流量流失了，展示型广告就是在最大限度地挽回这 85% 的买家。亚马逊的很多流量也是花钱从站外引进来的，这个广告的投放目的是再一次留住站外引进来又损失的流量，属于打造流量闭环的一部分。

展示型广告有按照受众投放和按照商品投放两个功能。

按照受众投放应用于站外，你的商品会出现在站外买家看过你的商品的地方。

按照商品投放应用于站内，你的商品会出现在买家正在看的竞品下方。

展示型广告会展示在亚马逊站外的电脑端、手机端，使用范围广，流量大，非常适合独家设计的新商品的推广和提升"爆款"的销售量，例如提高 Best Sellers 的销售量天花板。

9.2　自动广告的创建

自动广告即系统自动给某个商品打广告，无须买家做额外的监测，是最省事的广告，对新卖家来说其作用非常大。

下面介绍怎么创建自动广告，单击"广告"下拉菜单的"广告活动管理"选项，然后单击箭头所指的"商品推广"选区的"继续"按钮（如图 9-8 所示），会出现如图 9-9 所示的页面。

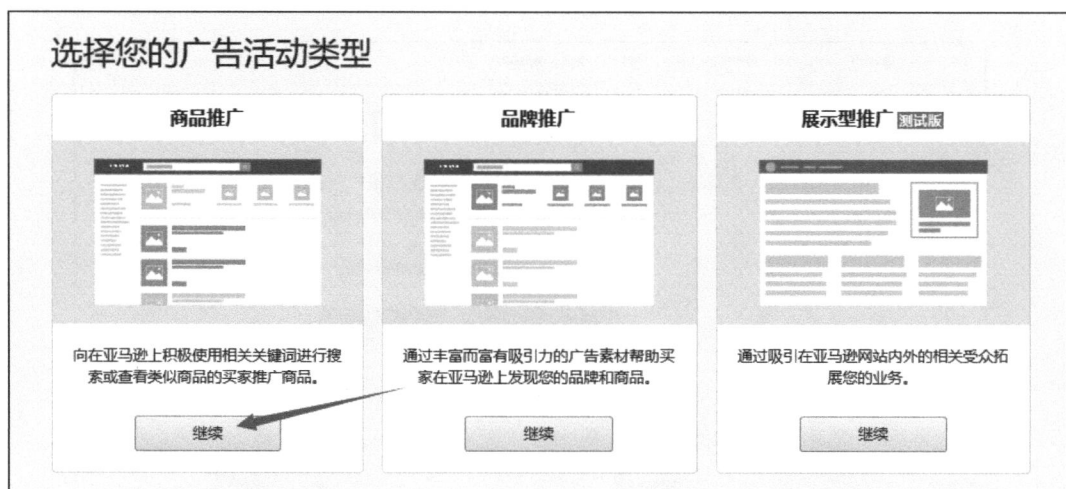

图 9-8

图 9-9

广告活动名称可以采用自动 + 商品名称的方式书写。例如，打蓝牙耳机广告就写"自动+蓝牙耳机"。这属于我的经验总结，在商品种类多了，既有自动广告，又有手动广告的时候，后台管理起来就会非常混乱。

亚马逊站内广告讲究持续性，不能今天开，明天关，所以需要提前做好细节工作。

每日预算建议至少填写 20 美元，一般不特意设置结束日期。

单击"自动投放"单选按钮，滚动鼠标滚轮下拉页面，会出现填写"广告活动的竞价策略"选区，如图 9-10 所示。

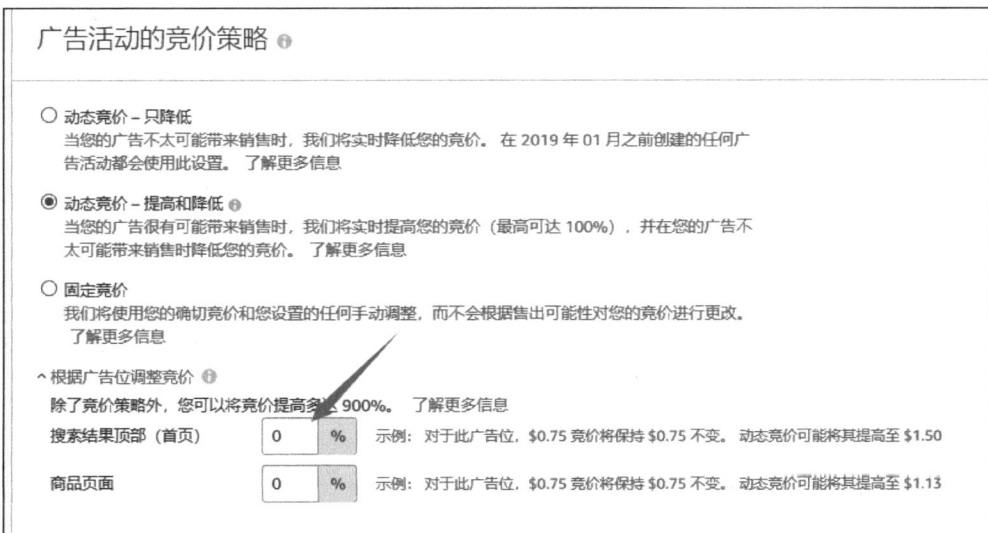

图 9-10

因为是自动广告，在设置竞价后，系统会根据你的单次点击出价匹配合适的广告位。你可以选择三种竞价策略：动态竞价-只降低、动态竞价-提高和降低、固定竞价。如果你打自动广告偏保守，就选择固定竞价和动态竞价-只降低，意思是你出价 1 美元，在任何时候买家点击广告你都支付 1 美元。

如果你打广告比较激进，那么可以选择动态竞价-提高和降低，也就是当出现销售机会的时候，系统会自动提高竞价，提高竞价的比例在下方箭头所指的位置可以设置，最高可达 900%，你可以根据商品利润率量力而行。在没有销售机会的时候，系统又会降低竞价。但这只是机器人自动学习的结果，往往需要一定的数据积累才会有明显的效果。

继续滚动鼠标滚轮下拉页面，会出现选择具体要投放广告的商品列表，如图 9-11 所示。

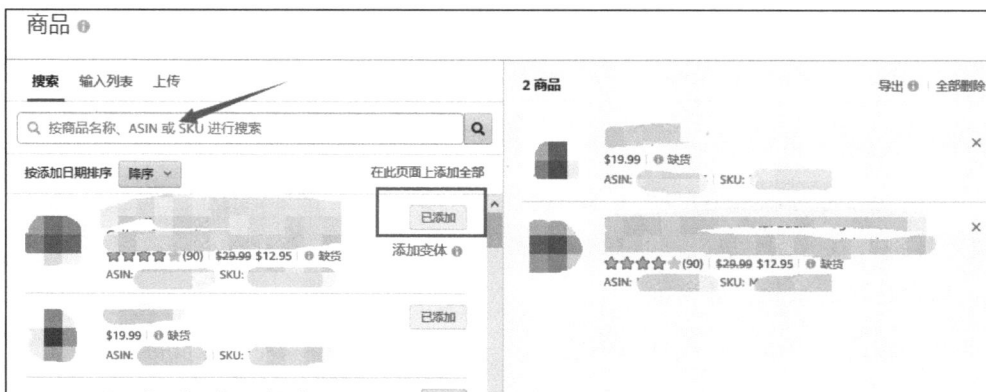

图 9-11

在箭头所指的文本框中可以输入商品名称、ASIN 或者 SKU 来定位要投放的广告。

如果该商品不是变体关系的，那么建议选择 SKU 作为搜索条件。很多新卖家习惯用商品名称搜索，这样会搜出来很多一样的商品，然后就不知道怎么选了。如果用 ASIN 搜索，那么跟卖自己商品的自发货商品也会被搜索出来。自发货商品不建议打站内广告，因为亚马逊会对卖家的物流发货要求很高。

因为商品的 SKU 在卖家中心具有唯一性，所以这样运营更加成熟和谨慎。

然后，把搜索出来的商品填上竞价价格，在自动竞价的建议价格基础上增加 1 美元，观察一天。如果没有任何展示数据，就再加价，最后单击"保存"按钮就完成了。

自动广告一般展示在竞争对手 Listing 详情页面的下方，在 9.1 节中已经详细讲过。

自动广告属于使用人工智能系统匹配商品，系统机器人需要一段时间识别广告效果，所以至少需要一星期的时间查看卖家中心的数据，卖家需要耐心，千万不要因为自动广告前期投入大，订单量不多就关闭了，很多买家的购物习惯是先加入购物车，过几天再付款。

自动广告在创建之后的 30 分钟左右就会生效，系统会产生点击数据和报告。下面介绍如何下载报告和分析报告内容。

打开卖家中心，单击"广告"下拉菜单的"广告管理"选项，会出现如图 9-12 所示的页面。

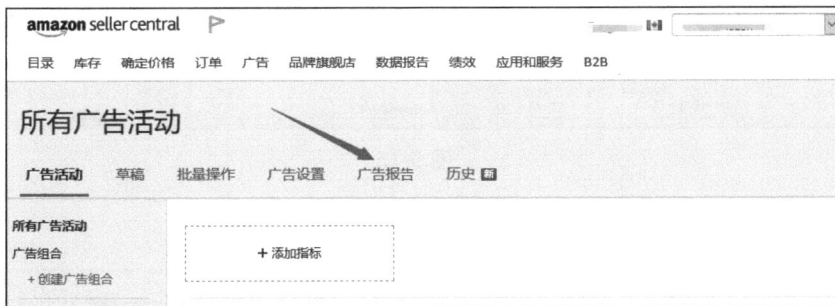

图 9-12

单击"广告报告"选项，会出现如图 9-13 所示的页面。

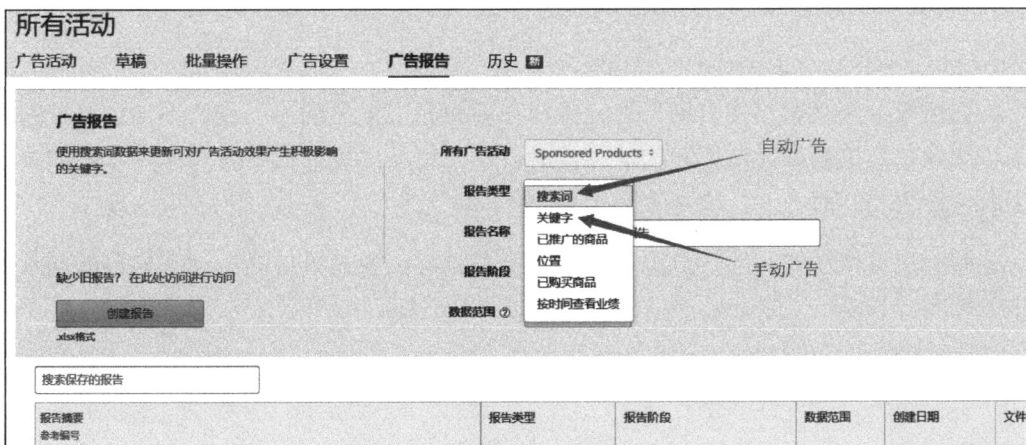

图 9-13

卖家在选择报告类型的时候一定要记得选择"搜索词"选项。

"搜索词"选项用于下载自动广告的报告。"关键字"选项用于下载手动广告的报告。这是新卖家最容易出错的地方，"报告阶段"一般选择本月至今。

单击"创建报告"按钮，几分钟之后会出现如图 9-14 所示的页面。

图 9-14 所示为自动广告的报告已经下载成功，单击"下载"按钮，即可下载 Excel 数据报告，如图 9-15 所示。

图 9-14

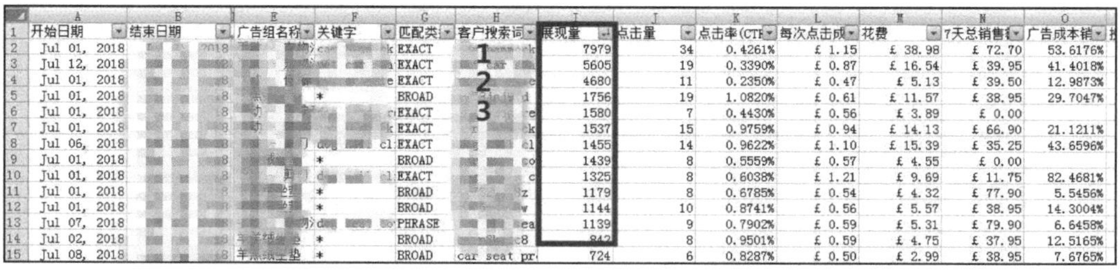

图 9-15

按展现量从高到低排序，如图 9-16 所示。

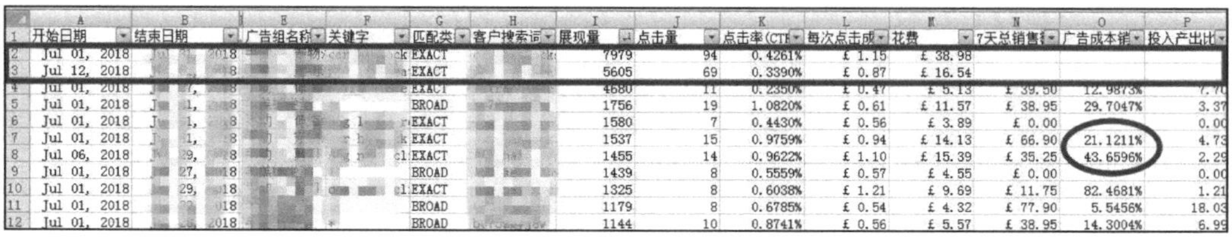

图 9-16

我们主要分析"客户搜索词"这一栏，在新商品上架之后，当我们不知道买家用什么英语单词和其他语种单词搜索我们的商品时，这个自动广告数据报告的客户搜索词就是系统为我们收集的，或者说，这是花钱买来的。

按照展现量排序的目的是直观地看到哪个关键字是曝光量最高的。我们再横向看整个报告，如图 9-17 所示。

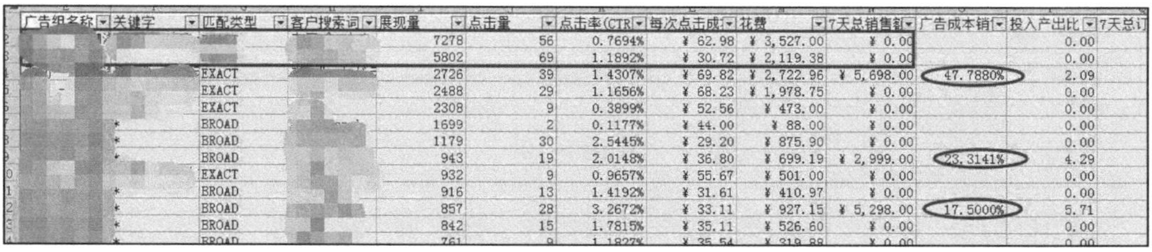

图 9-17

方框区域内的展现量很高，特别是点击量也很高，但是几乎没有销售，这样的客户搜索词还需要在前台页面验证是不是与卖家销售的商品相关。要把不相关的词加到自动广告的否定关键字里，这是为了不浪费过多的钱，因为系统自动匹配有时候会把商品推荐给不相关的类目。圆圈区域是指这个搜索词产生了一定的销售额，在表格的后面也能看到订单量。这样有转化的搜索词一定要单独拿出来，放在手动广告里面，提高这个搜索词的转化率。

以上是按照展现量排序的，自动广告的分析方法很多，还可以按照点击量和转化率排序，方法和上面相同。新卖家要学会举一反三，并且要有良好的动手能力。

9.3 用自动广告精准地抢占市场

亚马逊早期的自动广告是非常简单的，创建一个广告组，加入有打广告资格的商品，就可以开始收集数据了，然后就可以下载广告报告分析数据。关于这些内容，你可以参考《亚马逊跨境电商运营从入门到精通》。站内流量是巨大的，亚马逊不希望自己花钱引进的流量浪费，所以把自动广告升级到 2.0 版本，以便卖家进行各种精细化运营。很多新运营人员，甚至有 1～2 年经验的运营人员，也会对 2.0 版的自动广告一头雾水。自动广告页面如图 9-18 所示。

	有效	自动定位组 ⓘ	匹配类型 ⓘ	状态
☐		总计: 4		
☐	⬤▭	紧密匹配 ⓘ	-	超出预算 详情▾
☐	⬤▭	宽泛匹配 ⓘ	-	超出预算 详情▾
☐	⬤▭	同类商品 ⓘ	-	超出预算 详情▾
☐	⬤▭	关联商品 ⓘ	-	超出预算 详情▾

图 9-18

在创建完自动广告后，广告的投放方式都会细分为这 4 种匹配类型。

紧密匹配（Close Match）：买家在使用与你的商品紧密相关的**搜索词**进行搜索时，亚马逊会向其显示你的广告。

宽泛匹配（Loose Match）：买家在使用与你的商品并不密切相关的**搜索词**进行搜索时，亚马逊会显示你的广告。

同类商品（Substitutes）：买家在查看与你的商品类似的 **Listing** 详情页面时，亚马逊会向其显示你的广告。

关联商品（Complements）：买家在查看与你的商品互补的 **Listing** 详情页面时，亚马逊会向其显示你的广告。

你需要反复看自动广告的不同匹配类型的定义。紧密匹配和宽泛匹配是买家在搜索搜索词后展示的广告；而同类商品和关联商品是在 Listing 详情页面展示的广告。这就是亚马逊对自动广告带来的流量进行更加细致的划分，让卖家明白自动广告的流量入口和路径，把商品精准地送达买家最容易购买的地方，让买家能够更精准、快速地找到自己想要的商品，而老版的自动广告是一个笼统的页面，不利于精细化运营。

自动广告的四种匹配类型理解起来有点费劲，你可以把它们和手动广告的 3 种匹配类型（广泛匹配、短语匹配、精准匹配）类比起来理解，可以结合下一节的手动广告反复理解。这里也可以看出广告是一个体系，而不是单独存在的。

第一种：紧密匹配。 你可以把紧密匹配的广告理解为手动广告的精准匹配，是指当买家搜索与你的商品紧密相关的搜索词时才会展现出的广告。紧密匹配的广告是所有流量中转化率最高的，自然也是最贵的广告，单次点击出价自然就会高得多。例如，买家搜索 Men's Watch（男士手表），会搭配出现其他型号、款式的男士手表广告。

第二种：宽泛匹配。 宽泛匹配的广告是指当买家搜索的搜索词与你的商品不是非常相关，但是又有些关系时会出现的广告。流量越宽泛越便宜，转化率越低，但单次点击出价也会便宜得多。例如，买家搜索 Men's Watch，会搭配出现装手表的盒子、女士手表带等弱相关的广告。

第三种：同类商品。 这是你最熟悉的广告位，也是与老版自动广告一致的地方，就是买家在搜索相关商品的时候，会在竞品详情页面五行描述下方出现你的广告，如图 9-19 所示。

图 9-19

这也可以理解为亚马逊给买家更多选择的机会和打造一个站内流量闭环的功能。买家从站外打开一个 Listing 详情页面，如果不喜欢这个商品，那么可能会购买下方出现的广告商品，进而提高整体流量的使用率。例如，买家搜索 Men's Watch，你的商品就会出现在其他男士手表 Listing 详情页面下方，方便买家对比。

同类商品的广告的单次点击出价是适中的，是自动广告花费的重点地方，也是关联流量精准度最高的匹配类型。

第四种：关联商品。 这个类型的广告是自动广告所独有的。因为这是和买家搜索的 Listing 详情页面互补的广告类型，也属于补充流量的一部分。例如，买家搜索 Men's Watch，会出现修表工具等商品，也是在详情页面出现的。这种匹配类型是买家顺便购买、下意识购买的商品，所以转化率也是最低的，单次点击出价设置低一点即可。

以上就是自动广告优化后的功能，你要反复理解并且记住每种广告会出现的广告位，再进行精准投放，可以很好地抢占更多市场份额。千万不要再像之前一样，胡子眉毛一把抓，全部设置一样的单次点击出价，这会把自动广告做得一塌糊涂，必然会导致亏损。

9.4　手动广告的创建

经过 15～30 天的自动广告运营，在亚马逊给打广告的商品收集了足够的数据之后，卖家就需要把表现良好的、有转化的、有曝光的商品放在手动广告里。

打开卖家中心，单击"广告"下拉菜单的"广告活动管理"选项，如图 9-20 所示。

图 9-20

这一步和创建自动广告是相同的，所有站内广告的创建入口都是这里，而且是唯一的入口，如图 9-21 所示。

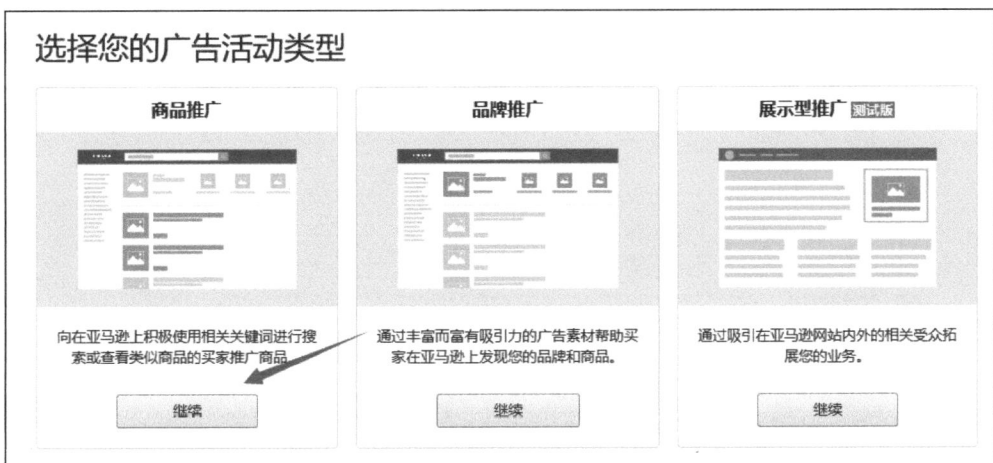

图 9-21

单击"继续"按钮，这一步也和创建自动广告相同，会出现如图 9-22 所示的页面。

图 9-22

图 9-22 中"广告活动名称"文本框中文字的写法可以极大地方便后期的广告管理，亚马逊的站内广告讲究持续性，如果 2 个不相同的商品放在同一个组中，后期会造成 ACoS 不准确，因为不同商品的转化率和关键词都不一样。手动广告的关键词是从自动广告中筛选出来的。

单击"手动投放"单选按钮，向下滚动鼠标滚轮，会出现如图 9-23 所示的页面。

在"广告组名称"文本框中填写具体的商品名称。要"按 SKU 搜索"，因为 SKU 在卖家中心的库存商品里具有唯一性。很多人"按 ASIN 搜索"，如果商品是跟卖自己商品的自发货商品，那么 ASIN 是相同的。自发货的商品是不能够打手动广告的，会在后面显示"不符合条件"字样。另外，没有购物车也会显示"不符合条件"字样。

如图 9-23 所示，直接单击"添加"按钮，或者先在搜索框中输入商品的 SKU，再单击搜索按钮，然后单击"添加"按钮都可以添加需要打广告的商品。

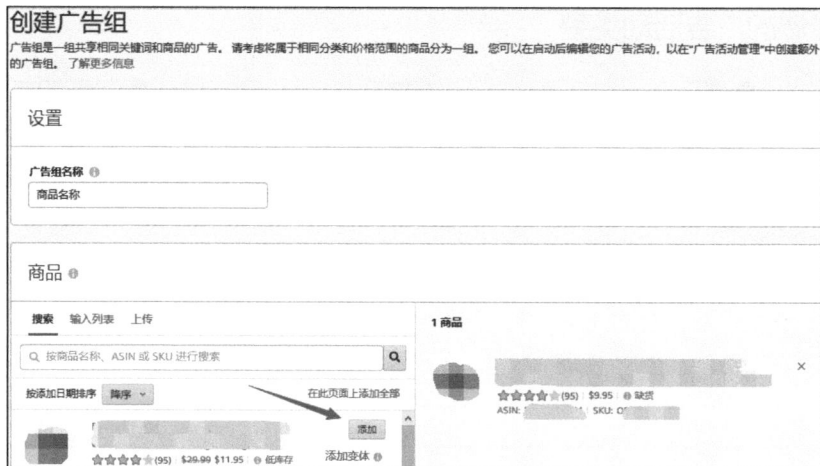

图 9-23

在选择好了能够打广告的商品之后，滚动鼠标滚轮下拉页面，会出现如图 9-24 所示的页面。

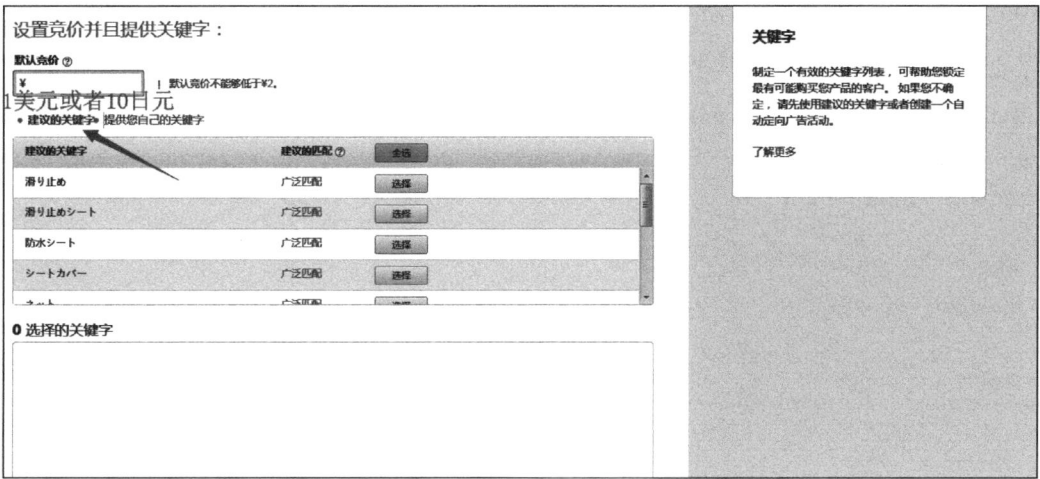

图 9-24

需要填写"默认竞价"文本框，即买家每次点击的价格，一般建议价格填写得稍微高一点，前期的手动广告用来测试展现量。

接下来填写关键字，有两种方式填写："建议的关键字"和"提供您自己的关键字"。"建议的关键字"是亚马逊根据你的商品的标题、五行描述和后台关键字建议使用的关键字。卖家在选择之前，一定要到前台搜索一下，看看是不是与自己的商品相关。如果卖家销售的是蓝牙耳机，搜出来的是蓝色 T 恤，就没必要填了。"提供您自己的关键字"是卖家自行提供的展现量大、转化率高的关键字，这里会用到自动广告筛选出来的词语，如图 9-25 所示。

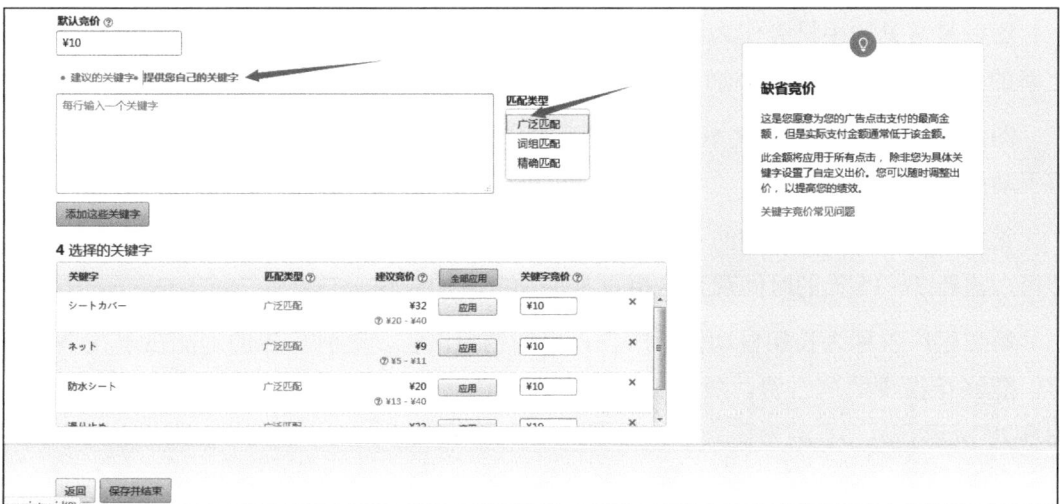

图 9-25

在卖家自行填写关键字的时候，建议第一次先选择"广泛匹配"选项，这样可以最大限度地增加曝光量。手动广告是分为好几轮的，第一轮用来测试数据，第二轮用来冲刺排名和降低单次点击出价，最后才会开始赢利。

当有了 2～4 周的手动广告数据后，你会发现一些只有点击，而没有转化的关键词[1]，需要把它们否定掉，滚动鼠标滚轮把页面下拉到底部，会出现如图 9-26 所示的页面。

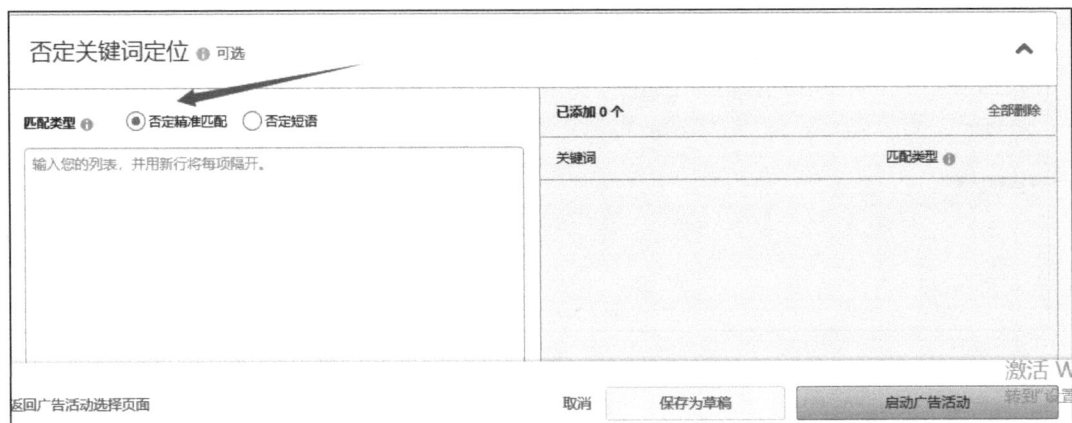

图 9-26

在图 9-26 的文本框中填写的关键词，买家是搜索不到的，从而避免了一些无效点击，可以大大节省广告花费并提高商品关键词的转化率，但建议单击"否定精准匹配"单选按钮，这样不会误杀有效流量。

最后，单击"启动广告活动"按钮，手动广告就创建完毕了。

在手动广告运行 7～15 天后，就正式进入提高商品排名和降低预算的阶段了，可以说，自动广告和手动广告是前后连贯的，并且具有很强的逻辑性。

还以最常见的手机壳作为商品案例演示，在自动广告中收集到了一些高曝光量、高转化率的关键词后，就可以添加到手动广告中，作为关键词使用。手动广告一般创建两组。

图 9-27 中箭头所指的文本框是广告活动名称，我们标记为正常手动，也可以称为第一组手动广告。

正常手动广告的关键词的竞价，也就是买家单次点击出价，只比建议出价高 0.1 美元即可，需要 7～15 天的时间观察这组正常手动广告的表现。

第二组广告称为长期自动低价广告，也叫钓鱼广告。这种广告的功能在于花小钱办大事，能够花很少的广告费，赚到更多的广告位，而且基本不需要花额外的时间管理，如图 9-28 所示。

---

[1] 关键词和关键字意思相同。为了保证文图表述一致，本书未做全书统一，只做局部统一。

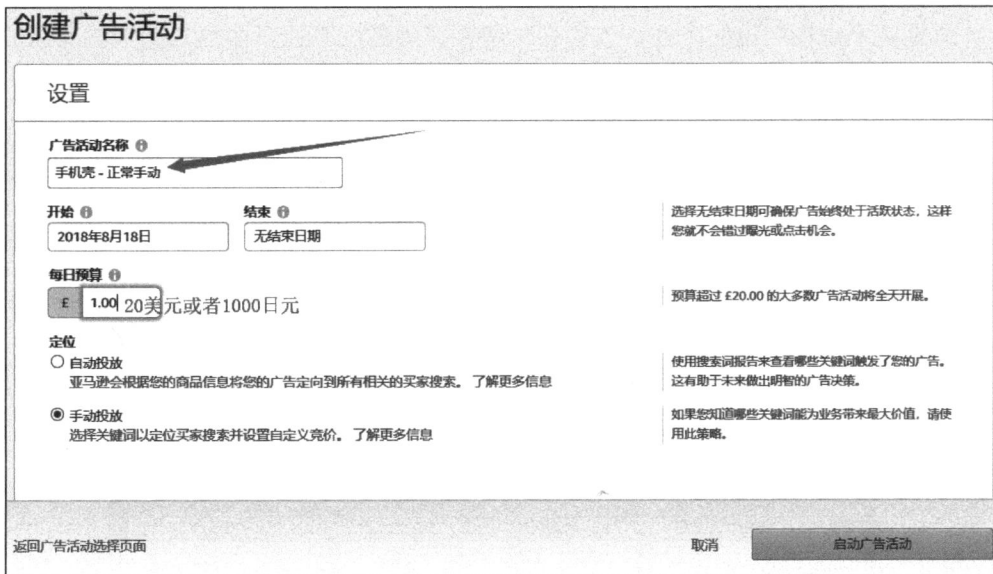

图 9-27

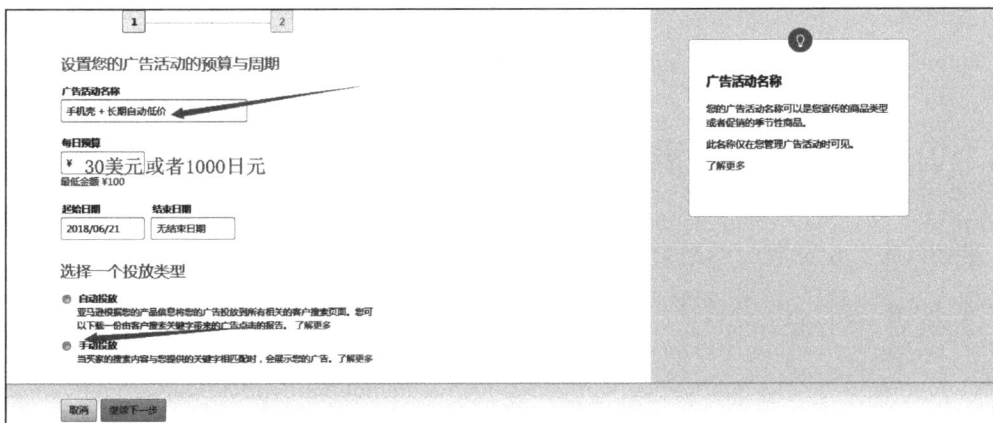

图 9-28

因为每天的花费很少，所以在图 9-28 的"每日预算"文本框中可以大胆地写几百美元。单击"继续下一步"按钮，会出现如图 9-29 所示的页面。

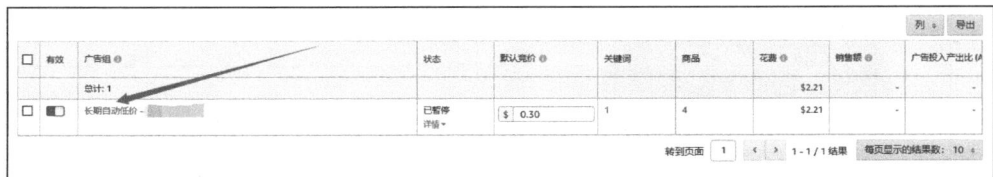

图 9-29

在选择好要打广告的商品后，你需要把长期自动低价广告的默认竞价填写为 0.1～0.4 美元。可能有人会疑惑，这样没曝光啊！长期自动低价广告的原理就在于大部分卖家在夜间、休假期间不重视广告的时候，或者在一些买家闲着没事往后面翻几页查看商品的时候可以看到你的商品广告。

如图 9-30 所示，在半个月的时间里只花了很少的钱，但是得到了很好的转化，总共花费只有 0.93 美元。这种广告打法在一些小语种站点效果明显。如果在美国站，至少需要半个月查看其展现量，如果展现量太低，就提高 0.1 美元。每个人的广告打法都不一样，适合自己的才是最好的。

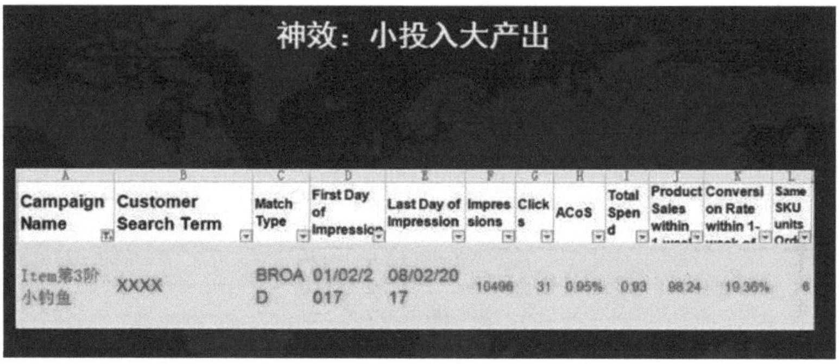

图 9-30

9.5　用手动广告精准拦截竞品流量

手动广告在卖家心中的印象是添加商品的核心关键词、长尾关键词这种类型的广告，但是现在卖家中心又更新了手动广告的另一个功能，即对特定的商品或者品牌进行精准投放。

图 9-31 所示为这种精准投放的手动广告位。

图 9-31

箭头所指的就是这个广告位，之前有段时间是系统推荐的，现在这个位置变成站内手动商品定位广告，也就是说，这种新的手动广告可以指定具体的竞争对手，做好了可以起到精准拦截竞争对手流量的作用。

这对于亚马逊来说，又多了一个流量闭环，买家进来后，即使没有买点开的商品，在购物车下方这么显眼的位置，也非常容易进去"闲逛"。卖家多了一个广告位，亚马逊多了一次赚卖家广告费的机会。但对于卖家来说，如果坐以待毙就不是好事，你需要主动出击，主动适应这样的变化。

当你知道某个商品的曝光量大时，就可以把广告放在这个 Listing 详情页面的下方。当你看到某个商品的质量没你的好时，也能在这个广告位得到一些订单。当你看到销售某个商品的卖家是个新手，他正在大力打广告时，你也可以抢到更多订单。

打手动广告是有技巧的。打开创建广告活动页面，如图 9-32 所示。

图 9-32

滚动鼠标滚轮下拉页面，在"投放"选区会出现如图 9-33 所示的页面。

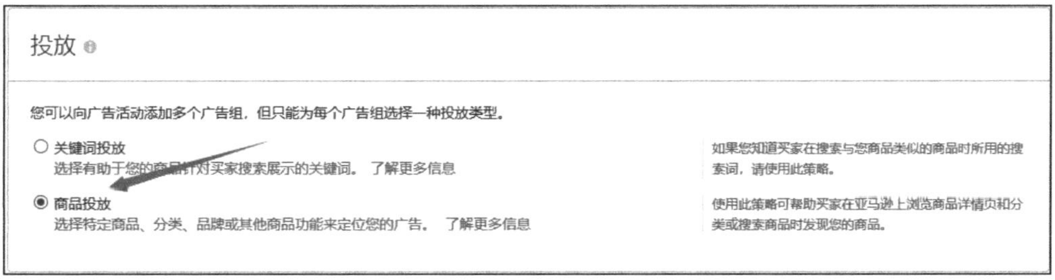

图 9-33

单击"商品投放"单选按钮，这就是我们要的新的广告功能，继续滚动鼠标滚轮下拉页面，如图 9-34 所示。

图 9-34

在"商品投放"选区中有"分类"和"各个商品"两个选项卡。在"分类"选项卡中，有系统建议的对应的竞品的 ASIN，或者单击"搜索"选项，输入竞品的 ASIN，结果是一样的。然后，单击箭头所指的"细化"选项，会出现如图 9-35 所示的页面。

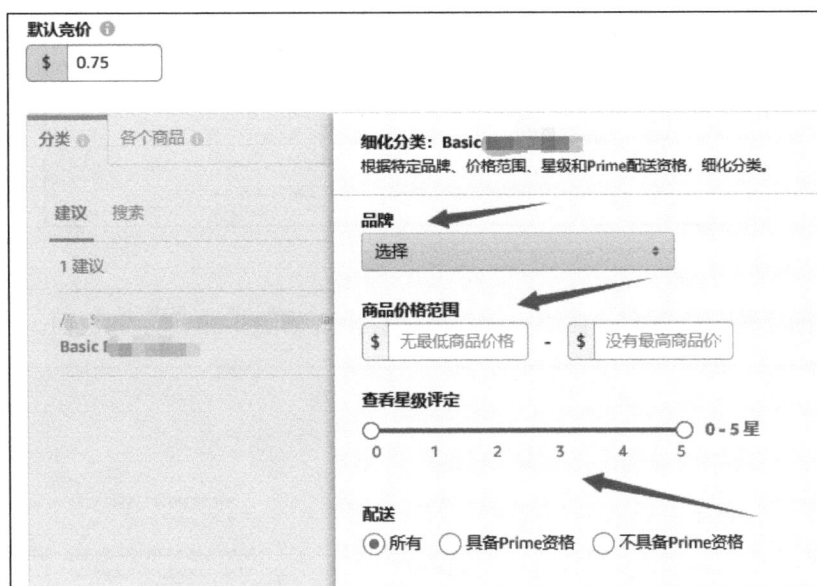

图 9-35

这里会根据这个商品在亚马逊上的品牌、商品价格范围、Review 星级和是否有 Prime 配送资格进行精准投放。这里有一些设置小技巧需要学习。

你定位的竞品最好满足以下 3 点：

（1）价格比你的商品的价格高。

（2）Review 数量比你的商品的 Review 数量少。

（3）Review 星级比你的商品的 Review 星级低。

你需要到前台页面搜索具体的 ASIN 去看 Review 数量和 Review 星级。这 3 点的重要程度依次降低，最好能满足至少 2 点，这样的广告效果才比较好。

再看"各个商品"选项卡，如图 9-36 所示。

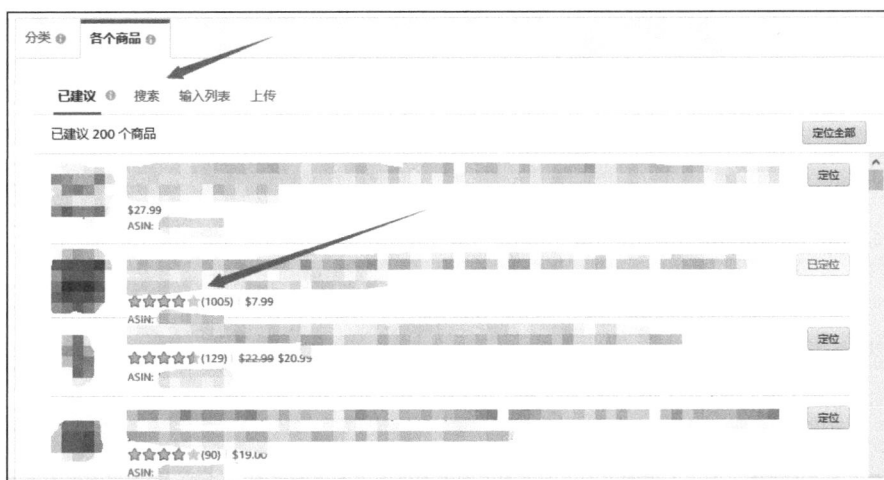

图 9-36

系统会给出竞品的 ASIN，区别是能看到 ASIN 标题、Review 数量、价格。也可以单击"搜索"选项，输入具体的 ASIN，精准定位。

我感觉要打手动广告就要单击"分类"选项卡，更能体现精细化运营，就是稍微麻烦一点。

对于有些新商品，我们在找竞品的 ASIN 的时候，不知道如何入手。我们的目的是要找到适合投放，且有巨大流量的竞品，获得竞品的 ASIN 的渠道有以下 4 个。

1．自动广告中的ASIN

之前下载的自动广告报告中经常出现 ASIN，很多卖家都觉得没有用，现在却大有用处。

2．搜索关键词前三页

在前台页面输入商品的核心关键词，出现的都是流量大的词，可以从中选取排名靠前的 3～5 个与自己的商品相比没有优势的 ASIN。

3．Best Sellers排行榜

Best Sellers 排行榜是这个类目销售量的排名，可以从中找出与自己的商品相比没有优势的 ASIN。

4．New Release排行榜

这是很多卖家忽视的，New Releases 代表着商品比较新，你更有机会从它们的流量中抢到一些市场份额。

图 9-37 所示为一个比较成功的手动广告。

（1）

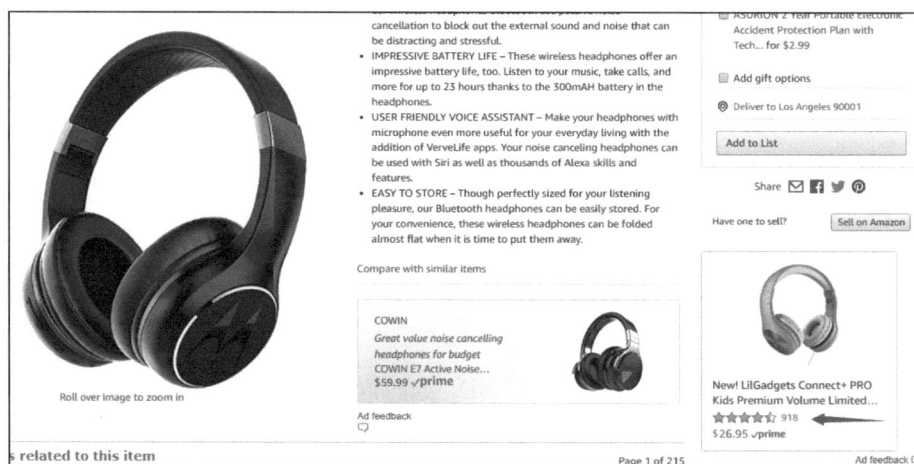

（2）

图 9-37

这是一个屏幕页面的两张截图，图 9-37（2）右下角箭头所指的是手动广告。该商品的价格比黑色耳机的价格低，Review 数量比黑色耳机的 Review 数量多，买家一看就有点进去购物的冲动。

<u>9.6</u>　品牌推广广告的创建

在 9.1 节中，已经对亚马逊站内的 3 种广告做了基本简介，鉴于很多人对卖家中心不熟悉，下面对品牌推广广告的创建进行详细讲解。打开卖家中心，单击"广告"下拉菜单的"广告管理活动"选项，会出现如图 9-38 所示的页面。

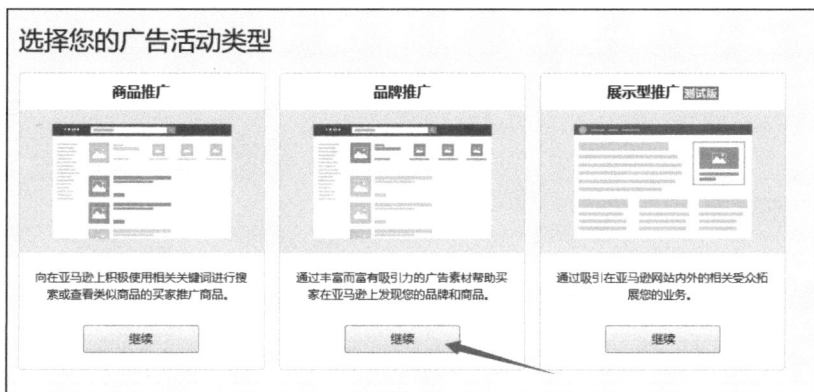

图 9-38

中间的"品牌推广"选区用于设置我们常说的品牌推广广告，单击"继续"按钮，会出现如图 9-39 所示的页面。

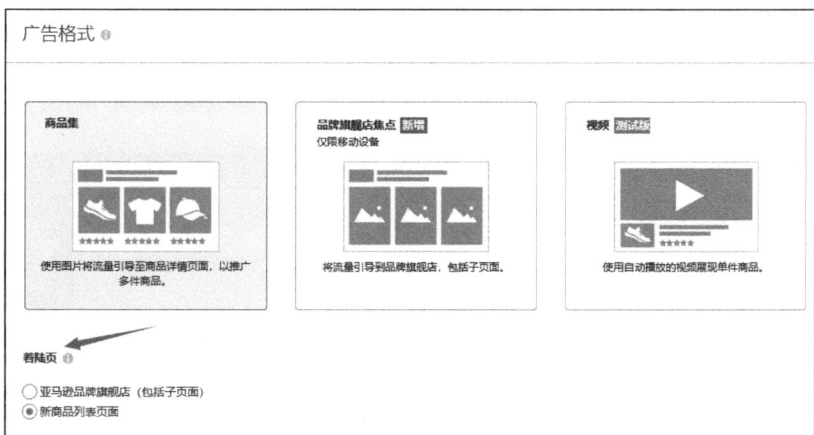

图 9-39

图 9-39 是亚马逊为品牌卖家开放的流量工具。

商品集："商品集"广告格式可以让一个广告同时给 3 个以上的商品引流。

品牌旗舰店焦点："品牌旗舰店焦点"广告格式是针对品牌旗舰店单独做的引流，且仅限移动端，即手机端。它迎合了海外消费者喜欢在手机 App 上购物的趋势。

视频："视频"广告格式目前是测试版。如果你的商品有单独的拍摄视频，那么可以在这里把商品视频展示给买家。我测试过数据，"视频"广告格式可以大大提高点击率和转化率，且在手机端和电脑端会同时展示广告位。

在选择其中一个广告格式后，我们还需要给广告设计一个着陆页，如图 9-39 所示。"着陆页"选区有"亚马逊品牌旗舰店（包括子页面）"单选按钮和"新商品列表页面"单选按钮。

然后，滚动鼠标滚轮下拉页面，添加要打广告的商品，如图 9-40 所示。

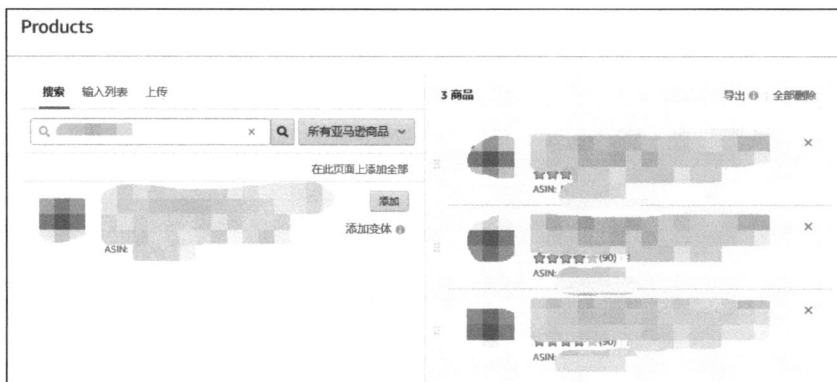

图 9-40

在搜索框中输入要打广告的商品的 ASIN，单击"添加"按钮，就会显示在右侧的商品栏。

继续滚动鼠标滚轮下拉页面，会出现如图 9-41 所示的页面。

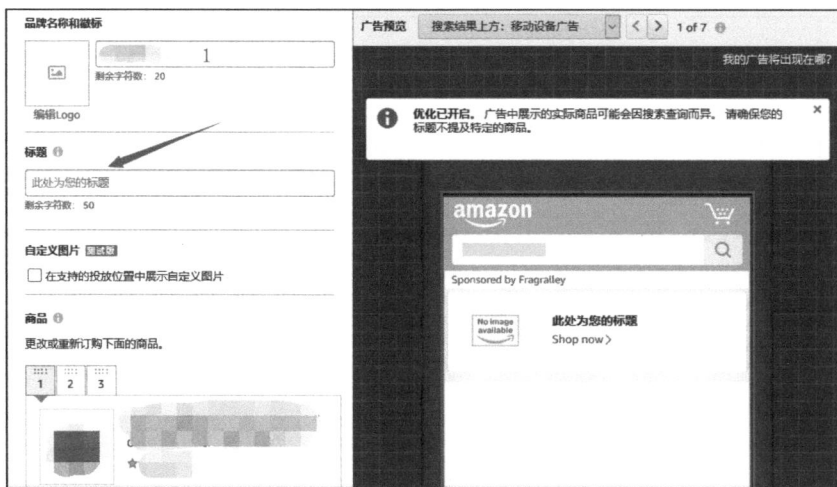

图 9-41

这个页面看起来很复杂，其实就是让你把品牌名称、Logo、标题写清楚。在数字 1 处的文本框中需要填写品牌名称，这里不能填错，否则无法创建广告。在箭头所指的"标题"文本框中需要填写品牌推广广告的标题，这个标题可以写得简单、吸引人，把商品的核心关键词写上。有的卖家把商品标题直接复制粘贴上去，这样就太浪费了。

图 9-41 的方框处是品牌推广广告在前台页面的展示位置，我们打开前台页面看看真实的案例，这样更直观，如图 9-42 所示。

图 9-42

箭头所指的是填写的品牌推广广告的标题，这个标题和商品标题是不一样的，我们需要多花心思研究，针对自己商品的特点写一句吸引人的标题，会大大提高点击率。

左边的方框区域是品牌 Logo，我打了马赛克，所以有点模糊。

在了解了品牌推广广告在前台页面是如何展示的后，继续滚动鼠标滚轮下拉页面，会出现如图 9-43 所示的页面。

图 9-43

品牌推广广告的投放分为关键词定位和商品定位，原理和手动广告的精准投放是一样的，只是这里更针对竞争对手的品牌，你可以复习一下 9.5 节。你可以根据广告效果自行设置"默认竞价"文本框中的数值，如果曝光不足就增加出价，如果 ACoS 高了，就降低出价。

最后，再下拉页面，还会看到一个"否定商品定位"选区，如图 9-44 所示。

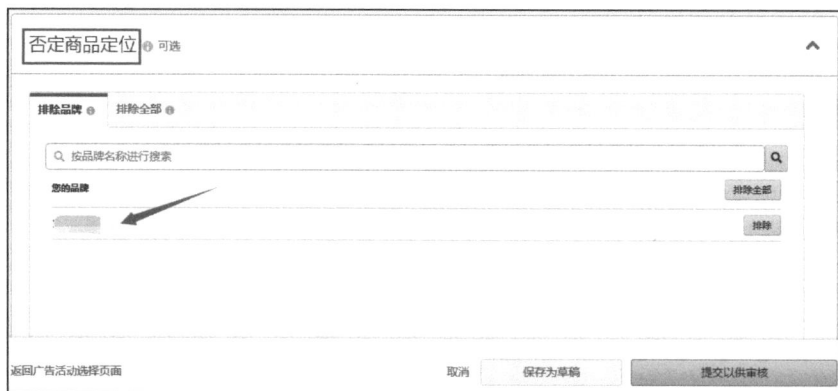

图 9-44

如果你的品牌比较新，可能竞争不过行业中非常成熟的大品牌，那么会浪费广告费。在这里你可以有目的地把竞争对手的品牌否定掉，在箭头所指的文本框中输入竞品的品牌，买家在搜索这个竞品的品牌后，就不会出现你的品牌中设置的商品，这样可以让广告更加精准。

在全部填好之后，单击"提交以供审核"按钮，广告很快就会得到展示了。

这就是品牌推广广告创建的全过程，比手动广告复杂一些。同样，展示型广告会比品牌推广广告更复杂。

9.7　老卖家也容易忽视的品牌分析工具

当我们创建品牌推广广告之后，就会得到很多商品数据。我们之前是在卖家中心的"数据报告"下拉菜单的"业务报告"选项中查看商品的曝光、点击和转化情况的，如图 9-45 所示。

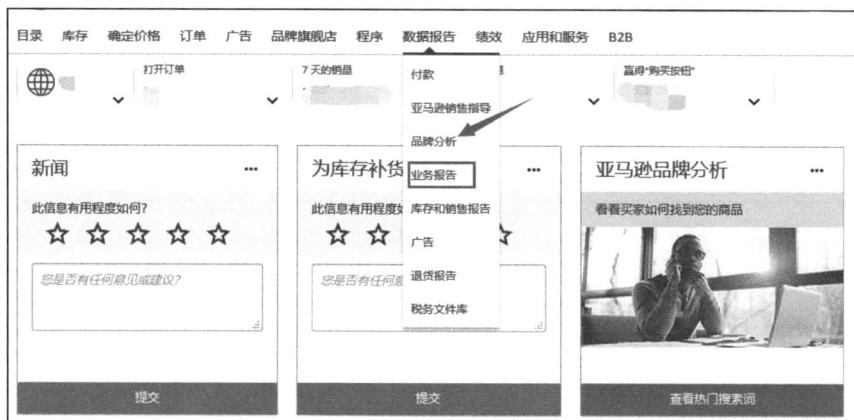

图 9-45

"业务报告"选项中的数据是针对账户所有商品的，对于在品牌备案后我们主要推广的商品，亚马逊提供了更多分析工具，单击"品牌分析"选项，会出现如图 9-46 所示的页面。

图 9-46

我相信很多老卖家也会对这个品牌分析页面很陌生，如果你愿意沉下心研究 2 小时，就会感觉其中暗藏着巨大的选品和运营价值。在看完本节后，你只需要花 30 分钟即可了解品牌分析工具巨大的商业价值。这是亚马逊内部公开的数据，比你花钱买的爬虫数据更准、更新、更快。

图 9-46 显示的是在没有设置任何搜索条件下，亚马逊的搜索频率排名（数字 1 所指）和对应的点击率最高的商品的 ASIN（数字 2 所指）。

此时此刻，亚马逊搜索频率的前三名分别为 toilet paper（厕所纸）、hand sanitizer（洗手液）、paper towels（纸巾）。

单击这些关键词，可以打开前台页面，如图 9-47 所示。

图 9-47

下面只展示 toilet paper 的前台搜索结果页面，如图 9-48 所示。

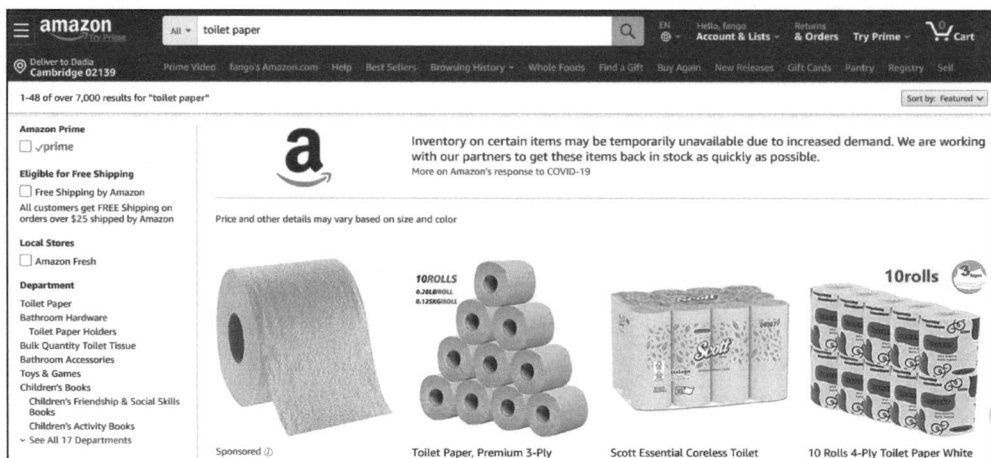

图 9-48

这样就最大限度地方便了我们选品和运营，刚刚没有设置任何搜索条件。

假设你是一个宠物类目卖家，在搜索框中输入关键词 Pet，可以按照日、周、月、季度等不同时间段搜索。下面以选择 2019 年旺季时间段为例讲解，如图 9-49 所示。

部门	搜索词	搜索频率排名	#1 已点击的 ASIN	#1 商品名称
Amazon.com	chia pet	2,273	B073C95WTN	Chia Pet Bob Ross with Seed Pack,
Amazon.com	pet gate	2,770	B07YS93ZRH	Magic Gate Pet Gate for Dogs,70.9x
Amazon.com	pet camera	6,250	B07P9ZSNVS	Victure 1080P FHD Pet Camera with
Amazon.com	littlest pet shop	6,265	B00Y8YOEU6	Littlest Pet Shop Pet Party Spectacul
Amazon.com	pet carrier	6,480	B00W9O5OS8	Pet Carrier: Hard-Sided Dog Carrier,
Amazon.com	pet hair remover	9,156	B00BAGTNAQ	ChomChom Roller Dog Hair, Cat Hair,
Amazon.com	pillow pet	9,230	B002XB04XW	Pillow Pets Snuggly Puppy - Signatur
Amazon.com	pet stairs	10,138	B000MD57OO	PetSafe Solvit PupSTEP Plus Pet Stai
Amazon.com	pet bed	10,715	B01MV0IX66	Best Friends by Sheri Calming Shag
Amazon.com	pet	11,806	B07Q7WXVVR	Pet Sematary (2019)

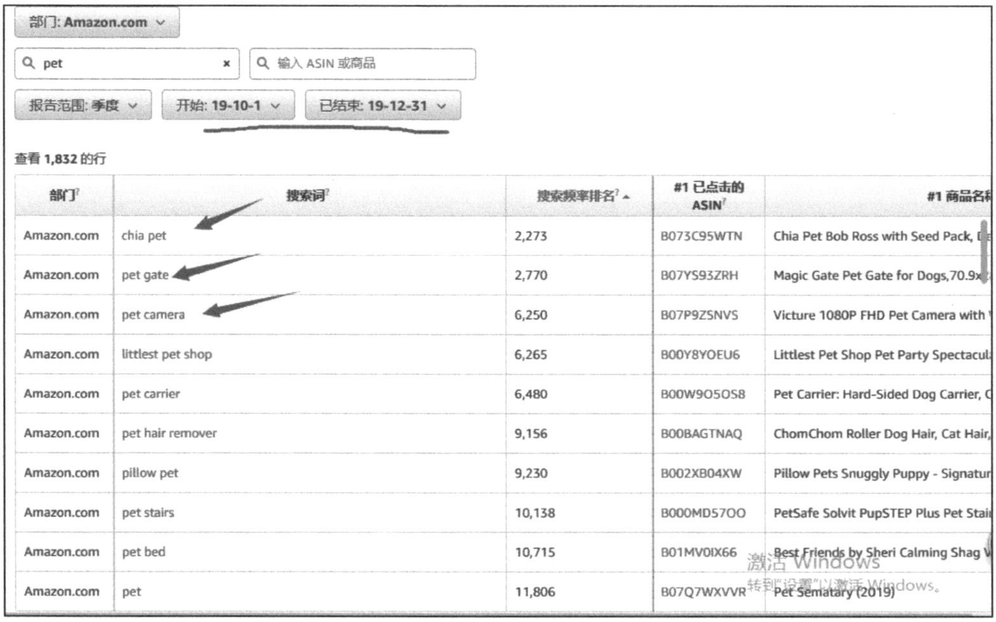

图 9-49

如图 9-49 中箭头所指，这里会出现 2019 年旺季三个月 Pet 类目最热销的商品排行榜：

第一名是 chia pet。很遗憾，打开链接后出现的是一个海外国际知名品牌。

第二名是 pet gate。

第三名是 pet camera。

如果你的英文不好，不知道这些关键词是什么意思，就打开链接看前台页面的图。依次往下，就是旺季的热门搜索词。很多卖家不知道选什么商品，通过上面的方法，你只需要确定一个超大类目，下面有许多细分类目供你选择。

上面只是举例，亚马逊的流量很大，你可以找后面的细分类目，这里在选品方面抛砖引玉。

在运营方面，很多卖家找不准关键词，可以继续用上面的方法去找可能被忽视的关键词。这时，你需要用更具体的搜索条件。

假设你卖 dog bag（狗背包）这个商品，但是不知道有哪些长尾词可以用，在输入 dog bag 后，会出现如图 9-50 所示的页面。

部门	搜索词	搜索频率排名 ▲	#1 已点击的 ASIN	#1 商品名
Amazon.com	dog poop bag	3,393	B00BSYR7K8	Earth Rated Dog Poop Bags, 270 E
Amazon.com	dog poop bag holder	21,874	B007EQL390	Earth Rated Dog Poop Bags Disper
Amazon.com	dog travel bag	32,487	B07D7GWDDL	Top Dog Travel Bag - Airline Appro
Amazon.com	dog bag	46,683	B01M5D90I0	TOMKAS Small Dog Cat Carrier Slir
Amazon.com	dog treat bag	72,375	B01DN07JUM	Paw Lifestyles – Dog Treat Training
Amazon.com	dog poop bag dispenser	91,782	B007EQL390	Earth Rated Dog Poop Bags Disper
Amazon.com	dog bag holder	93,250	B007EQL390	Earth Rated Dog Poop Bags Disper
Amazon.com	dog sleeping bag	111,451	B07WVFT9PP	Outrav Dog Sleeping Bag - Campin
Amazon.com	dog food 50 lb bag	128,633	B078W4JWL5	PEDIGREE High Protein – Beef and
Amazon.com	dog waste bag dispenser	146,939	B007EQL390	Earth Rated Dog Poop Bags Disper
Amazon.com	dog bag dispenser	194,256	B00R3H8FJG	Earth Rated Dog Poop Bags Disper

图 9-50

这里有大量的长尾词，按照搜索频率（即搜索热度）从高到低的顺序列出。由于数据太多，你可以下载表格来找关键词，如图 9-51 所示。

单击"作为 Excel 工作簿（.xlsx）"选项，下载 Excel 表格即可。我经常从里面找到一些之前都忽视的关键词。

有些卖家沉迷于各种选品、运营软件，想通过买付费软件一键查询平台的"爆款"，达到令众人羡慕的"跨境人生巅峰"，这明显不现实。

亚马逊的品牌分析工具比第三方软件更有参考意义，在得到这个数据之后，你再结合自己的类目选择适合的商品，或者制订精准的营销计划，这才是一名脚踏实地的卖家应该做的事情。

图 9-51

9.8　展示型广告的创建

展示型广告的创建方法和品牌推广广告有些不同。打开卖家中心，单击"广告"下拉菜单的"广告管理活动"选项，会出现如图 9-52 所示的页面。

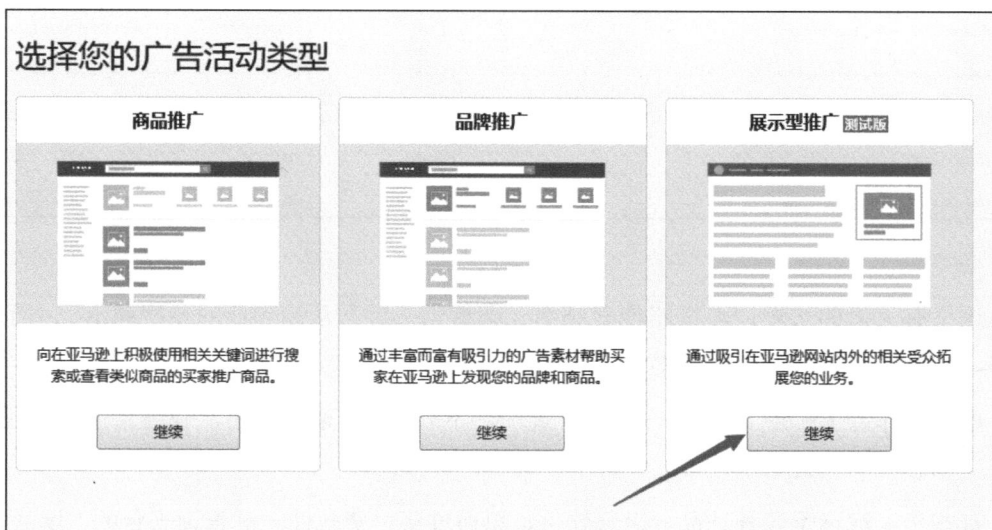

图 9-52

单击"继续"按钮，会出现如图 9-53 所示的页面。

图 9-53

填好广告组名称，下方会有"受众"和"商品投放"这两个广告类型。很多卖家对展示型广告不熟悉，下面介绍一下。

按照"受众"投放是指应用于站外，你的商品会出现在站外买家看过你的商品的地方。

按照"商品投放"是指应用于站内，你的商品会出现在买家正在看的竞品的下方。

下面分别讲解，先用"受众"类型创建广告，下拉页面，会出现如图 9-54 所示的页面。

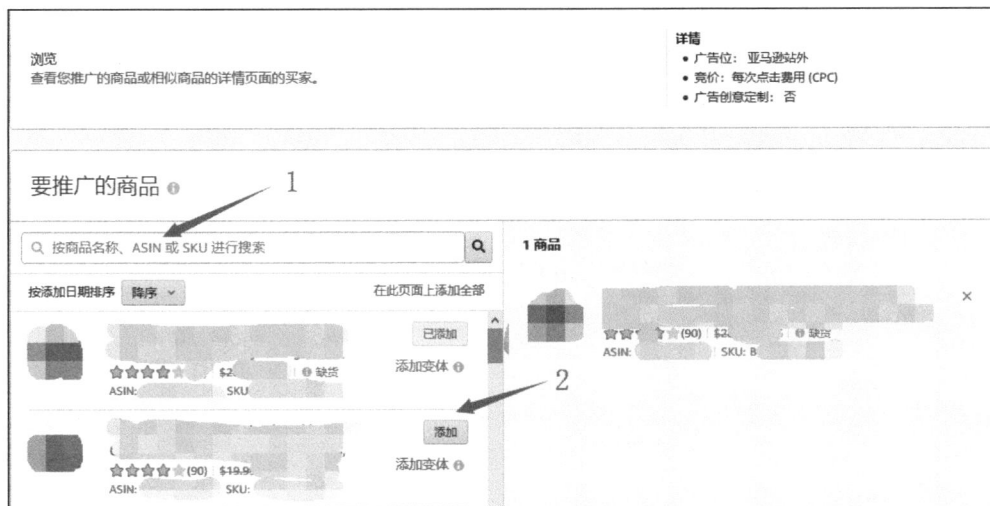

图 9-54

在数字 1 所指的搜索框中，填上需要打广告的商品名称、ASIN 或者 SKU，单击搜索按钮后，单击数字 2 所指的"添加"按钮，商品即可显示在右方，添加成功就代表这个商品有打广告的资格。有的卖家搜出来的商品的"添加"按钮一直是灰色的，就代表这个商品没有打广告的资格。在一般情况下，成人用品、医疗用品不能打任何类型的广告，没有获得购物车的商品也是无法打广告的。

继续下拉页面，会出现如图 9-55 所示的页面。

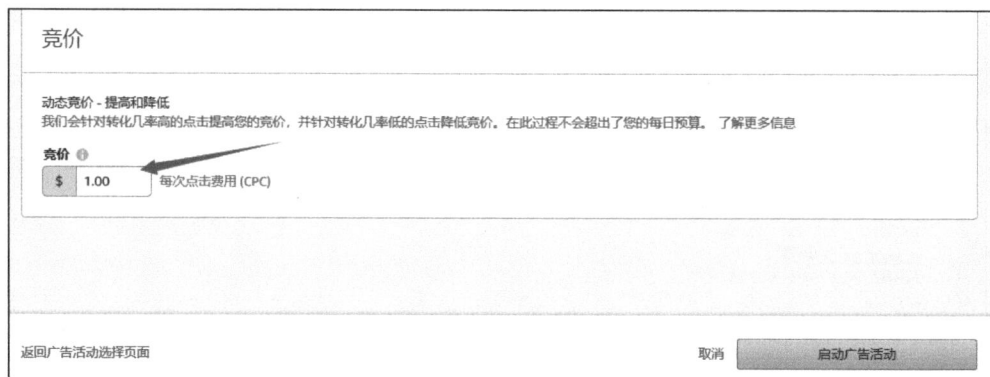

图 9-55

在填好竞价价格后，单击"启动广告活动"按钮，即代表创建成功。对于按"受众"投放的展示型广告，你的商品会出现在站外的各种社交媒体等网站上，而不会出现在亚马逊的页面上，这就是为什么很多人投放了"受众"类型的广告，在亚马逊前台页面看不到商品广告位的原因。

因为按"受众"投放的展示型广告出现在站外，所以流量就没有站内那么精准。例如，亚马逊把你的广告投放在 YouTube 上，买家正在浏览与美国新型冠状病毒肺炎相关的新闻，你的商品即使是口罩，也没有在亚马逊前台页面直接搜索英文 N95 mask 显示出来的广告转化率高。因为用户购买按"受众"类型投放的展示型广告商品具有很大的随机性。

然后，选择另一个类型的展示型广告，按照"商品投放"，如图 9-56 所示。

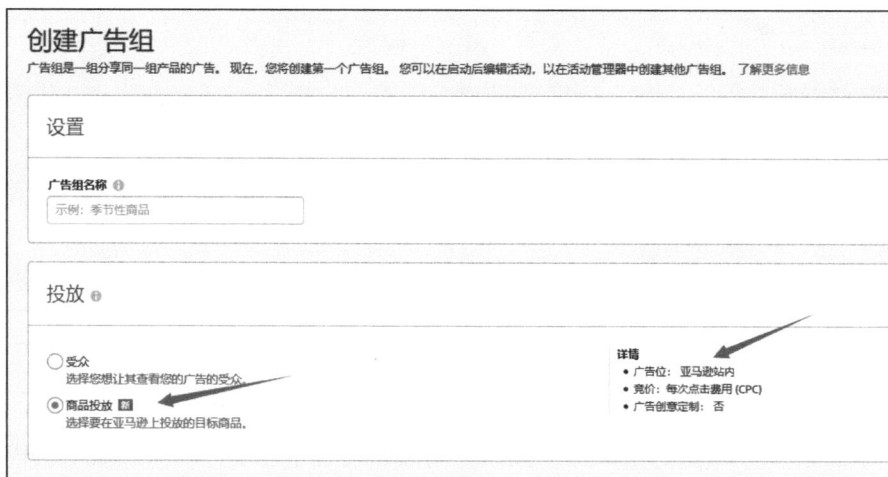

图 9-56

选择"商品投放"单选按钮，其实在右侧箭头所指的位置已经再次提醒我们不同的广告位展示的位置，我们需要用心了解卖家中心。继续下拉页面，会出现如图 9-57 所示的页面。

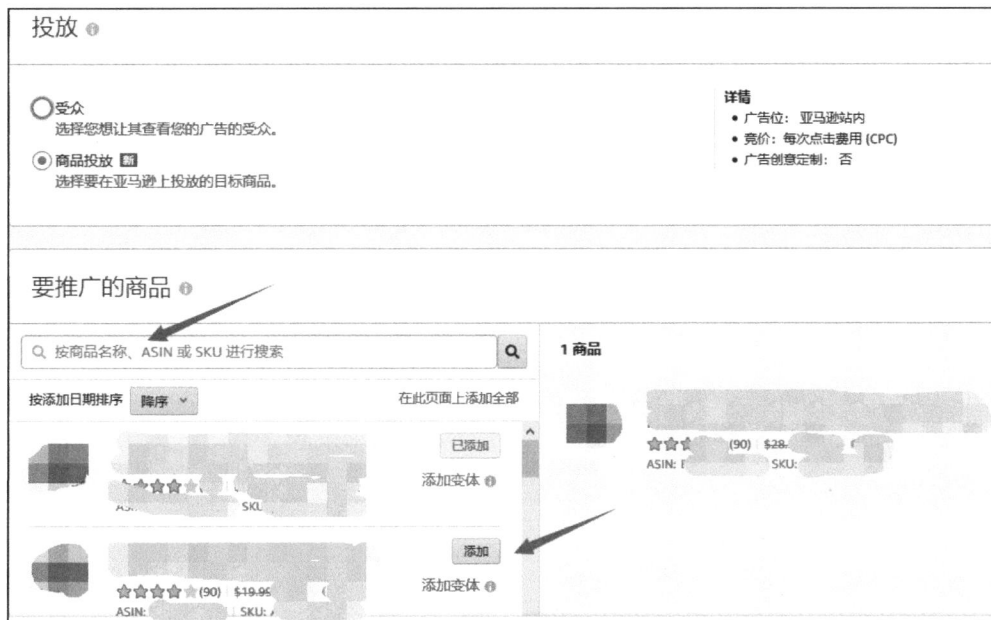

图 9-57

这里和按照"受众"投放创建广告是一样的，只要能成功添加商品，就代表这个商品可以投放站内广告。

继续下拉页面，会出现如图 9-58 所示的页面。

图 9-58

在"竞价"文本框中填写价格。竞价是指买家每次点击广告我们所需要支付的费用，填写 1 就代表 1 美元，在亚马逊英国站填写 1 代表 1 英镑，在亚马逊日本站最低填写 100 日元，以此类推。

我们先选择分类，单击"细化"选项，会出现如图 9-59 所示的页面。

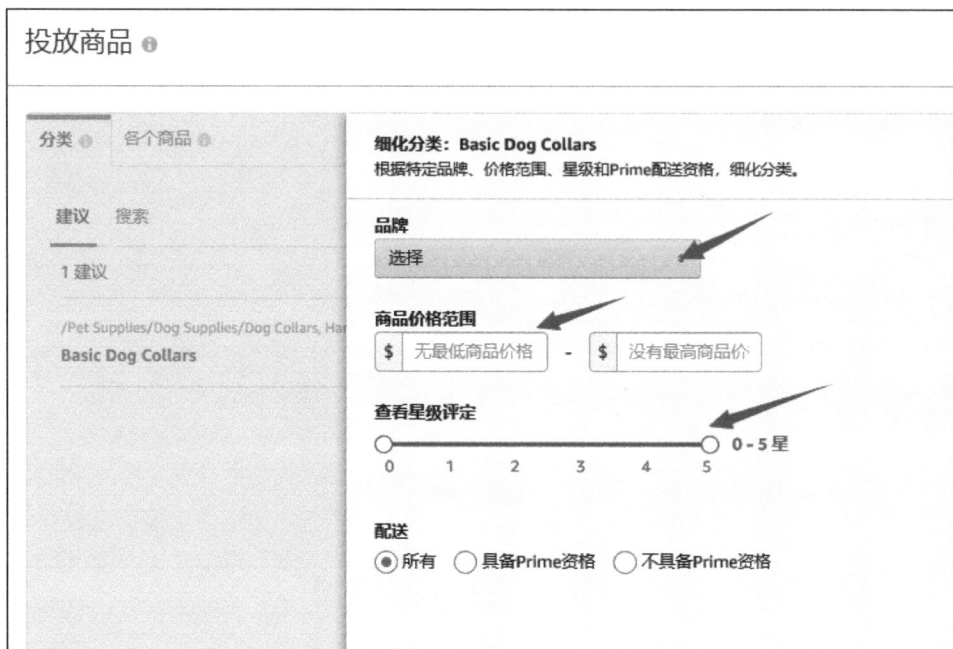

图 9-59

制定广告策略的方法和手动广告相同，根据这个商品在亚马逊上的品牌、商品价格范围、Review 星级和是否有 Prime 配送资格进行精准投放。这里的设置技巧与手动广告的设置技巧相同。

然后，单击"各个商品"选项卡选择某个具体的商品投放广告，如图 9-60 所示。

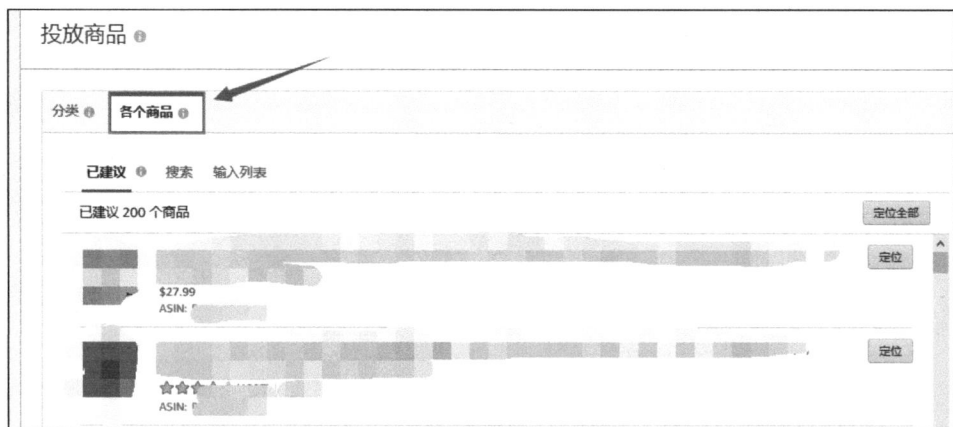

图 9-60

系统会给出竞品 ASIN，和"分类"选项卡的区别是能直接看到 ASIN 的标题、Review 数量、价格。我们也可以单击"搜索"选项，输入具体的 ASIN，来精准定位。

你看到这里可能会觉得与手动广告相同，其实不相同，特别是当你继续下拉页面时，会出现广告的创意定制功能，如图 9-61 所示。

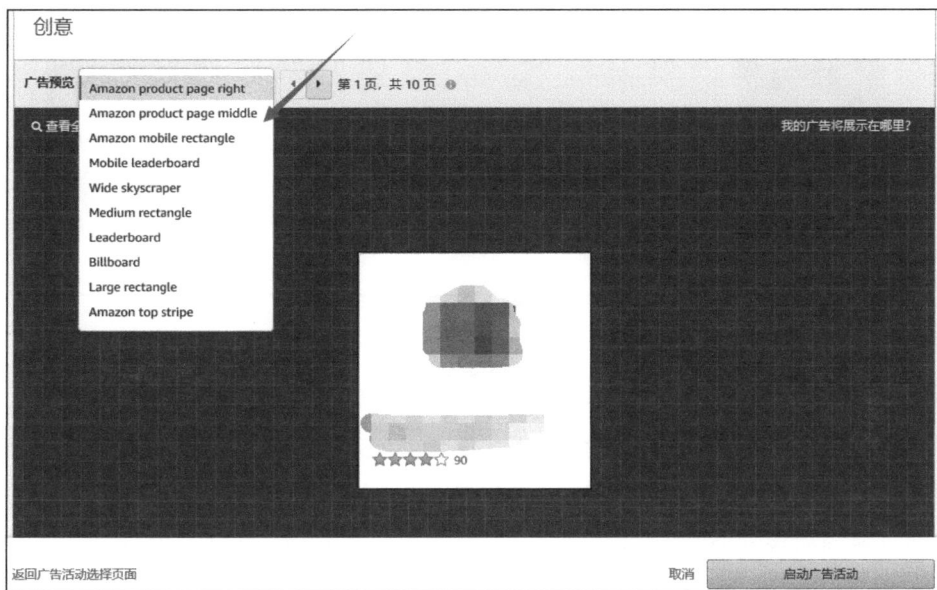

图 9-61

如箭头所指，展示型广告可以让卖家预先设置广告位，广告位包括移动端的精准投放。

选择第一个广告位"Amazon product page right"（亚马逊商品页面右侧），单击"我的广告将展示在哪里？"链接，如图 9-62 所示，会出现如图 9-63 所示的页面。

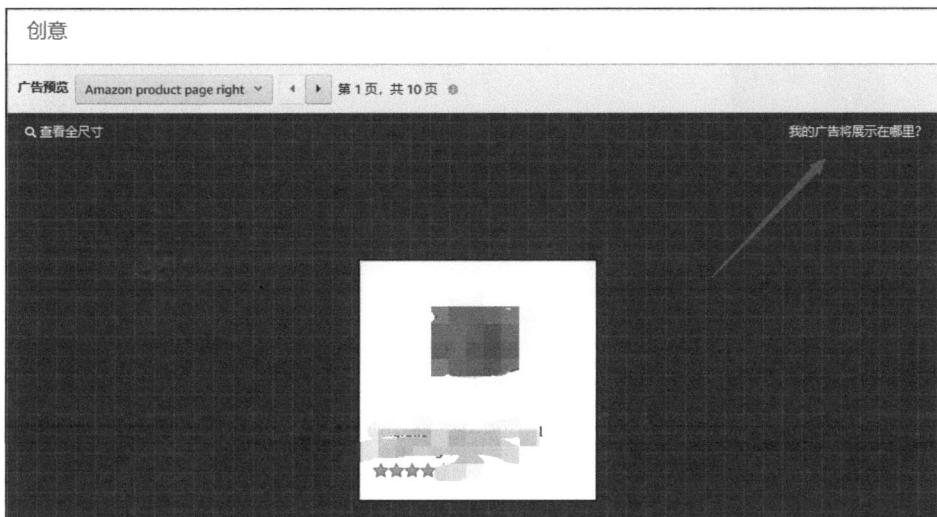

图 9-62

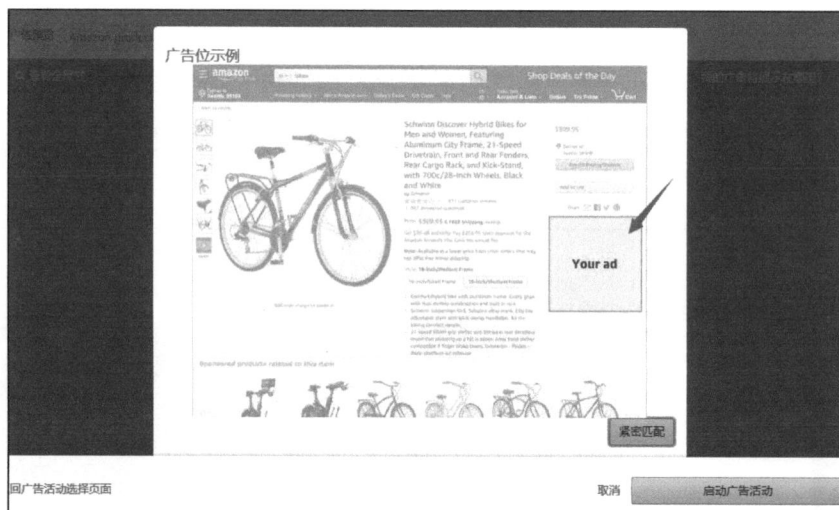

图 9-63

这个页面会非常清晰地告诉我们广告位在什么位置。这是电脑端的广告位。

下面再看移动端的广告位，选择"Mobile leaderboard"（移动排行榜），单击"我的广告将展示在哪里？"链接，会打开如图 9-64 所示的页面。

这就是典型的移动端页面的广告位，不是直接搜索关键词出来的结果，而是在买家容易看到的地方，把我们的相关广告展示给买家。

单击"启动广告活动"按钮，就成功创建了展示型广告。

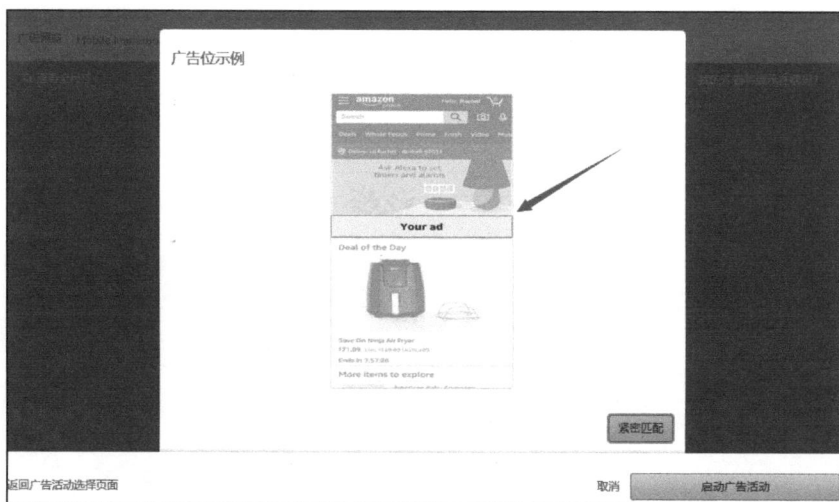

图 9-64

这里要做一下区分，展示型广告的展现原理和手动广告完全不同。假设买家搜索Swimming Suit（游泳套装）这个关键词，手动广告直接展示这个关键词的搜索广告位，而展示型广告是买家在看过 Swimming Suit 的广告后，在看其他商品的时候，借机展示给这个买家的，吸引他再次回到当初搜索 Swimming Suit 的购买印象中。

展示型广告是在卖家做品牌备案之后才有的高级功能，如果是刚刚注册的新账户，那么没有这个功能也很正常。当然，亚马逊如果觉得这个功能的效果不错，转化率高，那么可能会开放给所有第三方卖家使用。

9.9 展示型广告的投放原则

你只有准确地理解了展示型广告的投放原则，才能在投放的时候正确使用。关于展示型广告，你要理解以下两点：

（1）定位于看过你的商品，但又离开的买家。

（2）既可投放在站外，也可投放在站内。

显然，目前亚马逊的展示型广告还处于测试阶段，只有效果理想才会被保留。手动广告是指买家搜什么关键词，就展示这个关键词对应的商品，目的性和精准度更高，转化率也就更高。展示型广告是买家在看过你的商品后，没有下单，去看别人的商品时，再次看到你的商品的广告，这时的转化率注定不会太高。

在 9.8 节中讲过展示型广告可以精准定位到电脑端、手机端的位置，这就必然会增加商品的曝光量和流量，所以展示型广告有以下两个基本投放原则。

1. 出价不要太高，甚至应该偏低

因为买家在看了你的商品后，没有下单而离开了，现在又在其他地方偶然看到你的商品，这就属于随机购买，广告的目的是再次展现在买家面前，给买家再次选择的机会。作为第三方卖家，你应该只是把展示型广告作为展示商品和增加部分潜在流量的机会，出价低点即可。

在打自动、手动广告的时候，很多买家看了你的广告没有购买，而是把商品放在购物车中过几天再买，这些买家如果看到展示型广告，就可能会下单。

2. 适用于新商品增加曝光量和突破商品的销售量瓶颈

对于一个刚上架的新商品，最需要的是得到更多的曝光机会，这时的展示型广告按照"商品投放"在站内，是非常适合新商品增加曝光量的。新商品投放展示型广告是需要有一定基础的，最好有 15 个 Review，通过精准定位到其他竞争对手 Listing 的详情页面下，是可以促进转化和增加曝光量的。但新商品投放展示型广告一定要定位到其他新商品的详情页面下，才有机会抢到部分流量。千万不要定位到行业 Best Sellers 的详情页面下，这样只能作为"炮灰"。

除了新商品，我们的店铺里也有销售比较稳定的老款商品，虽然每个月会稳定带来一定的利润和订单，但运营是一个不进则退的过程。展示型广告的站外投放功能，即按照"受众"投放广告，可以很明显地增加老款商品的流量，进而突破销售量瓶颈。如果商品的利润率较高，甚至可以将老款商品同时按"受众"投放到站外和按"商品投放"到站内，最大限度地吸引更多看过我们的广告的买家。我们也要遵循出价不要太高的原则，先出价低一些，过一段时间再看看转化率如何，然后做调整。

如果我们的商品排到了类目的 Top 5，甚至 Best Sellers 的位置，那么利用展示型广告同时投放在站内和站外，可以明显地提高销售量，因为我们的商品质量已经经过了时间的检验，是优于其他卖家的，所以即使之前看过我们的商品没有下单的买家，在再次看到我们的广告后，下单的概率也会大于新商品打展示型广告。

总之，展示型广告是在打完自动广告、手动广告、品牌推广广告之后需要拓展的广告类型，也是需要自动广告、手动广告的投放经验和广告分析操作基础才能投放出较好效果的广告类型。

9.10　想提高销售量，请定期查看数据报告

卖家需要定期下载站内广告报告，查看相关数据。同理，卖家也需要对日常运营的其他数据，如单日订单量、转化率、点击量、浏览量经常关注，并及时优化。

需要明确的是，亚马逊本身也是卖家，即我们经常说的亚马逊自营。所以，亚马逊的很多数据是不对外公布的。很多从天猫、淘宝转型过来的卖家非常不适应，初期感觉亚马逊的各项运营都靠猜。其实不是，亚马逊有自己的一套电商购物规则，在分析数据之前，卖家要看得懂销售报告，也就是"业务报告"，如图 9-65 所示。

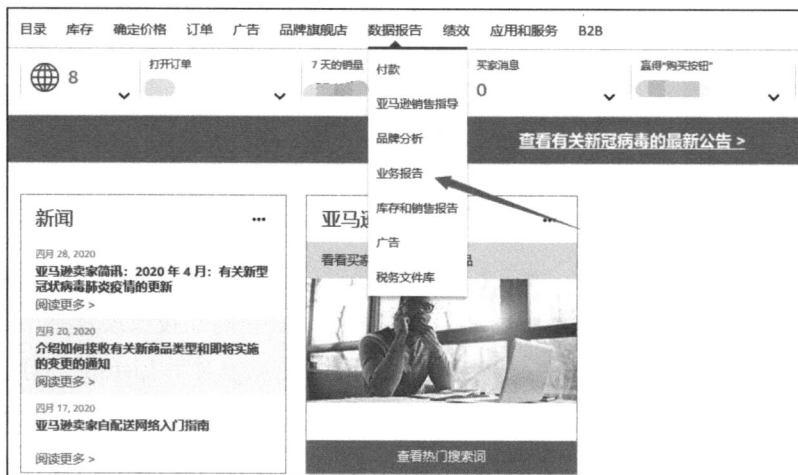

图 9-65

业务报告是卖家每天都必须查看的内容，从这里可以看到商品每天的流量、转化率、订单数、订单金额等。单击"业务报告"选项，会显示卖家账户每天的销售量与访问量，如图 9-66 所示。

图 9-66

图 9-67 是分析销售最关键的一页，在右上角可以选择时间。

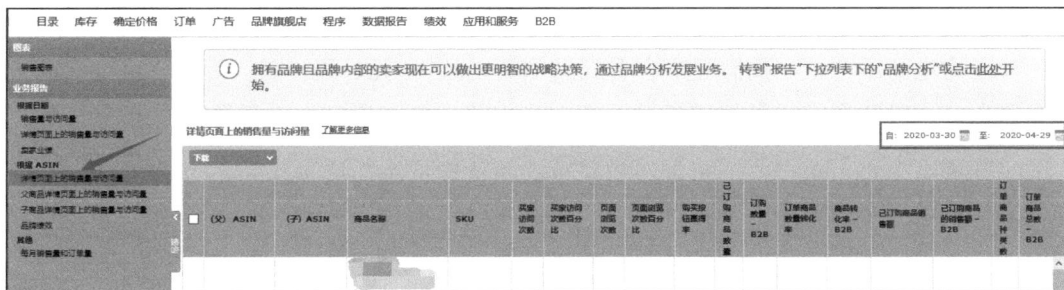

图 9-67

页面浏览次数：一定时间内 Listing 详情页面的总浏览次数，如果同一个买家点了 10 次那么算浏览了 10 次。

买家访问次数：24 小时内浏览过 Listing 详情页面的买家数，同一个买家无论点击几次都只算一次。

购买按钮赢得率：买家经由黄金购物车按下购买链接占页面流量的百分比，价格基本上是最重要的因素，但不是绝对的。另外，在同样的价格下，账户绩效表现基本上决定了购物车的抢占率！

订单商品数量转换率：买家浏览后购买商品的概率。

这些数据为什么值得我们每天关注？因为它们就像汽车的导航一样，可以告诉我们每天应该优化 Listing 详情页面的哪些方面。

1）页面浏览次数

如果你的 Listing 详情页面的浏览次数是 0，没有浏览量，那么怎么会有销售量呢？

请立刻修改 Listing 文案的标题和关键字。这里的标准是今天的流量比昨天缓步上升，可以用表格做好数据统计。

2）订单商品数量转化率

如果一个买家浏览了你的 Listing 详情页面，但是没有下单购买，除了主观因素，你就需要调整图片和商品描述。一个商品的转化率要在 10% 以上才算合格。

3）购物车

Listing 详情页面做得再好，如果你的商品没有购物车，那么也只能为他人做嫁衣。当发现购物车抢占力不是 100% 的时候，要注意是否有人晚上跟卖了你的商品。

我们需要深入理解每一个按钮的含义以及与其他按钮的区别，这些都是我们在每天运营过程中需要关注的。

9.11　促销代码的两种常用类型

在国内电商平台上，我们经常会看到满 100 元减 10 元、买一赠一等优惠促销活动。在亚马逊上，也时常有卖家做促销活动，那么我们就需要在卖家中心设置对应的优惠码。

打开卖家中心，单击"广告"下拉菜单的"管理促销"选项（如图 9-68 所示），会出现如图 9-69 所示的页面。

图 9-68

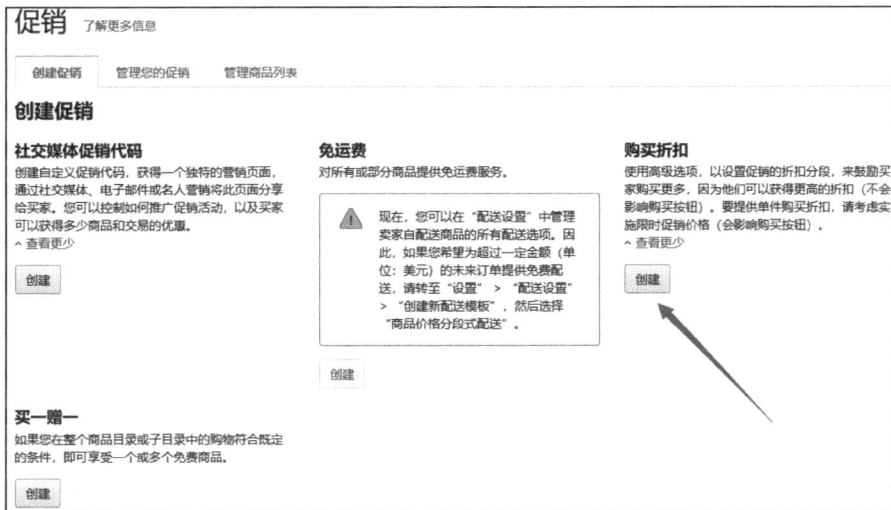

图 9-69

这里有 3 个创建促销的方式，但根据实践经验，"购买折扣"的功能能够覆盖"免运费"和"买一赠一"的所有功能，所以，直接单击图 9-69 中箭头所指的"创建"按钮，会出现如图 9-70 所示的页面。

图 9-70

单击"优惠码"折叠菜单，会出现两种不同类型的优惠码：优先型优惠码、无限制型优惠码。

1. 优先型优惠码

优先型优惠码有以下 3 个使用原则。

（1）可以和所有无限制型优惠码叠加使用。

（2）可以在任何没有优惠码的促销活动中使用。

（3）最多只能使用一个优先型优惠码，如果卖家创建了多个优先型优惠码，系统会自动分配一个优惠最大的折扣给买家。

假设卖家创建了两个优先型优惠码，一个折扣为 15%，另一个折扣为 20%，同类型的优先型优惠码无法同时使用，在买家付款的时候系统会推荐折扣更高的20%折扣的优惠码。

2．无限制型优惠码

无限制型优惠码有以下3个使用原则。

（1）可以同时使用多个无限制型优惠码。

（2）只能和一个优先型优惠码叠加使用。

（3）可以在任何没有优惠码的促销活动中使用。

无限制型优惠码最好理解，可以和任何其他类型的优惠码同时使用。

9.12　如何通过广告打造Best Sellers

Best Sellers是每个亚马逊卖家都希望得到的商品标识，这个标识意味着自己的商品在类目里排名第一，可以得到亚马逊无限的流量扶持，也就是我们常说的"爆款"。"爆款"的打造方法有很多，通过站内广告的方式打造"爆款"是每个卖家必须学会的运营手段之一。即使由于种种原因无法打造成Best Sellers，这个运营方法也是推广所有新商品的站内手段之一。

打造Best Sellers分为3个阶段：① 通过站内自动广告收集高曝光量、有转化订单的关键字。② 通过站内手动广告，将10～15个关键字推荐到买家页面的前三页，并且不断优化Listing详情页面。③ 缩减站内手动广告和站内秒杀活动，将5～8个核心关键字推荐到买家页面的第一页。

第一个阶段的自动广告是卖家上架新商品必须做的一种广告类型，自动广告的作用是亚马逊自动收集此商品对应买家搜索的真实关键字，因为亚马逊面对的是海外市场，买家会使用各种语言搜索准备买的商品，即使你在海外生活了多年或者通过了英语专业八级考试，对美国、英国、加拿大等英语国家的人们的搜索用语习惯也不能完全掌握，自动广告能够很好地收集买家用哪些关键字搜索你的商品。如果卖家开拓欧洲市场中的德国、法国、西班牙、意大利等小语种市场，自动广告就显得尤为重要。在卖家中心下载的自动广告报告如图9-71所示。

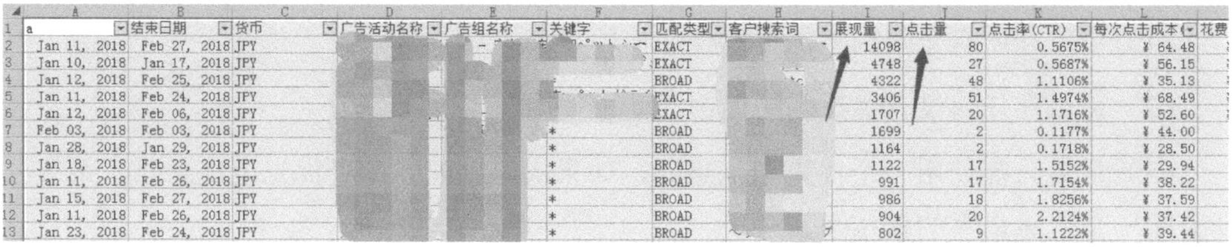

图 9-71

因为涉及商品隐私，图 9-71 中部分内容用马赛克处理了。要将"展现量"和"点击量"最多的关键字按照降序的方法全部记录下来。

在第二个阶段，卖家需要将第一个阶段通过自动广告收集的高曝光量、高点击量的关键字全部放在手动广告里测试数据，自动广告收集的关键字可能会高达 30～50 个，但是放在手动广告里，很多关键字的转化率很不好，经常会出现一个关键字被点击几十次也没有一次转化成订单的现象。对于这样的关键字，我们就应该把它去掉。手动广告需要 7～15 天的运营时间，留下 10～15 个能够持续转化成订单的关键字，卖家需要将这些关键字同步到 Listing 文案的标题、五行描述、详情描述、后台关键字（Search Terms）里，这样能够增加 Listing 详情页面和买家热搜词之间的相关性。相关性越高，排名就越靠前。然后，再持续观察手动广告 7～15 天，看 ACoS 的表现，ACoS 最好在 5%～15%。

ACoS 代表商品的成本利润比，图 9-72 中商品的 ACoS 是 56.05%，意味着这个商品在推广初期处于亏损状态。如果卖家通过 1～3 个月站内手动、自动广告的推广，ACoS 能够降低 8%，那么意味着这个商品去掉广告费之后的 ACoS 是 48.05%。

图 9-72

需要说明的是，前两个阶段的自动广告和手动广告都是不能关闭的，可以降低每日的预算继续做数据收集。最后阶段的目的是缩减手动广告的关键字数量，并且通过参加站内秒杀活动的方法稳定商品的自然排名。手动广告最后的目的是赢利，前期收集的几十个关键字经过 1～2 个月的数据观察，ACoS 如果高于 30% 就可以降低预算，把这些关键字排到买家页面的第 2 页和第 3 页，因为本身转化率低，所以就需要减少曝光量和点击量。如果 ACoS 低于 30%，就全部保留起来，如图 9-73 所示。

图 9-73 中圆圈区域所示的关键字表现很好，需要保留下来，上面的 3 个关键字可以去掉，因为使用连续几个月都没有曝光的关键字就是浪费时间，而使用 ACoS 高达 55.74% 的关键字又是典型的亏本生意。

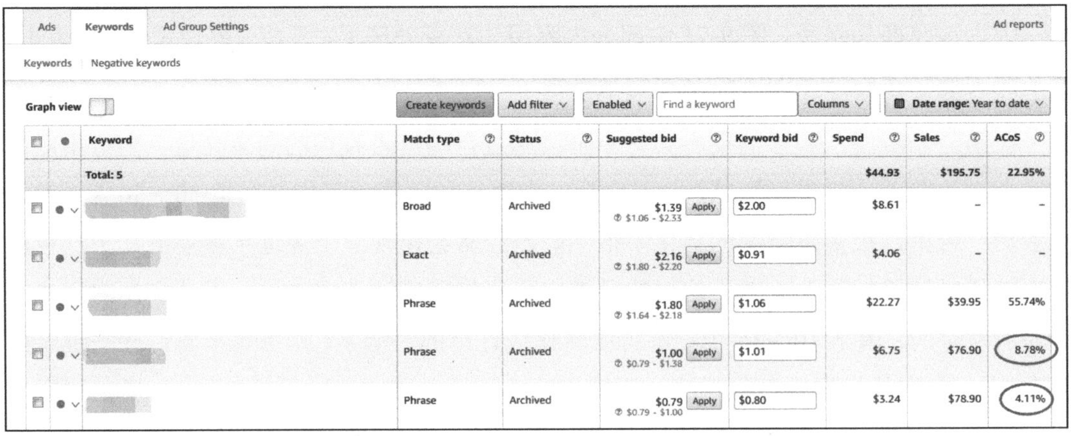

图 9-73

再接着配合站内秒杀活动，将 10 个左右的最核心关键字推荐到商品的首页，亚马逊的主要流量来源于买家的搜索流量，高达 70%的人会在首页下单，70%的人中的 30%又会在首页的前两行下单，现实就这么残酷，商品只有位于首页，才能有数量足够多且质量高的买家购买你的商品。重复本节的步骤，就能打造属于你的 Best Sellers 或者利润款商品。

第 10 章

亚马逊账户的安全

10.1 如何查看账户的健康度

作为一名合格的亚马逊卖家，账户的健康度是必须关注和重视的一项指标，好比一艘在大海上航行的船，只有船只安全、稳固，才能越过大西洋。单击卖家中心的"绩效"下拉菜单，如图 10-1 所示。

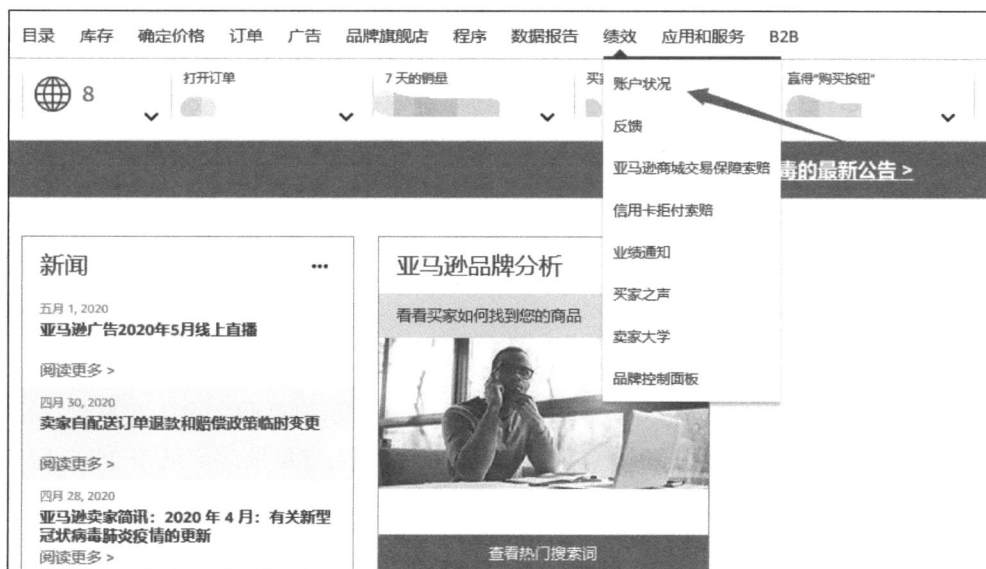

图 10-1

单击"账户状况"选项，会出现如图 10-2 所示的页面。

图 10-2

如果账户健康，那么应该如图 10-2 所示，所有指标都是 0。单击最上方的不同选项卡，可以查看每一项指标需要卖家达到的标准，如图 10-3 和图 10-4 所示。

单击"配送绩效"选项卡，会显示卖家自行配送的商品应该达到的指标，指标应为迟发率低于 4%、预配送取消率低于 2.5%。

图 10-3

单击"客户服务绩效"选项卡，会出现如图 10-4 所示的页面。很多卖家全部用 FBA 发货，没有自发货，用 FBA 发货的商品应该达到的指标为订单缺陷率低于 1%，因为亚马逊负责配送的商品由物流造成的迟发等情况不计算在卖家的业绩考核里面。

因为无法截屏全部网页，把页面下拉，会出现如图 10-5 所示的页面。

订单缺陷率包含负面反馈率、已提交的亚马逊商城交易保障索赔率和服务性拒付率 3 个指标，并且都是计算最近 60 天之内的订单，也就是说，60 天之后，订单缺陷率会自动恢复正常。

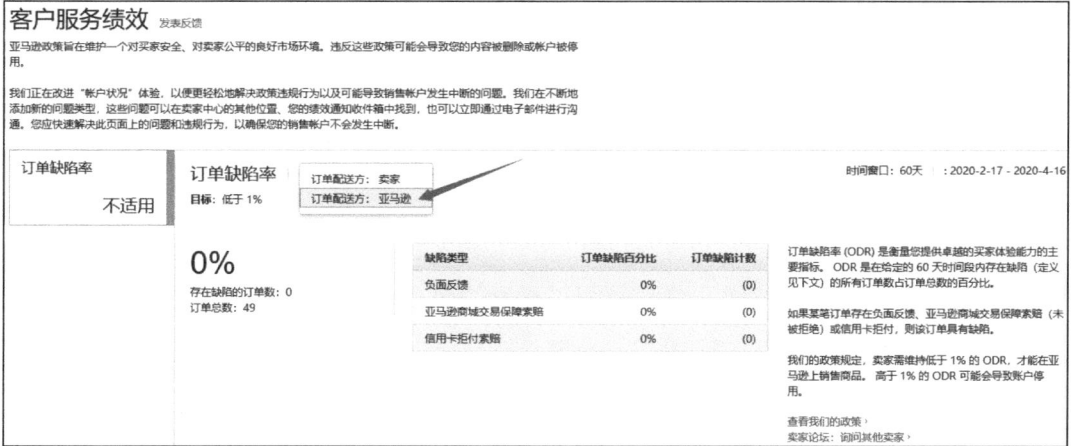

图 10-4

取消率、迟发率和退款率分别计算 7 天、10 天、30 天的数据，亚马逊的意思是在近期和一个月的长期时间内，都要求卖家合规。

有效追踪率分为能够查到有上网记录的订单号、物流号和准时送达的包裹数量。从图 10-5 中圆圈区域所示的数据来看，100 个包裹中最多只能有 5 个没有追踪记录、3 个没有按时送达，这个要求比其他平台要高很多。

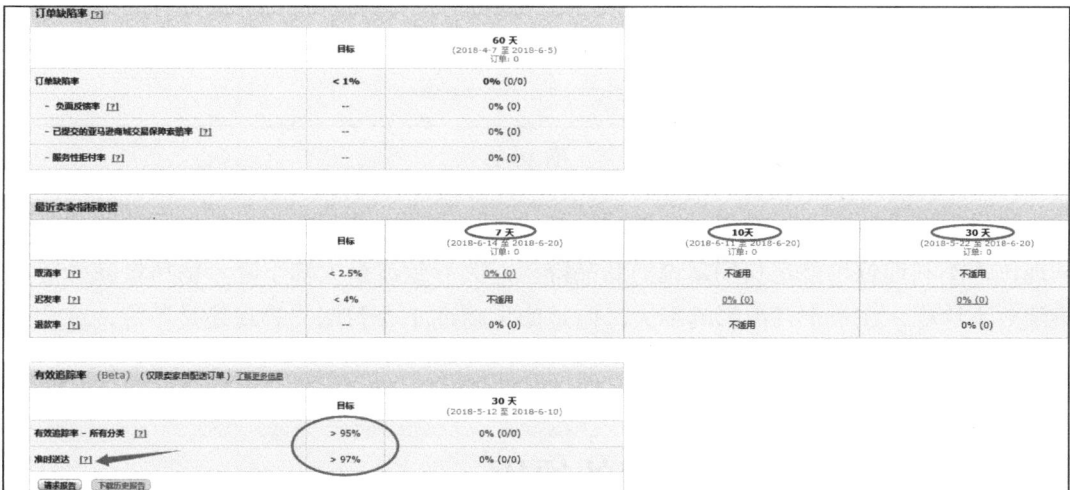

图 10-5

继续下拉页面会出现买家和卖家直接的沟通绩效，如图 10-6 所示。

亚马逊要求卖家在与买家进行邮件沟通的时候，需要在 48 小时之内回复买家，不能一直不回复对方，并且将考核时间拉长到 90 天，明显要求卖家长期做好客户服务。

退货不满意率反映了买家要求退货，卖家是否及时给买家解决了退货问题。买家不满意会反映在"负面退货反馈率"中，退换货是跨境零售必须合理解决的问题。

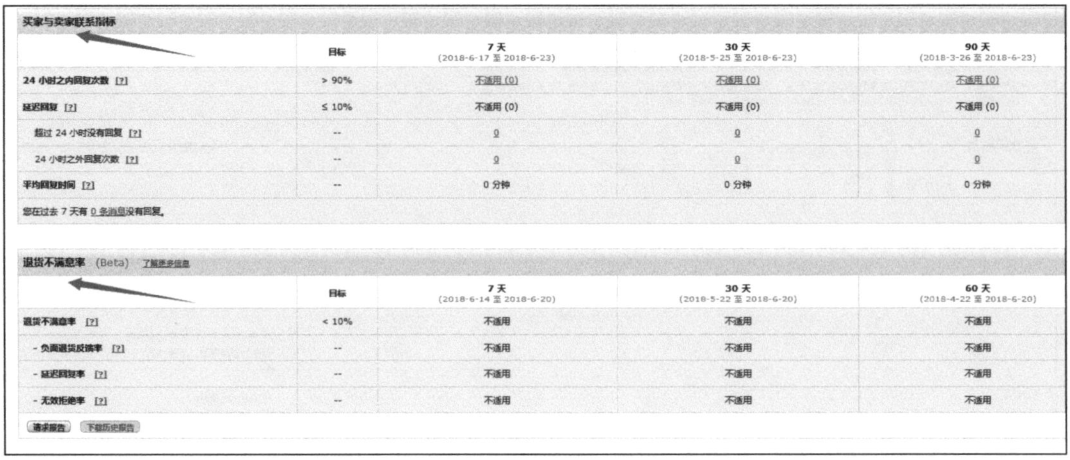

图 10-6

在页面的最后，亚马逊非常清楚地写明了自发货卖家的绩效目标，如图 10-7 所示。

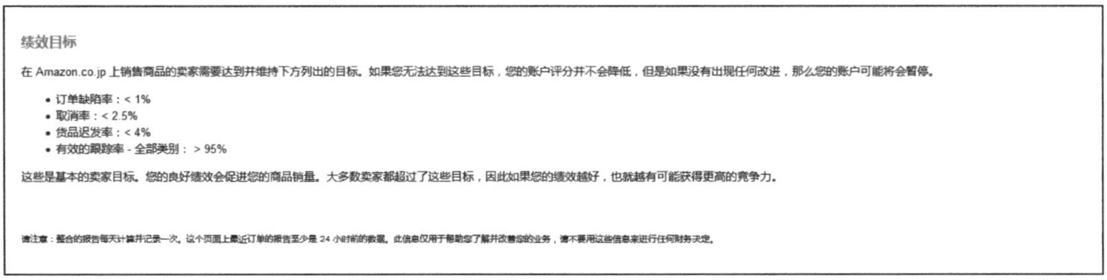

图 10-7

这里很明确地说明了如果卖家账户没有达到这几项绩效目标，会使自己的账户处于不利地位，不利地位也就是我们常说的商品降权，会导致流量大幅下降、销售量减少等。如果绩效不达标，在一个月内影响不大，但是如果超过 1 个月账户表现还是不好，就会被亚马逊进行降权处理。

10.2　亚马逊账户被关闭的原因

我之前看到过一份亚马逊卖家的调查报告，其中，自己的账户被亚马逊关闭是所有卖家最担忧的事情。账户被关闭一定是由卖家的某种违规操作造成的，只有在日常运营的过程中规避这些问题，才能够在亚马逊运营上走得更远。下面总结了新卖家最容易犯错的几个地方。

1．账户关联

为了保证一个公平的竞争环境，亚马逊禁止同一个卖家使用多个账户，这也是为了防止平台的商品重复铺货，产生不良的购物体验，所以同一个卖家只能注册一个亚马逊账户。亚马逊作为一家大数据公司，会通过各种手段鉴别卖家是否拥有多个账户。例如，通过登录密码是否相似、网络 IP 地址是否相同、注册资料是否雷同鉴别，甚至连电脑的 cookie 信息也会被保存用于鉴别卖家是否有相同的操作习惯，还会通过卖家的打字速度、打字习惯、指纹鉴别。

需要说明的是，一套资料可以分别注册一个北美站、欧洲站、日本站、澳大利亚站账户，并且使用同一套资料注册的不同站点账户，即使在同一台电脑上操作也是不会关联的。关联指的是相同站点的两个账户，如两个北美站账户、两个欧洲站账户等。

2．跟卖和侵权

跟卖是亚马逊区别于其他平台的独有特点，即卖家不需要单独创建 Listing 链接。商品只需要跟卖其他卖家的商品就可以出售，但是跟卖也存在很多违规问题。例如，跟卖的商品是卖家无法拿到货源的商品，跟卖的商品是品牌所有者的商品，没有经过品牌方同意的跟卖都属于侵权行为。

侵权是亚马逊上的一条红线，因为亚马逊是一家美国公司，美国人非常重视知识产权保护，卖家如果有任何侵权行为，都会被关闭账户。知识产权包括品牌商标、外观专利、发明专利等。

3．销售假货

亚马逊不允许有假货存在，例如，某位卖家如果卖苹果手机的数据线，那么就必须有苹果公司的授权证明才能销售，否则就是卖假货。有人可能觉得太过严格，其实目前很多亚马逊卖家销售的都是公模商品，也就是没有知识产权的商品，这两年亚马逊对品牌卖家大力扶持，很多中国卖家慢慢地开始注册海外商标正规经营。

4．商品退货和差评过多

亚马逊以注重买家购物体验而闻名，如果卖家销售的商品退货过多、差评过多，意味着商品质量很差，造成了买家很差的购物体验，如果这种现象长期存在，亚马逊轻则删除这个 Listing 链接，重则直接关闭卖家账户。

5．卖家税务合规问题

卖家可以通过亚马逊在 9 个国家销售，在北美、日本都需要交纳销售税，亚马逊会在订单执行的时候直接扣除销售税，并且税率很低。英国、德国、法国、意大利、西班牙都是税务体系非常完善的国家，任何公民和个人都必须合法、合规纳税。很多中国卖家对税务问题存在错误的理解，觉得欧洲国家征收的高达 20%的增值税（VAT）应该属于自己的利润。其实在亚马逊欧洲站销售的所有商品的销售单价都是含税价，所以增值税是必须交的，否则亚马逊会关闭卖家的账户，在这一点上不会手软，因为谁也不能凌驾于法律之上。

10.3　如何防止亚马逊账户关联

在 10.2 节中讲到，亚马逊账户被关闭的第一大原因就是账户被判定为关联，所以本节对新卖家尤为重要。亚马逊只允许一套资料（即一个法人身份证号、一张公司营业执照）注册一个账户，西方国家是成熟的市场经济国家，是禁止一个人开多个店铺的，亚马逊会通过各种技术手段判断你是否拥有多个店铺。

如果卖家第一次注册账户，那么以下方法最省事，也最有效。

（1）现在大家家里都有电脑，有网络，首先要和运营商确定是不是独立的 IP，通俗地说是不是单独的网线。如果你使用的是从所在小区物业的网线中分出来的其中一根网线，这是不行的，必须重新拉一根独立网线，并确保之前没有使用这个网络登录过亚马逊卖家中心，登录买家页面是没关系的。

（2）在确定网络安全之后，买一个新的手机卡，中国电信、中国联通、中国移动号码均可。然后，用这个新手机号注册一个邮箱，把登录密码设置成这个手机号。

（3）在注册亚马逊账户的时候，就用这个新的手机号作为联系方式，可以用这个手机号作为账户登录密码。

以上的方法是最省事的方法。

你的邮箱密码、账户登录密码与其他邮箱和账户的密码相似都会被判定为关联，这也是大家最容易忽视的，用全新的手机号注册和登录可以保证不关联。

当账户注册成功之后，不能用手机登录亚马逊卖家中心，因为手机会连接很多地方的 Wi-Fi，长时间使用会产生关联的风险。成熟的亚马逊卖家都是专网专用，一个账户对应唯一一个网络环境，不会用台式机连接 Wi-Fi。笔记本电脑用固定的无线网卡也很安全。

只有亚马逊账户一直处于健康、安全的状态，卖家的运营工作才能稳定而长久。

10.4　账户被关闭后如何申诉

亚马逊卖家不仅要意识到合规运营的重要性，还要知道安全的运营方法，但是有时候也会不小心造成账户被关闭。既然账户被关闭后果严重，那么我们就需要学习如何进行账户申诉。

账户申诉大概分为两种情况。一是正规运营，因为自身经验缺乏导致的账户被关闭。二是明知故犯，故意违规运营造成的账户被关闭。

很多正规运营的卖家可能不了解亚马逊的各项规定，如在 10.2 节中讲到的那些原因，就需要认真地给亚马逊总部写申诉信，并且要用英语写，可以按照以下要点写。

美国人的思维方式是直奔主题，在邮件中不需要寒暄。要写清由于什么原因导致账户被关闭，并诚恳地向亚马逊或者知识产权方道歉，附上相关道歉截图。卖家自身的态度很重要，要让亚马逊看到你重视和自我改过的诚意。

账户被关闭的具体原因写得越清楚越好，例如如果原因是某个商品的退货和差评太多，那么要给出导致退货和差评的具体商品缺陷是什么，怎么和工厂沟通改进，最好把和工厂聊天的截图也附上，也附一份供应商发票证明进货来源正规。如果原因是侵权，那么要把具体哪个商品的 SKU 列出来，说明自己已经删除了商品；如果觉得没有侵权，那么需要给出自己的设计图纸等证明材料。提供的资料要用数据说话，概念性的东西几乎没用。

原因找到了，以后怎么避免相同情况发生？建议用英语的一般将来时写，例如，已经和工厂修改商品生产计划，将来怎么改进商品缺点，这都可以以邮件或者聊天截图的形式提供，能用 FBA 发货的商品全部用 FBA 发货，不建议自发货。然后承诺注册品牌，建立 EBC（图文版品牌描述）页面，让买家更好地了解商品，站在亚马逊和买家的角度思考、解决问题。

即使按照以上这样写，亚马逊给出的回复也经常是模板邮件，让卖家继续提供更多资料。这时，卖家需要提供 3 个方面的信息。

第一是亚马逊账户的注册信息。例如，公司营业执照、法人身份证正反面照、银行对公账户等注册信息，必须是扫描件，文字内容要清晰。

第二是合作的工厂或者供应商信息，包括工厂的电话、地址、生产的相关商品，附上亚马逊相同商品链接、采购发票、工厂生产车间照片等。

第三是卖家实力证明，包括卖家公司规模、团队人数、负责相关站点的人数、月销售额、年销售额、是否有信心长期在亚马逊运营，并且可以表示全公司人员都在学习亚马逊相关销售规则等，因为亚马逊希望更有实力的卖家入驻平台。

基本上经过以上努力，只要不是接二连三违规，有 80%的概率可以申诉成功，恢复账户的销售权。

接着是明知故犯，例如，使用多账户操作造成的关联、多次侵权、多次刷单、操作商品排名等。

对于多次违规，而且又是卖家有意而为之，想要申诉成功就非常难，但以下几种情况可以坚持申诉。

如果卖家使用多账户操作，但各个账户销售的商品都不一样，那么还是有可能把账户申诉回来的，因为本质上没有违反市场公平竞争的原则。

如果卖家使用多账户操作是因为VPS（Virtual Private Server，虚拟专用服务器）不小心关联，即VPS不稳定导致网络IP地址串联，也可以进行申诉。

对于刷单造成的账户被关闭，卖家可以罗列所有刷过单的商品和参与刷单的买家账户，承认错误，并且愿意删除这些商品评论，有时候也可以申诉成功，因为提供的这些买家账户可以帮助亚马逊去抓那些利用相同买家账户刷单的其他违规卖家。算是坦白从宽的处理吧！

不管什么原因造成的账户被关闭，都要敢于承认错误，并且提出改进方案，用具体事实和数据说话，这是申诉账户的基本流程和原则。即使亚马逊真的冤枉你了，也要积极沟通，在邮件里面不要有情绪，相信都能有好的申诉结果。

10.5　正确布局亚马逊账户

在全面了解了账户的安全问题后，就需要时刻对账户进行布局，也可以说是一种战略上的定位。有的亚马逊卖家的自身优势是多样化的货源，那么铺货的运营方式更适合他；而有的卖家的自身优势是某类商品的供应链，那么精细化的运营方式更适合他。每个人的竞争力不同，对应的运营方式也会不一样。亚马逊账户布局有以下几种方式。

1. 是走垂直市场还是国际品牌之路

如果走垂直化的路线，那么刚开始卖家就要找好产品线。重点是产品线，而不是一个个的商品，意思就是你的商品必须是一系列相同品类的，而不是今天卖背包、明天卖水杯、后天卖手机壳。

如果想打造国际品牌，那么必须在账户注册后就完成品牌备案、对应国家的商标注册，在获得R标证书后要向亚马逊递交品牌备案申请。在运营账户和开发商品的时候，要做好长期经营品牌的打算。

2．是精细化打造商品还是铺货测试商品

为了降低运营成本，亚马逊的整体运营越来越趋于精细化而减少 SKU，众所周知，亚马逊注重以客户为中心，客户在搜索同一个商品时亚马逊并不会把所有的商品都展现出来，能第一时间被展现的都是流量导向所致的。根据亚马逊的飞轮理论，优质的商品和服务再结合有利的价格就能获得更多流量。

即使要铺货，也不能像几年前一样几千件、上万件的大量铺货，只能在现有的几种商品中做测试，看看哪种商品的市场数据表现更好，在任何一个平台上都有关店和商品被强制下架无法再售的可能。

3．小包是自发货、用FBA发货，还是用第三方海外仓发货

自发货成本低、风险小，但是时效慢、售后问题多。

对用 FBA 发货的商品的质量要严格把控，而且头程物流也是痛点，经常会因为货物较多而导致配送延迟。至于选择哪种方式，需要卖家多方对比。

亚马逊的 FBA 配送费较高，但是有流量倾斜、出单快、省心省力。缺点是门槛较高，需要采购一批货物，然后自己承担空运的费用。但是话说回来，生意不就是如此吗？高风险才能获得高利润。

用第三方海外仓发货可以实现本土发货、FBA 快速调拨等，可以解决 FBA 断货的困扰。

4．用80%的时间打造"爆款"

从选品开始就要精细化运营，然后对 Listing 文案、物流渠道、售后服务不断优化。一个店铺的"爆款"数量最多占全部商品数量的 20%，要把 20%的"爆款"加入长尾关键词、平台"爆款"、应季商品等分类中，"爆款"是需要时间验证的，可能需要一个月，也可能需要两个月，前期至少需要获取 10 个 Review 再做推广，然后不断引流，在流量增加以后才会有更多转化。

所以，亚马逊卖家的时间是不够用的，必须拿出 80%的时间打造"爆款"。

$$销售额=流量×转化率×客单价。$$

5．发货方式的合理规划

首先面临的是物流渠道的选择，是选择空加派、快递、物流专线，还是海运？不同的物流渠道对应的时效不一样，会决定货物的运输时间和运营方法。

其次要确定发货数量，大部分人对发货数量没有概念，建议依据销售量和补货周期确定发货数量。

补货周期 ＝ 国内采购时间+发货时间+清关时间+亚马逊入仓上架时间。

关于补货的精准实操，可以复习 4.8 节。

注意：不要嫌发货麻烦，这可以直接提高你的利润率。

第 11 章

亚马逊的全球化布局

11.1　全球最大的零售市场——亚马逊美国站

美国作为全球最大的零售市场，一直是全球自由贸易的倡导者。亚马逊作为美国覆盖面最广、用户价值最高的在线电子商务购物平台，占有至少 45% 的市场份额。亚马逊从最初的一家网上书店发展到现在综合类目的购物平台，通过引入第三方卖家的形式极大地丰富了美国站的商品种类。在这里，中国卖家贡献了大部分商品，丰富的商品会引来更多买家购物，更多买家会吸引更多第三方卖家，更多第三方卖家会因为竞争而降低商品价格，进而形成良性互动的循环，这个理论称为飞轮理论。关于飞轮理论请参看 2.3 节。

亚马逊美国站的网站如图 11-1 所示。

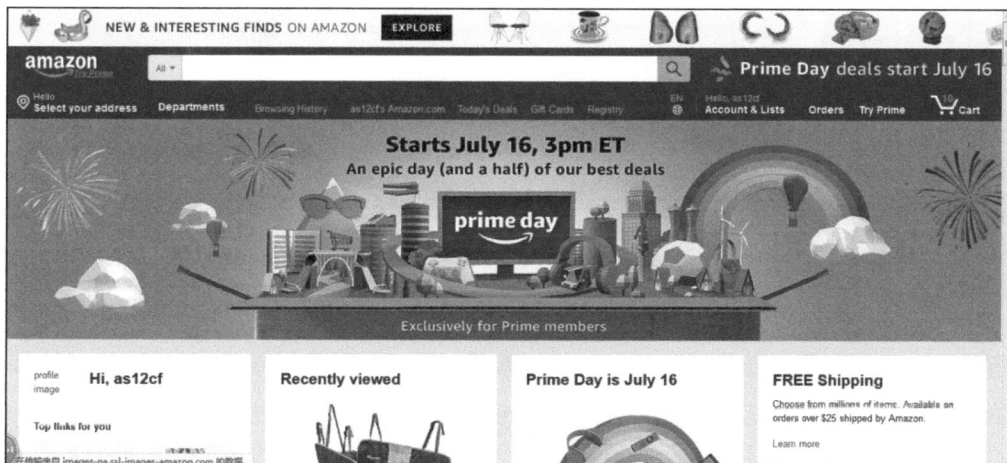

图 11-1

美国作为超级发达国家，拥有 3 亿多人口，互联网渗透率和使用率高达 70% 以上，其中亚马逊 Prime 会员数量已经超过 1 亿，几乎每家都会使用亚马逊购物，FBA 在美国可以做到 2 日送达。

美国是一个鼓励创新和喜欢概念性商品的国家。在亚马逊上，只要是符合消费者习惯的创新商品，即使竞争很激烈，也会有一群忠实的粉丝群体购买。所以，亚马逊卖家完全不用担心美国站竞争激烈，会很难运营，没有利润。成熟的亚马逊卖家只需要做出符合市场趋势的商品、合适的营销方案就可以达到自己预期的商业目的。

从标题搜索广告、品牌备案、品牌卖家的 A+ 页面支持中都可以看出，亚马逊希望卖家打造一个国际品牌，所以亚马逊卖家必须有一颗长远打造品牌的心，千万不能只停留在倒买倒卖的阶段。

11.2　互联网渗透率最高的市场——亚马逊加拿大站

加拿大站账户隶属于亚马逊的北美站账户，当开通亚马逊北美站账户的时候，加拿大站账户就和美国站账户一起开通了，并且在卖家中心能够一键切换，如图 11-2 所示。

图 11-2

加拿大人口为 3700 多万，地广人稀，虽然关税较高，但是互联网普及率也很高，对境外商品有很高的接受度。大部分亚马逊卖家没做好的原因是加拿大背靠美国，对境外企业到加拿大投资不开放，但是加拿大线上购物市场每年都是高速增长的。

亚马逊加拿大站的网站如图 11-3 所示。

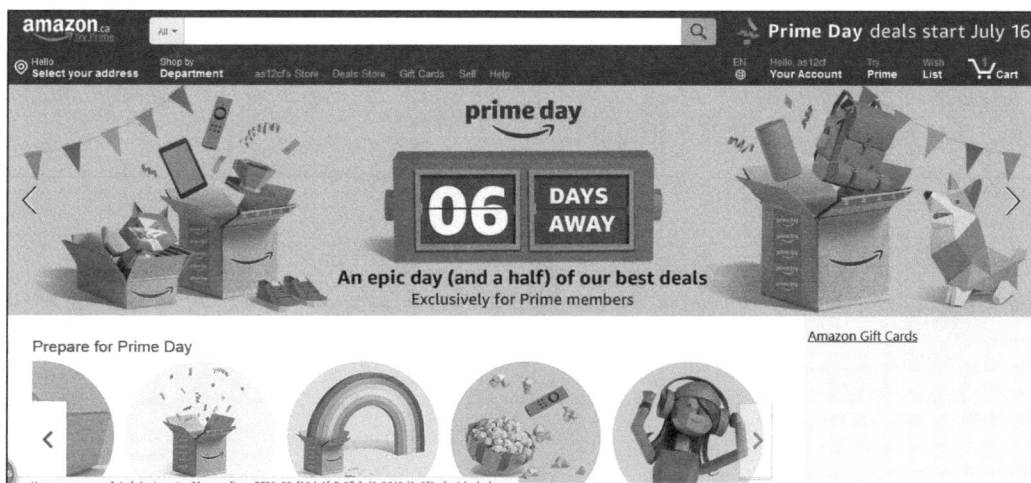

图 11-3

作为一名有眼光的亚马逊卖家，应该重视这个市场，加拿大市场其实更适合前期快速试错和赢利，原因有以下 4 点。

1. 和美国一样是英语国家，不存在语言障碍（含部分法语）

跨境电商属于出口外贸行业，目标市场在海外，英语是覆盖面最广的语种。因为我国的英语教育非常普及，在亚马逊上又都是用邮件交流的，我们有足够的时间写英语邮件，不需要即时性的口语对话，所以对英语水平要求不高，投资英语国家的市场是没有难度的。加拿大有部分人是说法语的，所以我们在卖家中心写关键词的时候要记得把商品的法语关键词也写上，这点是很多中国卖家所忽视的。

2. 紧邻美国，买家需求和美国相似

加拿大的关税较高，很多做过加拿大市场的卖家都知道，加拿大的快递价格也较高，在淡季时高达 40 多元/千克，关税和快递价格对应的就是较高的售价，所以很多加拿大人都在节假日到美国购物。目前，在美国站上热销的商品在加拿大站几乎都是热销的。即使需求稍微有些区别，也不至于卖不动。这对新卖家来说，可以降低入行风险。

3. 亚马逊官方对加拿大较为宽松的政策

亚马逊美国站竞争激烈。注册美国站的新卖家需要提供一系列资料，而且还不一定能够得到销售权。但是在加拿大站注册完成后，就可以直接销售，不会有二次审核。大部分全球跨境电商平台都在帮助目的地国家征收海外卖家的增值税，而加拿大站目前还没有征收。

4. 加拿大作为靠近北极的城市，属于寒冷之邦

加拿大的经纬度决定了它的一年四季不明显，一年中有大部分时间都很寒冷。如果针

对加拿大市场进行前期调研，然后按照这个特点做，那么成功率较大。图 11-4 所示为一个专业的加拿大卖家的店铺。此卖家店铺经营的都是针对加拿大市场开发的商品，极具参考价值。商机到处都有，要看你是否用心行动。

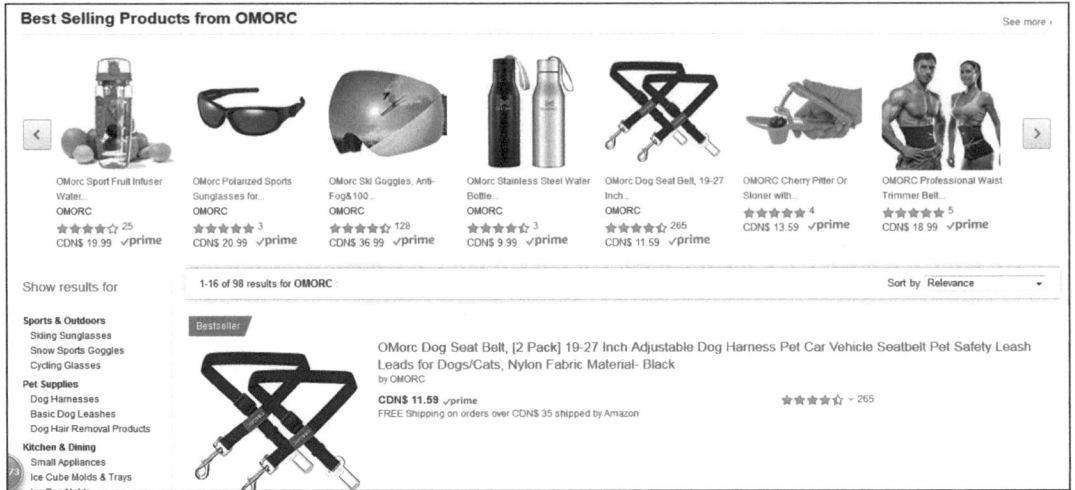

图 11-4

11.3　需要提前布局的市场——亚马逊墨西哥站

墨西哥站账户属于亚马逊北美站账户，但是可以肯定地说，有 95%的亚马逊卖家选择直接忽略墨西哥站。墨西哥站的网站如图 11-5 所示。

图 11-5

墨西哥确实在购买力、物流、清关方面与美国相比存在较大差距，但是亚马逊、沃尔玛和阿里巴巴都在墨西哥投入巨资，并且亚马逊正在墨西哥城郊区建立新的仓库，很多卖家也开始开拓墨西哥市场了。正所谓凡事要提前布局，在大家都不看好的时候，才是建立优势的最好时机。

墨西哥的在线购物市场正在高速发展中，当地人很喜欢从国际性的电商购物平台下单，并且愿意接受 5～8 天的配送时间。从这点来看，亚马逊的 FBA 非常符合当地人的使用习惯，并极具竞争力。亚马逊在 2017 年启动了针对墨西哥的 Prime 会员计划，Prime 会员可以享受 2 日送达的快递服务。

目前，Mercado Libre 是墨西哥市场占有率第一的电子商务公司，是美国西雅图市的一家公司，亚马逊和 Mercado Libre 的市场份额大概都是 7%。所以，如果做墨西哥市场，那么可以在 Mercado Libre 上面参考选品。

墨西哥交通运输的主要公司是 DHL。虽然一些农村地区的配送时间较长，但是这些地区的购物需求也很旺盛。

墨西哥的在线支付不够成熟，不过亚马逊的 FBA 允许消费者使用现金以及信用卡或借记卡支付。

墨西哥的手机网络主要以 3G 网络为主，现在墨西哥在快速解决这个问题，预计未来2～3 年，当地的在线购物需求会大量增加。中国目前是墨西哥第二大网购目的国，所以中国的亚马逊卖家提前布局墨西哥的电商市场还是有机会的。

11.4 全球利润最高的市场——亚马逊欧洲站

亚马逊欧洲站是继美国站之后，最受卖家欢迎的市场，也是最充满机遇的市场，因为欧洲市场传递给跨境电商卖家的信号是商品利润高。

现在欧洲站正式对外开放的有英国站、德国站、法国站、意大利站、西班牙站、荷兰站 6 个站点，这 6 个站点目前共用一个卖家账户。因为欧洲经济是成熟的资本主义市场经济，当地人民的生活水平普遍较高，福利政策较好，所以在网上购物的时候，往往更看重商品的品质，而不是价格。特别是一些小语种国家，对海外商品品牌普遍没有达成一致的认知，例如，小米手机和华为手机在意大利、西班牙、法国、德国几乎有相同的市场地位。这就给了中国跨境电商卖家很好的机遇，可以注册一个当地品牌，通过一系列的市场营销活动和国际品牌直接竞争，而在消费者心里并没有品牌认知。

自古以来，高风险才能获得高利润。虽然欧洲市场利润高，但是因为欧洲国家的税收完善，亚马逊卖家普遍使用 FBA 发货，所以需要注册 6 个国家的增值税税号才能正常运营。目前使用只注册英国增值税税号合规运营的方法也有，这在下面会讲到。

11.4.1　欧洲站正确的物流计划以及增值税税务合规

一提起欧洲市场，很多人的脑海里就浮现出各种"坑"，如注册难度大，好不容易注册完账户，在运营一段时间后，累计销售额到了 1.5 万英镑后，又会触发 KYC（Know Your Customer，充分了解你的客户）审核，要提供各种地址和账单，以后还要面临欧洲增值税税号注册和增值税申报。上面的描述基本上总结了亚马逊欧洲站运营的大部分痛点。

正是因为亚马逊欧洲站的运营门槛较高，所以将一些赚快钱、干坏事的卖家挡在了门外，这也是欧洲站一直竞争不激烈的原因。

本节我更想帮助你认识其中涉及的运营风险，其中增值税就是因为发生在欧洲当地国家的物流运输，而产生的纳税义务。

卖家在亚马逊欧洲站运营也可以采用自发货和 FBA 发货。

目前，自发货的货物运输轨迹是从中国直接到目的地国家。假设卖家收到一个英国的订单，采用自发货把货物发到英国，买家在取货的时候，当地海关可能要求买家交一笔税才能把货物拿走。当然，在英国商品货值低于 15 英镑，在其他欧洲国家货值低于 22 欧元不用申报进口增值税。但如果想要完全地合规运营，那么我建议自发货卖家也去注册增值税税号，然后做零申报。

这里涉及进口增值税和销售增值税的概念，买家如果在取货的时候交税，就属于销售增值税。

我们常说的增值税往往是使用了当地国家的仓库产生的。卖家将货物通过空运、海运的方式发到了当地的亚马逊仓库，亚马逊仓库会利用大数据系统匹配这个商品在哪个国家销售得多，在哪个国家销售得少，然后把货物分别放到这 6 个国家。当其中任意一个国家的买家下单后，亚马逊可以方便、快速地把货物配送到买家手里。虽然亚马逊物流在这个方面做得非常人性化，甚至在配送速度上比当地的快递公司快得多，但是由于在当地产生了物流轨迹，就会产生增值税。

欧洲国家规定，只要你用了当地国家的仓库来存放货物，就有纳税义务。如果同时用了 6 个国家的仓库，就需要注册 6 个国家的增值税税号，并且要每个季度，甚至每个月再另外申报增值税。目前，欧盟国家的增值税税率是 20%，税率较高，所以要想办法合理规避。

另外，需要提醒你的是，英国对中小企业可以收取低税率的增值税，第一年的税率是 6.5%，第二年的税率是 7.5%，只要符合政策即可。

FBA 发货过程中的空运、海运到目的地国清关，就会涉及进口增值税，商品在销售出去之后，会涉及销售增值税，而平台上在售的商品的价格是默认含税价，相当于第三方卖家帮买家代收了销售增值税，税务部门要求卖家把这笔税交上去。

之所以这么描述，就是因为很多卖家认为销售回款就是自己的利润，但是其中还包括没有缴纳的销售增值税。

在了解了欧洲站的基本情况之后，这里就会涉及如何合规运营。

很多卖家用 FBA 发货，那么建议在卖家中心不要开启"泛欧计划"，把库存指定放在其中的 1～2 个国家即可。单击卖家中心"设置"下拉菜单的"亚马逊物流"选项（如图 11-6 所示），会出现如图 11-7 所示的页面。

图 11-6

图 11-7

单击"编辑"按钮，会出现如图 11-8 所示的页面。

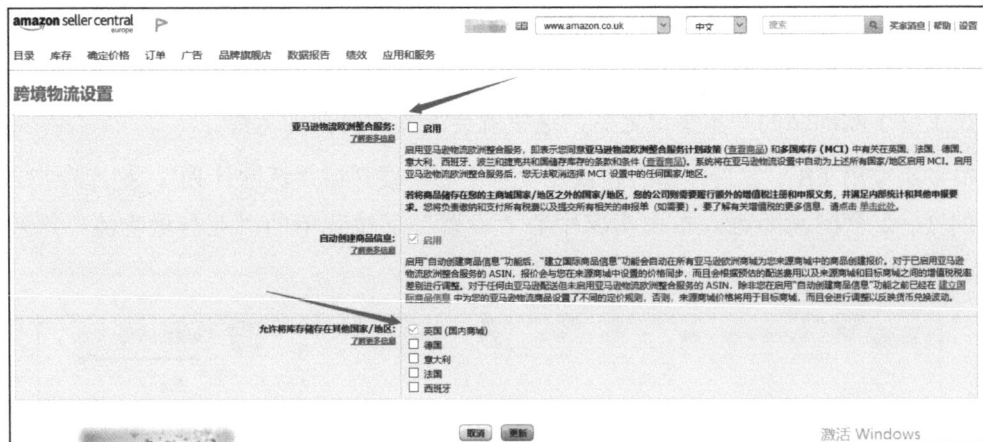

图 11-8

勾选下面箭头所指的国家，即表示把货物存放在该国家，强烈建议刚开始做亚马逊欧洲站运营的卖家只勾选 1～2 个国家。假设你主营英国站，就把货物放在英国，主营法国站，就把货物放在法国。你要根据自己的情况决定。

上面的箭头所指的是整合库存，亚马逊会把你的商品放在其他国家，这里不建议勾选。这里只适合打算注册全部欧洲站增值税税号的卖家。

当你把货物放在其中一个国家时，假设从德国发往其他 5 个国家，会涉及欧盟的远程销售税，即在一定的销售额范围内，只需要在一个国家纳税即可，其额度分别是英国 7 万英镑/年，德国 10 万欧元/年，法国、意大利和西班牙 3.5 万欧元/年，荷兰 10 万欧元/年，只要一年的销售额低于这个数值，就可以只在其中一个国家交税。这是欧盟给中小企业的保护政策。

当你的货物只存放在英国或者德国，那么你只需要注册英国或者德国的增值税税号，也只需要把货物发到英国或者德国，前期可以大大节约注册增值税税号的费用并降低物流发货风险。当然，现在市面上有些通过自主开发的软件进行税务申报的税务代理公司，通过专业的软件注册增值税税号和申报增值税，每个国家的增值税税号的注册费才几十到几百元人民币，你可以自行了解。

11.4.2　如何顺利、快速地通过 KYC 审核

KYC 审核是亚马逊欧洲站卖家必须接受的一项审查，根据欧盟《反洗钱法》，亚马逊要了解第三方卖家的企业业务和所有受益人情况，保障消费者的利益。

当销售额达到 5000 欧元时，亚马逊欧洲站卖家就需要开始提交资料进行审核，当销售额达到 15 000 欧元时，如果还没有通过审核，销售权就会被暂停，直到审核通过之后销售权才会恢复。

KYC 审核所需要的资料如下。

（1）公司营业执照扫描件。

（2）公司每个股东的护照扫描件。如果没有护照，那么需要提供身份证和户口本。

（3）公司地址和账单证明。需提供公司最近 90 天的水费、电费、燃气费、网络费、通话记录、社保缴费记录、银行对账单等公用事业单位的账单，任选其中一种即可，公司名称和地址必须和营业执照上面的一致。此项只针对香港、澳门、台湾地区的公司。

（4）公司银行对账单。即公司对公账户的对账单，可直接联系第三方收款机构获取，例如 PingPong 有专门的银行对账单供卖家下载。

（5）个人费用账单。需提供个人住址最近 90 天的水费、电费、燃气费、网络费、通话记录、社保缴费记录、银行对账单、信用卡账单等公用事业单位的账单，任选其中一种即可，这里建议优先使用信用卡账单，因为可以给银行打电话修改信用卡的个人住址，并且招商银行的信用卡账单可以在网上直接下载。

以上资料均需要全部真实有效，不能有任何修改的嫌疑。亚马逊一般需要卖家把这些资料全部放在一个 PDF 文档里面再提交，只要资料真实、有效，在绝大多数情况下都会通过审核。

11.4.3　欧洲第六大小语种市场——亚马逊荷兰站

欧洲是一个多元化的联合体，多元化意味着更多的市场商机，亚马逊的全球开店也在不断地拓展更多的欧洲国家和地区，继英国站、德国站、法国站、意大利站和西班牙站 5 个站点之后，现在又开通了荷兰站。

亚马逊荷兰站的网站如图 11-9 所示。

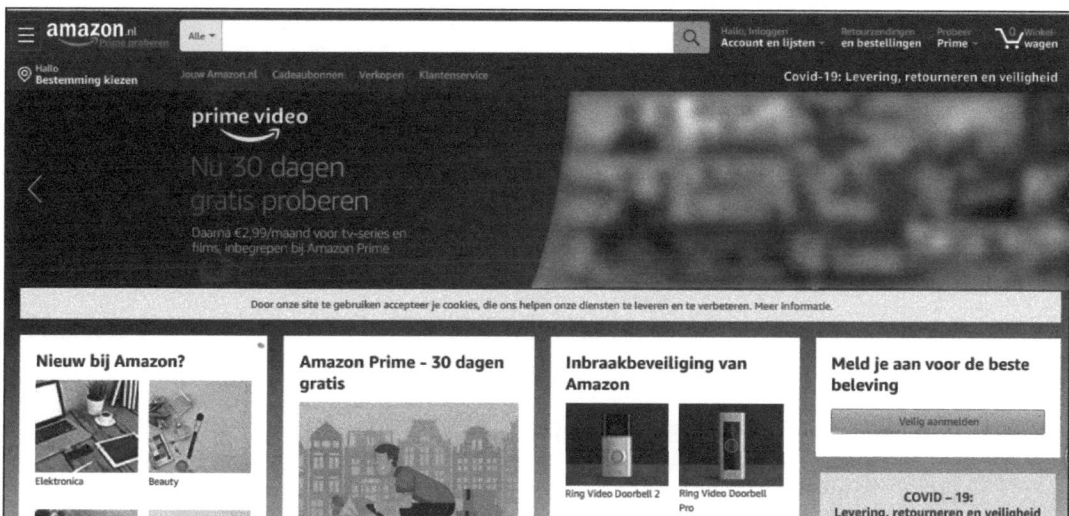

图 11-9

亚马逊荷兰站的网址其实在几年前就存在了，但只是亚马逊在经营图书业务，现在开放给第三方卖家入驻。我们打开亚马逊荷兰站官网首页，把页面下拉到最下方，如图 11-10 所示。

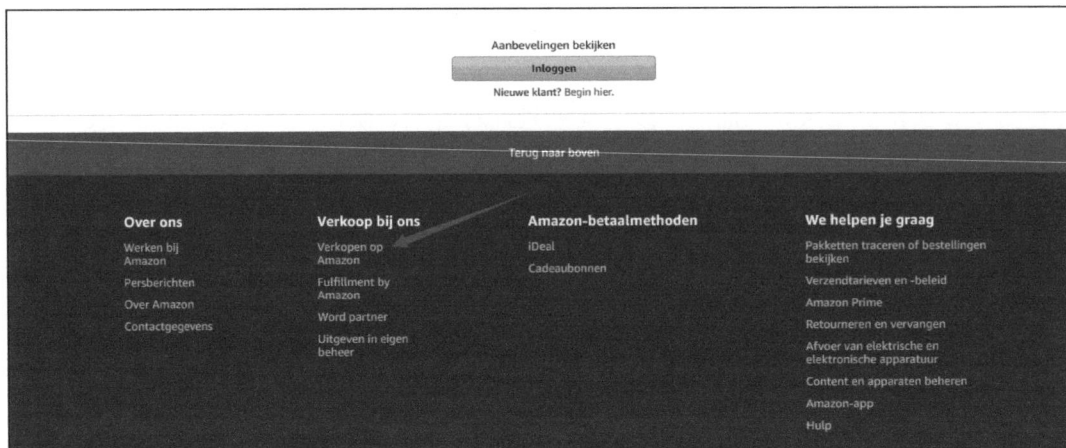

图 11-10

单击箭头所指的荷兰语"Verkopen op Amazon"（在亚马逊上销售）选项，会出现如图 11-11 所示的页面。

图 11-11

单击"Begin met verkopen"（开始销售）按钮开始填写资料注册即可，后面的注册流程和亚马逊美国站几乎一样，这里就不一一截图了。

我们做出口跨境电商运营，对于一个市场值不值得开发，关键参考的因素有以下 3 个。

（1）当地的人口。

（2）是否有很强的购买力。

（3）是否有稳定的物流。

荷兰目前的人口是 1700 多万，人口不多，土地面积是 4.1 万多平方公里。荷兰作为老牌的发达国家，购买力是非常惊人的，人均 GDP（国内生产总值）达到了 5 万多美元（超过 35 万元人民币），可以说荷兰是一个经济高度发达的国家。在亚马逊荷兰站适合卖有品牌溢价的商品，也可以卖高客单价的商品。

亚马逊这两年在荷兰站也开通了 Prime 会员，也就是可以通过大数据配送，实现订单 2 天之内送到，甚至卖家在上午下单，在下午就能收到货。

可以说，荷兰是一个非常有"钱景"的市场。

对于任何一笔海外投资，我们都需要理性地分析市场。亚马逊目前才刚刚开通荷兰站，现在荷兰的电商霸主是 bol.com 这家荷兰本土的电商公司，如图 11-12 所示。

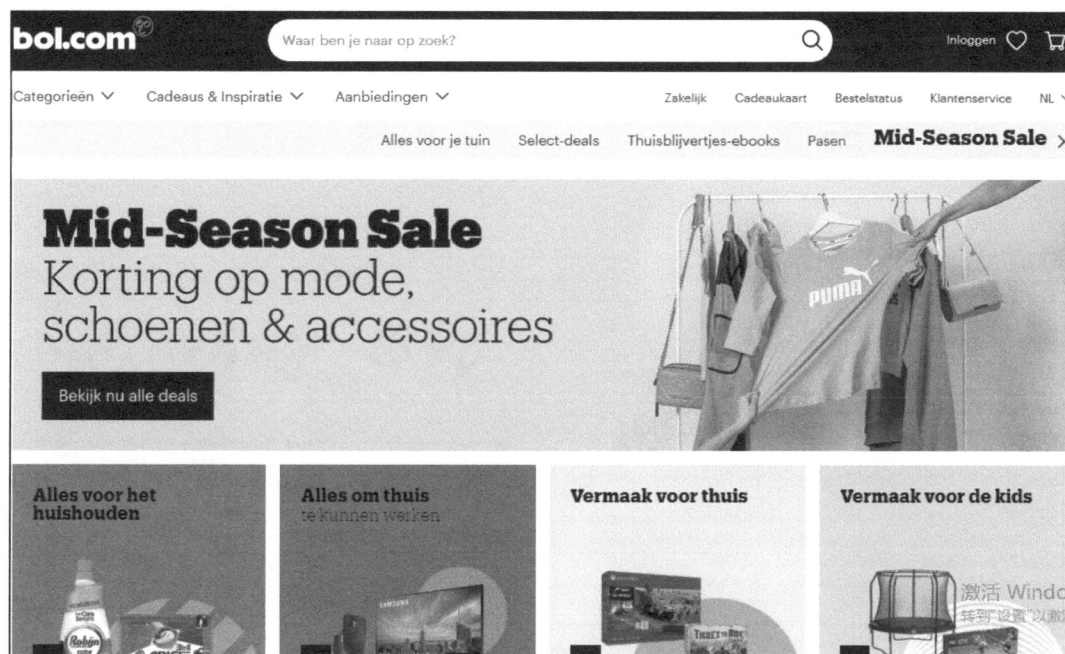

图 11-12

我们在荷兰站上架新商品和撰写本土化的文案可以参考这个网站，因为上面全部都是荷兰当地的卖家。

很多人可能不知道，荷兰是一个自行车王国，无论是聚会、旅游，还是日常上班，骑自行车出行都是非常平常的一件事情。如果你去过荷兰，就会感受到浓厚的自行车文化。下面在 bol.com 上看看自行车，如图 11-13 和图 11-14 所示。

图 11-13

图 11-14

这是非常好的荷兰语商品文案，对于我们日常运营，特别是查找关键词非常有帮助。

目前，亚马逊荷兰站上各种类目的商品是很少的，自行车及其周边商品都是非常好的切入点。

亚马逊已经将荷兰站的品类扩展到了 30 多个类目，包括数码电子、运动户外、工具、玩具、厨具家居、美妆个护、服饰鞋靴等。

我们可以在荷兰站主页看到类目分布，如图 11-15 所示。

图 11-15

单击右边的箭头所指的按钮，会看到更多类目，如图 11-16 所示。

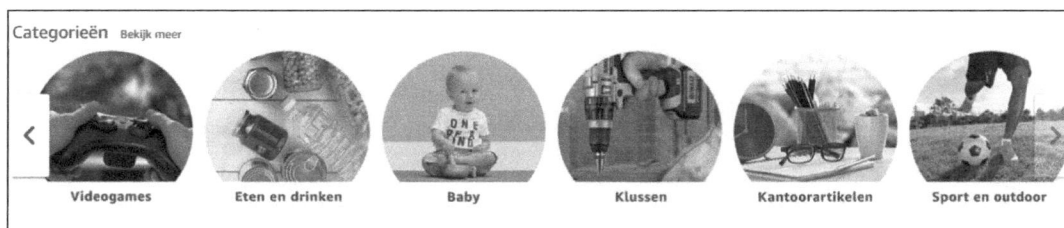

图 11-16

如果你已经有了亚马逊欧洲站的账户，那么可以在卖家中心直接开通荷兰站的账户，且无须另外支付月租。

11.5　全球最具增长潜力的市场——亚马逊澳大利亚站

澳大利亚站是亚马逊在欧洲站之后才开通的一个新的站点，已经有部分卖家入驻了，但因为还处于推广期，所以第三方卖家并没有获得多少流量。也正因为是新站点，所以澳大利亚站的市场增长潜力巨大。澳大利亚站的网站如图 11-17 所示。

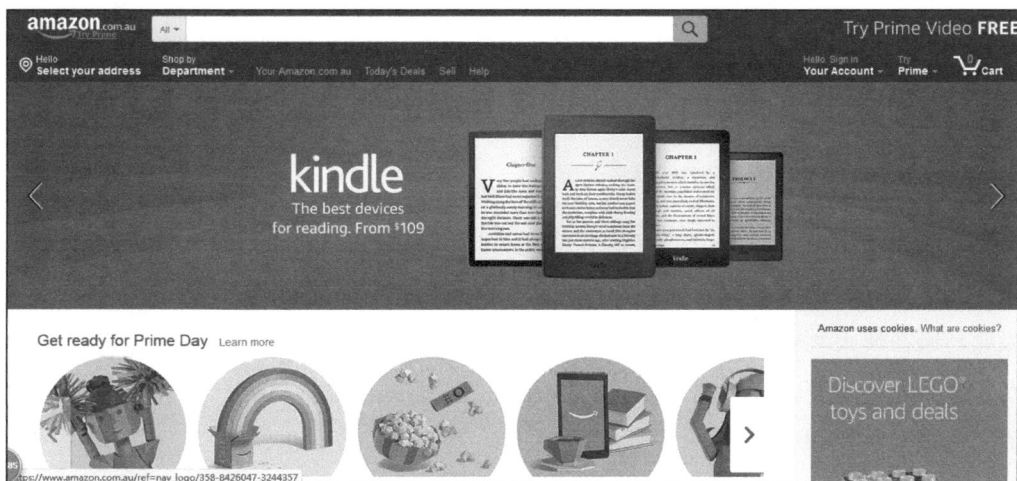

图 11-17

目前，澳大利亚在线购物市场份额最大的是 eBay，与美国市场和欧洲市场相比，澳大利亚市场有诸多优势。

1．英语为母语的国家

做跨境电商运营很多时候面临的是语言的难题，在不同的国家销售商品需要不同的语言，如在欧洲市场销售商品就涉及德国、法国、意大利、西班牙等几个国家的语言。美国、加拿大、墨西哥是英语国家，可惜美国市场竞争激烈，新卖家的运营难度会增加。澳大利亚是少有的竞争较小、中国卖家数量较少的市场。

2．地理位置在大洋洲，距离中国较近

地理位置的远近与卖家运营成本的高低有直接的关系。空运货物到美国的价格为 30 多元/千克，运输时间为 3～10 天，虽然少数快递渠道可以做到 3 天到达，但是价格高达 38元/千克左右。空运货物到澳大利亚的价格也为 30 元/千克左右，但是在 7 天之内可以签收，这就间接提高了亚马逊卖家的资金周转率，可以理解为降低了运营成本。

3．澳大利亚是比较富裕的国家

澳大利亚人均生活水平很高，愿意接受价格较高的进口商品。澳大利亚人从小接受较好的文化教育，当地人比较富裕，生活惬意，往往追求生活愉悦享受。据在澳大利亚经营过 eBay，也经营过亚马逊美国站的卖家反映，澳大利亚市场的订单数量和增长势头不亚于美国市场。

4．中国是澳大利亚最大的贸易合作伙伴

对于跨境电商卖家来说，澳大利亚对中国的进口，或者说中国对澳大利亚的出口才是我们重点的关注领域，澳大利亚进口中国的主要商品为机电商品、纺织品、家具和玩具等，并且比重占到澳大利亚进口商品的 62%以上。

跨境电商卖家可以通过亚马逊的 B2C 零售贸易直接面向澳大利亚本国消费者。

5．澳大利亚的邮政效率较低

澳大利亚的国土面积为 761 万多平方公里，人口不到 2500 万，可以说是地广人稀。在澳大利亚生活过的人应该能感受到当地邮政的效率较低，国内配送时间有时候长达半个月。如果亚马逊在澳大利亚能够迅速开展 FBA 配送服务，做到 2 日达、4 日达等送货时效，就建立了强有力的竞争壁垒。澳大利亚的华人有 120 万人左右，这部分人对中国卖家开展运营工作有极大的便利。

11.6　全球最适合中国卖家的市场——亚马逊日本站

日本市场即使对传统外贸从业人员来说，也是非常陌生的，这几年中国对日本的贸易总额并不高，跨境电商的亚马逊卖家可以说是中国第一批对日本零售贸易的先头兵企业，虽然日本市场没有美国市场那么大，但是亚马逊日本站非常适合中国卖家经营。

亚马逊日本站的网站如图 11-18 所示。

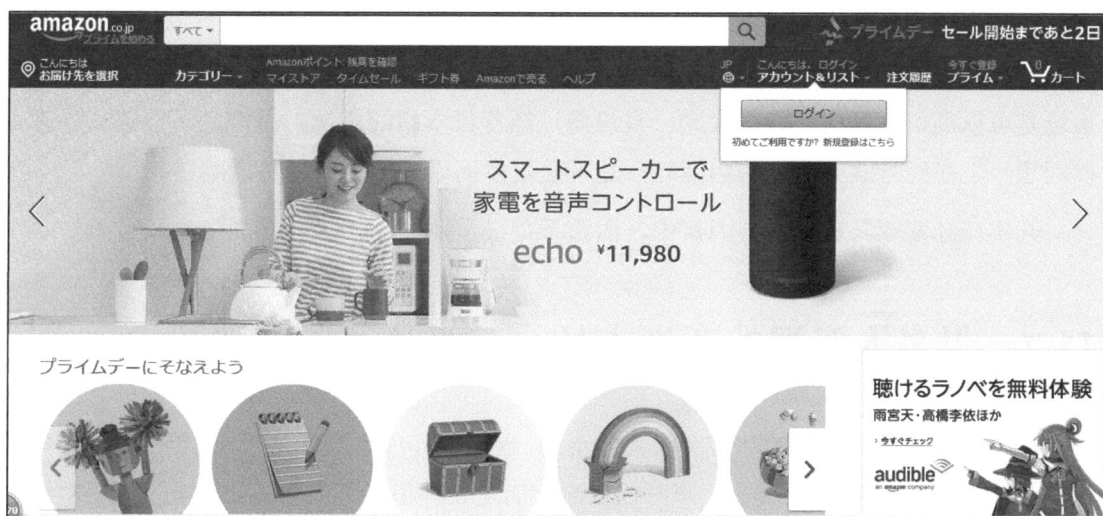

图 11-18

1. 日本的人口超过1亿

日本的人口超过 1 亿，并且一半以上是中产阶级。庞大的人口基数、国土面积较小、配送非常快，意味着卖家的库存周转率较高，资金周转要比美国站快一倍以上。

2. 开店更简便

美国站竞争激烈，欧洲站的 KYC 审核和增值税税务都会增加新卖家初期的运营难度，而注册日本站账户却被亚马逊的招商团队极力推进、大力扶持！

在每年的 1～7 月注册日本站账户，3～5 天就可以收到官方的注册链接。在日本站经营没有棘手的增值税税务问题，只有在发货到日本的时候才会有关税，但是税率很低。

3. 物流便捷

日本紧邻中国上海，即使从深圳海运到日本也只需要 15 天时间，如果采用空运，3～5 天即可签收，并且物流费与欧美站点相比非常便宜。

在亚马逊上不只是中国卖家在经营，还有美国卖家、英国卖家、德国卖家在经营。从卖家的竞争来看，物流的便捷和费用低廉会成为中国卖家有力的竞争条件。

4．不用担心KYC审核

日本政府目前对在线购物的电子商务政策比较开明，对线上电子商务企业也没有严查资质，再加上日本本土的实体店可以提供极佳的购物体验，所以电商在日本是补充，但是市场份额也非常大。

5．利润空间极大

日本的人均年收入在 2017 年已经接近 5 万美元。所以，只要你的商品质量好，在日本市场是可以高价销售的。有些卖家一直没想过经营日本站的店铺，是因为不会日语。你可以回想一下在经营欧美站点的店铺时，是不是很多词语都需要借助谷歌翻译？

其实在经营亚马逊店铺的因素中，语言不是最重要的。

11.7　很多人忽视的亚洲市场——亚马逊印度站

印度市场是目前公认的非常有潜力的市场，现在的印度市场相当于 10 年前的中国电商市场。回想一下 10 年前的淘宝，那时候逛淘宝店是一件很时尚的事，在淘宝上最受欢迎的店铺都会写着这么几个大字："××全网最低价"。

印度人口增长非常迅速，现在已经达到 14 亿左右，但是有 50%的人年收入不到 35 万卢比，我们看看汇率，如图 11-19 所示。35 万卢比相当于 3 万多元人民币，印度是一个购买力较差的国家，印度人对商品价格异常敏感。但是，据调查显示，印度有 2 亿个中产阶级。

图 11-19

跨境电商是外贸和互联网结合的产物。亚马逊卖家可以说是第二批投资印度的零售企业，第一批是有制造优势和资金优势的大企业。亚马逊印度站的网站如图 11-20 所示。

下面了解一下印度对外商投资企业的一些要求。

（1）企业在印度投资必须采用合资的形式。

（2）必须有一名印度人或者印度企业占股至少 51%。

（3）进口商品的税率一般为 30%。

这 3 点是印度政府对外商投资的基本政策，任何人都不可能例外。

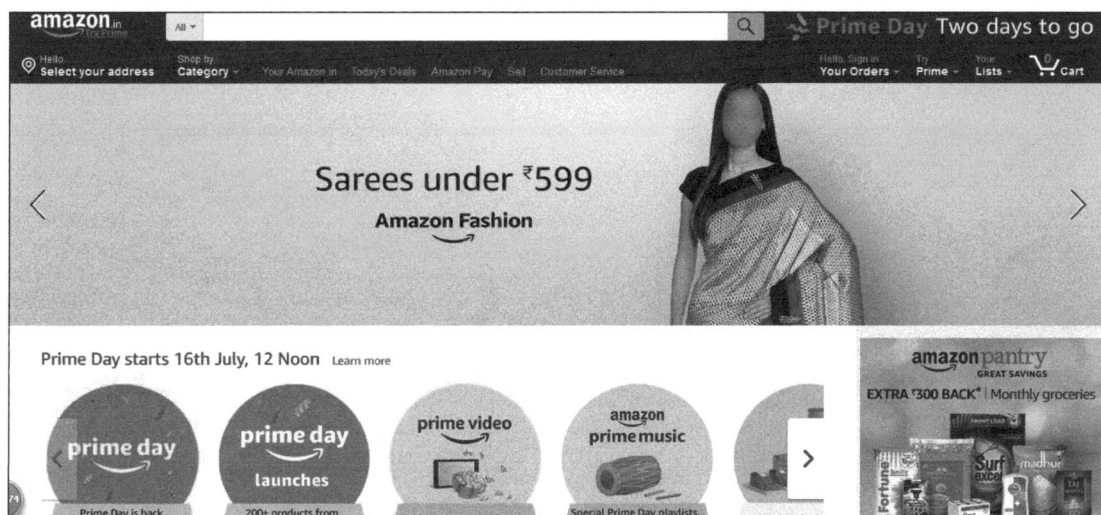

图 11-20

当然，印度政府规定，单一的零售品牌可以外资 100% 持股。也就是说，跨境电商卖家想要进军印度市场，要么注册一个全资的印度公司，要么用中国的公司，再找一个印度人占股至少 51%。这存在法律风险，如果一个公司让印度人占股 51% 以上，那么这家公司就由印度人说了算。

使用印度的海外仓也是需要注册税号的，在印度称为 GST（商品和服务税），跟澳大利亚是一样的税种。澳大利亚的税率只有 10%，而印度的税率是 30%。GST 税号是亚马逊卖家使用 FBA 发货必须具备的资质。

还有一点对跨境电商卖家非常重要，印度政府规定，为了保护本国产业的良性发展，任何外资企业在印度的市场份额不得超过 30%，这点反映在亚马逊印度站就是，亚马逊在印度只有第三方卖家，没有自营。

不管在欧美日哪个站点，亚马逊自营的市场份额都在 50% 以上了，从这点可以看到印度市场的潜力巨大。

11.8　土豪最多的新兴市场——亚马逊中东站

中东市场是亚马逊新兴市场中最有想象力的市场，有极强的购买力、年轻的用户和较低的互联网渗透率，让市场充满了机遇。但同时，中东市场作为大家都不熟悉的市场，也有一定的风险。

目前，亚马逊中东站包括阿拉伯联合酋长国（简称阿联酋）站和沙特阿拉伯（简称沙特）站两个站点。亚马逊收购了中东最大的电商平台 SOUQ 成立了中东站，其成立时间是 2005 年。SOUQ 是中东地区发展时间最长、市场占有率最高、综合实力最强的 B2C 电商平台。亚马逊收购 SOUQ 后，把官网页面变成了亚马逊风格，如图 11-21 所示。

图 11-21

这是阿拉伯语的前台页面，把页面下拉到底部，如图 11-22 所示。

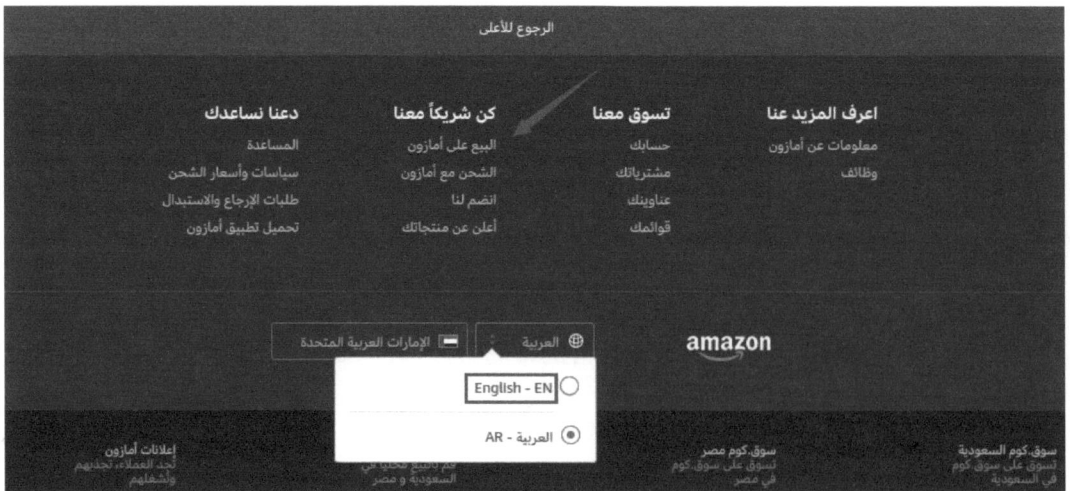

图 11-22

如方框区域所示，可以切换成英文页面，箭头所指的阿拉伯语就是"在亚马逊上销售"。单击这个选项，我们就可以开始注册新账户了，但这是自注册账户。因为我们本来就对中东市场很陌生，所以建议找招商经理注册，目前的政策是必须有美国站账户才能注册中东站账户。中东站账户的注册流程和美国站一样，请参考 2.1 节。

卖家开通最多的是阿联酋站，阿联酋是中东的经济中心，被称为贸易之都，人口为 970 万左右，但消费水平非常高。阿联酋的人均 GDP 接近 7 万美元，且年轻人占多数，对互联网购物有着天然的热爱和较高的接受度。

沙特有 3200 多万人口，人均 GDP 达到了 2 万多美元。因为沙特的年轻人较多，所以电商发展非常迅速，预计未来两年会超过 2000 万个用户。

因为阿联酋和沙特的年轻人占大多数，所以电子商品最受欢迎、销售量最大，如图 11-23 所示。

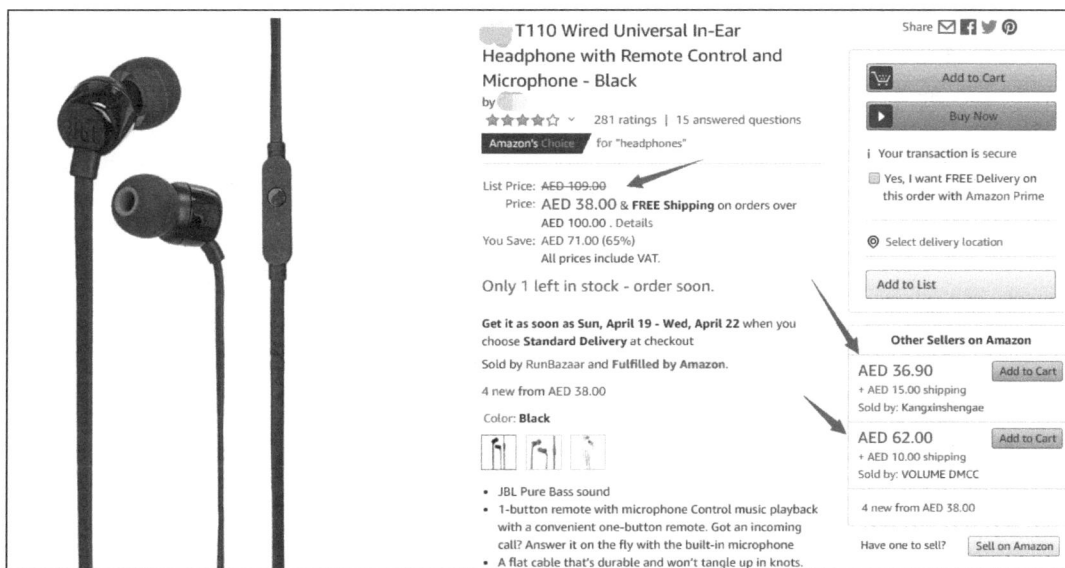

图 11-23

亚马逊中东站上商品的售价对应的币种是迪拉姆，图 11-23 中箭头所指的都是以阿联酋迪拉姆为单位的售价。阿联酋迪拉姆与人民币的兑换汇率如图 11-24 所示。

图 11-24

为了方便计算成本和售价，你可以简单地认为兑换汇率为 1∶2，也就是平台的售价乘以 2 对应的是人民币售价。因为中东站还会涉及增值税，所以要把这个成本也计算进去。

虽然亚马逊不强制要求第三方卖家注册增值税税号，但是如果被阿联酋当地税务部门查到卖家没有注册税号，那么账户有被关闭的风险。

本书从第 1 章开始就强调一个基本概念，出口跨境电商的本质是外贸，然后才是电商。

中国是阿联酋和沙特的最大贸易伙伴，中东地区的轻工业极不发达，非常依赖进口我国的商品，这就是跨境电商零售的机会所在，轻工业商品的市场体量仅次于电子商品。

在了解了这些之后，我们最好找招商经理开通中东站账户，这样就可以获得用 FBA 发货的权限（也称为 FBS，因为 SOUQ 也有自己的物流配送体系），但是这只是理论上的第一步，接下来还需要做很多事情，而且流程和欧美站点区别很大。

首先，物流问题是需要第一时间解决的，否则没法开展工作。亚马逊支持用 FBA 发货和海外仓自发货，先空运到当地，在有订单后，亚马逊再配送。国内中东方向的物流渠道较少，自发货 3 天内必须发出是不太现实的，所以只能用 FBA 发货。

其次，亚马逊在收购 SOUQ 后，保留了 SOUQ 原有的卖家中心框架，所以我们做亚马逊中东站运营和做亚马逊其他站点运营的区别很大，各个板块、流程都不一样。我在第一次操作时也踩了很多"坑"，幸好在卖家中心可以把文字切换成英文，不需要招聘单独的阿拉伯语人才。

最后，跨境收款问题也需要解决。亚马逊中东站无法用国内银行卡直接收款，也无法用第三方收款机构收迪拉姆，我们需要找当地的代理机构，用迪拜公司的银行账户代收。亚马逊中东站把账款打到代理机构的账户后，代理机构再转给我们的国内账户，一般需要 3～5 个工作日。代理机构会收取一定的手续费。

在看完这些后，你可能感觉在招商经理帮你开通账户后，还要处理很多事情，可能会打退堂鼓。但我觉得正因为有各种各样的门槛，才给了下决心做亚马逊中东站运营的卖家一个机会，挡住了很多竞争对手，如果你能够把别人解决不了的问题解决了，这就是你的竞争力。

从长期来看，我们在把亚马逊欧洲站、美国站和日本站运营稳定之后，中东市场是值得花时间研究的，把增值税税号、物流、收款问题都解决了，就可以在这个市场中分一杯羹了。亚马逊中东站非常值得长期经营，适合追求长期效益的卖家和企业。

11.9　提前布局东南亚市场——亚马逊新加坡站

虽然本书是写亚马逊运营的，但是如果你认真看完本书，就会发现我一直在引导你把眼光放大到全球，而不是听到身边朋友做亚马逊美国站运营，也跟着开拓美国市场，自己学的是日语专业，就去做亚马逊日本站运营。

出口跨境电商首先是一门生意，其次属于外贸行业，最后你要结合自身的优势选择开拓哪个市场。作为一名商人，哪里有机会就去哪里，作为资金持有者，哪里有利润就去哪里。

亚马逊的全球开店政策也出于这样的动机，不断地在全球各国寻找价值洼地。 新加坡站的推出正是亚马逊看好了整个东南亚经济的迅速崛起。新加坡作为东南亚的金融中心和国际贸易中转站，有着长期的市场投资机会，新加坡人口是 560 万左右，GDP 是 3600 多亿美元，人均 GDP 超过 6 万美元，接近阿联酋的人均 7 万多美元。新加坡的官方语言是英语，习惯运营欧美站点的跨境电商卖家是没有语言障碍的。

亚马逊新加坡站的网站如图 11-25 所示。

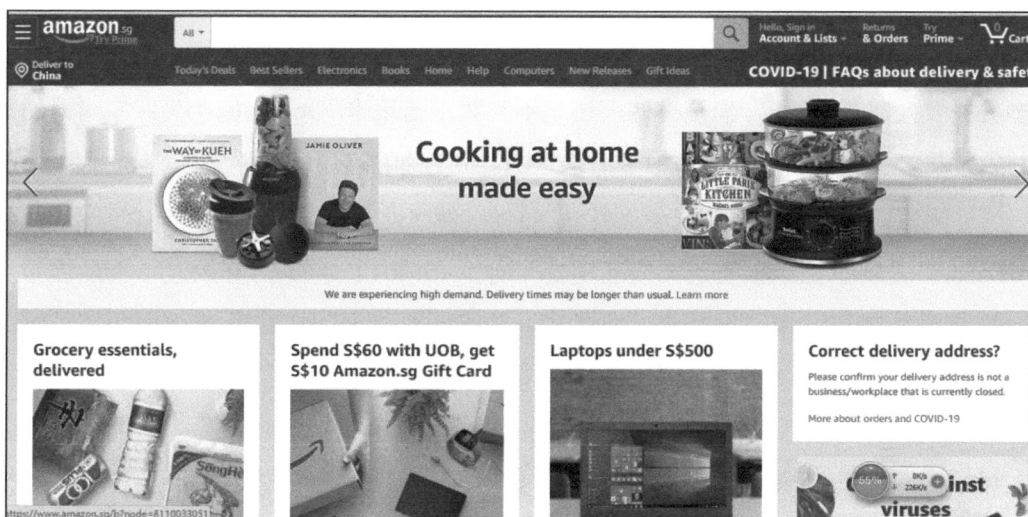

图 11-25

把页面下拉到底部，如图 11-26 所示。

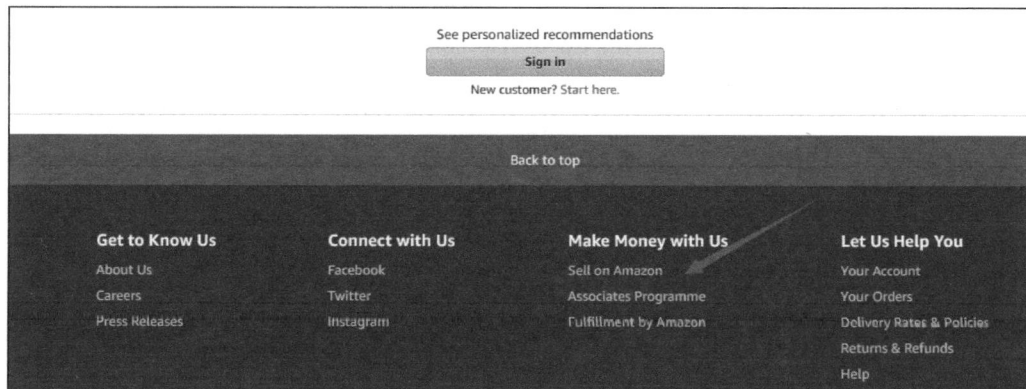

图 11-26

单击箭头所指的"Sell on Amazon"选项就可以自行注册新加坡站的账户，新加坡站的月租金为 29.95 新加坡元。新加坡站的注册流程和美国站一样，请参考 2.1 节。

新加坡人的消费水平较高，对质量和服务敏感，亚马逊的 FBA 服务可以很好地满足这样的高端消费人群，他们没必要再花十天或者半个月的时间去等待一个商品。我们可以用 FBA 把商品发到亚马逊新加坡站的仓库。新加坡的国土面积不大，可以实现 2 日达，甚至上午发货，下午签收。这点是与目前新加坡现有电商平台相比最大的优势。

新加坡政府非常欢迎电商在当地发展，所以很多电商平台早于亚马逊在新加坡扎根，新加坡电商平台排名前三位的是 Qoo10、Shopee、Lazada。我们在投资海外市场的时候，要深入了解这个国家的电商平台以及各个平台的优势和劣势，以便有针对性地做差异化竞争。

Qoo10 起源于韩国，以销售廉价商品出名，你可以把它理解为新加坡版的淘宝。虽然很多新加坡人都有信用卡，但是有些人还是不喜欢用信用卡。Qoo10 能让买家在当地的 7-11 便利店付款，以方便那些没有信用卡的人。Qoo10 有 80% 的用户是女性，平均年龄仅为 27 岁，所以经营时尚用品、美妆用品、3C 产品等类目有着绝对优势。

Lazada 是阿里巴巴投资的东南亚电商平台，在 2012 年 3 月开始进军新加坡市场。Lazada 覆盖新加坡、印度尼西亚、菲律宾、马来西亚、泰国和越南 6 国市场，经营的主要类目是 3C 产品、家居用品、生活用品、健身器材、服饰等。随着新加坡人在线购物习惯的养成，很多人喜欢从 Lazada 购买桌子、小型家具这样的大件和重货商品。因为在电商平台只需要 300 元人民币的桌子，在新加坡线下商超需要 300 新加坡元，价格是电商平台的 5 倍左右，所以很多新加坡人愿意等 15～30 天购买中国的大件商品。敏感的跨境电商卖家应该能看到，这也是一个市场机遇。目前，新加坡元与人民币的兑换汇率如图 11-27 所示。

图 11-27

Shopee 是腾讯投资的，于 2015 年正式进军新加坡市场。Shopee 目前有新加坡站、马来西亚站、中国台湾站、泰国站、印度尼西亚站、菲律宾站、越南站和巴西站 8 个站点，其中巴西站的入驻属于内部邀请制。

Shopee 也被业内卖家称为"虾皮"，是目前东南亚增长非常迅速的平台，但新加坡站的订单量一般，大多数人是顺便运营的。家居用品、母婴用品、3C 产品、美妆用品、保健品是 Shopee 新加坡站的 TOP 5 类目，目前 Shopee 的海外仓和海运功能都在陆续给卖家开通，销售大件和重货还会有运费补贴。

在 Shopee 新加坡站搜索英文"table"（桌子），会出现如图 11-28 所示的页面。

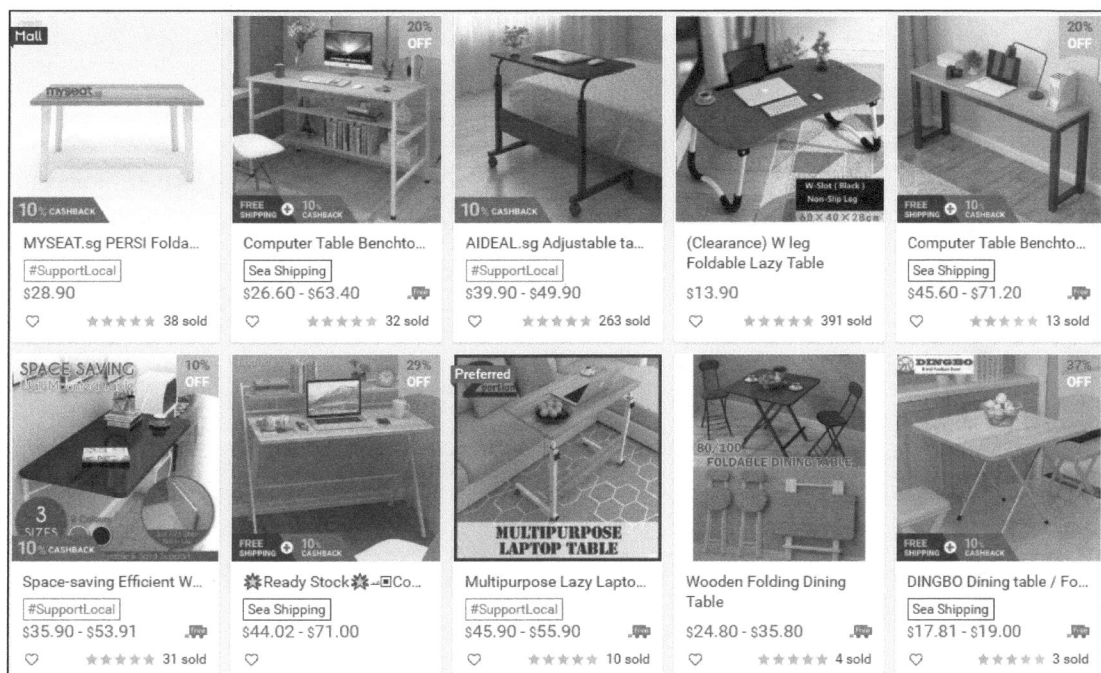

图 11-28

图 11-28 中的价格都是新加坡元，按照接近 5 倍的人民币售价进行转换，利润空间还是很大的。

既然增长迅速的东南亚新兴平台 Shopee 也有新加坡站，那么我们在做亚马逊新加坡站运营的时候，是可以同时运营这两个平台账户的，这样非常方便。

1. 如果自发货，那么可以共享供应链

供应链包括货源、工厂方、发货渠道，无论哪个平台有订单，我们都只需要整合一次供应链，提高了运营效率。

2. 建议分别使用亚马逊FBA和虾皮官方物流

在实际的运营中，不同的平台之间是可以互相发货的，但要满足对应平台的发货时效和签收时效。

Shopee 平台主要定位于东南亚市场。我们可以参考这个平台上的商品，给亚马逊新加坡站选品。

后续我会撰写 Shopee 运营的书籍，帮助大家掘金出口跨境电商，希望大家持续关注。